Zur Bedeutung der nach § 130 OWiG verlangten Aufsichtsmaßnahmen
für die Ausgestaltung eines Compliance-Systems im Unternehmen

Frankfurter kriminalwissenschaftliche Studien

Bd./Vol. 160

Zu Qualitätssicherung und Peer Review der vorliegenden Publikation

Die Qualität der in dieser Reihe erscheinenden Arbeiten wird vor der Publikation durch Herausgeber der Reihe geprüft.

Notes on the quality assurance and peer review of this publication

Prior to publication, the quality of the work published in this series is reviewed by editors of the series.

Marc Reichhardt

Zur Bedeutung der nach § 130 OWiG verlangten Aufsichtsmaßnahmen für die Ausgestaltung eines Compliance-Systems im Unternehmen

PL ACADEMIC RESEARCH

Bibliografische Information der Deutschen Nationalbibliothek
Die Deutsche Nationalbibliothek verzeichnet diese Publikation in der Deutschen Nationalbibliografie; detaillierte bibliografische Daten sind im Internet über http://dnb.d-nb.de abrufbar.

Zugl.: Frankfurt (Main), Univ., Diss., 2017

D 30
ISSN 0170-6918
ISBN 978-3-631-72448-4 (Print)
E-ISBN 978-3-631-72450-7 (E-Book)
E-ISBN 978-3-631-72451-4 (EPUB)
E-ISBN 978-3-631-72452-1 (MOBI)
DOI 10.3726/b11286

PL Academic Research ist ein Imprint der Peter Lang GmbH.

Peter Lang – Frankfurt am Main · Bern · Bruxelles · New York · Oxford · Warszawa · Wien

Diese Publikation wurde begutachtet.

www.peterlang.com

Vorwort

Die vorliegende Arbeit wurde im Sommersemester 2016 vom Fachbereich Rechtswissenschaft der Johann Wolfgang Goethe-Universität Frankfurt am Main als Dissertation angenommen.

Ein besonders herzlicher Dank gebührt der verehrten Frau Professor Dr. Dorothea Rzepka dafür, dass sie mich als Doktorand annahm und mir bei meiner Arbeit den nötigen Freiraum ließ. Ihre wertvollen Ratschläge während meiner gesamten Promotionszeit und ihre uneingeschränkte Unterstützung für meinen Aufenthalt als Gastdoktorand an der University of California, Los Angeles (UCLA), haben mich erheblich bereichert. Mein besonderer Dank gilt auch Herrn Professor Dr. Peter-Alexis Albrecht, da er durch seine Vorlesungen und Seminare mein Interesse für das Strafrecht weckte und die Zweitbegutachtung meiner Dissertation zügig durchführte. Herrn Professor Dr. Walter Kargl, der den Vorsitz meines Prüfungsausschusses hatte, danke ich für die freundliche Leitung und die schnelle Bearbeitung meiner Disputation. Bedanken möchte ich mich auch bei den Herausgebern der Frankfurter kriminalwissenschaftliche Studien. Herzlichen Dank schulde ich zudem Frau Professor of Law Sung Hui Kim, Director of the Program on In-House Counsel, Lowell Milken Institute for Business Law and Policy (UCLA), die mich als Gastdoktorand an der UCLA ohne zu zögern annahm, wodurch ich erst die Möglichkeit für einen unvergesslichen mehrmonatigen Aufenthalt in Los Angeles erhielt.

Bedanken möchte ich mich auch bei Herrn Tim Wybitul, der mich auf das Thema und den Praxisbereich Compliance während meiner Tätigkeit als Doktorand in einer US-amerikanischen Wirtschaftssozietät erst aufmerksam machte. Zu tiefem Dank bin ich Herrn Dr. Eike Bicker verpflichtet, da er mir das uneingeschränkte Vertrauen im Hinblick auf meinen Berufseinstieg schenkte und mir als geschätzter Mentor stets zur Seite stand. Herzlich bedanken möchte ich auch bei meinem stellvertretenden Abteilungsleiter, Herrn Ersten Staatsanwalt Michael Erath, Staatsanwaltschaft Stuttgart, der mir zu jeder Zeit Ratschläge aus der staatsanwaltschaftlichen Praxis gab und mich bei meiner Arbeit ermutigte. Durch die fortwährenden Einblicke in die rechts- und staatsanwaltschaftliche Praxis wurde meine Arbeit wesentlich beeinflusst.

Mein ganz besonderer Dank gilt aber vor allem meiner Familie, die mir das Studium der Rechtswissenschaften erst ermöglichte. Hervorheben möchte ich meine Mutter, Agnes Reichhardt (geb. Höcht), und meine Geschwister, Volker und Christin Reichhardt, sowie meine treue und unvergessene Weggefährtin

Xara vom Wolfsborn für ihre grenzenlose Liebe, Unterstützung, Motivation und Loyalität. Ich verdanke Ihnen mehr, als es Worte jemals beschreiben könnten. Ihnen widme ich von ganzem Herzen meine Arbeit.

Frankfurt am Main im Februar 2016 — Marc Reichhardt

Inhaltsverzeichnis

Abkürzungsverzeichnis 15

Einführung 21

Teil 1: Grundlagen von Compliance 27

A. Begriff, historische Entwicklung und Funktionen von Compliance 27
I. Der Begriff und die historische Entwicklung von Compliance 27
1. Die Entwicklung von Compliance 28
a) Die Entwicklung von Compliance in den USA 28
aa) Die Anwendung der „respondeat superior"-Lehre im Unternehmensstrafrecht 28
bb) Die sog. „Electrical Cases" in den Sechzigerjahren des 20. Jahrhunderts 29
cc) Die Einführung des Foreign Corrupt Practices Acts in den Siebzigerjahren des 20. Jahrhunderts 30
dd) Der „Wall-Street-Skandal" in den Achtzigerjahren des 20. Jahrhunderts 31
ee) Die Einführung der US Federal Sentencing Guidelines in den Neunzigerjahren des 20. Jahrhunderts 32
ff) Die Bilanzskandale von Enron und WorldCom und die Einführung des Sarbanes-Oxley Acts zu Beginn des 21. Jahrhunderts 35
gg) Die Einführung des Dodd-Frank Acts zu Beginn des 21. Jahrhunderts 37
b) Die Entwicklung von Compliance in Deutschland 39
aa) Die Einführung der „Leitsätze für Mitarbeitergeschäfte" in deutschen Kreditinstituten in den Achtzigerjahren des 20. Jahrhunderts 39
bb) Das erste Compliance-System eines deutschen Kreditinstituts in den Neunzigerjahren des 20. Jahrhunderts 40
cc) Die EG-Richtlinien und ihre Umsetzung in das Deutsche Recht 41

2. Das rechtliche Begriffsverständnis von Compliance in Deutschland 43
a) Die deutschen Grundlagen für das rechtliche Begriffsverständnis von Compliance 43
b) Die Ausdehnung des traditionellen rechtlichen Begriffsverständnisses von Compliance 43
c) Das moderne rechtliche Begriffsverständnis von Compliance 44
d) Vorauseilender Gehorsam durch Compliance? 46
II. Die Funktionen von Compliance 48
B. Die rechtlichen Grundlagen von Compliance und die Rechtspflicht zur Einführung eines Compliance-Systems im deutschen Recht 52
I. Die rechtlichen Grundlagen von Compliance im deutschen Recht 52
1. Die gesellschaftsrechtlichen Organisationspflichten 52
a) Die Geschäftsleiterverantwortung des Vorstands nach § 76 Abs. 1 i.V.m. § 93 Abs. 1 S. 1 AktG 52
b) Risikofrüherkennungs- und Überwachungssystem nach § 91 Abs. 2 AktG 55
2. Die branchenspezifischen Organisationspflichten 58
a) Die „Compliance-Funktion“ nach § 33 Abs. 1 WpHG 58
b) Geschäftsorganisation und Risikomanagement nach § 25a KWG 60
c) Geschäftsorganisation und Risikomanagement nach § 64a VAG 62
d) Zur Problematik der Verfassungskonformität der BaFin-Richtlinien 63
e) Sonstige Rechtsgrundlagen von Compliance 64
3. Die ordnungswidrigkeitenrechtlichen Organisationspflichten 65
II. Rechtspflicht der Unternehmensleitung zur Einführung eines Compliance-Systems und zur Straftatenverhinderung von Mitarbeitern im deutschen Recht? 65
1. Rechtspflicht der Unternehmensleitung zur Einführung eines Compliance-Systems? 66
a) „Compliance-Pflicht“ im Wege einer Gesamtanalogie 66

b) Compliance-Pflicht als unternehmerisches Ermessen? 68
aa) Ermessen der Unternehmensleitung 68
bb) Indizien für Art und Umfang der Compliance gemessen an den Grundsätzen der Verhältnismäßigkeit und Sorgfalt im Verkehr 70
2. Generelle Garantenpflicht der Unternehmensleitung zur Verhinderung von Straftaten der Mitarbeiter? 75
a) Garantenpflichten nach § 13 Abs. 1 StGB 76
b) Die Garantenpflichten der Unternehmensleitung 77
aa) Keine Geschäftsherrenhaftung aufgrund der Eigenverantwortlichkeit der Mitarbeiter 78
bb) Geschäftsherrenhaftung wegen der Befehlsgewalt der Unternehmensleiter und der Gehorsamspflicht der Mitarbeiter 79
cc) Geschäftsherrenhaftung nur für besondere Betriebe, betriebstypische Gefährdungen oder betriebsspezifische Organisationsrisiken 81
C. Risiken einer fehlenden bzw. defizitären Compliance 83
I. Folgen einer fehlenden bzw. defizitären Compliance für Unternehmen 84
1. Rechtliche Folgen für Unternehmen 84
a) Straf- und ordnungswidrigkeitenrechtliche Haftungstatbestände 84
aa) Haftung der Unternehmen aufgrund des Ordnungswidrigkeitenrechts 84
(1) Unternehmensgeldbuße nach § 30 OWiG 84
(2) Einziehung nach § 29 OWiG und Verfall nach § 29a OWiG 86
bb) Strafrechtliche Haftung des Unternehmens 88
b) Zivilrechtliche Haftungstatbestände 88
2. Faktische Folgen für Unternehmen 89
II. Folgen einer fehlenden bzw. defizitären Compliance für Unternehmensleiter 89
1. Rechtliche Folgen für Unternehmensleiter 90
a) Straf- und ordnungswidrigkeitenrechtliche Haftungstatbestände 91
b) Zivilrechtliche Haftungstatbestände 92

aa) Geschäftsleiterhaftung nach § 93 Abs. 2 AktG 92
bb) Weitere zivilrechtliche Haftungstatbestände und rechtliche Konsequenzen 95
2. Faktische Folgen für Unternehmensleiter 96
III. Zusammenfassung 96

Teil 2: Aufsichtspflichtverletzung nach § 130 OWiG 97

A. Die Vorschrift des § 130 OWiG 97
I. Grundlegendes zu § 130 OWiG 97
1. Funktion und Einordnung des § 130 OWiG in das Haftungssystem des Ordnungswidrigkeitenrechts 97
2. Geschütztes Rechtsgut 100
II. Regelungsinhalt von § 130 OWiG 101
1. Ahndungsvoraussetzungen des § 130 OWiG 101
a) Objektiver Tatbestand: Aufsichtspflichtverletzung des Unternehmensinhabers 101
aa) Täterkreis des § 130 OWiG: Inhaber eines Betriebes oder Unternehmens 101
bb) Tathandlung des § 130 OWiG: Aufsichtspflichtverletzung 104
b) Subjektiver Tatbestand 105
c) Objektive Bedingung der Ahndung: Zuwiderhandlung gegen Pflichten, die den Inhaber treffen 106
aa) Zuwiderhandlung 106
bb) Pflichten, die den Inhaber treffen 108
cc) Kausalität zwischen der Aufsichtspflichtverletzung und der konkreten Zuwiderhandlung 109
2. Rechtsfolge des § 130 OWiG 111

B. Konkretisierung des objektiven Tatbestandserfordernisses der „erforderlichen Aufsichtsmaßnahmen“ nach § 130 OWiG 112
I. Die „erforderlichen Aufsichtsmaßnahmen“ nach dem Gesetzeswortlaut 112
II. Konkretisierung der „erforderlichen Aufsichtsmaßnahmen“ 115

C. Verfassungsrechtliche Bedenken gegen die Vorschrift des § 130 OWiG 121
I. Verstoß gegen den Bestimmtheitsgrundsatz nach Art. 103 Abs. 2 GG 121
1. Anwendbarkeit von Art. 103 Abs. 2 GG auf das Ordnungswidrigkeitenrecht 121
2. Grundlegendes zu Art. 103 Abs. 2 GG 122
3. Das Bestimmtheitsgebot und die Vereinbarkeit mit § 130 OWiG 124
II. Compliance und Selbstregulierung in Unternehmen 129
III. Verstoß gegen das Schuldprinzip 136
1. Anwendbarkeit des Schuldprinzips im Ordnungswidrigkeitenrecht 136
2. Grundlegendes zum Schuldprinzip 136
3. Vereinbarkeit von § 130 OWiG mit dem Schuldprinzip 137

Teil 3: Zur Bedeutung der „fünf Aufsichtsmaßnahmen des § 130 OWiG" für die Ausgestaltung eines Compliance Systems im Unternehmen 139

A. Grundlegendes 139
B. Ausgangsphase: Risikoanalyse der konkreten Compliance-Risiken in einem Unternehmen (sog. Risikomanagement) 143
I. Risikoidentifikation 144
II. Risikobewertung 147
III. Risikobewältigung 148
C. Ausgestaltungsphase: Die Vermeidung von Compliance-Verstößen durch die Konkretisierung der „fünf Aufsichtsmaßnahmen des § 130 OWiG" 149
I. Sorgfältige Auswahl durch den Unternehmensinhaber bei der Neueinstellung von Personal 152
1. Allgemeines 152
2. Anforderungen an die sorgfältige Auswahl des Bewerbers 153
a) Kontaktaufnahme des Bewerbers 154
b) Bewerbungsgespräch 155
c) Nach der Einstellung eines Bewerbers 159

II. Sachgerechte Organisation und Zuständigkeitsverteilung im Unternehmen 160
1. Allgemeines 160
2. Zuständigkeitsverteilung 161
a) Horizontale normative Abschichtung von Verantwortungsbereichen 164
b) Vertikale normative Abschichtung von Verantwortungsbereichen 171
3. Die Compliance-Abteilung im Unternehmen 178
a) Die Standortbestimmung einer Compliance-Abteilung im Unternehmen 178
b) Der Compliance-Beauftragte 181
aa) Die Aufgaben eines Compliance-Beauftragten 182
(1) Implementierung und Weiterentwicklung eines Compliance-Systems 183
(2) Berichterstattungspflicht gegenüber der Unternehmensleitung 184
(3) Unterstützung und Beratung der Unternehmensleitung 185
(4) Implementierung von Unternehmensrichtlinien 186
(5) Schulung der Mitarbeiter 186
(6) Einrichtung einer Beratungs- bzw. Hinweisgeberstelle 186
(7) Durchführung von Kontrollen 187
(8) Entwicklung eines Konzepts für den Krisenfall 187
(9) Aufgaben gegenüber Unternehmensexternen 188
(10) Dokumentation 188
bb) Anforderungsprofil eines Compliance-Beauftragten 189
cc) Rechte des Compliance-Beauftragten 191
dd) Pflicht und / oder Recht zur Meldung von Gesetzesverstößen? 194
ee) Sonderfall: Ein Compliance-Beauftragter als strafrechtlicher Garant im Sinne des § 13 StGB und Verantwortlicher nach §§ 130 i.V.m. 9 Abs. 2 S. 1 Nr. 2 OWiG 197
(1) Zum Sachverhalt: Die BSR-Entscheidung des BGH vom 17.07.2009 197

(2) Zu den zentralen Aussagen des BGH in der BSR-Entscheidung 198
(3) Zur Rezeption der BSR-Entscheidung in Theorie und Praxis 200
(aa) Garantenpflicht eines Compliance-Beauftragten aufgrund seiner Verantwortlichkeit für das Verhalten von Unternehmensmitarbeitern? 203
(bb) Garantenpflicht eines Compliance-Beauftragten durch die freiwillige Übernahme der Verkehrssicherungspflicht? 205
(cc) Rechtspolitische Einordnung 209
ff) Ordnungswidrigkeitenrechtliche Risiken eines Compliance-Beauftragten 212
III. Angemessene Instruktion und Schulung des Personals 213
1. Regelmäßige Schulungen der Unternehmensmitarbeiter 214
a) Qualifiziertes Personal für die Schulungen 216
b) Inhalt und Form der Schulungen 217
2. Ausgestaltung und Implementierung von Unternehmensrichtlinien 219
a) Inhalt von Unternehmensrichtlinien 221
b) Implementierung von Unternehmensrichtlinien 226
aa) Grundlegendes 226
bb) Gesetzliche Pflicht zur Implementierung von Unternehmensrichtlinien? 227
IV. Ausreichende Kontrolle und Überwachung des Personals 230
1. Allgemeine Anforderungen an die Überwachungspflicht nach § 130 OWiG 230
2. Spannungsfeld Compliance und Datenschutz 233
a) Verfassungsrechtlicher Rahmen und Datenschutz 234
b) Die Novelle des Beschäftigtendatenschutzes vom 01.09.2009 236
c) Rechtpolitische Perspektiven 240
3. Zur Zulässigkeit einzelner Ermittlungsmaßnahmen bei Verdacht von Compliance-Verstößen 242
aa) Allgemeine Kontrollen am Arbeitsplatz 243
bb) Kontrolle und Auswertung von Akten und Unterlagen 243

(1) Datenschutzrechtliche Grundlagen 243
(2) Strafbarkeitsrisiken 244
cc) Kontrolle und Auswertung von E-Mails 245
(1) Datenschutzrechtliche Grundlagen 245
(2) Strafbarkeitsrisiken 248
dd) Telefonüberwachung 248
(1) Datenschutzrechtliche Grundlagen 248
(2) Strafbarkeitsrisiken 250
ee) Videoüberwachung 250
(1) Datenschutzrechtliche Grundlagen 250
(2) Strafbarkeitsrisiken 253
4. Überwachung mittels eines Hinweisgeber-Systems (sog. „Whistleblowing-System“) 253
a) Begriff und Bedeutung von Whistleblowing 253
b) Anzeigepflicht der Arbeitnehmer zur Meldung von Rechtverletzungen? 254
c) Ausgestaltung von Whistleblowing-Systemen 255
d) Gesetzliche Pflicht zur Einführung von Whistleblowing-Systemen 263
aa) Deutsche Regelungen 263
bb) US-amerikanische Regelungen 264
cc) Auswirkungen der US-Reglungen auf die Einführung von Whistleblowing-Systemen in deutschen Unternehmen 271
V. Angemessenes Einschreiten bei Fehlverhalten des Personals 271

Teil 4: Zusammenfassung und rechtspolitischer Ausblick 277

Literaturverzeichnis 287

Quellenverzeichnis 317

Abkürzungsverzeichnis

a. A.	andere Ansicht
Abs.	Absatz
a.F.	alte Fassung
AG	Aktiengesellschaft
AG	Die Aktiengesellschaft – Zeitschrift für das gesamte Aktienwesen, für deutsches, europäisches und internationales Unternehmens- und Kapitalmarktrecht
AGG	Allgemeines Gleichbehandlungsgesetz
AktG	Aktiengesetz
Alt.	Alternative
AnwBl	Anwaltsblatt
ArbG	Arbeitsgericht
ArbGG	Arbeitsgerichtsgesetz
ArbSchG	Arbeitsschutzgesetz
Art.	Artikel
BaFin	Bundesanstalt für Finanzdienstleistungsaufsicht
BAG	Bundesarbeitsgericht
BAKred	Bundesaufsichtsamt für das Kreditwesen
BAW	Bundesaufsichtsamt für Wertpapierhandel
BayObLG	Bayerisches Oberstes Landesgericht
BB	Betriebs-Berater – Zeitschrift für Recht, Steuern und Wirtschaft
BDSG	Bundesdatenschutzgesetz
Begr.	Begründung
BetrVG	Betriebsverfassungsgesetz
BGB	Bürgerliches Gesetzbuch
BGBl.	Bundesgesetzblatt
BGH	Bundesgerichtshof
BGHSt	Entscheidungen des Bundesgerichtshofs in Strafsachen
BilMoG	Gesetz zur Modernisierung des Bilanzrechts
BImSchG	Bundes-Immissionsschutzgesetz
BRAO	Bundesrechtsanwaltsordnung
BT-Drucks.	Drucksache des Bundestags
BVerfG	Bundesverfassungsgericht
BZRG	Bundeszentralregistergesetz

bzw.	beziehungsweise
CCZ	Corporate Compliance Zeitschrift – Zeitschrift für Haftungsvermeidung im Unternehmen
CR	Computer und Recht –Zeitschrift für die Praxis des Rechts der Informationstechnologien
DB	Der Betrieb – Wochenschrift für Betriebswirtschaft, Steuerrecht, Wirtschaftsrecht und Arbeitsrecht
DCGK	Deutsche Corporate Governance Kodex
ders.	derselbe
DFA	Dodd-Frank Wall Street Reform and Consumer Protection Act
Die Bank	Zeitschrift für Bankpolitik und Bankpraxis
DOJ	U. S. Department of Justice
DStR	Deutsches Steuerrecht – Wochenschrift & umfassende Datenbank für Steuerberater
EGMR	Europäischer Gerichtshof für Menschenrechte
EMRK	Europäische Menschenrechtskonvention
etc.	et cetera
f.	folgende
ff.	fortfolgende
FCPA	Foreign Corrupt Practices Act
FMRUG	Finanzmarktrichtlinien-Umsetzungsgesetz
Fn.	Fußnote
FS 50 Jahre BGH	Geiß, Karlmann; Nehm, Kay; Brandner, Hans Erich; Hagen, Horst (Hrsg.), Festschrift aus Anlass des fünfzigjährigen Bestehens von Bundesgerichtshof, Bundesanwaltschaft und Rechts-anwaltschaft beim Bundesgerichtshof
FS Dreher	Jescheck, Hans-Heinrich; Lüttger, Hans (Hrsg.), Festschrift für Eduard Dreher zum 70. Geburtstag am 29. April 1977
FS Hüffer	Kindler, Peter; Koch, Jens; Ulmer, Peter; Winter, Martin (Hrsg.), Festschrift für Uwe Hüffer zum 70. Geburtstag
FS Lackner	Küper, Wilfried (Hrsg.), Festschrift für Karl Lackner zum 70. Geburtstag am 18. Februar 1987
FS Roxin	Schünemann, Bernd; Achenbach, Hans; Bottke, Wilfried; Haffke, Bernhard; Rudolphi, Hans-Joachim (Hrsg.), Festschrift für Claus Roxin zum 70. Geburtstag am 15. Mai 2001

FS Rudolphi	Rogall, Claus; Puppe, Ingeborg; Stein, Ulrich, Wolter, Jürgen (Hrsg.), Festschrift für Hans-Joachim Rudolphi zum 70. Ge-burtstag
FS Schmidt	Bitter, Georg; Lutter, Marcus; Priester, Hans-Joachim; Schön, Wolfgang; Ulmer, Peter (Hrsg.), Festschrift für KarstenSchmidt zum 70. Geburtstag
FS Tiedemann	Sieber, Ulrich; Dannecker, Gerhard; Kindhäuser, Urs; Vogel, Joachim; Walter, Tino (Hrsg.), Strafrecht und Wirtschaftsstrafrecht – Dogmatik, Rechtsvergleich, Rechtstatsachen – Festschrift für Klaus Tiedemann zum 70. Geburtstag
FS Volk	Hassemer, Winfried; Kempf, Eberhard; Moccia, Sergio (Hrsg.), In dubio pro libertate, Festschrift für Klaus Volk zum 65. Ge-burtstag
FS Wiedemann	Wank, Rolf; Hirte, Heribert; Frey, Kaspar; Fleischer, Holger; Thüsing, Gregor (Hrsg.), Festschrift für Heribert Wiedemann zum 70. Geburtstag
GA	Goltdammer's Archiv für Strafrecht
GG	Grundgesetz
gem.	gemäß
GmbH	Gesellschaft mit beschränkter Haftung
GmbHG	Gesetz betreffend die Gesellschaft mit beschränkter Haftung
GmbHR	GmbH-Rundschau
Graeff/Schröder/Wolf	Graeff, Peter; Schröder, Karenina; Wolf, Sebastian (Hrsg.), Der Korruptionsfall Siemens – Analysen und praxisnahe Folgerungen des wissenschaftlichen Arbeitskreises von Transparency International
GwBekErgG	Gesetz zur Ergänzung und Bekämpfung der Geldwäsche und Terrorismusfinanzierung
Hdb. Aktienrecht	Henn, Günter; Frodermann, Jürgen; Jannott, Dirk (Hrsg.), Handbuch des Aktienrechts
Hdb. Bankrecht	Schimansky, Herbert; Bunte, Hermann-Josef; Lwowski, Hans-Jürgen (Hrsg.), Bankrechts Handbuch, Band III
Hdb. Criminal Compliance	Rotsch, Thomas (Hrsg.), Criminal Compliance
Hdb. Haftungsvermeidung	Hauschka, Christoph E. (Hrsg.), Corporate Compliance: Handbuch der Haftungsvermeidung, 2. Auflage
Hdb. Haftungsvermeidung 2007	Hauschka, Christoph E. (Hrsg.), Corporate Compliance: Handbuch der Haftungsvermeidung, 1. Auflage

Hdb. Investor Relations	Deutscher Investor-Relations-Kreis e. V. (Hrsg.), Handbuch Investor Relations
Hdb. Korruptionsprävention	Dölling, Dieter (Hrsg.), Handbuch der Korruptionsprävention für öffentliche Wirtschaftsunternehmen und öffentliche Verwaltung
Hdb. Steuerstrafrecht	Wabnitz, Heinz-Bernd; Jannovsky, Thomas (Hrsg.), Handbuch des Wirtschafts- und Steuerstrafrechts
Hdb. Vorstandsrecht	Fleischer, Holger (Hrsg.), Handbuch des Vorstandsrechts
Hdb. Wirtschaftsstrafrecht	Müller-Gugenberger, Christian (Hrsg.), Wirtschaftsstrafrecht Handbuch des Wirtschafts- und -ordnungswidrigkeitenrechts
HGB	Handelsgesetzbuch
h.M.	herrschende Meinung
HRRS	Zeitschrift für höchstrichterliche Rechtsprechung im Strafrecht
Hrsg.	Herausgeber
HWSt	Achenbach, Hans; Ransiek, Andreas (Hrsg.), Handbuch Wirtschaftsstrafrecht
i.V.m.	in Verbindung mit
IfM	Institut für Mittelstandsforschung
IStR	Internationales Steuerrecht – Zeitschrift für europäische und internationale Wirtschaftsberatung
JR	Juristische Rundschau
Jura	Juristische Ausbildung
JuS	Juristische Schulung
KonTraG	Gesetz zur Kontrolle und Transparenz im Unternehmensbereich
KritV	Kritische Vierteljahresschrift für Gesetzgebung und Rechtswissenschaft
Krw-/AbfG	Kreislaufwirtschafts- und Abfallgesetz
KWG	Kreditwesengesetz
LAG	Landesarbeitsgericht
LG	Landgericht
MaRisk	Mindestanforderungen an das Risikomanagement
Ma Risk VA	Aufsichtsrechtliche Mindestanforderungen an das Risikomanagement
MIFID	Richtlinie über Märkte für Finanzinstrumente

MMR	MultiMedia und Recht – Zeitschrift für Informations-, Telekommunikations- und Medienrecht
MschrKrim	Monatsschrift für Kriminologie und Strafrechtsreform
Münch Hdb. GesR IV	Hoffmann-Becking, Münchener Handbuch des Gesellschaftsrechts, Band 4, Aktiengesellschaft
Nr.	Nummer
NJOZ	Neue Juristische Online Zeitschrift
NJW	Neue Juristische Wochenschrift
NStZ	Neue Zeitschrift für Strafrecht
NWB	Zeitschrift für Steuer- und Wirtschaftsrecht
NZA	Neue Zeitschrift für Arbeitsrecht – Zweiwochenschrift für die betriebliche Praxis
NZG	Neue Zeitschrift für Gesellschaftsrecht
NZI	Neue Zeitschrift für Insolvenz- und Sanierungsrecht
OHG	Offene Handelsgesellschaft
OLG	Oberlandesgericht
OSHA	Occupational Safety and Health Administration
OWiG	Ordnungswidrigkeitengesetz
PWC	Pricewaterhouse Coopers
RegE	Regierungsentwurf
RIW	Recht der internationalen Wirtschaft
Rn.	Randnummer
S.	Seite
SEA 1934	Securities Exchange Act of 1934
SEC	U. S. Securities Exchange Commission
SOA	Sarbanes Oxley Act
StGB	Strafgesetzbuch
StPO	Strafprozessordnung
StrÄndG	Strafrechtsänderungsgesetz
StV	Strafverteidiger
TKG	Telekommunikationsgesetz
TransPuG	Transparenz- und Publizitätsgesetz
UMAG	Gesetz zur Unternehmensintegrität und Modernisierung des Anfechtungsrechts
USSC	United States Sentencing Commission
USSG	United States Federal Sentencing Guidelines
UWG	Gesetz gegen den unlauteren Wettbewerb

VersR	Versicherungsrecht – Zeitschrift für Versicherungsrecht, Haftungs- und Schadensrecht
VAG	Versicherungsaufsichtsgesetz
VGR	Gesellschaftsrechtliche Vereinigung (Hrsg.), Gesellschaftsrecht in der Diskussion
VStGB	Völkerstrafgesetzbuch
wistra	Zeitschrift für Wirtschafts- und Steuerstrafrecht
WM	Wertpapier-Mitteilungen – Zeitschrift für Wirtschafts- und Bankrecht
WpHG	Wertpapierhandelsgesetz
WStG	Wehrstrafgesetz
WuW	Wirtschaft und Wettbewerb –Zeitschrift für Deutsches und Europäisches Wettbewerbsrecht
z.B.	zum Beispiel
ZBB	Zeitschrift für Bankrecht und Bankwirtschaft
ZD	Zeitschrift für Datenschutz
ZGR	Zeitschrift für Unternehmens- und Gesellschaftsrecht
ZHR	Zeitschrift für das gesamte Handels- und Wirtschaftsrecht
ZIP	Zeitschrift für Wirtschaftsrecht
ZIS	Zeitschrift für Internationale Strafrechtsdogmatik
ZPO	Zivilprozessordnung
ZRFC	Zeitschrift für Risk, Fraud & Compliance
ZRFG	Zeitschrift für Risk, Fraud & Governance
ZStW	Zeitschrift für die gesamte Strafrechtswissenschaft
ZRP	Zeitschrift für Rechtspolitik
ZWH	Zeitschrift für Wirtschaftsstrafrecht und Haftung im Unternehmen

Einführung

„Es sollte eine Binsenweisheit sein, dass Unternehmen, ihre Organmitglieder und ihre Mitarbeiter im Einklang mit dem geltenden Recht handeln“.[1]

Die Aussage von *Schneider* scheint eine Selbstverständlichkeit wiederzugeben, welche seit einiger Zeit unter dem Stichwort „Compliance“ thematisiert wird. Dabei wird – vorbehaltlich einer differenzierten Begriffsklärung[2] – Compliance im rechtlichen Zusammenhang als Rechtskonformität eines Unternehmens und seiner Mitarbeiter verstanden, weshalb manche Compliance sogar als „alten Wein in neuen Schläuchen“ bezeichnen, da die Einhaltung geltender Gesetze durch Unternehmen keine neue Erkenntnis darstelle.[3]

Angesichts von wirtschaftsstrafrechtlichen Verfahren der jüngeren Vergangenheit scheint Compliance in der *Praxis* allerdings keineswegs selbstverständlich zu sein. In diesem Zusammenhang wurde einigen Großunternehmen eine besondere Aufmerksamkeit der Öffentlichkeit und vor allem auch Medienöffentlichkeit zuteil: Genannt seien beispielhaft die spektakulären Fälle von Siemens[4,5], Volkswagen[6], MAN[7], Deutsche Bahn[8] sowie zwischen Volkswagen und Telekom[9]. Mal ging es in diesen Fällen um Bestechungshandlungen[10], mal um das Einrichten schwarzer Kassen[11] und mal um das pauschale Ausforschen von Mitarbeitern und deren Angehörigen[12]. In all diesen Verfahren sahen sich die Unternehmensführungen dem gleichen Vorwurf ausgesetzt: fehlendes bzw. defizitäres Compliance-System!

Eine besondere Bedeutung kommt dabei dem Fall Siemens zu, der die Diskussion über Compliance in vielfältiger Form vorangetrieben hat: Siemens wurde seitens der Staatsanwaltschaft München I vorgeworfen, zum maßgeblichen Zeitpunkt über kein effektives Compliance-System zu verfügen,

1 Schneider, ZIP 2003, S. 645 (646).
2 Vgl. zum Begriff von Compliance den Gliederungspunkt ab S. 5.
3 So etwa Klindt, NJW 2006, S. 3399; *Poppe* in: Görling/Inderst/Bannenberg, S. 2.
4 Stern.de – „Korruptionsaffäre erreicht Konzernspitze“, 13.12.2006; BGH NJW 2009, S. 89.
5 SZ.de – „Siemens räumt auf“, 19.05.2010.
6 Focus Online – „Chronik der VW-Affäre“, 22.02.2008.
7 Stern.de – „MAN im Visier der Staatsanwaltschaft“, 05.05.2009.
8 Stern.de – „Bahn bespitzelte eigene Mitarbeiter“, 21.01.2009.
9 Süddeutsche.de – „Korruptionsverdacht bei VW und Telekom“, 15.02.2011.
10 BGH NJW 2009, S. 89; NJW 2010, S. 92.
11 BGH NJW 2009, S. 89.
12 Vgl. dazu Stern.de – „Bahn bespitzelte eigene Mitarbeiter“, 21.01.2009. Siehe insofern auch weitere Skandale wie etwa bei der HSBC, Ferrostaal, der Bayerischen Landesbank oder die Libor-Zinssatzmanipulationen.

das die Begehung von Rechtsverletzungen hätte aufdecken und verhindern können.[13] Als Folge dessen wurde gegen Siemens eine Geldbuße in Höhe von 395 Mio. Euro wegen Verletzung der Aufsicht des Gesamtvorstands nach § 130 OWiG verhängt, da dieser die Einhaltung der Compliance im Unternehmen unzureichend überwacht habe.[14]

Für das Thema „Compliance" hat der Fall Siemens wie ein „Paukenschlag"[15] gewirkt: Nach Abschluss der Verfahren gegen Siemens im Jahr 2007[16] betonte dessen Vorstandsvorsitzender Peter Löscher, dass sein Konzern „kein gesetzeswidriges Verhalten dulde und Zuwiderhandlungen mit klaren Konsequenzen ahnde". Er bekräftigte, dass zu diesem Zweck „der Bereich Compliance als wichtiger Teil der Unternehmens- und Führungskultur bei Siemens weiter gestärkt werde und ein Ausbau der internen Kontrollsysteme erfolge"[17]. Diese Aussage ist nicht als Plädoyer deutscher Unternehmen für eine moderne Selbstjustiz zu werten. Stattdessen ist sie ein Beispiel für die Ansätze zahlreicher deutscher Unternehmen in den letzten Jahren, aktiv die Prävention und Aufdeckung von Rechtsverletzungen anzugehen.[18] Inzwischen haben Unternehmensleiter aus den verschiedensten Bereichen den sich hinter Compliance stehenden Grundsatz für sich gewonnen und nicht nur das, es geht sogar um die weitergehende Anforderung, Compliance durch organisatorische Maßnahmen unternehmensbezogen („Corporate") umzusetzen. Angesichts neuer Gesetze und Rechtsprechung, die fast im Jahresrhythmus den Unternehmen und deren Leitern neue Organisationspflichten auferlegen, ist dies keine leichte Aufgabe. Die Anforderungen nehmen nochmals bedeutend zu bei internationalen Unternehmen, sei es, weil sie an einer Börse im Ausland gelistet sind, über ausländische Tochtergesellschaften verfügen oder geschäftliche Handlungen im Ausland vornehmen und dadurch etwa zusätzlich dem Foreign Corrupt Practices Act (FCPA) oder dem UK Bribery Act unterliegen. Mit dieser exterritorialen Wirkung internationaler Regelungen befassen sich deutsche Gerichte gegenwärtig nicht. Gleichwohl wird die Kenntnis über

13 So war das Compliance-System unzureichend ausgestattet: Mangel an personellen Ressourcen in den Compliance-Abteilungen und an einem wirksamen Kontrollsystem zur Aufdeckung und Verfolgung von Compliance-Verstößen, vgl. Bußgeldbescheid der Staatsanwaltschaft München I, Beschl. vom 03.12.2008, S. 9 f.

14 Staatsanwaltschaft München I, Beschl. vom 03.12.2008, S. 1.

15 SZ.de – „Siemens räumt auf", 19.05.2010.

16 Verfahren gegen frühere Vorstände, weitere Mitarbeiter und andere Einzelpersonen blieben von der Einigung der Strafverfolgungsbehörden mit Siemens unberührt.

17 Zitate aus einer Siemens-Pressemitteilung vom 04.10.2007.

18 Zum Ganzen: Rau, S. 9.

diese Wirkung von (ausländischen) Behörden bereits jetzt von einer modernen Compliance eines Unternehmens vorausgesetzt.[19]

Von den beispielhaft genannten Fällen Volkswagen, MAN, Deutsche Bahn und Telekom ist insbesondere die „Siemens-Entscheidung" ein Beleg für die jüngsten Wirtschaftsstrafverfahren, bei denen die *strafrechtlichen* Risiken für Unternehmensleiter und verantwortliche Aufsichtspersonen verstärkt in den Vordergrund traten.[20] Sie haben nicht nur Rechtsverstöße in den eigenen Reihen zu vermeiden, sondern auch auf die Rechtsbefolgung untergeordneter Mitarbeiter zu achten. Kommen sie dem nicht nach, stellt sich die Frage einer Verletzung der Aufsichtspflicht. Hervorzuheben ist in diesem Zusammenhang die Vorschrift des § 130 OWiG, die ein wesentliches Element des deutschen Wirtschaftsstrafrechts darstellt, obwohl es sich um eine Norm des Ordnungswidrigkeitenrechts handelt.[21] Wirtschaftsstrafrecht – in einem weiteren Sinne der Pönalisierung von tatbestandlichen Erfolgen in wirtschaftsrechtlichen Vorgängen verstanden[22] – erfasst notwendig das Ordnungswidrigkeitenrecht und vor allem die insoweit zentralen Vorschriften der §§ 130 und 30 OWiG. § 130 OWiG droht dem Unternehmensinhaber die *Sanktionierung von Aufsichtspflichtverletzungen* an, sofern er nicht *diejenigen Aufsichtsmaßnahmen ergreift, die erforderlich sind*, um die Begehungen von Straftaten oder Ordnungswidrigkeiten aus dem Unternehmen heraus zu verhindern.

---

19 Siemens einigte sich im Zusammenhang mit der Schmiergeldaffäre mit den US-Behörden, indem es einen Gesamtbetrag von ca. 800 Mio. US-Dollar zahlte. Dieser Betrag setzte sich zusammen aus einer Vorteilsabschöpfung der US-Börsenaufsicht U.S. Securities Exchange Commission (SEC) in Höhe von 350 Mio. US-Dollar und einer Strafzahlung an das US-amerikanische Justizministerium, US Department of Justice (DOJ), in Höhe von 450 Mio. US-Dollar; vgl. Securities Exchange Commission vs. Siemens Aktiengesellschaft, Civil Action No. 08 CV 02167 (D.D.C.), SEC-Pressebericht vom 15.12.2008. Anknüpfungspunkt für die Verfahren waren systematische Bestechungen für Auftragsakquirierungen und vorsätzliche Umgehungen interner Kontrollen – ermöglicht durch ein „unzureichendes Compliance-System" – bis hin zur Nichteinhaltung des FCPA, vgl. Staatsanwaltschaft München I, Beschl. vom 03.12.2008, S. 11 f.; Siemens-Pressemitteilung vom 15.12.2008, S. 1 (10 ff.); *Hauschka* in: Hdb. Haftungsvermeidung, S. 5.

20 Beispielsweise die Verurteilung zweier Siemens-Manager, vgl. BGHSt 52, 323; dazu vertiefend *Wolf* in: Graeff/Schröder/Wolf, S. 12 f.; zu weiteren Verurteilungen siehe Hauschka, NJW 2004, S. 257; Fleischer, NJW 2009, S. 2337; das obiter dictum des BGH vom 17.07.2009 zur strafrechtlichen Verantwortlichkeit des Compliance-Beauftragten, BGHSt 54, 44 = NJW 2009, S. 3173; zuletzt LG München I, Urteil vom 10.12.2013, Az.: 5 HK 0 1387/10 („Neubürger-Urteil").

21 Adam, wistra 2003, S. 285 (286).

22 So auch *Müller-Gugenberger* in: Hdb. Wirtschaftsstrafrecht, § 1, Rn. 2; Tiedemann, 2014, S. 2; Wittig, S. 4.

Obgleich die bedeutsame Vorschrift des § 130 OWiG also zunehmend in den Kontext von Compliance gestellt wird, erfolgte bisher in der Rechtsprechung und im Schrifttum nur unzureichend eine systematische Verknüpfung der Themen *„erforderliche Aufsichtsmaßnahmen des § 130 OWiG"* und *„Ausgestaltung eines Compliance-Systems"*.[23] In beiden Bereichen sind daher Ausführungen zur konkreten Bedeutung von Compliance-Systemen für Unternehmen im Zusammenhang mit § 130 OWiG überschaubar. Dies ist insoweit überraschend, als Compliance aktuell – über das Ordnungswirdigkeitenrecht hinausgehend – eine große Aufmerksamkeit im rechtswissenschaftlichen und rechtspolitischen Diskurs erfährt. Nicht zuletzt gibt es inzwischen in Deutschland ein Überangebot an Beratungsleistungen im Bereich Compliance und einen enormen Zuwachs von wissenschaftlichen Beiträgen. Eine solche Entwicklung bringt jedoch auch Nachteile mit sich: Das Thema „Compliance" droht, sich durch die genannten Zunahmen ins Grenzenlose und Unbestimmte auszuweiten. Die Arbeit verfolgt das Anliegen, dieser Entwicklung rechtsdogmatisch entgegenzuwirken, indem allgemeine und vor allem ordnungswidrigkeitenrechtsspezifische Anforderungen an Compliance analysiert werden. Diese Analyse soll dazu beitragen, der derzeit in der Praxis bestehenden Rechtsunsicherheit und Rechtsunklarheit ordnungswidrigkeitenrechtlicher Sanktionierung zu begegnen. Vor diesem Hintergrund ist es Ziel der Arbeit, durch Auswertung von Rechtsprechung und Literatur die *„Bedeutung der nach § 130 OWiG verlangten Aufsichtsmaßnahmen für die Ausgestaltung eines Compliance-Systems im Unternehmen"* zu analysieren.

Zur Beantwortung dieser Frage werden zunächst die beiden Themenbereiche „Compliance" (*Teil 1*) und die „Aufsichtspflichtverletzung nach § 130 OWiG" (*Teil 2*) dargestellt, um anschließend die beiden Thematiken miteinander zu verbinden (*Teil 3*). Demgemäß werden im *ersten Teil* die Grundlagen von Compliance behandelt. Dies beinhaltet im Wesentlichen eine Auseinandersetzung mit der Entstehung des Begriffs, seinen Funktionen und den rechtlichen Anknüpfungspunkten von Compliance in Deutschland sowie den Folgen einer Non-Compliance für Unternehmen und deren Leitung. Im *zweiten Teil* wird thematisiert, ob ein fehlendes bzw. defizitäres

23 Zwar stützte die Staatsanwaltschaft München I ihren Bußgeldbescheid gegen die Siemens Aktiengesellschaft auf eine Aufsichtspflichtverletzung nach § 30 Abs. 4 i.V.m. § 130 Abs. 1 OWiG. Gleichwohl ging das Gericht nicht darauf ein, inwieweit das Compliance-System hätte ausgestaltet sein müssen, um den nach § 130 OWiG verlangten „erforderlichen Aufsichtsmaßnahmen" zu entsprechen. Vielmehr stellte es lediglich negativ fest, dass das Compliance-System nicht „hinreichend effektiv war", vgl. Staatsanwaltschaft München I, Beschl. vom 03.12.2008, S. 9 f.; zuletzt LG München I, Urteil vom 10.12.2013, Az.: 5 HK 0 1387/10 („Neubürger-Urteil"); Buchholz, S. 1 ff.; Wilhelm, S. 83 ff.

Compliance-System eine Aufsichtspflichtverletzung nach § 130 OWiG auslösen kann. Dies beinhaltet auch eine Überprüfung der Verfassungskonformität der Norm. Der Schwerpunkt liegt jedoch bei der kritischen Betrachtung des Tatbestandsmerkmals der „erforderlichen Aufsichtsmaßnahmen“. Im *dritten Teil* erfolgt eine Verknüpfung der beiden Themenbereiche der „erforderlichen Aufsichtsmaßnahmen des § 130 OWiG“ und der „Compliance“. Es wird dargestellt, was die im zweiten Teil der Arbeit konkretisierten Aufsichtsmaßnahmen vom Unternehmensinhaber abverlangen und inwieweit diese im Einzelnen Compliance-Maßnahmen implizieren. Schließlich folgt im *vierten Teil* eine Zusammenfassung der wesentlichen Ergebnisse der Arbeit und ein rechtspolitischer Ausblick zur Vorschrift des § 130 OWiG.

Teil 1: Grundlagen von Compliance

Der erste Teil der Arbeit befasst sich mit den Grundlagen von Compliance. So wird der Begriff Compliance mittels der US-amerikanischen und deutschen Compliance-Historie definiert (A. I.). Ferner werden die Funktionen von Compliance erörtert (A. II.). Anhand der anschließend dargestellten Rechtsgrundlagen von Compliance in Deutschland (B. I.) wird im weiteren Verlauf des ersten Teils dieser Arbeit der Frage nachgegangen, ob es in Deutschland eine gesetzliche Pflicht zur Einführung eines Compliance-Systems in Unternehmen gibt (B. II.). Aus straf- und ordnungswidrigkeitenrechtlicher Hinsicht erlangt diese Fragestellung vor allem wegen der möglichen Garantenpflicht des Betriebsinhabers im Sinne von § 13 StGB bzw. § 8 OWiG eine besondere Bedeutung. Im letzten Teil dieses Kapitels werden die Haftungsrisiken vorgestellt, die eine fehlende bzw. defizitäre Compliance für Unternehmen und deren Leitung bergen kann (C.).

A. Begriff, historische Entwicklung und Funktionen von Compliance

I. Der Begriff und die historische Entwicklung von Compliance

Vor knapp zwanzig Jahren hat ein neuer Begriff Einzug in die deutsche Rechtssprache gehalten – „Compliance“.[24] Dieser entstammt der angloamerikanischen Rechts- und Wirtschaftsterminologie und wurde ohne Übersetzung in die deutsche Rechtssprache übertragen.[25] Der Begriff Compliance leitet sich vom englischen Ausdruck *„to comply with“* ab, was mit „etwas befolgen“, „sich nach etwas richten“ oder „einhalten“ ins Deutsche übersetzt werden kann.[26] Im rechtlichen Zusammenhang beschreibt der Begriff *„das Verhalten in Übereinstimmung mit den (für das Unternehmen geltenden) Regeln“*.[27] Eine genaue rechtliche Begriffsbestimmung ergibt sich aufgrund

---

24 *Hauschka* in: Hdb. Haftungsvermeidung, S. 2; Koch, WM 2009, S. 1013.

25 Die Herkunft des Begriffs Compliance wurde von Fleischer richtigerweise als „Legal Transplant“ der englischen Rechtssprache bezeichnet: Fleischer, NZG 2004, S. 1129 (1131).

26 *Hauschka* in: Hdb. Haftungsvermeidung, S. 3; Bergmoser/Theusinger/Gushurst, BB Beilage 2008, S. 1.

27 Eisele, WM 1993, S. 1021; Lösler, S. 11; ders., NZG 2005, S. 104. Die Begriffsdefinition von Compliance speziell aus der Medizin soll in dieser Arbeit unberücksichtigt bleiben, vgl. zur medizinischen Begriffsdeutung: Hauschka, AnwBl 2010, S. 629; Eufinger, CCZ 2012, S. 1. Von der Rechtsprechung bestätigt: OLG Hamburg, Magazindienst 2003, S. 470.

der Differenziertheit des Begriffs Compliance aber erst unter Berücksichtigung der historischen Entwicklung und bisherigen Funktionen von Compliance.

1. *Die Entwicklung von Compliance*

a) *Die Entwicklung von Compliance in den USA*

Das Ursprungsland von Compliance sind die USA.[28] Aufgrund einer fast hundertjährigen Compliance-Geschichte und einer umfassenden Praxiserfahrung der Behörden und Gerichte, speziell im Bereich der Strafverfolgung und -zumessung bezüglich der Auswirkung von Compliance-Systemen, werden die USA auch als „Mutterland“[29] oder „best practice“[30] von Compliance bezeichnet. Infolge der enormen Bedeutung der US-Wirtschaft etablieren sich die US-Maßstäbe im Bereich unternehmensinterner Kontroll- und Präventionsmaßnahmen zunehmend als internationaler Standard.[31] Hintergrund ist, dass Compliance in den USA nicht nur eine außerordentliche Aufmerksamkeit im rechtspolitischen Diskurs, sondern auch in der Praxis erhält.[32] Nach einer Studie von Pricewaterhouse Coopers (PWC) wird in US-amerikanischen Unternehmen in den USA das Thema Compliance aktiver angegangen als in Deutschland: So verfügen in Deutschland 54 % der befragten Unternehmen über ein Compliance-System. Demgegenüber haben 83 % der US-amerikanischen Unternehmen in den USA ein solches System eingerichtet. Diese Zahl steigt nochmals auf 91 % an, wenn die befragten Unternehmen auf börsennotierte US-Unternehmen in den USA eingeschränkt werden. Zudem zeigt die Studie, dass die Einführung von Compliance-Systemen in US-amerikanischen Unternehmen in den USA seit 2000 verstärkt erfolgte.[33] Die Ursache für diese Entwicklung hat ihren Ursprung allerdings bereits zu Beginn des vorigen Jahrhunderts.

aa) Die Anwendung der „respondeat superior“-Lehre im Unternehmensstrafrecht

Compliance und deren organisatorische Umsetzung im Unternehmen entwickelte sich in den USA zu Beginn des 20. Jahrhunderts vor dem Hintergrund der US-amerikanischen Rechtsordnung und Rechtsprechung: Im

---

28 Buff, S. 23; Fleischer, CCZ 2008, S. 1. Ausführlich zur US-amerikanischen Geschichte von Compliance auch: Pape, S. 67 ff.

29 Moosmayer, S. 7.

30 Mengel, S. 7.

31 Bussmann/Matschke, wistra 2008, S. 88.

32 PWC, 2010, S. 12; PWC, 2009, S. 26.

33 Zum Vorstehenden: Bussmann/Matschke, wistra 2008, S. 88 (91 f.).

Gegensatz zum deutschen Rechtssystem[34] können in den USA Unternehmen selbst strafrechtlich für kriminelle Handlungen ihrer Mitarbeiter zur Verantwortung gezogen werden.[35] Aus Angst vor einer Haftung und zur Sicherstellung eines rechtmäßigen Verhaltens seitens der Mitarbeiter führten US-amerikanische Unternehmen Unternehmensrichtlinien (sog. „Corporate Compliance Codes") ein.[36] In der Folgezeit schaffte der US-Gesetzgeber weitergehende gesetzliche Vorgaben, die erstmals organisatorische Vorkehrungen in Unternehmen erforderlich machten.[37]

bb) Die sog. „Electrical Cases" in den Sechzigerjahren des 20. Jahrhunderts

Die erste große Welle von Compliance-Maßnahmen hatte ihren Ursprung in den Sechzigerjahren des 20. Jahrhunderts.[38] In dieser Zeit kam es zu diversen strafrechtlichen Verfolgungen wettbewerbsrechtlicher Straftaten – bekannt als die sog. *„Electrical Cases"*.[39] Hintergrund waren kartellrechtswidrige Preisabsprachen und Marktaufteilungen zwischen Herstellern in der Elektroindustrie, die zu zahlreichen hohen Geld- und Freiheitsstrafen gegen beteiligte Personen und Unternehmen führten.[40] Hervorzuheben ist dabei das Technologieunternehmen „General Electric", das mit 437.500 US-Dollar zur höchsten Geldstrafe verurteilt wurde, obwohl es zuvor bereits Compliance-Maßnahmen in Gestalt von Unternehmensrichtlinien eingeführt hatte.[41] Im Rahmen des

---

34 Es gilt der Grundsatz *„societas delinquere non potest"*, vgl. zur Diskussion eines Unternehmensstrafrechts in Deutschland: Tiedemann, 2014, S. 161.; *Joecks* in: MüKo-StGB, Vor § 25, Rn. 16 ff.; *Schünemann* in: LK, 12. Auflage, Vor § 25, Rn. 20 ff.; Hirsch, ZStW 107 (1995), S. 285 ff.; Dannecker, GA 2001, S. 101 ff.; Geismar, S. 116 ff.

35 Nach der als umstritten angesehenen Übertragung des zivilrechtlichen Grundsatzes *„respondeat superior"* in das Strafrecht haftet ein Unternehmen für ein strafbares Verhalten eines Mitarbeiters, wenn dieser im Rahmen seines Arbeitsverhältnisses mit Handlungsvollmacht und der Absicht handelt, das Unternehmen zu begünstigen, vgl. zu den Voraussetzungen: Ries, RIW 1993, S. 544; Walisch, S. 16 ff.; Pitt/Groskaufmanis, 78 Georgetown Law Journal 1990, S. 1559 (1563 ff.). Dies geht zurück auf ein Urteil des U.S. Supreme Courts im Verfahren zwischen New York Central & Hudson River Rail Road vs. U.S., vgl. 212 U.S. 481, 496–96 (1909).

36 Linklater/McElyea, RIW 1994, S. 117 (118).

37 Copeland, 5 Drake Journal of Agricultural Law 2000, S. 305 (311). Siehe insofern zu den gesetzlichen Vorgaben: Loss, ZHR 129 (1967), S. 197 (211 f.); Hopt, ZHR 140 (1976), S. 201 (203 f.).

38 Copeland, 5 Drake Journal of Agricultural Law 2000, S. 305 (311); Herling, S. 1.

39 Linklater/McElyea, RIW 1994, S. 117 (118); Pitt/Groskaufmanis, 78 Georgetown Law Journal 1990, S. 1559 (1578).

40 Copeland, 5 Drake Journal of Agricultural Law 2000, S. 305 (311).

41 Pitt/Groskaufmanis, 78 Georgetown Law Journal 1990, S. 1559 (1580); Copeland, 5 Drake Journal of Agricultural Law 2000, S. 305 (311); Pape, S. 67.

Gerichtsverfahrens kritisierte allerdings der Richter ihre defizitäre Durchsetzung und berücksichtigte sie nicht bei der Strafzumessung.[42] Als Reaktion auf diesen Skandal richteten US-amerikanische Unternehmen ihre Organisationen dahingehend aus, Kartellrechtsverstöße frühzeitig aufzudecken bzw. von vornherein zu vermeiden.[43]

cc) Die Einführung des Foreign Corrupt Practices Acts in den Siebzigerjahren des 20. Jahrhunderts

In den Siebzigerjahren des 20. Jahrhunderts kam es weltweit zu Bestechungen ausländischer Regierungsmitglieder durch US-amerikanische Unternehmen (sog. „*Watergate-Skandal*“).[44] In Anhörungen des US-Bundesgesetzgebers (U.S. Congress) im Jahr 1976 und dem Bekanntwerden der enormen Tragweite der Bestechungen wurde am 19.12.1977 der *Foreign Corrupt Practices Act of 1977 (FCPA)*[45] erlassen. Dieser beinhaltet für US-amerikanische Unternehmen gesetzliche und ethische Vorgaben, wie sie in fremden Ländern Geschäfte zu führen haben.[46] Ursprünglich verbot das Gesetz nur US-amerikanischen Unternehmen Zahlungen an ausländische Amtsträger zu leisten. Durch eine Gesetzesänderung im Jahr 1998 wurde der Anwendungsbereich des FCPA aber enorm ausgeweitet: Nunmehr verbietet er auch ausländischen Unternehmen mit einer ausreichenden Verbindung („*sufficient nexus*“)[47] zum Hoheitsgebiet der USA die Bestechung und verpflichtet darüber hinaus alle börsennotierten US-Unternehmen und deren Tochtergesellschaften zu internen Kontrollmaßnahmen.[48] Als eine Folge der Einführung des FCPA

42 Pitt/Groskaufmanis, 78 Georgetown Law Journal 1990, S. 1559 (1581).

43 Linklater/McElyea, RIW 1994, S. 117 (118). Das Aufsehen rund um kartellrechtliche Compliance Maßnahmen zeigte sich auch anhand zahlreicher Aufsätze in Zeitschriften, vgl. beispielhaft etwa Flynn, 45 Texas Law Review 1967, S. 1301 ff.; Blake, 110 University of Pennsylvania Law Review 1961, S. 143 ff.

44 Als „*Watergate*“ wird nach einer Definition des U.S. Congress die „Missbräuche von Regierungsvollmachten“ („*abuses of governmental powers*“) bezeichnet, vgl. 44 U.S.C. § 2111, Sec. 104(a)(1). Ausführlich dazu: Pitt/Groskaufmanis, 78 Georgetown Law Journal 1990, S. 1559 (1582); Walsh/Pyrich, 47 Lutgers Law Review 1995, S. 605 (652); Partsch, S. 2; Walisch, S. 30.

45 The Foreign Corrupt Practices Act (FCPA) of 1977, Pub. L. No. 95–213, 1977 U.S.C.C.A.N. (91 Stat. 1494) 1498 (codified as amended at 15 U.S.C. §§ 78(a), (m), (dd-1), (dd-2), (ff) (1994).

46 Zum Vorstehenden: Copeland, 5 Drake Journal of Agricultural Law 2000, S. 305 (313).

47 Dann/Schmidt, NJW 2009, S. 1851; Partsch, S. 31.

48 Vgl. 15 U.S.C. § 78m(b); Cohen/Holland, CCZ 2008, S. 7 (10); Schulte/Görts, RIW 2006, S. 561 (564 f.); Mengel/Hagemeister, BB 2006, S. 2466 (2467); Partsch, S. 20.

restrukturierten viele Unternehmen ihre internen Strukturen und ergriffen Compliance-Maßnahmen: So wurden etwa Unternehmensrichtlinien ausgearbeitet bzw. überarbeitet.[49]

dd) Der „Wall-Street-Skandal" in den Achtzigerjahren des 20. Jahrhunderts

In den Achtzigerjahren des 20. Jahrhunderts gab es ebenfalls breit angelegte und aufsehenerregende Verfahren wegen Verletzung des Insiderhandelsverbots und Korruptionsvorwürfen in „*Wall-Street*-Unternehmen".[50] Aufgrund dieser Vorfälle zweifelte der Gesetzgeber an der Effektivität der zu dieser Zeit durchgeführten Compliance-Maßnahmen in Unternehmen wie etwa „*Chinese Walls*"[51], da sie nicht geeignet seien, Insiderhandel zu vermeiden.[52] Das veranlasste den Gesetzgeber im *Insider Trading and Securities Fraud Enforcement Act of 1988*[53] erste gesetzliche Compliance-Verpflichtungen zu normieren[54]: Das Gesetz verlangt dabei die Einführung von schriftlichen Unternehmensrichtlinien und organisatorische Vorkehrungen, um den Missbrauch von nicht öffentlichen Informationen zu vermeiden[55]; andernfalls können die zur Aufsicht verpflichteten Personen bei Insiderverstößen von

49 Copeland, Drake Journal of Agricultural Law 2000, S. 305 (313); Pitt/Groskaufmanis, 78 Georgetown Law Journal 1990, S. 1559 (1578); Mahnhold, S. 30.

50 Siehe zur Chronologie der Gerichtsverfahren gegen Denis B. Levine, Ivan F. Boesky und Drexel Burnham Lampert: Pitt/Groskaufmanis, 78 Georgetown Law Journal 1990, S. 1559 (1587 ff.); Dingeldey, RIW 1983, S. 81 (84 f.). Insofern die Gerichtsverfahren SEC vs. Levine, Litig. Release No. 11,095, [1986–1987 Transfer Binder] Fed. Sec. L. Rep. (CCH) 92,717, at 93,481 (May 12, 1986); SEC vs. Boesky, Litig. Release No. 11, 288, [1986–1987 Transfer Binder] Fed. Sec. L. Rep. (CCH) 92,991, at 94,856 (Nov. 14, 1986); Drexel Burnham Lambert, Inc. [1989 Transfer Binder] Fed. Sec. L. Rep. (CCH) 94, 474, at 93,030.

51 Zum Begriff „Chinese Walls": vgl. *Eisele* in: Hdb. Bankrecht, § 109, Rn. 141; *Röthenhöfer* in: Kümpel/Wittig, 2011, Rn. 3.335.

52 H.R. Rep. No. 100–910 at 15 (1988), reprinted in 1988 U.S.C.C.A.N. 6043, 6052. See also 134 Cong. Rec. H7467 (daily ed. Sept. 13, 1988) (statement of Rep. Markey).

53 Insider Trading and Securities Fraud Enforcement Act of 1988, Pub. L. 100–704, 102 Stat. 4677 (codified at 15 U.S.C. §§ 78(c), (o), (t-1), (u), (u-1), (ff), (kk), 80(b-4a) (1994)).

54 Walsh/Pyrich, 47 Lutgers Law Review 1995, S. 605 (654).

55 H.R. Rep. No. 100–910 at 15 (1988), reprinted in 1988 U.S.C.C.A.N. 6043, 6052. Siehe auch Insider Trading and Securities Fraud Enforcement Act of 1988, 15 U.S.C. § 78u-1(b)(1)(B); 134 Cong. Rec. H7467 (daily ed. Sept. 13, 1988) (statement of Rep. Markey).

Mitarbeitern eine „*civil penalty*“[56] auferlegt bekommen.[57] Dadurch bauten nahezu alle „Wall-Street-Unternehmen“ ihre Compliance-Systeme aus.[58]

ee) Die Einführung der US Federal Sentencing Guidelines in den Neunzigerjahren des 20. Jahrhunderts

Insgesamt erhofften sich die US-amerikanischen Unternehmen mit der Einführung von Richtlinien oder gar Compliance-Systemen fortwährend strafverhindernde oder zumindest strafmildernde Wirkung.[59] Diese Hoffnung der Unternehmen erfüllte sich jedoch erst im Jahr 1991[60]: Am 01.11.1991 trat auf Grundlage des *Sentencing Reform Act of 1984*[61] das achte Kapitel des amerikanischen Bundesstrafrechts (*United States Federal Sentencing Guidelines*, USSG)[62] in Kraft, das sich auf die Bestrafung von „*organizations*“[63] bezieht („*Sentencing of Organizations*“).[64] Die USSG wurden entworfen, um der Diskrepanz in der Strafzumessungspraxis der US-Bundesgerichte für gleichgelagerte Fälle entgegenzuwirken, indem Sanktionen entwickelt wurden, die im Verhältnis zur Straftat stehen und die ähnliche Strafen für ähnlich gelagerte Rechtsverletzungen beinhalten.[65] Daraufhin gründete der U.S. Congress eine „*U.S. Sentencing Commission*“ (USSC), die die Aufgabe erhielt, eine bindende

---

56 Vgl. 15 U.S.C. § 78u-1(b)(1)(B).

57 Walsh/Pyrich, 47 Lutgers Law Review 1995, S. 605 (655).

58 Linklater/McElyea, RIW 1994, S. 117 (118).

59 *Steer* in: Kapplan/Murphy, § 1, S. 10 ff.

60 Zuvor berücksichtigten US-amerikanische Gerichte Compliance Bemühungen bei der strafrechtlichen Verurteilung von Unternehmen selten bzw. bestand keine eindeutige Rechtslage und Rechtsprechung dahingehend, welche Strafen gegen Unternehmen verhängt werden konnten, vgl. Walther, MschrKrim 2005, S. 362 (363 f.).

61 Sentencing Reform Act of 1984, Publ. L. No. 98–473, 98 Stat. 1873, 1987 (codified as amended at 18 U.S.C. §§ 3551 ff.). Zum Gesetz und dessen Geschichte *Steer* in: Kapplan/Murphy, § 1, S. 2 ff.; Debold, § 1, S. 1 ff.

62 Die USSG sind auf der Website der US Sentencing Commission www.ussc.gov ein sehbar, abrufbar unter: http://www.ussc.gov/Guidelines/index.cfm [20.07.2016].

63 Im Kommentar zu § 8 A 1.1 USSG („Commentary“) wird „*organization*“ als eine nicht natürliche Person definiert. Der Begriff hat einen weiten Anwendungsbereich und umfasst „corporations, partnerships, joint-stock companies, unions, trusts, pension funds, unincorporated organizations, governments and political subdivisions thereof, and non-profit organizations“.

64 Codified as amended at 18 U.S.C. Bereits am 01.11.1987 traten Richtlinien in Kraft, die die Bestrafung von natürlichen Personen zum Gegenstand hatten.

65 Copeland, 5 Drake Journal of Agricultural Law 2000, S. 305 (325); Walsh/Pyrich, 47 Lutgers Law Review 1995, S. 605 (672); Orland, § 7.01, S. 4; *Steer* in: Kapplan/Murphy, § 1, S. 14 ff.; Forkner, 73 Denver University Law Review 1996, S. 963 (964).

Strafzumessungsrichtlinie für die US-Bundesgerichte zu entwerfen.[66] Entsprechend dieser Richtlinie bemisst sich seitdem die Höhe von gegen Unternehmen verhängten Strafen nach einem in § 8 C USSG statuierten Punkteverfahren. Das achte Kapitel legt das Verfahren zur Ermittlung der Strafe fest, die gegen ein für Straftaten des Mitarbeiters schuldig befundenes Unternehmen verhängt werden muss bzw. kann (z. B. 170 Verurteilungen von Unternehmen nach § 8 USSG im Jahr 2013).[67]

Die Ermittlung des konkreten Strafmaßes (sog. „*Fine*") orientiert sich nach folgendem dreistufigen Ablauf[68]:

(1) In Abhängigkeit von der ermittelten Tatsachengrundlage bestimmt das Gericht zunächst nach § 8 C 2.3. (a) USSG das sog. „*Base offense Level*" für die Straftat. Dabei wird jeder Straftat eine Zahl zugeordnet.[69] Diese Zahl dient als Ausgangspunkt für die Berechnung der sog. „*Base Fine*". Zur Bestimmung der Base Fine sind drei Werte zu beachten: eine vom Gesetz entsprechend der Straftat zugewiesene Standardstrafe (sog. „*Offense Level*"[70]), der durch die Straftat erzielte Unternehmensgewinn[71] sowie schließlich der dadurch entstandene Schaden des Opfers[72]. Der ermittelte Wert wird anschließend nach § 8 C 2.4. (d) USSG auf eine Tabelle sog. „*Offense Level Fine Table*" übertragen, um ihn einem zutreffenden Geldbetrag zuzuordnen. Die Geldbeträge erstrecken sich dabei von 5.000 US Dollar bis 72,5 Millionen US Dollar. Für die weitere Berechnung der vom

---

66 Commentary to § 1 A.1 USSG.

67 Vgl. United States Sentencing Commission, Annual Report 2013, S. 35. Doch seit Einführung der USSG im Jahr 1991 wurde nach Angaben der US Sentencing Commission erst in vier Fällen berücksichtigt, ob Unternehmen ein effektives Compliance System im Sinne der USSG implementiert hatten. Anzumerken ist dabei, dass es sich bei den Unternehmen, die nach den USSG bestraft wurden, oft um kleine Unternehmen handelte, die über kein gesondertes Compliance System verfügten. Auch dürfen Gerichte das Compliance System als Strafminderungsgrund nicht berücksichtigen, wenn Personen der Unternehmensleitung oder Compliance Beauftragte in die Gesetzeswidrigkeit involviert waren (vgl. § 8 C 2.5. (f) USSG). Auch dies traf in vielen Fällen zu, die die Gerichte zu beurteilen hatten, vgl. *Swenson* in: Kapplan/Murphy, § 4, S. 37 ff.

68 Vgl. Poling/Murphy White, 38 American Criminal Law Review 2001, S. 525 (543 ff.); Debold, § 17, S. 17 ff.; Johnson, 116 Yale Law Review 2006, S. 632 (643 ff.).

69 Die häufigsten Delikte, die von nach den USSG verurteilten Unternehmen begangen werden, umfassen Betrug, überflüssige Abfallentsorgung, Steuervergehen, Geldwäsche und Kartellvergehen, vgl. Copeland, 5 Drake Journal of Agricultural Law 2000, S. 305 (325 f.); Orland, § 7.06, S. 28.

70 Vgl. § 8 C 2.3. USSG.

71 Vgl. § 8 C 2.4. (2) USSG.

72 Vgl. § 8 C 2.4. (3) USSG.

Unternehmen zu tragenden Strafe wird nach § 8 C 2.4. (a) USSG der Base Fine der höchste dieser drei ermittelten Geldbeträge zugrunde gelegt.[73]

(2) Darauf aufbauend wird die Schuld des Unternehmens ermittelt (sog. „*Culpability Score*"), die die Base Fine durch verschiedene Multiplikatoren entsprechend einer in § 8 C 2.6. USSG wiederum dargestellten Tabelle erhöht oder vermindert.[74] Unter anderem gibt die Vorschrift des § 8 C 2.5. (f) (1) USSG den Richtern die Möglichkeit, den Culpability Score dann um *drei Punkte* zu vermindern („*mitigating factor*"[75]), wenn das Unternehmen im Sinne des § 8 C 2.5. (f) (1) USSG ein „*Effective Compliance and Ethics Program*" vorweisen kann.[76] So sehen die Guidelines demnach eine Strafmilderung vor, wenn das Compliance-System gewisse Anforderungen erfüllt.[77] Die Anforderungen sind in den Richtlinien im Einzelnen aufgeführt und umfassen *sieben Punkte*.[78] Ein Unternehmen, das alle Anstrengungen unternommen hat, um „compliant" zu sein, und mit den Behörden kooperiert hat, wird einen niedrigeren „culpability score" und folglich eine geringere Strafe erhalten. Demgegenüber erhält ein Unternehmen, das kriminelles Verhalten fördert oder Regierungsuntersuchungen behindert, einen bedeutsam höheren „culpability score" und somit eine höhere Strafe.[79]

---

73 *Kapplan* in: Kapplan/Murphy, § 1, S. 17; Walsh/Pyrich, 47 Lutgers Law Review 1995, S. 605 (672); Nunes, 27 Arizona State Law Review 1995, S. 1039 (1044 f.).

74 Der Culpability Score beginnt immer mit dem Wert 5, kann sich aber erhöhen oder vermindern.

75 Walsh/Pyrich, 47 Lutgers Law Review 1995, S. 605 (666).

76 Vor der Überarbeitung der Richtlinie am 01.11.2004 fordert diese ein „*Effective Program to Prevent and Detect Violations of Law*", vgl. Commentary to § 8 C 4.11. USSG. Durch die Überarbeitung der USSG wurden explizit auch ethische Belange miteinbezogen. Die Bedeutung der USSG zeigt sich speziell auch daran, dass das DOJ und die SEC von einer strafrechtlichen Verfolgung des Unternehmens absehen, sofern das Unternehmen über ein effektives Compliance Programm im Sinne des Kapitels 8 der USSG verfügt, siehe Principles of Federal Prosecution of Business Organizations des DOJ vom 12.12.2006, abrufbar unter: http://www.justice.gov/opa/documents/corp-charging-guidelines.pdf [20.07.2016].

77 Vgl. § 8 C 2.5. (f) (1) USSG: "If the offense occurred even though the organization had in place at the time of the offense an effective compliance and ethics program, as provided in § 8 B 2.1. (Effective Compliance and Ethics Program), subtract 3 points". Dazu Arlen, 66 University of Miami Law Review 2012, S. 321 (336 ff.).

78 Aufgrund dessen ein Compliance-System zu einem wesentlichen Bestandteil der Strafzumessung gehört und die USSG Anforderungen an solch ein Compliance-System aufführen, gelten die Standards des USSG als innovativ und mittlerweile als weltweite „best practice", vgl. Engelhard, NZG 2011, S. 126. Ausführlich zum konkreten Inhalt eines Compliance-Programms siehe insofern den Gliederungspunkt ab S. 105.

79 Walsh/Pyrich, 47 Lutgers Law Review 1995, S. 605 (673).

(3) Die ermittelten Multiplikatoren werden schließlich auf die Base Fine angewandt.[80] Die nach § 8 C 2.7. USSG erlangten Werte stellen die vom Gericht denkbar zu verhängende Mindest- und Höchststrafe dar. Innerhalb dieses Rahmens hat der Richter nach § 8 C 2.8. USSG die Strafe festzusetzen und dabei bestimmte Umstände wie das Fehlen eines Compliance-Systems zu berücksichtigen. Dieses Fehlen kann die Strafe für das Unternehmen verschärfen.[81]

ff) Die Bilanzskandale von Enron und WorldCom und die Einführung des Sarbanes-Oxley Acts zu Beginn des 21. Jahrhunderts

Im Jahre 2002 erreichte die Compliance-Diskussion in den USA einen vorläufigen Höhepunkt.[82] Als eine Reaktion auf spektakuläre Bilanzmanipulationen unter anderem durch die Konzerne *Enron* und *WorldCom* im Jahr 2001[83] und den damit verbundenen Vertrauensverlust der Marktteilnehmer erließ der US-amerikanische Gesetzgeber den bedeutenden *Sarbanes-Oxley Act* (SOA).[84] Dieser trat am 30.07.2002 durch Unterzeichnung von George W. Bush in Kraft.[85] Der SOA verpflichtet zu umfassenden Compliance-Maßnahmen. Von

---

80 Copeland, 5 Drake Journal of Agricultural Law 2000, S. 305 (330).

81 Allerdings entschied der U.S. Supreme Court am 12.01.2005 im ersten Teil des Verfahrens United States vs. Booker allerdings, dass das vorgeschriebene Strafzumessungssystem der USSG nicht mit der Verfassung („*right to a jury trial*") vereinbar sei und Gerichte sich nicht auf die USSG bei Urteilen stützen müssen. Dennoch urteilte der U.S. Supreme Court im zweiten Teil, dass die USSG im Rahmen der Strafzumessung zwar nicht mehr rechtlich bindend, wohl aber als Richtlinie „beratend" („*advisory*") genutzt werden sollen, vgl. United States vs. Booker and United States vs. Fanfan, 125 S. Ct. 775 (2005). Ausführlich dazu Orland, § 7.04A, S. 19 ff.; Debold, § 1, S. 4 ff; Johnson, 116 Yale Law Review 2006, S. 632 (636 ff.); Walther, MschrKrim 2005, S. 362 (370 f.); Meyer, ZStW 2006, S. 512 (534 f.). Ferner hat der U.S. Supreme Court im Jahr 2007 entschieden, dass die USSG zwar nicht verpflichtend sind, es aber als zulässig angesehen wird, wenn Richter die USSG bei der Strafzumessung anwenden, vgl. Kimbrough vs. U.S., 128 S. Ct. 558, 169 L. Ed. 2d 481 (2007).

82 So Hamilton/Trautmann, 2005, S. 101; Kohn/Kohn/Colapinto, S. xi.

83 Zur Situation am US-Finanzmarkt und den Verfahren unter anderem gegen Enron, Arthur Anderson und WorldCom: Orland, § 1.01, S. 1–1 ff.; *Bratton* in: Joo, S. 17 ff.; *Baynes* in: Joo, S. 242 ff.

84 Ausführlich zur Entstehungsgeschichte: Manz, S. 1 ff.; *Huber/Hoffmann* in: Huber/Keller/Tsaganos/Wolfman, S. 3 ff.; Welytok, S. 9, 25 ff.. Ferner: Bainbridge, 2007, S. 1 ff., 12 ff.; ders., 2012, S. 5 ff.; Menzies, S. 1 ff.; Kersting, ZIP 2003, S. 233; Hefendehl, JZ 2004, S. 18 (20 ff.).

85 Greene, S. 1; Lander, S. 1.

besonderer Bedeutung sind dabei die Sec. 301, 302 und 404 SOA.[86] Gemäß Sec. 301 (4) SOA sind Unternehmensleiter dazu verpflichtet, ein Hinweisgebersystem (sog. Whistleblowing-System) einzurichten.[87] Ferner wird nach Sec. 302 (a) (4) (A) SOA den Unternehmensleitern mittelbar die Pflicht auferlegt, interne Kontrollsysteme zu implementieren und diese regelmäßig auf deren Effektivität zu evaluieren.[88] Schließlich obliegt es nach Sec. 404 SOA der Unternehmensleitung ein funktionsfähiges internes Kontrollsystem der Finanzberichterstattung („*internal control structure and procedures for financial reporting*") einzurichten, dessen Funktionsfähigkeit sie im jährlichen Abschlussbericht zu bewerten und die daraus gewonnenen Ergebnisse in einem eigenständigen Bericht („*internal control report*") zu dokumentieren hat.[89] Der Bericht über die Funktionsfähigkeit der internen Kontrollen der Finanzberichterstattung bedarf zusätzlich einer Prüfung und Bewertung durch einen unabhängigen Wirtschaftsprüfer, was mit einem entsprechenden Testat darüber zu vermerken ist.[90]

Das Gesetz erhält über die Grenzen der USA hinaus besondere Aufmerksamkeit, da es nach Sec. 12 des *Securities Exchange Act of 1934* (SEA 1934)[91] auch Anwendung findet auf US-börsennotierte ausländische Unternehmen oder Unternehmen, die anderweitig Wertpapiere öffentlich in den USA anbieten („*Foreign Private Issuers*"[92]) und damit der Aufsicht der U.S. Securities Exchange Commission (SEC) unterliegen.[93]

---

86 Die SEC nahm bei Einführung des SOA an, dass pro Jahr ca. 383 Stunden für Unternehmen benötigt werden, um die Compliance-Vorschriften umzusetzen. Anlässlich einer Befragung von 321 Unternehmen mit einem Umsatz von mehr als 5 Milliarden US Dollar pro Jahr zeigte sich ein anderes Bild: So werden im Durchschnitt 4,7 Millionen US Dollar und 35.000 Stunden pro Jahr benötigt, um compliant mit den Vorschriften zu sein; in etwa also hundertfach so viel, als von der SEC zunächst eingeschätzt, vgl. Bainbridge, 2007, S. 4.

87 Vgl. auch Sec. 806 SOA; Menzies, S. 18.

88 Vgl. Sec 302 (a)(4)(A) SOA: "the signing officers are responsible for establishing and maintaining internal controls"; Bussmann/Matschke, wistra 2008, S. 88 (89).

89 Bainbridge, 2007, S. 4; Menzies, S. 45 ff; Welytok, S. 133.

90 Hamilton/Trautmann, 2005, S. 210. Der Bericht soll dem Prüfer als Grundlage für sein eigenes Vorgehen dienen, um Aufbau und Funktionsweise des jeweiligen internen Kontrollsystems zu verstehen.

91 Securities Exchange Act of 1934, Pub. L. No. 73–291, 48 Stat. 881 (1934) (codified as amended at 15 U.S.C. § 78a). Zu diesem Gesetz: Welytok, S. 42.

92 Als *Foreign Private Issuer* gelten bei der SEC registrierungspflichtige Unternehmen mit Stammsitz außerhalb der USA, vgl. Menzies, S. 13.

93 Nach Sec. 13 (a) und 15 (d) des SEA 1934 findet der SOA auf alle Unternehmen Anwendung, die US-börsennotiert sind. Dazu auch: Lander, S. 2; Greene, S. 53, Wilhelm, S. 187.

Aufgrund der genannten gesetzlichen Verpflichtungen des SOA zu Compliance Maßnahmen kam es unmittelbar zu zahlreichen Initiativen in Gestalt von Compliance-Systemen in US-amerikanischen Unternehmen.[94]

gg) Die Einführung des Dodd-Frank Acts zu Beginn des 21. Jahrhunderts

Die letzte Neuerung im Rahmen der US-amerikanischen Compliance-Historie bildet die Verabschiedung des *Dodd-Frank Wall Street Reform and Consumer Protection Acts* („*Dodd-Frank Act*" – DFA) am 21.07.2010 durch Präsident Barack Obama.[95] Der US-Gesetzgeber reagierte damit auf die Missstände der Finanzmarktkrise im Jahre 2007 und wollte den Finanzmarkt einer weitreichenden Änderung unterziehen.[96] Denn es handelte sich beim SOA um eine Reaktion auf zahlreiche Kapitalmarktbetrugsfälle und eben nicht um eine solche auf folgenschwere systematische Marktfehler.[97] In diesem Zusammenhang beauftragte der Präsident die SEC dazu, Verwaltungsbestimmungen zu erarbeiten.[98]

Die von der SEC im Anschluss vorgestellten Vorschläge beinhalten vor allem neue interessante compliance-relevante Regelungen, die die Compliance-Diskussion auf eine neue Stufe heben könnten[99]: So legte die SEC am 25.05.2011 auf der Grundlage von Sec. 922 des DFA entsprechende Bestimmungen vor, die sich mit der „*Implementierung der Whistleblower Bestimmungen der Sec. 21F des SEA 1934*" befassen.[100] Diese neue Vorschrift der Sec. 21F des SEA 1934 regelt „*Whistleblower Anreize und Schutzrechte*"[101]. Die Überschrift umfasst die beiden wichtigsten Neuerungen, die für die Compliance-Diskussion besonders relevant sind: zum einen die Einführung von finanziellen Anreizen zur Meldung von Unregelmäßigkeiten in Unternehmen in Form einer Belohnungsprämie, die die SEC unter bestimmten Voraussetzungen an den Hinweisgeber

---

94 McNeil/Brian, S. 3.

95 Pub. L. No. 111–203, 124 Stat. 1841 (2010), benannt nach den Ausschussmitgliedern Chris Dodd und Barney Frank.

96 Vgl. das Vorwort des Dodd-Frank Acts, abrufbar unter http://www.sec.gov/about/laws/wallstreetreform-cpa.pdf [20.07.2016]. Ferner Bainbridge, 95 Minnesota Law Review 2011, S. 1779 (1782 ff.).

97 Bainbridge, 2012, S. 9.

98 Greenberg, S. vii. Zur Verfassungskonformität solcher Bestimmungen siehe den Gliederungspunkt ab S. 36.

99 Gleichwohl ist anzumerken, dass diese Compliance-Neuerungen nur einen Bruchteil der Regelungen dieses umfangreichen und komplexen Gesetzeswerkes darstellen.

100 Schürrle/Fleck, CCZ 2011, S. 218 (219).

101 Vgl. SEC Release No. 34–64545 „Implementation of the Whistleblower Provisions of Section 21F of the Securities Exchange Act of 1934", abrufbar unter http://www.sec.gov/rules/final/2011/34-64545.pdf [20.07.2016].

zahlen muss; zum anderen eine Verbesserung des Hinweisgeberschutzes vor Repressalien des Arbeitsgebers.

Sec. 21F (b) (1) des SEA 1934 beinhaltet eine Verpflichtung der SEC zur Zahlung einer Prämie („*award*“ oder „*bounty*“)[102] an den Hinweisgeber, wenn die vom Hinweisgeber an die SEC „*freiwillig*“ weitergeleiteten Informationen zu einer erfolgreichen Geltendmachung einer Maßnahme staatlichen Vollzugs und zu einer Geldstrafe von mindestens einer Millionen US Dollar gegen das betreffende Unternehmen führten.[103] Die Prämie beträgt zwischen 10 und 30 % der verhängten Geldstrafe, die die SEC von dem betroffenen Unternehmen erhält.[104] Die exakte Festsetzung der Prämie liegt im Ermessen der SEC. Um die genaue Höhe der Prämie zu bestimmen, gibt das Gesetz der SEC einige Kriterien wie die Bedeutung der Information oder die Mithilfe des Hinweisgebers an die Hand.

Ferner weitet die Vorschrift des Sec. 21F des SEA 1934 den durch den SOA bereits vorhandenen Hinweisgeberschutz vor Vergeltungsmaßnahmen des Arbeitgebers nochmals aus, um somit die Hinweisgeber noch stärker zur Informationsweitergabe zu ermutigen und das Whistleblowing effektiver zu gestalten. Nach Sec. 21F (h) des SEA 1934 darf kein Arbeitnehmer aufgrund einer Informationsweitergabe entlassen, degradiert, suspendiert, bedroht, schikaniert sowie indirekt oder direkt diskriminiert werden. Andernfalls steht es dem betreffenden Arbeitnehmer zu, unmittelbar Klage beim zuständigen District Court zu erheben. Das Einreichen einer vorherigen Beschwerde beim Secretary of Labor bzw. bei der mittlerweile hierfür zuständigen Occupational Safety and Health Administration (OSHA) ist nicht erforderlich.[105]

Die umstrittenste Neuerung der neuen DFA Whistleblower-Vorschriften ist, dass die Regeln nicht verlangen, dass ein Unternehmensmitarbeiter zuerst von den intern etablierten Meldeverfahren seines Unternehmens als einer Vorbedingung für eine Informationsweiterleitung an die SEC und für jede potenzielle Belohnung nach dem DFA Gebrauch macht. Die Mittel

102 Greenberg, S. vii.

103 Die Informationen können sich dabei auf die Verletzung des SEA 1934, des SOA oder des FCPA beziehen, vgl. Göpfert/Wiegandt, ZWH 2011, S. 19 (20).

104 Vgl. Sec. 21F (b) (1) des SEA 1934. In einem spektakulären Steuerverfahren gegen die Schweizer Bank UBS erhielt der Hinweisgeber Bradley Birkenfeld die Rekordbelohnung von 104 Mio. US-Dollar aufgrund seiner entscheidenden Informationen zu Steuerhinterziehungspraktiken der Bank, die er im Jahre 2007 an das DOJ weiterleitete, vgl. Handelsblatt, „Prämien für Denuzianten“, 30.10.2012.

105 Schürrle/Fleck, CCZ 2011, S. 218 (220 f.). Für die Ermittlungen und Berichterstattungen an das Secretary of Labor, hat das Secretary of Labor die amerikanische Arbeitsschutzbehörde (sog. Occupational Safety and Health Administration) ermächtigt, vgl. Westman/Modesitt, § 6, S. 4.

von Belohnungen und direkter Berichterstattung zur SEC sind in der US-Unternehmenspraxis heftig diskutiert worden, da die Sorgen über opportunistische Ansprüche und die Möglichkeiten bestehen, dass diese neuen finanziellen Anreize die Wirkung haben könnten, das Compliance-System und das damit verbundene interne Meldeverfahren zu sabotieren.[106] Da es sich bei dem DFA um ein relativ neues Gesetz handelt, bleibt abzuwarten, inwieweit das Inaussichtstellen einer Belohnungsprämie für Hinweisgeber und die direkte Berichterstattung an Behörden Einfluss auf die Organisation von Compliance-Systemen ausüben.[107]

b) Die Entwicklung von Compliance in Deutschland

aa) Die Einführung der „Leitsätze für Mitarbeitergeschäfte" in deutschen Kreditinstituten in den Achtzigerjahren des 20. Jahrhunderts

Im Gegensatz zur vorher beschriebenen Entwicklung von Compliance in den USA ist die Geschichte interner Kontroll- und Präventionsmaßnahmen in Deutschland noch recht jung. Erste ernst zu nehmende[108] Compliance-Bemühungen mit Auswirkung auf die heute bestehenden gesetzlichen Compliance-Vorgaben sind in den Achtzigerjahren des 20. Jahrhunderts auszumachen. Am 31.12.1980 erließ das Bundesaufsichtsamt für das Kreditwesen (BAKred) eine Verlautbarung, in welcher die Ziffer 12 den Kreditinstituten aufgegeben hatte, interne Regelungen für Wertpapiergeschäfte ihrer Mitarbeiter zu entwickeln.[109] Daraufhin haben Spitzenverbände der Kreditwirtschaft im Jahr 1981 „*Leitsätze für eigene Wertpapiergeschäfte der Mitarbeiter von Kreditinstituten*" in ihren Unternehmen eingeführt.[110] Diese drücken im Allgemeinen die Erwartungen aus, dass alle Mitarbeiter ihre privaten Transaktionen in Übereinstimmung mit den Gesetzen und den internen Richtlinien tätigen.[111] Die Leitsätze wurden im Jahr 1992 überarbeitet. Das Resultat wurde vom BAKred am 31.12.1993 durch eine Verlautbarung mit dem Titel „*Leitsätze*

---

106 Vgl. Greenberg, S. vii.

107 Es besteht die Gefahr, dass externes Whistleblowing die Effektivität eines internen (grundsätzlich vorrangigen) Whistleblowings minimiert.

108 Zwar gab es im Jahr 1908 erste Ansätze für Compliance; diese wurden aber wie weitere Vorstöße in den Siebzigerjahren des 20. Jahrhunderts nicht weiterentwickelt; vgl. den Text der Mitteilung des Centralverbands des Deutschen Bank- und Bankiergewerbes abgedruckt bei Hoeren, ZBB 1993, S. 112 ff. sowie die beschlossenen „Empfehlungen zur Lösung der Insider-Probleme" durch die Börsensachverständigenkommission beim Bundesfinanzministerium abgedruckt in WM 1988, 1105 (1106 ff.).

109 Vgl. dazu Reischauer/Kleinhans, Kza. 486, Nr. 4; Jerusalem, S. 128.

110 Vgl. dazu Reischauer/Kleinhans, Kza. 486, Nr. 5a.

111 Kümpel, 2004, Rn. 16.711.

für Mitarbeitergeschäfte“ veröffentlicht.[112] Inhaltlich wurden die Institute dazu verpflichtet, Regelungen für „Mitarbeitergeschäfte im Unternehmen“[113] einzuführen und deren Einhaltung regelmäßig und zeitnah zum Geschäftsabschluss durch eine „neutrale (Compliance-)Stelle laufend zu kontrollieren“[114].

bb) Das erste Compliance-System eines deutschen Kreditinstituts in den Neunzigerjahren des 20. Jahrhunderts

Fast zeitgleich kam es in Deutschland zu einem Insider-Skandal. Bankmitarbeiter hatten ihr Insiderwissen für private Vermögensbildungen genutzt. Die Insider-Affäre hatte Entlassungen in zahlreichen Banken, einen Rücklauf des Handelsvolumens an der Frankfurter Wertpapierbörse und einen Ansehensverlust der deutschen Börse im Ausland zur Konsequenz.[115] Der Ansehensverlust hatte seine Ursache vor allem darin, dass dem deutschen Kapitalmarkt durch große US-amerikanische Anleger vorgeworfen wurde, er sei als Finanzplatz und Anlagestandort aufgrund einer fehlenden staatlichen Aufsichtsbehörde nicht geeignet.[116] Eine Großzahl der Investoren wandte sich in der Folge von Deutschland ab. Um an Seriosität und Wettbewerbsfähigkeit

---

112 Vgl. dazu Reischauer/Kleinhans, Kza. 845.

113 Hierunter fielen Geschäfte, die ein Mitarbeiter außerhalb seiner dienstlichen Aufgabenstellung für eigene Rechnung oder für Rechnung Dritter in Wertpapieren, Devisen oder Derivaten tätigt. Des Weiteren werden auch solche Geschäfte erfasst, die ein Dritter für Rechnung oder im Interesse eines Mitarbeiters durchführt, da sie wirtschaftlich dem Mitarbeiter zuzurechnen sind, vgl. Kümpel, 2000, Rn. 16.573. Im Gegensatz dazu ist die neu gesetzlich aufgenommene Regelung zum 01.11.2007 in § 33b WpHG enger, da sie nicht mehr sämtliche Mitarbeitergeschäfte erfasst, vgl. dazu: *Fett* in: Schwark/Zimmer, § 33b WpHG, Rn. 6; Rundschreiben 8/2008 (WA) der Bundesanstalt für Finanzdienstleistungsaufsicht (BaFin), Abschnitt 2 vom 18.08.2008 zur Überwachung von Mitarbeitergeschäften gemäß § 33 WpHG und § 25a KWG.

114 Die veröffentlichte Richtlinie des Bundesaufsichtsamts für Wertpapierhandel (BAWe) zur Konkretisierung der Organisationspflichten von Wertpapierdienstleistungsunternehmen gemäß § 33 Abs. 1 WpHG bezeichnete die Kontroll-Abteilung als „Compliance-Stelle“, vgl. Bundesanzeiger Nr. 210 vom 06.11.1999, S. 18453.

115 Lösler, S. 18; Der Spiegel, „Die haben das Chaos im Kopf“, vom 22.07.1991; Der Spiegel, „Totalverlust möglich“, vom 29.07.1991.

116 Assman, AG 1994, S. 196 (199). Beispielsweise wurde in einzelnen Märkten das Aufstellen von Bildschirmen der Deutschen Terminbörse nicht erlaubt, vgl. Weiss, Die Bank 1993, S. 136. Erst mit dem Gesetz über den Wertpapierhandel und zur Änderung börsenrechtlicher und wertpapierrechtlicher Vorgaben (Zweites Finanzmarktförderungsgesetz) vom 26.07.1994 wurde eine zentrale Kapitalmarktaufsicht durch das gleichzeitig errichtete BAWe geschaffen und damit die dezentrale Börsenaufsicht der einzelnen Bundesländer abgelöst, BGBl. I 1994, S. 1749 (1750).

zurück zu gewinnen, stellten in Deutschland Kreditinstitute erste Compliance-Überlegungen an oder führten gar auf freiwilliger Basis Maßnahmen zur Vermeidung von Insiderhandel in ihren Instituten ein[117], dies vor allem um der zunehmenden Internationalisierung und dem internationalen Marktstandard Rechnung zu tragen.[118] Als erstes deutsches Kreditinstitut hatte die Deutsche Bank AG im April 1992 freiwillig ein Compliance-System zur Überwachung der Verhaltensregeln im Verantwortungsbereich der Unternehmensleitung eingerichtet.[119] Zweck dieser Handlungen war die Stärkung der Funktionsfähigkeit und Glaubwürdigkeit der deutschen Kreditwirtschaft.[120] Die Umsetzung dieses Anliegens führte nach Auffassung der deutschen Kreditinstitute nur über die Einführung weltweit angesehener Standards – wie etwa ein effektives Compliance-System.[121] Denn nach der Überzeugung der Kreditinstitute würden deren Glaubwürdigkeit und Ansehen auch an effektiven unternehmensinternen Compliance-Systemen gemessen werden, die zu diesem Zeitpunkt bereits als internationaler Standard erachtet wurden.[122] Denn so wie der Handelsplatz Deutschland durch internationale Anleger an der Existenz einer neutralen staatlichen Aufsicht gemessen wurde, beurteilte man einzelne Wettbewerber danach, ob sie ein Compliance-System vorweisen konnten.

cc) Die EG-Richtlinien und ihre Umsetzung in das Deutsche Recht

Die Compliance-Bemühungen in deutschen Kreditinstituten vollzogen sich jedoch nicht nur freiwillig im Hinblick auf die Wettbewerbsfähigkeit, sondern auch wegen des Inhalts der am 10.05.1993 verabschiedeten *EG-Richtlinie über Wertpapierdienstleistungen*.[123] Diese verfolgte den Zweck, die Anleger durch angemessene institutsinterne Kontrollverfahren zu schützen und das Funktionieren der Wertpapiermärkte zu gewährleisten und zu stabilisieren. Sie forderte inhaltlich die Mitgliedstaaten dazu auf, Aufsichts- und Wohlverhaltensregeln zu erlassen, die die Kreditinstitute dazu verpflichteten, Compliance-Maßnahmen zu ergreifen.[124] Diese Verhaltensregeln wurden durch

---

117 Lösler, S. 19.

118 Da Compliance bereits als internationaler Marktstandard angesehen wurde, so Weiss, Die Bank 1993, S. 136.

119 Weiss, Die Bank 1993, S. 136. Diese Vorgaben wurden vom BAKred aufgenommen und als „Leitsätze für Mitarbeitergeschäfte“ am 31.12.1993 verbindlich gemacht.

120 Lösler, S. 18.

121 Weiss, Die Bank 1993, S. 136.

122 So Weiss, Die Bank 1993, S. 136; Eisele, WM 1993, S. 1021.

123 Vgl. Richtlinie 93/22/EWG vom 10.05.1993 über Wertpapierdienstleistungen (sog. Wertpapierdienstleistungsrichtlinie).

124 Vgl. Art. 10 (Aufsichtsregeln) und Art. 11 (Wohlverhaltensregeln) der Wertpapierdienstleistungsrichtlinie.

das *Zweite Finanzmarktförderungsgesetz* am 26.07.1994[125] ins deutsche Recht transformiert. Insgesamt ist das Zweite Finanzmarktförderungsgesetz stark gemeinschaftsrechtlich geprägt.[126] Ziel des Gesetzes war es, die Funktionsfähigkeit des Finanzplatzes Deutschland und seine internationale Wettbewerbsfähigkeit zu verbessern sowie das Vertrauen der Anleger zu stärken.[127]

Kernstück des Gesetzes ist das in Art. 1 enthaltene Wertpapierhandelsgesetz (WpHG) – im Hinblick auf die Compliance-Vorgaben speziell Abschnitt 6 des WpHG („Verhaltenspflichten, Organisationspflichten, Transparenzpflichten"). Die §§ 31 ff. WpHG binden Wertpapierdienstleistungsunternehmen an berufliche Verhaltensstandards, deren Einhaltung sie selbst durch geeignete Organisationsstrukturen und angemessene interne Kontrollverfahren sicherzustellen haben. Explizit hervorzuheben ist die Vorschrift des § 33 WpHG: Zwar beinhaltete diese den Begriff „Compliance" zunächst nicht ausdrücklich, gleichwohl waren die Wertpapierdienstleistungsunternehmen nach § 33 Abs. 1 Nr. 3 WpHG in der Fassung aus dem Jahre 1993 dazu verpflichtet, über angemessene interne Kontrollverfahren zu verfügen, die geeignet sind, Verstößen gegen das WpHG entgegenzuwirken.[128]

Mit dem Inkrafttreten des *Finanzmarktrichtlinien-Umsetzungsgesetzes* (FMRUG) zum 01.11.2007[129] legte § 33 Abs. 1 S. 2 Nr. 1 WpHG dann

---

125 Gesetz über den Wertpapierhandel und zur Änderung börsenrechtlicher und wertpapierrechtlicher Vorschriften (Zweites Finanzmarktförderungsgesetz) vom 26.07.1994, BGBl. I 1994, S. 1749 ff.

126 So setzte das Gesetz die Richtlinie 88/627/EWG vom 12.12.1988 über die bei Erwerb und Veräußerung einer bedeutenden Beteiligung an einer börsennotierten Gesellschaft zu veröffentlichenden Information (sog. Transparenzrichtlinie) um, sowie die Richtlinie 89/592/EWG vom 13.11.1989 zur Koordinierung der Vorschriften betreffend Insidergeschäfte (sog. Insiderrichtlinie) und partiell die Richtlinie 93/22/EWG vom 10.05.1993 über Wertpapierdienstleistungen (sog. Wertpapierdienstleistungsrichtlinie).

127 Vgl. BT-Drucks. 12/6679, S. 1, 33 f.

128 Erstmalig bezeichnete die Richtlinie des BAWe zur Konkretisierung der Organisationspflichten von Wertpapierdienstleistungsunternehmen gemäß § 33 Abs. 1 WpHG die Kontroll-Abteilung als „Compliance-Stelle" vgl. Bundesanzeiger Nr. 210 vom 06.11.1999, S. 18453. Dabei wird der Begriff Compliance wie folgt legal definiert: „Wertpapierdienstleistungsunternehmen sind verpflichtet, eine ihrer Struktur und Geschäftstätigkeit entsprechende Aufbau- und Ablauforganisation sowie laufende Überwachung zur ordnungsgemäßen Durchführung der Wertpapierdienstleistungen und Wertpapiernebendienstleistungen zu gewährleisten (Compliance)". Siehe zur Verfassungskonformität solcher Richtlinien den Gliederungspunkt ab S. 36.

129 Zuvor wurde mit der Verabschiedung der Richtlinie über Märkte für Finanzinstrumente 2004/39/EG vom 21.04.2004 (MIFID) die Wertpapierdienstleistungsrichtlinie ersetzt. Aufgrund dieser Rahmenrichtlinie erging die EG-Durchführungsrichtlinie

ausdrücklich fest, dass Wertpapierdienstleistungsunternehmen insbesondere eine *dauerhafte und wirksame Compliance-Funktion* einzurichten haben, die ihre Aufgabe unabhängig wahrnehmen kann.[130] Damit hatte der Begriff „Compliance“ erstmals ausdrücklich Eingang in die deutsche Rechtsordnung gefunden. Zudem begründete mit § 33 WpHG erstmalig eine Rechtsvorschrift die Pflicht, ein Compliance-System einzuführen, welches allerdings allein die Befolgung der Normen des WpHG zur Aufgabe hat.

2. *Das rechtliche Begriffsverständnis von Compliance in Deutschland*

a) *Die deutschen Grundlagen für das rechtliche Begriffsverständnis von Compliance*

Wie in den USA hat Compliance also auch in Deutschland seinen Ursprung im Bereich der Kredit- und Finanzwirtschaft im Zusammenhang mit der Verhinderung von Marktmissbrauch, Interessenskonflikten und Insiderhandel.[131] Aufgrund der vorwiegenden Statuierung der Rechtsgrundlagen von Compliance im Kapitalmarktrecht bezog sich das traditionelle Verständnis von Compliance dementsprechend auf das Wertpapier- und Kapitalmarktgeschäft. So bezeichnete *Eisele* Compliance als „die Gesamtheit vorbeugender Maßnahmen in Unternehmen, die sicherstellen, dass die Gesetze, Regeln und Usancen im Wertpapiergeschäft eingehalten, Interessenkonflikte vermieden und insbesondere, dass Insiderinformationen nicht unlauter verwendet werden“[132].

b) *Die Ausdehnung des traditionellen rechtlichen Begriffsverständnisses von Compliance*

Trotz des kapitalmarktrechtlichen Ursprungs von Compliance beschränkte sich die allgemeine Erwartungshaltung des rechtskonformen Verhaltens von Unternehmen nicht nur auf Kredit- und Finanzdienstleistungsinstitute.[133] Denn nicht nur Kredit- und Finanzdienstleister sahen sich einer Vielzahl von

---

bezüglich der organisatorischen Anforderungen an Wertpapierdienstleistungsunternehmen 2006/73/EG vom 10.08.2006 (Organisationsrichtlinie), die durch das FMRUG umgesetzt wurde und Änderungen der §§ 31 ff. WpHG bewirkte. Gleichzeitig wurden die Compliance-Richtlinie und die bisherigen Mitarbeiterleitsätze mit Wirkung zum 01.11.2007 aufgehoben, da ihre Regelungsbereiche durch die Neufassung des WpHG gesetzlich reguliert sind, vgl. BaFin, Schreiben „Aufhebung der Wohlverhaltensrichtlinie, der Compliance-Richtlinie und der Mitarbeiterleitsätze“ vom 23.10.2007.

130 BGBl. I 2007, S. 1330 (1344).

131 Eisele, WM 1993, S. 1021 ff.; Fleischer, CCZ 2008, S. 1; Lösler, NZG 2005, S. 104.

132 Vgl. *Eisele* in: Hdb. Bankrecht, § 109, Rn. 1.

133 Schneider, ZIP 2003, S. 645 (646).

einzuhaltenden nationalen und internationalen Gesetzen gegenüber. Sukzessiv setzte sich das Verständnis in deutschen Unternehmen durch, dass diese branchenspezifischen Gesetze einen verallgemeinerungsfähigen Grundsatz beinhalten[134]: nämlich die Pflicht der Unternehmensleitung, Gesetzesverstöße von sämtlichen Unternehmensangehörigen in allen Unternehmensbereichen durch angemessene und wirksame organisatorische Vorkehrungen zu vermeiden.[135] Anhand dieses Grundsatzes lässt sich erkennen, dass sich das Verständnis von Compliance in Deutschland in den letzten Jahren deutlich weiterentwickelt hat.[136] Zwar versteht man unter Compliance immer noch Rechtskonformität, doch geht es mittlerweile um die weitergehende Anforderung, Compliance nicht auf einzelne Funktionsbereiche im Unternehmen zu beschränken, sondern Compliance unternehmensbezogen („*Corporate*") zu definieren.[137]

c) Das moderne rechtliche Begriffsverständnis von Compliance

Bei der unternehmensbezogenen Definition von Compliance orientiert sich das deutsche Verständnis von Compliance sachlich und nicht nur begrifflich an den Entwicklungen in den USA.[138] Nach dortigem Verständnis ist zentraler Ansatz der Compliance-Diskussion, „*wie*" die Einhaltung von Gesetzen innerhalb eines komplexen Unternehmens organisatorisch sichergestellt werden kann und „*wie*" man Compliance durch ein Compliance-System im Unternehmen effektiv umsetzt[139], speziell „*wie*" die haftungsrechtliche Inanspruchnahme des Unternehmens bzw. deren Leitung durch ein internes Kontrollsystem vermieden werden kann.[140] Das heutige Compliance-Verständnis geht demzufolge nun erweiternd dahin, dass die Einrichtung von internen Strukturen erforderlich ist, die die Handlungen und Aufgabengebiete der Unternehmensangehörigen konkretisieren, koordinieren und beschränken, um die Einhaltung der für das Unternehmen und seine Mitarbeiter geltenden Regeln sicherzustellen und die Gefährdungssituationen im Wirtschaftsleben zu minimieren.[141] Konkret: eine Erweiterung zu einem präventiv ausgerichteten Compliance-System,

---

134 Fleischer, CCZ 2008, S. 1.

135 Vgl. dazu *Koller* in: Assmann/Schneider, § 33, Rn. 4; *Braun/Wolfgarten* in: BFS-KWG, § 25a, Rn. 1, 35 f.; Fleischer, AG 2003, S. 291 (299); Lösler, NZG 2005, 104; Schneider, ZIP 2003, S. 645 (649).

136 Karbaum, S. 14.

137 Campos Nave/Bonenberger, BB 2008, S. 734; Kiethe, GmbHR 2007, S. 393 (394).

138 Rau, S. 20.

139 Passarge, NZI 2009, S. 86; Hehn/Hartung, DB 2006, S. 1909 (1910).

140 Buff, S. 10 ff.; Kort, NZG 2008, S. 81; Fleischer, CCZ 2008, S. 1.

141 Bergmoser/Theusinger/Gushurst, BB Beilage 2008, S. 1 (2) bezeichnen daher die Verankerung des Compliance-Gedankens in der Organisation eines Unternehmens als „alles andere als trivial".

einschließlich einer nachhaltigen Kontrolle der umgesetzten Maßnahmen im Hinblick auf deren Effektivität.[142]

Unter Berücksichtigung der Entwicklung zum Verständnis von Compliance sowie deren unternehmensbezogener Ausrichtung („Corporate") hat die deutsche Rechtsdogmatik versucht, diesen Begriff zu konkretisieren: Nunmehr wird im rechtlichen Kontext unter Compliance überwiegend die „*Gesamtheit aller erforderlichen, geeigneten und zumutbaren organisatorischen Maßnahmen, die das rechtmäßige Verhalten eines Unternehmens, seiner Organisationsmitglieder und seiner Mitarbeiter im Hinblick auf alle rechtlichen Ge- und Verbote gewährleisten und Risiken frühzeitig erkennen und minimieren sollen*" verstanden.[143] In einer weiter gefassten Definition wird unter Compliance auch die Übereinstimmung mit Vorgaben zum Beispiel aus unternehmensinternen Richtlinien verstanden.[144] Diese unterschiedlichen Bedeutungen von Compliance hat die Regierungskommission *Deutscher Corporate Governance Kodex (DCGK)* im Jahr 2007 erstmals aufgegriffen, nachdem sie sich mit dem Thema „Compliance" beschäftigt hatte, und daraus eine in der Wirtschaft allgemein anerkannte Begriffsbestimmung im Kodex entwickelte.[145] So lautet nun Nr. 4.1.3 DCGK bezogen auf den Vorstand der Aktiengesellschaft:

> „*Der Vorstand hat für die Einhaltung der gesetzlichen Bestimmungen und der unternehmensinternen Richtlinien zu sorgen und wirkt auf deren Beachtung durch die Konzernunternehmen hin (Compliance)*".[146]

Schließlich versteht man unter einem Compliance-System eines Unternehmens ein Instrument, das „*die Gesamtheit aller organisatorischen und systematisch aufeinander bezogenen Maßnahmen zur effektiven Identifizierung und Prävention von Rechts- und Regelverstößen durch die Organisationsmitglieder sowie die Vorkehrungen eines Unternehmens zur Sicherstellung der Integrität seiner Unternehmenskultur*"[147] umfasst. Eine besondere Berücksichtigung erfährt hierbei speziell ein kriminalitätsbezogenes Compliance-System, das die Einhaltung von straf- und bußgeldbewehrten Gesetzen sicherstellen soll (Criminal Compliance)[148]. Hierunter fallen vor allem die bußgeldbewehrten

---

142 Berndt/Hoppler, BB 2005, S. 2623 (2627).

143 Schneider, ZIP 2003, S. 645 (646).

144 Zur weiten Definition vgl. Hauschka, ZIP 2004, 877; *Pauthner-Seidel/Stephan* in: Hdb. Haftungsvermeidung, S. 639; Lelley, S. 10.

145 Zur Entwicklung der Kodex-Bewegung in Deutschland vgl. ausführlich *Maschmann* in: Hdb. Korruptionsprävention, S. 171; Bürkle, BB 2007, S. 1797 ff.

146 *Ringleb* in: Ringleb/Kremer/Lutter/Werder, Rn. 575.

147 So AKEIÜ, DB 2010, S. 1509 (1510).

148 Commentary No. 1 to § 8 B.2.1. USSG: „Compliance and ethics program means a program designed to prevent and detect criminal conduct", vgl. dazu auch Bock, S. 21 f.

Aufsichtspflichten des Unternehmensinhabers im Sinne des § 130 OWiG zur Verhinderung von Zuwiderhandlungen.[149]

d) Vorauseilender Gehorsam durch Compliance?

Die Geschichte von Compliance im Sinne interner Kontroll- und Präventionsmaßnahmen mag zwar in Deutschland noch relativ jung sein, jedoch nahm diese eine regelrecht „rasante" Entwicklung in den letzten Jahren: waren es ursprünglich noch Bemühungen mit kapitalmarktrechtlichem Ursprung, haben inzwischen Unternehmensleiter aus den verschiedensten öffentlich- und privatrechtlichen Bereichen den sich hinter Compliance stehenden Grundsatz für sich gewonnen und üben sich seither in der unternehmensbezogen Umsetzung von Compliance durch organisatorische Maßnahmen – dies alles nur um stets der effektiven Identifizierung und Prävention von Rechts- und Regelverstößen nachzukommen, ganz getreu dem Motto *"comply or die"*[150]. Bei falsch verstandenen bzw. angegangenen Compliance-Bemühungen besteht aber das Risiko, dass Compliance-Überlegungen ein *„Motor für die Verschärfung von ordnungswidrigkeitenrechtlichen Maßnahmen"* sind. Compliance hat dadurch die Tendenz nicht nur die Rechtskonformität sicherzustellen, sondern es zielt dann auf ein *„überobligationsmäßiges Verhalten"*, einen „vorauseilenden Gehorsam", ab.[151] Es besteht das Risiko, dass eine bei Unternehmensleitern falsch verstandene Compliance-Ziele verfolgt, die über das gesetzlich Erforderliche hinausgehen. Dadurch kann eine Erhöhung der tatsächlichen straf- und ordnungswidrigkeitenrechtlichen Anforderungen, insbesondere im Hinblick auf abstrakt gehaltene Straf- und Ordnungswidrigkeitenrechtsvorschriften, drohen.[152] Denn durch Compliance sind Unternehmensleiter eher dazu geneigt, sich bei der Ausgestaltung ihrer Unternehmensorganisation im Zweifel an strengeren, überobligationsmäßigen Maßstäben zu orientieren, um Haftungsrisiken zu vermeiden bzw. zu minimieren. Bei einer Etablierung dieser überobligationsmäßigen Praxis besteht nach Ansicht des Schrifttums allerdings die Gefahr, dass Gerichte diesen Maßstab als Grundlage für das gesetzlich Gebotene allgemeingültig heranziehen könnten, was eine Verschärfung der Rechtspflichten für Unternehmen und deren Leitung zur Folge hätte.[153]

Eine derartige Vorgehensweise ist bereits in der Definition der Sorgfaltswidrigkeit im Rahmen der Fahrlässigkeitsstrafbarkeit angelegt, da diese sich

---

149 Bock, wistra 2011, S. 201.

150 Bürkle, BB 2005, S. 565 (567).

151 *Kuhlen* in: Maschmann, S. 11 (23 f.). Dies erkennend: Hamm, NJW 2010, S. 1332.

152 *Kuhlen* in: Maschmann, S. 11 (25); Bock, S. 234 f.

153 *Kuhlen* in: Maschmann, S. 11 (23 f.).

gemäß § 276 Abs. 2 BGB nach der im „Verkehr" erforderlichen Sorgfalt bemisst.[154] Unternehmen, die demzufolge nicht ein vermeintliches „Best Practice"-Compliance-System implementiert haben, könnten sich dem Risiko aussetzen, mit einem Sorgfaltsmaßstab gemessen zu werden, der durch überobligationsmäßige Compliance-Maßnahmen anderer Unternehmen erhöht wurde. *Kuhlen* vertritt insofern die Meinung, dass Compliance-Maßnahmen an einem sich „selbst validierenden Zirkel" mitwirken, die zu einer Erhöhung der Rechtspflichten und damit der straf- und ordnungswidrigkeitenrechtlichen Risiken der Unternehmen und deren Leitung führen. Nach *Kuhlen* stellt sich „Compliance daher dar als die im Schatten eines ungewissen Strafrechts unternommene Selbstverstrickung der Unternehmen und ihrer Führungskräfte in bisher nicht bestehende strafrechtliche Risiken"[155]. Nach Ansicht des Schrifttums bestehe insoweit die Gefahr, dass Compliance durch eine überobligationsmäßige Praxis eine weitere Ebene der Vorfeldbestrafung ermöglichen könnte[156], indem Vorbereitungs-, Versuchs- und Teilnahmehandlungen pönalisiert werden, da Gerichte dazu neigen könnten, sich bereits auf das Risiko einer Rechtsverletzung als Anknüpfungspunkt für eine Straftat oder Ordnungswidrigkeit zu stützen.[157] Dies hätte den negativen Effekt, dass Gerichte und Staatsanwaltschaften das Wirtschaftsstrafrecht bedenklich weit auslegen würden, indem das Strafrecht zum Anlass genommen wird, präventive Gefahrenabwehr auf bevorstehende Rechtsverletzungen zu betreiben.[158] Das repressiv-limitierende Strafrecht würde nach Vertretern des Schrifttums zu einem präventiv-gestalteten Strafrecht modifiziert werden[159], so dass es sich dem Zivil- und Verwaltungsrecht bedrohlich annähern würde.[160]

Das Schrifttum kommt in Anbetracht der Gefahr des vorauseilenden Gehorsams durch Compliance zu der Schlussfolgerung, dass diese Gefahr Gerichte und Staatsanwaltschaften in die Pflicht nimmt, um eine Erhöhung der tatsächlichen strafrechtlichen und ordnungswidrigkeitenrechtlichen Anforderungen durch Compliance zu vermeiden, da andernfalls die Grundidee und Grundüberlegung von Compliance konterkariert und der Status quo des Strafrechts nicht beibehalten würde.[161]

---

154 Bock, S. 235.
155 Zum Vorstehenden: *Kuhlen* in: Maschmann, S. 11 (27).
156 Bock, S. 241.
157 Diese Tendenz erkennend: *Wessing* in: FS Volk, S. 867 (871).
158 Heinrich, ZStW 121 (2009), S. 94 (125).
159 Albrecht, KritV 1986, S. 55 (58); Albrecht, StV 1994, S. 265 („Strafrecht als politische Scheinwaffe").
160 Hassemer, ZRP 1992, S. 378 (381).
161 *Kuhlen* in: Maschmann, S. 11 (28).

II. Die Funktionen von Compliance

Die Hauptfunktion von Compliance ist dem rechtlichen Begriffsverständnis entsprechend die bereits erwähnte Sicherstellung der Einhaltung geltenden Rechts. Des Weiteren werden der Compliance durch das Schrifttum insgesamt fünf etablierte Funktionen zugeordnet, wobei die Schutzfunktion als Oberbegriff der weiteren Funktionen von Compliance gewertet wird.[162]

- **Schutzfunktion**

Im Schrifttum wird die *Schutzfunktion*[163] als die bedeutendste Funktion erachtet, weil sie der Sicherstellung rechtskonformen Verhaltens durch organisatorische Maßnahmen und damit dem eigentlich primären Ziel von Compliance dient.[164] Die Schutzfunktion soll sich präventiv gegenüber dem Unternehmen selbst, seinen Unternehmensorganen und Mitarbeitern auswirken.[165] Denn durch Aufklärung über bestehende Regeln sollen Unternehmen und Mitarbeiter vor möglichen Haftungsrisiken einer fehlenden bzw. defizitären Compliance in Gestalt von Schadensersatzansprüchen sowie straf- und bußgeldbewehrten Maßnahmen aufgrund unbewusster, fahrlässiger oder vorsätzlicher Fehlhandlungen geschützt werden.[166]

- **Marketingfunktion**

Mit einer entsprechenden Aufklärung kann das Unternehmen zeitgleich nicht nur finanzielle Nachteile von sich abwenden, sondern auch etwaige Reputationsverluste[167] – was laut Schrifttum die „positive Kehrseite"[168] der Schutzfunktion beschreibt: nämlich die *Marketingfunktion*[169]. Denn die Wirtschaftsstrafverfahren der jüngeren Vergangenheit – so auch das Schrifttum – zeigen deutlich, dass Rechtsverletzungen und daraus resultierende Straf- und Zivilprozesse über kurz oder lang an die Öffentlichkeit gelangen.[170] Die Vermeidung von negativen Schlagzeilen kann zu einer nachhaltigen Stärkung der

---

162 Lösler, NZG 2005, S. 104 (104 f.). Ebenso: Pape, S. 60; *Eisele* in: Hdb. Bankrecht, § 109, Rn. 4.

163 *Hauschka/Spiekermann* in: Hdb. Haftungsvermeidung, S. 405; Lösler, WM 2007, S. 676 (677).

164 Mit gleichbedeutendem Zweck wird diese Funktion auch als Risikobegrenzungsfunktion bezeichnet, vgl. Bergmoser/Theusinger/Gushurst, BB Beilage 2008, S. 1 (2).

165 *Eisele* in: Hdb. Bankrecht, § 109, Rn. 4.

166 In der Regel werden Rechtsverstöße nicht vorsätzlich begangen, sondern unbewusst aufgrund fehlender oder mangelnder Rechtskenntnis und / oder Sensibilisierung für Haftungsrisiken, vgl. Bürkle, BB 2005, S. 565 (566); *Gebauer* in: Hdb. Investor Relations, S. 514.

167 Kümpel, 2004, Rn. 16.660.

168 Bergmoser/Theusinger/Gushurst, BB Beilage 2008, S. 1 (2).

169 Zum Begriff: Lösler, NZG 2005, S. 104 (105).

170 Moosmayer, S. 22 f.

Reputation des Unternehmens führen.[171] Zudem soll nach Ansicht des Schrifttums ein effektives Compliance-System der Steigerung der Wettbewerbsfähigkeit (für das Unternehmen aber auch für den gesamten Markt eines Landes) gegenüber potentiellen Wettbewerbern[172] dienen, indem Stellung und Ansehen bei bestehenden oder zukünftigen Kunden, Geschäftspartnern sowie bei Aufsichtsbehörden oder generell in der Öffentlichkeit aufgrund von Compliance-Bemühungen erhöht werden können.[173] Dies wird vor allem mit der Erwartung begründet, dass potentielle Kunden, Geschäftspartner oder Investoren eher mit solchen Unternehmen Geschäfte abschließen, bei denen nicht die Gefahr von Rechtsverletzungen und Unregelmäßigkeiten besteht, die sich am Ende noch auf ihr eigenes Geschäft und ihr eigenes Ansehen auswirken könnten.[174] Vertreter des Schrifttums erachten daher eine vorhandene Compliance im Unternehmen zunehmend als Vermarktungsinstrument.[175]

- **Qualitätssicherungs- oder Innovationsfunktion**

Des Weiteren wird im Schrifttum Compliance eine *Qualitätssicherungs- oder Innovationsfunktion* zugeschrieben: So soll Compliance durch das Identifizieren und Beseitigen von Schwachstellen im Unternehmen eine Qualitätskontrolle verrichten.[176]

- **Beratungs- und Informationsfunktion**

Weiterhin wird eine *Beratungs- und Informationsfunktion* diskutiert, die Compliance zukommen soll.[177] Nach der Ansicht des Schrifttums wird durch die Einrichtung einer Compliance-Abteilung den Mitarbeitern eine Anlaufstelle zur Verfügung gestellt, an die sie sich bei Rechtsfragen und Verdachtsfällen wenden können.[178] Zudem soll diese Abteilung die organisatorischen Maßnahmen sowie rechtlichen Ge- und Verbote im Unternehmen kommunizieren, indem die Verantwortlichen der Abteilung, vor allem mithilfe von Schulungsmaßnahmen, die Mitarbeiter fortlaufend unterrichten.[179] Zum einen soll so das Bewusstsein der Mitarbeiter in Bezug auf die rechtlichen Risiken in dem Unternehmen und speziell in ihrem Bereich des Unternehmens sensibilisiert

---

171 Lebherz, S. 267.
172 Lebherz, S. 267.
173 Bergmoser/Theusinger/Gushurst, BB Beilage 2008, S. 1 (2); *Eisele* in: Hdb. Bankrecht, § 109, Rn. 4.
174 *Vetter* in: Wecker/van Laak, S. 32 f.
175 Bergmoser/Theusinger/Gushurst, BB Beilage 2008, S. 1. So präsentieren Unternehmen wie Siemens, Deutsche Bahn und Bayer auf den eigenen Internetseiten ihre Compliance-Philosophie und Compliance-Bemühungen.
176 *Gebauer* in: Hdb. Investor Relations, S. 514.
177 So schon Eisele, WM 1993, S. 1021 (1023 f.); Lösler, NZG 2005, S. 104 (105)
178 *Poppe* in: Görling/Inderst/Bannenberg, S. 11.
179 Bürkle, BB 2005, S. 565 (566); *Eisele* in: Hdb. Bankrecht, § 109, Rn. 4.

werden, um mit eventuell vorhandenen Grenzsituationen am Arbeitsplatz sicher umgehen zu können.[180] Zum anderen sollen die Mitarbeiter durch die Beratung und Aufklärung einer Compliance-Abteilung verstehen, wann es geboten ist, einen Compliance-Beauftragten bei möglichen Rechtsverletzungen einzuschalten.[181]

- **Überwachungsfunktion**
Ebenfalls in engem Zusammenhang mit der Schutzfunktion stehend ist nach Meinung des Schrifttums die *Überwachungsfunktion*: Diese Funktion soll sicherstellen, dass regelmäßig und stichprobenartig kontrolliert wird, ob die Gesetze und die eingeführten Compliance-Maßnahmen auf allen Unternehmensebenen eingehalten werden.[182]

- **Nachhaltigkeitsfunktion**
Neben den beschriebenen fünf Funktionen der Compliance könnte man als weitere Funktion eine *Nachhaltigkeitsfunktion*, die im Schrifttum zum Thema Compliance bisher keine Berücksichtigung fand, zur Diskussion stellen. So hat der Fall Siemens gezeigt, dass die Einführung eines Compliance-Systems im Unternehmen für sich allein nicht ausreicht. Denn dem Vorwurf der Staatsanwaltschaft München I folgend, hatte Siemens sein Compliance-System nicht in einer erforderlichen Weise ausgebaut bzw. ernsthaft praktiziert.[183] Dies bedeutet, dass Compliance ernst gemeint sein muss sowie Konzept und Struktur des Systems fortwährend zu überprüfen sind;[184] des Weiteren, dass ein implementiertes Compliance-System an veränderte Umstände wie Gesetzes- bzw. Rechtsprechungsänderungen oder Unternehmensveränderungen (Größe, Börsennotierung) anzupassen ist. Zudem sollte ein Compliance-Verstoß zum Anlass genommen werden, die Effektivität des Compliance-Systems zu überprüfen, um die Compliance für die Zukunft in ihrer Effizienz zu verbessern.[185] Die Einführung und nachhaltige Fortentwicklung von Compliance in den täglichen Arbeitsabläufen des Unternehmens ist daher wesentliche Bedingung für den Aufbau einer Compliance-Kultur, die die Einhaltung von Normen fördert sowie von den Unternehmensangehörigen getragen und als Selbstverständlichkeit erachtet wird.[186] Zwar kommt diese Aufgabe von Compliance der bereits

---

180 Rodewald/Unger, BB 2007, S. 1629 (1630); Kümpel, 2004, Rn. 16.667.

181 Lösler, NZG 2005, S. 104 (105); Bürkle, BB 2005, S. 565 (566).

182 Lösler, NZG 2005, S. 104 (105); Kümpel, 2004, Rn. 16.661.

183 Vgl. Bußgeldbescheid der Staatsanwaltschaft München I, Beschl. vom 03.12.2008, S. 9 f.

184 So auch die Anforderungen der USSG an ein effektives Compliance-Programm, vgl. § 8 B 2.1. (b) (5) USSG.

185 Hauschka, AnwBl 2010, S. 629 (632).

186 So *Lampert* in: Hdb. Haftungsvermeidung, S. 165; zustimmend: Itzen, BB Beilage 2008, S. 12 (14). Diese Funktion wird in den USA bereits als besonders bedeutsam

etablierten Qualitätssicherungs- oder Innovationsfunktion sehr nahe, die die Identifikation und Bewältigung von Schwachstellen zur Aufgabe hat. Nach einer Implementierung eines Compliance-Systems im Unternehmen wird es in den kommenden Jahren aber um die Nachhaltigkeit von Compliance-Bemühungen gehen müssen, denn die Nachhaltigkeit und ständige Evaluierung kann für den Erfolg von Compliance-Maßnahmen mitverantwortlich sein.[187] Als sechste Funktion beinhaltet Compliance daher eine bisher im Schrifttum vernachlässigte *Nachhaltigkeitsfunktion*.

- **Werte- und Prinzipienvermittlungsfunktion**

Ferner könnte als eine weitere Aufgabe von Compliance eine *Werte- und Prinzipienvermittlungsfunktion* zur Disposition gestellt werden, die bisher nicht ausdrücklich Gegenstand der vom Schrifttum etablierten fünf Compliance-Funktionen ist. Damit Compliance nicht als eine oktroyierte Vorgabe an die Mitarbeiter empfunden wird, ist Ausgangspunkt für jedes Compliance-System eine Unternehmensleitung, die rechtskonformes Verhalten demonstriert sowie Werte und Prinzipien vermittelt.[188] Wesentlich ist dabei der Glaube der Mitarbeiter an und in die Integrität der eigenen Unternehmensleitung. Um Glaubwürdigkeit bei den Mitarbeitern zu erzeugen und zu erhalten, müssen die im und für das Unternehmen zentralen Werte und Prinzipien von der Unternehmensleitung vorgelebt werden, damit diese in den Unternehmensalltag einfließen und als selbstverständlich erachtet werden.[189] Dies ist nur dann möglich, wenn die Werte und Prinzipien dauerhaft und nachhaltig vermittelt werden.[190] Diese Aufgabe von Compliance könnte zwar ein Ausfluss der Informations- und Beratungsfunktion sein, allerdings kann die Vermittlung von Wissen durch Schulungsmaßnahmen nicht mit der Vermittlung von Werten und Prinzipien verglichen werden.[191] Der Compliance kommt daher als siebte Funktion eine *Werte- und Prinzipienvermittlungsfunktion* zu.[192]

---

für den Erfolg eines Compliance-Systems erachtet, siehe insofern *Petry* in: Kapplan/Murphy, § 7, S. 1 ff.

187 PWC, 2010, S. 37; *Hauschka* in: Hdb. Haftungsvermeidung, S. 122.

188 *Vetter* in: Wecker/van Laak, S. 43; *Inderst* in: Görling/Inderst/Bannenberg, S. 84.

189 Moosmayer, S. 47 f.; Itzen, BB Beilage 2008, S. 12 (14).

190 Zu den verschiedenen Instrumenten einer Vermittlung im Unternehmen: *Vetter* in: Wecker/van Laak, S. 44.

191 So Pape, S. 63.

192 So erstmals Pape, S. 63. Die Bedeutung eines effizienten Ethikprogramms zeigt auch ein Blick auf die USSG, die seit 2004 bei der Strafbemessung ein „Effective Compliance and Ethics Program" berücksichtigen, wonach Unternehmen eine „Unternehmenskultur vermitteln müssen, die ethisches Verhalten und ein Bekenntnis zur Einhaltung von Gesetzen fördert" vgl. § 8 B 2.1. (a) (2) USSG. Ausführlich dazu: Hopson/Koehler, CCZ 2008, S. 208 ff.

B. Die rechtlichen Grundlagen von Compliance und die Rechtspflicht zur Einführung eines Compliance-Systems im deutschen Recht

Es stellt sich die Frage, ob in Deutschland eine (für alle Unternehmensarten) gesetzliche Pflicht zur Einführung eines Compliance-Systems in Unternehmen besteht, weshalb dieser Teil darauf abzielt, die deutschen Gesetze nach rechtlichen Vorgaben zu (verpflichtenden) Compliance-Maßnahmen zu untersuchen.

I. Die rechtlichen Grundlagen von Compliance im deutschen Recht

Bei der Analyse nach compliance-relevanten Rechtsgrundlagen, die Anforderungen an das Unternehmen und deren Leitung hinsichtlich einer Unternehmensorganisation stellen, ist zwischen gesellschaftsrechtlichen (1.), branchenspezifischen (2.) und ordnungswidrigkeitenrechtlichen Organisationspflichten (3.) zu differenzieren.

1. Die gesellschaftsrechtlichen Organisationspflichten

Die Organisation eines Unternehmens des Privatrechts wird durch das Gesellschaftsrecht geregelt. Von besonderer Bedeutung sind daher die rechtlichen Anforderungen des Gesellschaftsrechts an die Aktiengesellschaft (AG) und die Gesellschaft mit beschränkter Haftung (GmbH) bezüglich eines Compliance-Systems.

a) Die Geschäftsleiterverantwortung des Vorstands nach § 76 Abs. 1 i.V.m. § 93 Abs. 1 S. 1 AktG

Der Vorstand einer AG leitet nach § 76 Abs. 1 AktG die Gesellschaft „unter eigener Verantwortung“ und hat dabei gewisse Sorgfaltspflichten zu berücksichtigen. Nach § 93 Abs. 1 S. 1 AktG haben die Vorstandsmitglieder „bei ihrer Geschäftsführung die Sorgfalt eines ordentlichen und gewissenhaftem Geschäftsleiters anzuwenden“.[193] Das Gesetz führt damit – aufgrund fehlender Statuierung der Führungsaufgaben – einen allgemeinen, objektiven[194] Verhaltensstandard ein, dessen Verletzung eine Haftung nach § 93 Abs. 2 AktG

193 Sprachlich abweichend, aber inhaltsgleich dazu die Vorschrift des § 43 Abs. 1 GmbHG (Gesetz betreffend die Gesellschaften mit beschränkter Haftung), die von der „Sorgfalt eines ordentlichen Geschäftsmannes“ spricht; vgl. *Oetker* in: Henssler/Strohn, § 43, Rn. 14.

194 *Hopt* in: Hopt/Wiedemann, § 93, Rn. 79; *Fleischer* in: Spindler/Stilz, § 93, Rn. 10.

verursachen kann.[195] Diese Vorschrift beschreibt daher zwar nicht konkret die Aufgaben des Vorstands, allerdings können sich aus der Generalklausel durch Konkretisierung verschiedene Einzelpflichten ergeben. So können Pflichten zum einen aus Vorschriften nach dem AktG und zum anderen aus Vorgaben der Rechtsprechung und Rechtslehre abgeleitet werden[196]: Zur gesetzlichen Konkretisierung der in § 93 Abs. 1 S. 1 AktG allgemein umschriebenen Pflicht des Vorstands zu ordentlichem und gewissenhaften Handeln steuert das AktG nur Teilaspekte bei: Zum Beispiel finden sich speziell umschriebene Führungsaufgaben in den §§ 76, 78, 83, 88, 90, 91 und 92 AktG. Die vereinzelten Normen sind aber nicht ausreichend, um allgemeine Anforderungen an die Verhaltenspflichten des Vorstandes betreffend Corporate Compliance zu formulieren. Insbesondere § 76 Abs. 1 AktG, wonach der Vorstand die Geschäfte der Gesellschaft „unter eigener Verantwortung zu leiten" hat, enthält aufgrund der generalklauselartigen Beschreibung der Unternehmensleitung als Führungsaufgabe[197] kein vollständiges Anforderungsprofil bezüglich des konkreten Inhalts der Leitungsaufgabe des Vorstands.[198]

Daher sind die von der Rechtsprechung und Rechtslehre entwickelten unternehmerischen Verhaltenspflichten für einen ordentlichen und gewissenhaften Geschäftsleiter als Konkretisierung zu verwenden.[199] Maßstab der Sorgfaltspflicht ist danach, wie der Leiter eines Unternehmens vergleichbarer Art und Größe, der nicht mit eigenen Mitteln wirtschaftet, sondern wie ein treuhänderischer Verwalter fremden Vermögens verpflichtet ist, zu handeln hat.[200] Aus diesem normativen Maßstab haben sich vor allem zwei wesentliche Pflichten herausgebildet, die die Einführung eines Compliance-Systems im Unternehmen bedingen können: die sog. *Legalitätspflicht*[201] und die *Pflicht*

195 Daher wird § 93 Abs. 1 S. 1 AktG eine sog. Doppelfunktion zugeordnet, vgl. *Fleischer* in: Spindler/Stilz, § 93, Rn.10, *Krieger/Sailer-Coceani* in: Schmidt/Lutter, § 93, Rn. 5.

196 *Hopt* in: Hopt/Wiedemann, § 93, Rn. 73; *Fleischer* in: Hdb. Vorstandsrecht, § 7, Rn. 27; *ders.* in: Spindler/Stilz, § 93, Rn. 10; *Frodermann/Schäfer* in: Hdb. Aktienrecht, S. 367.

197 Die Leitung des Vorstands bezieht sich auf das in der Rechtsform einer AG betriebene Unternehmen, vgl. *Fleischer* in: Spindler/Stilz, § 76, Rn. 5; *Spindler* in: MüKo-AktG, § 76, Rn. 15.

198 *Fleischer* in: Spindler/Stilz, § 93, Rn. 11.

199 Zum Problem der Konkretisierung der Verhaltenspflichten ausführlich: *Hopt* in: Hopt/Wiedemann, § 93, Rn. 80 ff; *Fleischer* in: Spindler/Stilz, § 93, Rn. 12 ff.

200 BGH NJW 1995, 1290 (GmbH-Geschäftsführer); OLG Düsseldorf, AG 1997, S. 231; Hüffer, § 93, Rn. 6; *Oetker* in: Henssler/Strohn, § 43, Rn. 23 f.; *Wiesner* in: Münch Hdb. GesR IV, § 25, Rn. 2.

201 *Fleischer* in: Spindler/Stilz, § 93, Rn. 14 ff.; *Fleischer* in: Hdb. Vorstandsrecht, § 7, Rn. 29; *Krieger/Sailer-Coceani* in: Schmidt/Lutter, § 93, Rn. 6; *Wiesner* in:

zur ordnungsgemäßen Organisation im Unternehmen[202]. Dies deckt sich auch mit der Hauptaufgabe von Compliance, wonach die Einhaltung des geltenden Rechts unternehmensbezogen („Corporate“) durch organisatorische Maßnahmen sichergestellt werden soll.

Die *Legalitätspflicht* verpflichtet den Vorstand dazu, sich im Rahmen seiner Amtsausführung an die geltenden Gesetze zu halten.[203] Hierbei kommt ihm kein Ermessensspielraum zu, weil den Gesetzen entsprochen werden muss. Der Vorstand muss demnach sein Amt und das Unternehmen in Übereinstimmung mit den normativen Vorgaben entsprechend führen.[204] Zudem ist er auch dazu verpflichtet, durch geeignete organisatorische Maßnahmen für gesetzestreues Verhalten innerhalb des Unternehmens Sorge zu tragen.[205] Denn zentrale Aufgabe der Unternehmensleitung im Sinne des § 76 Abs. 1 AktG ist auch *Corporate Compliance*, was die *Pflicht zur ordnungsgemäßen Organisation* beschreibt.[206]

Münch Hdb. GesR IV, § 25, Rn. 4; Hüffer, § 93, Rn. 3; *Spindler* in: MüKo-AktG, § 93, Rn. 73 f.

202 In der Begründung zum Gesetz zur Kontrolle und Transparenz im Unternehmensbereich (KonTraG) hat der Gesetzgeber ausdrücklich klargestellt, dass zu den Verhaltenspflichten auch die Organisationspflicht des Vorstands zählt, vgl. Begr. RegE zum KonTraG BT-Drucks. 13/9712, S. 15; in diesem Sinne auch Hüffer, § 93, Rn. 4, 6 f.; *Krieger/Sailer-Coceani* in: Schmidt/Lutter, Rn. 93, Rn. 7; *Spindler* in: MüKo-AktG, § 93, Rn. 98 f.; *Wiesner* in: Münch Hdb. GesR IV, § 25, Rn. 5 f.; Bürkle, BB 2005, S. 565 (567).

203 Dies beinhaltet die Erfüllung der im AktG, der Satzung und der Geschäftsordnung festgelegten Organpflichten. Darüber hinaus sind auch sämtliche Vorschriften aus dem Zivilrecht, dem Straf- und Ordnungswidrigkeitenrecht und dem öffentlichen Recht zu beachten, die das Unternehmen betreffen, sowie die Einhaltung internationaler Regelungen, soweit das Handeln des Unternehmens auch unter internationale Vorschriften fällt, vgl. BGHZ 133, 370; *Fleischer* in: Spindler/Stilz, § 93, Rn. 23 ff.

204 *Fleischer* in: Spindler/Spilz, AktG, § 93, Rn. 14; Bergmoser/Theusinger/Gushurst, BB Beilage 2008, S. 1 (3).

205 Diese Pflicht des Vorstands wiederholt Ziffer 4.1.3. DCGK, wonach er innerhalb des Unternehmens „für die Einhaltung der gesetzlichen Bestimmungen und unternehmensinternen Richtlinien zu sorgen“ hat.

206 So erstmals ausdrücklich die Rechtsprechung im Neubürger-Urteil: LG München, Urteil vom 10.12.2012, Az.: 5 HK O 1387/10. In der Literatur siehe dazu: Hüffer, § 76, Rn. 11. So auch die Entscheidung des Delaware Chancery Court im Jahr 1996 in In re Caremark International Inc. Derivative Litigation, wonach die Mitglieder des „board of directors“ (Aufsichtsrat eines Unternehmens) die Abläufe eines Compliance-Systems zu überwachen haben, vgl. 698 A.2d 959,970 (Delaware Chancery Court). Diese Ansicht hat der Delaware Supreme Court in weiteren Entscheidungen bestätigt, vgl. Stone vs. Ritter, 911 A.2d (Delaware 2006) sowie In re Walt Disney Co. Derivative Litigation, 906 A.2d 27 (Delaware 2006). Dazu ausführlich Bainbridge, 2012, S. 169 ff.

Angelehnt an § 76 Abs. 1 AktG geht es dabei um die *sachgerechte Leitung*, *angemessene Überwachung* und die Einführung der hierfür erforderlichen *organisatorischen Maßnahmen*.[207] Weitere Pflichten hinsichtlich einer ordnungsgemäßen Organisation sind: *Auswahl-*, *Informations-* und *Sanktionspflichten* der Geschäftsleitung.[208] Grundsätzlich wird den Geschäftsleitern bei der Wahrnehmung ihrer Leitungsaufgaben ein weitgehender *Ermessensspielraum* eingeräumt.[209] Ermessenseinschränkend muss jedoch ein Kernbereich der Compliance-Verantwortung bei der Geschäftsführung verbleiben, da sie sich nicht ihrer Leitungsaufgabe im Sinne des § 76 Abs. 1 AktG entziehen darf.[210] Demnach wird die Geschäftsleitung nicht von ihrer Legalitätspflicht befreit.[211]

Insgesamt zeigt sich anhand der einzelnen Konkretisierungen der gesellschaftsrechtlichen Generalklauseln Folgendes: Zum einen verpflichtet § 76 Abs. 1 i.V.m. § 93 AktG den Vorstand zu organisatorischen Maßnahmen, zum anderen handelt es sich aber nur um punktuelle Pflichten, so dass aus diesen Vorschriften wegen des Ermessensspielraums des Vorstands keine Verpflichtung zur Einrichtung eines Compliance-Systems abgeleitet werden kann.[212]

b) Risikofrüherkennungs- und Überwachungssystem nach § 91 Abs. 2 AktG

Gemäß § 91 Abs. 2 AktG hat der Vorstand „geeignete Maßnahmen zu treffen, insbesondere ein Überwachungssystem einzurichten, damit den Fortbestand der Gesellschaft gefährdende Entwicklungen früh erkannt werden". Mit der durch das KonTraG am 27.04.1998[213] in das AktG neu eingeführten Vorschrift wurde die Pflicht zur Einrichtung eines internen Überwachungssystems

207 *Krieger/Sailer-Coceani* in: Schmidt/Lutter, § 93, Rn. 7.

208 Vgl. ausführlich zu diesen Pflichten die einzelnen Gliederungspunkte ab S. 105.

209 *Fleischer* in: Spindler/Stilz, § 93, Rn. 13. BGHZ 135, 244 – „ARAG/Garmenbeck". Die Überzeugungskraft der ARAG/Garmenbeck-Entscheidung hat den Gesetzgeber in der Folgezeit dazu veranlasst, das Institut des Geschäftsleiterermessens in Gestalt der sog. „Business Judgment Rule" in § 93 Abs. 1 S. 2 AktG mittels des Gesetzes zur Unternehmensintegrität und Modernisierung des Anfechtungsrechts (UMAG) vom 22.09.2005 zu kodifizieren, BGBl. I 2005, S. 2802.

210 Hüffer, § 76, Rn. 12; *Fleischer* in: Spindler/Stilz, Rn. 4 ff.

211 Vgl. zur sachgerechten Organisation und Zuständigkeitsverteilung den Gliederungspunkt ab S. 125.

212 So aber Schneider, ZIP 2003, S. 645 (649); Fleischer, CCZ 2008, S. 1 (5); *Krieger/Sailer-Coceani* in: Schmidt/Lutter, § 93, Rn. 6; nach a.A. liegt die Organisation im Ermessen des Vorstands bzw. hängt von zahlreichen (ermesseneinschränkenden) Umständen ab: Bürkle, BB 2005, S. 565 (567) unter Berufung auf die ARAG/Garmenbeck-Entscheidung des BGH, BGHZ 135, 244.

213 BGBl. I 1998, S. 786 (787); als Reaktion des Gesetzgebers auf Unternehmenskrisen in den neunziger Jahren, vgl. *Spindler* in: MüKo-AktG, § 91, Rn. 15.

für bestandsgefährdende Entwicklungen statuiert.[214] Bei der Rechtsnorm handelt es sich um eine gesetzliche Konkretisierung der aus der allgemeinen Sorgfaltspflicht folgenden Pflicht zur ordnungsgemäßen Organisation und damit um eine Verdeutlichung der Geschäftsleiterverantwortung nach § 93 Abs. 1 S. 1 i.V.m. § 76 Abs. 1 AktG.[215] Bei der Anwendung des § 91 Abs. 2 AktG finden – so das Schrifttum – darüber hinaus die Anforderungen des § 25a KWG zur Geschäftsorganisation und zum Risikomanagement Berücksichtigung.[216]

Aus dem Wortlaut des § 91 Abs. 2 AktG ergeben sich folgende Organisationsziele: Durch die Einführung geeigneter organisatorischer Maßnahmen („Einrichtung eines Überwachungssystems") soll der Vorstand die Möglichkeit haben, frühzeitig Entwicklungen zu erkennen, die eine Gefährdung für den Bestand der AG darstellen können („Früherkennung bestandsgefährdender Entwicklungen).[217] Dadurch soll gewährleistet werden, dass der Vorstand noch rechtzeitig Gegenmaßnahmen zur Sicherung des Fortbestands der Gesellschaft einleiten kann.[218] Entscheidend ist, dass dem Vorstand alle erforderlichen Informationen rechtzeitig weitergeleitet werden, um über nachteilige Veränderungen bzw. Prozesse in der AG Kenntnis zu erlangen und deren bestandsgefährdende Ausmaße zu vermeiden.[219]

Bezüglich des in § 91 Abs. 2 AktG erwähnten Aspekts des „Überwachungssystems" als besonderer Beispielsfall der geeigneten Maßnahmen herrscht aufgrund des unscharfen Gesetzeswortlauts bei der Auslegung Unklarheit: Es ist in der Literatur umstritten, ob damit der Aufbau eines umfassenden betriebswirtschaftlichen Systems zur Erkennung *aller* Risiken in *allen* Bereichen gemeint ist[220] oder nur ein solches System, das der Erkennung und Überwachung

---

214 Das Gesetz entfaltet laut Gesetzesbegründung auch Ausstrahlungswirkung auf die GmbH, so dass den Geschäftsführer eine entsprechende Pflicht trifft, vgl. BT-Drucks. 13/9712, S. 15.

215 BT-Drucks. 13/9712, S. 15. Ziff. 4.1.4 DCGK verwendet hingegen mit der Sorgepflicht des Vorstands für ein angemessenes Risikomanagement und Risikocontrolling grundlos eine andere Terminologie als im AktG, näher *Ringleb* in: Ringleb/Kremer/Lutter/Werder, Rn. 608; kritisch dazu Preußner, NZG 2004, S. 303 (304).

216 Hüffer, NZG 2007, S. 47 (49); *Spindler* in: MüKo-AktG, § 91 Rn. 39 ff.

217 BT-Drucks. 13/9712, S. 15; Hüffer, § 91, Rn. 6.

218 BT-Drucks. 13/9712, S. 15.

219 Lorenz, ZRFG 2006, S. 5 (9); *Fleischer* in: Spindler/Stilz, § 91, Rn. 33; Hüffer, § 91, Rn. 6, 7.

220 Zur Verpflichtung zur Implementierung eines allgemeinen Risikomanagement, vgl. Lück, DB 1998, S. 8 (9 ff.); ders. 1998, 1925 ff.; Kromschröder/Lück, DB 1998, S. 1573 ff.; Schmidbauer; DB 2000, S. 153 ff.; Preußner/Becker, NZG 2002, S. 846, (848); *Oltmanns* in: Heidel, § 91, Rn. 6.

bestandsgefährdender Entwicklungen dient – konkret der Überwachung eingeleiteter Maßnahmen.[221] Im Gegensatz zum Streit in der Literatur bezieht die Rechtsprechung klar Stellung und erkennt eine Verpflichtung des Vorstands lediglich für bestandsgefährdende Risiken an.[222] Denn nach ihrer zutreffenden Ansicht lässt der Gesetzeswortlaut und die Gesetzgebungsgeschichte zwar verschiedene Auslegungsmöglichkeiten zu[223], der gesetzliche Hinweis stützt sich aber lediglich auf eine Überwachung der eingeleiteten Maßnahmen in Gestalt einer unternehmensinternen Kontrolle.[224] Das System soll nur sicherstellen, dass die zur Früherkennung eingeleiteten Maßnahmen auch tatsächlich greifen – also, ob die im Rahmen der Früherkennung gewonnenen Erkenntnisse durch die Innenrevision oder das Controlling rechtzeitig an den Vorstand weitergeleitet werden.[225] Diese Argumentation ist besonders tragfähig, da eine Pflicht zur Implementierung eines allgemeinen Risikomanagementsystems dem Leitungsermessen des Vorstands entgegenstehen würde. Denn es handelt sich bei § 91 Abs. 2 AktG um eine Verdeutlichung der vom Vorstand verlangten Sorgfaltspflicht nach § 93 Abs. 1 S. 1 i.V.m. § 76 Abs. 1 AktG.[226] Insofern hat der Vorstand ein Leitungsermessen hinsichtlich Art und Umfang der zu ergreifenden Maßnahmen.

Die Vorschrift des § 91 Abs. 2 AktG im Ganzen betrachtet, könnte die Regelung den Gedanken von Corporate Compliance beinhalten, da das Überwachungssystem der frühzeitigen Erkennung von Risiken dienen soll. Der Norm kommt daher ein gewisser präventiver Charakter zu, was auf den ersten Blick der Idee von Compliance entspricht. Auch können die aus Rechtsverletzungen resultierenden Haftungsrisiken ein bestandsgefährdendes Ausmaß erreichen, was die Nähe von Corporate Compliance zu § 91 Abs. 2 AktG verdeutlicht.[227] Gleichwohl umfasst § 91 Abs. 2 AktG nur ein engen Ausschnitt von Corporate Compliance: Denn das in § 91 Abs. 2 AktG geforderte System soll bestandsgefährdende Entwicklungen vermeiden. Eine derartige Entwicklung resultiert jedoch erst aus mehreren bereits eingetretenen Rechtsverletzungen. Compliance

221 So etwa *Spindler* in: MüKo-AktG, § 91 Rn. 20 ff.; *Kort* in: Hopt/Wiedemann, § 91, Rn. 51; Hüffer, § 91, Rn. 8; *Fleischer* in: Spindler/Stilz, § 91, Rn. 34; *Krieger/Sailer-Coceani* in: Schmidt/Lutter, § 91, Rn. 14.

222 OLG Celle, WM 2008, S. 1745; LG München, NZG 2008, S. 319.

223 Vgl. zur Auslegung: *Spindler* in: MüKo-AktG, § 91 Rn. 22 f.; *Krieger/Sailer-Coceani* in: Schmidt/Lutter, § 91, Rn. 13; Kiethe, NZG 2003, S. 401 (402); Lebherz, S. 384.

224 Hüffer, § 91, Rn. 8; *Wiesner* in: Münch Hdb. GesR IV, § 25, Rn. 6; *Fleischer* in: Spindler/Stilz, § 91, Rn. 31 f.; Pape, S. 106.

225 Hüffer, § 91, Rn. 8; *Dreher* in: FS Hüffer, S. 161 (162 ff.).

226 *Spindler* in: MüKo-AktG, § 91, Rn. 17; *Krieger/Sailer-Coceani* in: Schmidt/Lutter, § 91, Rn. 14.

227 Ähnlich Schneider, ZIP 2003, S. 645 (649).

setzt allerdings schon in einem früheren Stadium an, indem durch organisatorische Maßnahmen Rechtsverstöße bereits im Vorfeld verhindert werden sollen und damit erst gar nicht eintreten.[228] Ferner umfasst Compliance die systematische Vermeidung *aller* Risiken und geht daher über die Überwachung *bestimmter* Risiken im Sinne des § 91 Abs. 2 AktG deutlich hinaus.[229]

2. *Die branchenspezifischen Organisationspflichten*

Abhängig vom Unternehmensgegenstand sind neben allgemeinen gesellschaftsrechtlichen Anforderungen an ein Compliance-System branchenspezifische Compliance-Regelungen zu beachten. Diese finden sich etwa im Bereich der Finanz- und Versicherungswirtschaft oder des Umweltschutzes. Vor allem in der Finanzwirtschaft sind die Compliance-Vorgaben weit vorangeschritten und nehmen eine Vorreiterstellung ein: Denn dort werden den Unternehmen zahlreiche Organisationspflichten gesetzlich auferlegt – vereinzelt werden sie sogar zur Einrichtung eines Compliance-Systems von Gesetzes wegen aufgefordert.

a) Die „Compliance-Funktion" nach § 33 Abs. 1 WpHG

Eine ausdrückliche Pflicht für Wertpapierdienstleistungsunternehmen im Sinne von § 2 Abs. 4 WpHG zur Einrichtung eines Compliance-Systems findet sich im WpHG. Mit dem *Finanzmarktrichtlinien-Umsetzungsgesetz* (FMRUG) wurden zum 01.11.2007[230] in § 33 Abs. 1 S. 2 Nr. 1 WpHG Wertpapierdienstleistungsunternehmen dazu verpflichtet, „angemessene Grundsätze auf[zu]stellen, Mittel vor[zu]halten und Verfahren ein[zu]richten, die darauf ausgerichtet sind, sicherzustellen, dass das Wertpapierdienstleistungsunternehmen selbst und seine Mitarbeiter den Verpflichtungen dieses Gesetzes nachkommen, wobei insbesondere eine dauerhafte und wirksame *Compliance-Funktion* einzurichten ist, die ihre Aufgabe unabhängig wahrnehmen kann". Darüber hinaus verpflichtet das Gesetz in § 33 Abs. 1 S. 2 WpHG Wertpapierdienstleistungsunternehmen zu weiteren Maßnahmen: sinngemäß wird nach § 33 Abs. 1 S. 2 Nr. 6 WpHG die Überwachung und regelmäßige Bewertung der getroffenen organisatorischen Maßnahmen verlangt. Zudem haben Wertpapierdienstleistungsunternehmen

---

228 Rodewald/Unger, BB 2006, S. 113 (114).

229 Bürkle, BB 2005, S. 565 (567); Koch, WM 2009, S. 1013 (1014); *Spindler* in: MüKo-AktG, § 91 Rn. 20 f.; *Kort* in: Hopt/Wiedemann, § 91, Rn. 39, 65; Schneider, NZG 2009, S. 1321 (1323); a.A. *Dreher* in: FS Hüffer, S. 161 (168 ff.), der die Pflicht zur Einrichtung eines Compliance-Systems allein aus § 91 Abs. 2 AktG ableitet sowie Spindler, WM 2008, S. 1797 (1798).

230 BGBl. I 2007, S. 1330 (1344).

aufgrund des gesetzlichen Verweises auf § 25a Abs. 1 KWG die dort genannten organisatorischen Pflichten zu beachten.[231]

Schließlich werden die Vorgaben des § 33 WpHG mehrfach konkretisiert: zum einen durch § 12 Abs. 1 S. 1 WpDVeroV, wonach das Compliance-System darauf ausgerichtet sein muss, die „Gefahr einer Verletzung des WpHG aufzudecken“ und zum anderen durch das Rundschreiben 4/2010 (WA) der BaFin vom 14.06.2011 mit dem Titel *„Mindestanforderungen an die Compliance-Funktion und die weiteren Verhaltens-, Organisations- und Transparenzpflichten nach §§ 31 ff. WpHG für Wertpapierdienstleistungsunternehmen (MaComp)“*.[232] Mit der MaComp definiert die BaFin die konkreten Anforderungen an die „Compliance-Funktion“, indem es die Stellung und Aufgaben der „Compliance-Funktion“ darlegt.[233] Zudem hat das Wertpapierdienstleistungsunternehmen entsprechend § 33 Abs. 1 S. 2 Nr. 1 WpHG einen Compliance-Beauftragten zu benennen. Die MaComp gibt dabei dem Unternehmen Kriterien für die fachliche Qualifikation eines Compliance-Beauftragten sowie die ihm einzuräumenden Rechte vor.[234] Als eine Auslegungshilfe hinsichtlich der Aufgaben und des Anforderungsprofils können sich Unternehmen daher in Zukunft an den detaillierten Anforderungen der MaComp orientieren.[235]

Insgesamt hat das Thema Compliance im Rahmen des WpHG eine enorme Bedeutung erhalten, was sich allein schon an der Nennung des Begriffs im Gesetz zeigt und letztendlich zur verstärkten Beschäftigung mit Compliance in Wertpapierdienstleistungsunternehmen verpflichtet: So beinhalten § 33

---

231 Vgl. dazu ausführlich den Gliederungspunkt ab S. 33.

232 Vgl. Rundschreiben 4/2010 (WA) (MaComp) der BaFin vom 07.08.2014. Anlass für das Rundschreiben war nach Ansicht der BaFin, dass die Compliance-Funktion in den Wertpapierdienstleistungsunternehmen oftmals nicht ihrer Bedeutung entsprechend ausgestaltet ist. Zur Verfassungskonformität der BaFin-Richtlinien siehe den Gliederungspunkt ab S. 36.

233 Zur Stellung: Ein Compliance-Beauftragter soll „organisatorisch und disziplinarisch unmittelbar dem für die Compliance-Funktion zuständigen Geschäftsleitungsmitglied unterstellt werden. In diesen Fällen soll grundsätzlich keine Anbindung an andere Organisations- und Stabsbereiche erfolgen“, so im Rundschreiben 4/2010 (WA) (MaComp) der BaFin vom 14.06.2011, BT 1.2.1. Zu den Aufgaben: Beratung und Unterstützung der Geschäftsbereiche und der Mitarbeiter im Unternehmen, regelmäßige Überwachung der „im Unternehmen aufgestellten Grundsätze und eingerichteten Verfahren sowie die Durchführung regelmäßiger oder anlassbezogener Schulungen“, so im Rundschreiben 4/2010 (WA) (MaComp) der BaFin vom 07.08.2014, BT 1.2.

234 Vgl. Rundschreiben 4/2010 (WA) (MaComp) der BaFin vom 07.08.2014, BT 1.3.1.2.

235 Vgl. zu den Aufgaben und zum Anforderungsprofil des Compliance-Beauftragten die Gliederungspunkt ab S. 143.

Abs. 1 WpHG und die MaComp umfassende Organisationspflichten für Wertpapierdienstleistungsunternehmen und damit eine ausdrückliche Pflicht zur Einführung eines Compliance-Systems. Zudem wird mit der MaComp eine Orientierungshilfe für andere Unternehmen außerhalb der Finanzwirtschaft bei der Ausgestaltung ihres Compliance-Systems bereitgestellt.

b) Geschäftsorganisation und Risikomanagement nach § 25a KWG

Neben § 33 Abs. 1 WpHG ist die Regelung des § 25a Abs. 1 KWG als eine der maßgeblichen Rechtsgrundlagen zu nennen, die das Compliance-System im Unternehmen beeinflussen können. Der Gesetzgeber hat § 25a Abs. 1 KWG anlässlich der sechsten KWG-Novelle im Jahr 1997[236] neu eingeführt. Damit wurden erstmals ausdrücklich gesetzlich bestimmte organisatorische Pflichten für Kreditinstitute festgelegt.[237] Durch die Veränderung des § 25a KWG im Wege des *Finanzmarktrichtlinien-Umsetzungsgesetzes* verlangt § 25a Abs. 1 S. 1 KWG nun von Instituten[238] „eine ordnungsgemäße Geschäftsorganisation, die die Einhaltung der vom Institut zu beachtenden gesetzlichen Bestimmungen [...] gewährleistet". Allerdings regelt die Vorschrift nicht, wie die Organisation ausgestaltet werden muss und wie die gesetzlichen Anforderungen umzusetzen sind. In § 25a Abs. 1 S. 3 KWG werden lediglich qualitative Anforderungen an die Geschäftsorganisation gestellt[239]: Danach umfasst eine ordnungsgemäße Geschäftsorganisation besonders ein „angemessenes und wirksames Risikomanagement"[240], dessen Ausgestaltung gemäß § 25a Abs. 1 S. 4 KWG von „Art, Umfang, Komplexität und Risikogehalt der Geschäftstätigkeit" abhängt. Weiterhin ist entsprechend § 25a Abs. 1 S. 5 KWG die „Angemessenheit und Wirksamkeit des Risikomanagements vom Institut regelmäßig zu überprüfen". Fraglich ist dabei das Verhältnis zwischen § 25a KWG und § 91 Abs. 2 AktG: Zwar möchte die überwiegende Ansicht die Vorschrift des § 25a KWG nicht branchenübergreifend zur Konkretisierung

---

236 In Art. 1 des Gesetzes zur Umsetzung von EG-Richtlinien zur Harmonisierung bank- und wertpapieraufsichtsrechtlicher Vorschriften vom 22.10.1997, BGBl. I 1997, S. 2518 (2544).

237 Seitdem ließ keine Gesetzesnovelle § 25a KWG unangetastet, vgl. *Braun/Wolfgarten* in: BFS-KWG, § 25a, Rn. 1 ff.

238 Der Anwendungsbereich des § 25a KWG bezieht sich gem. § 25a Abs. 1a S. 1 KWG auf Institutsgruppen, Finanzholding-Gruppen, Institute im Sinne des § 10a Abs. 14 KWG und Finanzkonglomerate sowie gemäß § 1 Abs. 1b KWG auf Kredit- und Finanzdienstleistungsinstitute.

239 *Braun/Wolfgarten* in: BFS-KWG, § 25a, Rn. 21, 106 ff.

240 Dies trägt den Anforderungen der Durchführungsrichtlinie vollständig Rechnung, wonach Art. 7 Abs. 1 lit. c) Ziff. i) der Richtlinie 2006/73/EG ein angemessenes und wirksames Risikomanagement fordert.

des § 91 Abs. 2 AktG heranziehen[241], hält aber aufgrund der fortgeschrittenen Compliance-Maßnahmen im Finanzsektor eine entsprechende Berücksichtigung für zulässig, sofern es sich um verallgemeinerungsfähige Erkenntnisse handelt.[242]

Mit dem *Gesetz zur Ergänzung und Bekämpfung der Geldwäsche und Terrorismusfinanzierung* (GwBekErgG) vom 13.08.2008[243] ging die ursprüngliche Vorgabe nach § 25a Abs. 1 S. 6 Nr. 3 KWG bezüglich eines „angemessenen geschäfts- und kundenbezogenen Sicherungssystems" gegen Geldwäsche und betrügerische Handlungen als zusätzliche Anforderung an eine ordnungsgemäße Geschäftsorganisation in § 25h KWG auf.[244]

Zusätzlich werden die Vorgaben des § 25a KWG durch das Rundschreiben 11/2010 (BA) der BaFin vom 14.12.2012 mit dem Titel „*Mindestanforderungen an das Risikomanagement – (MaRisk)*" konkretisiert. Denn die MaRisk enthalten weitere Compliance-Anforderungen: So haben Kreditinstitute ihre Geschäftsaktivitäten auf der Grundlage von Organisationsrichtlinien zu betreiben und diese den Mitarbeitern in geeigneter Weise bekannt zu machen. Diese Richtlinien sollen unter anderem Regelungen beinhalten, die die Einhaltung der gesetzlichen Bestimmungen sowie sonstiger Vorgaben (Compliance) gewährleisten.[245]

In der Vorschrift wird die Rechtsgrundlage für ein Compliance-System mehrfach deutlich[246]: zum einen anhand des Wortlauts von § 25a Abs. 1 KWG, der den Begriff Compliance in seiner juristischen Übersetzung beschreibt[247], zum anderen anhand der zahlreichen Anforderungen des §§ 25a und 25c KWG sowie den MaRisk, die Kreditinstituten eine umfassende Pflicht zu organisatorische Maßnahmen auferlegen, um damit die Rechtskonformität sicherzustellen. Schließlich wird in § 25a Abs. 1 S. 3 Nr. 3 c) KWG verlangt,

241 Dagegen OLG Celle, WM 2008, S. 1745; Hüffer, § 91, Rn. 8; *Spindler* in: MüKo-AktG, § 91 Rn. 39 f.; *Krieger/Sailer-Coceani* in: Schmidt/Lutter, § 91, Rn. 15; *Fleischer* in: Spindler/Stilz, § 91, Rn. 10; Preußner, NZG 2004, S. 57 (59 f.); Bürkle, WM 2005, S. 1496 (1497 f.); Blasche, CCZ 2009, S. 62 (64) aufgrund der branchenspezifischen Risiken des Finanzsektors; dafür VG Frankfurt, WM 2004, S. 2157, da sich die Vorschriften in ihrer rechtlichen Bedeutung entsprechen.

242 Hüffer, NZG 2007, S. 47 (49); *Spindler* in: MüKo-AktG, § 91 Rn. 39 ff.

243 BGBl. I 2008, S. 1690 (1701).

244 Vgl. dazu ausführlich Zentes/Wybitul, CCZ 2011, S. 90 ff.

245 Zusätzlich werden weitere Vorgaben gestellt zur Einrichtung eines angemessenen Risikosteuerungs- und Controllingprozesses, zur Qualifikation des Personals sowie zur Dokumentation von Unterlagen und Handlungen; vgl. Rundschreiben 11/2010 (BA) (MaRisk) der BaFin vom 14.12.2012, AT 4, AT 5, AT 6, AT 7.

246 Insoweit auch Pape, S. 98.

247 So auch *Langen* in: Schwennicke/Auerbach, § 25a, Rn. 47.

dass das interne Kontrollsystem „insbesondere eine Risikocontrolling-Funktion und eine Compliance-Funktion" zu umfassen hat. Aus alledem ergeben sich für Kreditinstitute zahlreich zu beachtende Vorgaben betreffend Corporate Compliance.[248]

c) Geschäftsorganisation und Risikomanagement nach § 64a VAG

Der durch die neunte VAG-Novelle mit Wirkung zum 01.01.2008[249] neu eingefügte § 64a VAG stellt eine weitere sich auf das Compliance-System in Unternehmen auswirkende Rechtsgrundlage dar.[250] Ebenso wie § 25a Abs. 1 KWG beinhaltet § 64a Abs. 1 VAG Vorgaben an die Unternehmensleitung zur ordnungsgemäßen Geschäftsorganisation – in diesem Kontext aber für Versicherungsunternehmen im Sinne des § 1 Abs. 1 Nr. 1 VAG. Gemäß § 64a Abs. 1 S. 1 VAG müssen „Versicherungsunternehmen über eine ordnungsgemäße Geschäftsorganisation verfügen, welche die Einhaltung der von ihnen zu beachtenden Gesetze und Verordnungen sowie der aufsichtsbehördlichen Anforderungen gewährleistet". Parallel zu § 25a Abs. 1 S. 3 KWG umfasst nach § 64a Abs. 1 S. 3 VAG eine ordnungsgemäße Geschäftsorganisation besonders ein „angemessenes Risikomanagement". Dieses beinhaltet nach § 64a Abs. 1 S. 4 VAG folgende vier aufeinander abgestimmte Elemente[251]: Eine auf das Unternehmen abgestimmte Risikostrategie (Nr. 1), passende organisatorische Rahmenbedingungen (Nr. 2), die Einrichtung eines geeigneten internen Steuerungs- und Kontrollsystems (Nr. 3) und eine interne Revision (Nr. 4).

Die Vorgaben des § 64a VAG werden zusätzlich durch das Rundschreiben 3/2009 (VA) vom 22.01.2009 mit dem Titel „*Aufsichtsrechtliche Mindestanforderungen an das Risikomanagement (MaRisk VA)*" konkretisiert.[252] Dabei beschränken sich die Vorgaben des Rundschreibens jedoch auf Richtlinien zum Risikomanagement. Weitere Aufschlüsse zu allgemeingültigen Compliance-Anforderungen für Unternehmen und deren Leitung erfolgen hingegen nicht.[253]

Zwar fordert der Wortlaut des § 64a VAG nicht ausdrücklich die Einrichtung eines Compliance-Systems. Gleichwohl verlangt er wie § 25a KWG auch im Sinne der klassischen juristischen Übersetzung von Compliance von den Versicherungsunternehmen eine ordnungsgemäße Geschäftsorganisation,

248 So Weber-Rey, AG 2008, S. 345 (353). Ebenso: Pape, S. 99.
249 Neuntes Gesetz zur Änderung des Versicherungsaufsichtsgesetzes vom 23.12.2007, BGBl. I 2007, S. 3248 (3250 f.).
250 Wirth/Paul, CCZ 2010, S. 95.
251 Weber-Rey, AG 2008, S. 345 (356).
252 Vgl. Rundschreiben 3/2009 (VA) (MaRisk) der BaFin vom 22.01.2009.
253 Bürkle, VersR 2009, S. 866 (867).

die „die Einhaltung der von ihnen zu beachtenden Gesetze gewährleistet".[254] Demnach verpflichtet § 64a VAG Versicherungsunternehmen wie auch § 25a KWG die Kreditinstitute, sich derart zu organisieren, dass Rechtskonformität sichergestellt wird. Insgesamt wird von Vertretern des Schrifttums aus § 64a VAG eine Pflicht zur Einrichtung eines Compliance-Systems abgeleitet.[255]

d) Zur Problematik der Verfassungskonformität der BaFin-Richtlinien

Es ist erkennbar, dass insbesondere Gesetze und einzelne Vorschriften im Bereich der Finanz- und Versicherungswirtschaft ein Defizit an gesetzlichen Regelungen aufweisen, die Institutionen wie die BaFin immer wieder zu dem Versuch veranlassen mittels Rundschreiben diesen Mangel zu kompensieren. Dabei ist aber äußerst fraglich, ob dieses Vorgehen mit der Verfassung konform geht – speziell ist hierbei an die Vereinbarkeit mit dem Rechtsstaatsprinzip und den daraus entspringenden Prinzipien der Gewaltenteilung und des Vorbehalts des Gesetzes zu denken[256], da nur der Gesetzgeber dazu ermächtigt ist, Gesetze zu erlassen. Er kann diese Aufgabe nicht anderen, nachgeordneten Institutionen wie der BaFin überlassen, da ihm sonst der Vorwurf zur Last zu legen ist, dass er sich seiner Gesetzgebungskompetenz entziehe. Allerdings wurde die BaFin nach § 29 WpHG gesetzlich dazu ermächtigt, Richtlinien zu erlassen, weshalb sie befugt ist, generalklauselartig gefasste Normen zu konkretisieren.[257] Gleichwohl besitzen die Richtlinien der BaFin keine objektive Rechtsatzqualität.[258] Vielmehr handelt es sich bei ihnen lediglich um „norminterpretierende, aufsichtsbehördliche Verwaltungsvorschriften"[259]. Aufgrund dessen sind sie ausschließlich Gegenstand und daher niemals Maßstab einer richterlichen Überprüfung.[260] Mangels objektiver Rechtsatzqualität der

254 So auch Wirth/Paul, CCZ 2010, S. 95 (96 f.).

255 Vgl. Dreher, VersR 2008, S. 998 (1004), der die Verpflichtung zur Einrichtung eines Compliance Systems aus § 64a Abs. 1 S. 1 VAG ableitet; zustimmend: Wirth/Paul, CCZ 2010, S. 95 (97).

256 Vgl. dazu auch den Gliederungspunkt ab S. 89.

257 *Schäfer* in: Heidel, § 35 WpHG, Rn. 14.

258 BGHZ 147, 343; *Fett* in: Schwark/Zimmer, § 35 WpHG, Rn. 11; *Koller* in: Assmann/Schneider, § 33, Rn. 4.

259 BGHZ 147, 343: ähnlich OLG Düsseldorf, NJW-RR 2009, S. 409. a.A. *Schäfer* in: Heidel, § 35 WpHG, Rn. 14, wonach es sich bei den Richtlinien um normkonkretisierende Verwaltungsvorschriften handelt; differenzierend *Schlette/Bouchon* in: Fuchs, § 35, Rn. 16, die den Richtlinien eine verordnungsähnliche rechtliche Bindungswirkung zusprechen wollen.

260 BVerfGE 78, 214; 80, 257; BGHZ 147, 343.

Richtlinien sind sie somit für die Gerichte unverbindlich.[261] Dessen ungeachtet orientieren sich Gerichte und betroffene Unternehmen an den Richtlinien als Auslegungshilfe für Mindeststandards – etwa für die Unternehmensorganisation eines Wertpapierdienstleistungsunternehmens.[262]

Gegensätzlich dazu differenziert das US-amerikanische Recht zum einen zwischen formellen vom U.S. Congress erlassenen Gesetzen (sog. *Statutes*) und zum anderen Rechtsverordnungen (sog. *Rules*) von Verwaltungsbehörden wie der SEC, die aufgrund einer Ermächtigungsbefugnis des U.S. Congress diese erlassen und durchsetzen können.[263] Die vom U.S. Congress eingesetzte SEC hat als Wertpapier- und Börsenaufsichtsbehörde die Überwachung des Wertpapierhandels zur Aufgabe. In diesem Rahmen ist sie dazu ermächtigt, sog. *Final Rules*[264] zu erlassen, Normen zu interpretieren sowie Rules und Regulations durchzusetzen. Gegensätzlich zu den Richtlinien der BaFin kommen den Finale Rules der U.S. Securities Exchange Commission (SEC) daher Gesetzeskraft zu.[265]

e) Sonstige Rechtsgrundlagen von Compliance

Des Weiteren finden sich compliance-relevante Vorschriften im Bereich des Umweltschutzes. Zu nennen sind dabei die nahezu inhaltsgleich ausgestalteten Mitteilungspflichten nach § 52b Abs. 2 Bundes-Immissionsschutzgesetz (BImSchG) und § 53 Abs. 2 Kreislaufwirtschafts- und Abfallgesetz a. F. (Krw-/AbfG). Danach hat der „Betreiber einer genehmigungsbedürftigen Anlage der zuständigen Behörde mitzuteilen, auf welche Weise“ die Einhaltung bestimmter umweltrechtlicher Vorschriften sichergestellt wird.

Ferner beeinflusst auch das Arbeitsrecht die Ausgestaltung eines Compliance-Systems: Nach § 12 Abs. 1 Allgemeines Gleichbehandlungsgesetz (AGG) ist der Arbeitgeber dazu verpflichtet, erforderliche (vorbeugende) Maßnahmen zum Schutz vor Benachteiligung zu ergreifen. Vertiefend hat der Arbeitgeber nach § 12 Abs. 2 AGG „in geeigneter Art und Weise auf die Unzulässigkeit von Benachteiligungen hinzuweisen und darauf hinzuwirken, dass diese unterbleiben“.

---

261 BGHZ 147, 343; *Fett* in: Schwark/Zimmer, § 35 WpHG, Rn. 11; *Schäfer* in: Heidel, § 35 WpHG, Rn. 14.

262 OLG Nürnberg, AG 2001, S. 427; OLG München, WM 1998, S. 2188; *Schäfer* in: Heidel, § 35 WpHG, Rn. 14.

263 Regelin/Fisher, IStR 2003, S. 276.

264 Vgl. dazu etwa die SEC Final Rule, Release Nos. 33–8177 vom 24.01.2003 "Disclosure Required by Sections 406 and 407 of the Sarbanes Oxley Act 2002", die sich unter anderem mit dem Code of Ethics auseinandersetzt.

265 Warncke, S. 85.

3. *Die ordnungswidrigkeitenrechtlichen Organisationspflichten*

Schließlich enthält das Ordnungswidrigkeitenrecht Rechtsgrundlagen für Organisationspflichten, die sich auf die Einführung eines Compliance-Systems unmittelbar auswirken können. Dabei nimmt das Ordnungswidrigkeitenrecht bei der Einführung und Ausgestaltung eines Compliance-Systems eine bedeutende Stellung ein – nicht zuletzt wegen der für Unternehmen und deren Leitung drohenden hohen Geldbußen.[266] Die umfassendsten Anforderungen an organisatorische Maßnahmen enthält die Aufsichtspflicht nach § 130 OWiG, deren Bedeutung ausführlich im zweiten Teil dieser Arbeit behandelt wird.

II. Rechtspflicht der Unternehmensleitung zur Einführung eines Compliance-Systems und zur Straftatenverhinderung von Mitarbeitern im deutschen Recht?

Es wurde deutlich, dass in Deutschland bereits seit geraumer Zeit compliance-relevante Rechtsgrundlagen existieren. Gleichzeitig zeigte sich, dass diese Vorschriften nur Teilaspekte eines Compliance-Systems verlangen und keine für alle Unternehmen unabhängig von der Rechtsform geltende Rechtspflicht zur Einführung eines Compliance-Systems beinhalten. Insofern ist es fraglich, ob aus einer Zusammenschau dieser Einzelpflichten eine für alle Unternehmen geltende Pflicht zur Einführung eines Compliance-Systems hergeleitet werden kann. Diese Frage erhält speziell aus straf- und ordnungswidrigkeitenrechtlicher Sicht eine enorme Bedeutung, sofern eine unterbliebene Einführung eines Compliance-Systems eine Unterlassungsstrafbarkeit im Sinne von § 13 StGB i.V.m. Tatbeständen wie beispielsweise §§ 263 oder 266 StGB bzw. im Falle einer fahrlässigen Unterlassung wie beispielsweise § 264 Abs. 4 StGB die Verwirklichung des § 130 OWiG für die Unternehmensleitung bzw. den Compliance-Beauftragten nach sich ziehen würde. Eine Unterlassungsstrafbarkeit dieser Personen wäre allerdings nur dann möglich, wenn der „Geschäftsherr“ betriebsfundierter Garant für seine Mitarbeiter wäre – ihn also eine Rechtspflicht träfe, Straftaten der Unternehmensmitarbeiter zu verhindern.

Ausgehend von dieser Problematik stellt sich daher die Frage, ob eine allgemeinverbindliche Pflicht zur Einführung eines Compliance-Systems besteht (1.). Darüber hinaus ist von zentraler Bedeutung, ob ein Unternehmensleiter für Straftaten nachgeordneter Mitarbeiter einzustehen hat (2.).

---

266 *Pelz* in: Hdb. Haftungsvermeidung, S. 103.

1. *Rechtspflicht der Unternehmensleitung zur Einführung eines Compliance-Systems?*

Es versteht sich von selbst, dass Compliance-Bemühungen im Unternehmen im Interesse des Unternehmens liegen.[267] Allerdings ist es fraglich, ob in Deutschland auch eine Rechtspflicht besteht, solche Maßnahmen zu ergreifen. In der Literatur ist es umstritten, ob aus der Zusammenschau der zuvor dargestellten compliancerelevanten Rechtsgrundlagen eine *für alle Unternehmen geltende Rechtspflicht zur Einführung eines Compliance-Systems* (im Folgenden aus Gründen der Einfachheit als „Compliance-Pflicht" bezeichnet)[268] abgeleitet werden kann.[269]

a) „Compliance-Pflicht" im Wege einer Gesamtanalogie

Vereinzelt wird aus den genannten Rechtsgrundlagen eine Rechtspflicht für alle Unternehmen abgeleitet. Die Befürworter einer umfassenden Compliance-Pflicht begründen dies im Wege einer *Gesamtanalogie* von allgemeinen und bereichsspezifischen Einzelregelungen wie §§ 76, 91, 93 AktG sowie §§ 25a KWG, 33 WpHG, 64a VAG, 52b Abs. 2 BImSchG, 53 Abs. 2 KrW-/AbfG a. F. und mittelbar aus der „unvollkommenen Organisationspflicht"[270] des § 130 OWiG.[271] Ergänzend wird für Aktiengesellschaften teilweise der Deutsche Corporate Governanvce Kodex (DCGK) als Grundlage für eine Rechtspflicht herangezogen.[272] Denn dieser umschreibt den Begriff Compliance in 4.1.3 DCGK.[273]

---

267 Hauschka, ZIP 2004, S. 877 (879). Speziell wegen der zahlreichen Haftungsrisiken und Nachteile, siehe zu den Haftungsrisiken einer fehlenden bzw. defizitären Compliance den Gliederungspunkt ab S. 54.

268 So auch *Bachmann* in: VGR, S. 65 (67).

269 Moosmayer hält diese Diskussion aufgrund der prominenten Wirtschaftsstrafverfahren der jüngeren Vergangenheit für überholt, vgl. Moosmayer, S. 5.

270 Schneider, ZIP 2003, S. 645 (649).

271 Schneider, ZIP 2003, S. 645 (648 f.); *ders.* in: Scholz, § 43, Rn. 361; Schneider/von Buttlar, ZIP 2004, S. 1621 (1622); den Gedanken aufnehmend: VG Frankfurt, WM 2004, S. 2157; *Eisele* in: Hdb. Bankrecht, § 109, Rn. 95; *Krieger/Sailer-Coceani* in: Schmidt/Lutter, § 93, Rn. 6; Preußner, NZG 2004, S. 57 (59 f.); ders., NZG 2004, S. 303 (305 f.); Preußner/Zimmermann, AG 2002, S. 657 (659 f.); Lorenz, ZRFG 2006, S. 5 (8); Campos Nave/Bonenberger, BB 2008, S. 734 (735); von einer „Schrittmacherrolle" des Wirtschaftsaufsichtsrechts sprechend Fleischer, ZIP 2003, S. 1 (10); ders., BB 2008, S. 1070 (1072); offen gelassen: Liese, BB 2008, S. 17 (22).

272 So etwa Bürkle, BB 2007, S. 1797; Campos Nave/Bonenberger, BB 2008, S. 734 (735) sprechen sogar von einer Ausstrahlungswirkung des DCGK für alle Unternehmensformen, die die Gerichte beachten würden.

273 Danach hat „der Vorstand für die Einhaltung der gesetzlichen Bestimmungen und unternehmensinternen Richtlinien zu sorgen und auf die Beachtung in den Konzernunternehmen hinzuwirken (Compliance)".

Gegen diese Ansicht ist einzuwenden, dass es sich bei den genannten Vorschriften teilweise um nicht verallgemeinerungsfähige gesetzliche Vorgaben handelt, da sie mitunter branchenspezifischen Charakter aufweisen.[274] Besonders tragfähig ist das Argument, dass es für einen Analogieschluss an einer Regelungslücke fehlt. Denn dort, wo die Rechtspflicht zur Einführung eines Compliance-Systems besteht, hat der Gesetzgeber sie auch geregelt (vgl. § 33 Abs. 1 WpHG). Hieran wird deutlich, dass der Gesetzgeber die Statuierung von Compliance bisher lediglich branchenbezogen vorgeschrieben hat.[275] Weiterhin führt eine Gesamtanalogie und eine daraus folgende allgemeine Pflicht dazu, dass ein kleines Unternehmen, wie beispielsweise eine kleine Bäckerei, den gleichen Verpflichtungen unterliegen würde, wie ein internationales Großunternehmen, das weltweit an verschiedenen Börsen gelistet ist.[276] Ferner hätte eine Gesamtanalogie zur Folge, dass die von § 130 OWiG verlangten Aufsichtspflichten strafbewehrt würden, mit der Konsequenz, dass das echte Unterlassungsdelikt des § 130 OWiG in ein unechtes Unterlassungsdelikt „umdefiniert" und damit eine enorme Ausweitung der Strafbarkeit herbeigeführt werden würde.[277]

Die Annahme einer allgemeinen Rechtspflicht zur Einführung eines Compliance-Systems hätte zudem die Konsequenz, dass momentan ein Großteil der Unternehmensleiter ihrer Tätigkeit im Zustand dauerhafter Pflichtverletzungen nachgehen würde.[278] Daher wäre permanent die persönliche Haftung der Unternehmensorgane im Falle von Rechtsverstößen der Mitarbeiter zu prüfen.[279]

Gegen eine allgemeine Compliance-Pflicht sprechen auch die mit der Einführung eines Compliance-Systems verbundenen hohen Kosten, die durch kleine oder mittelständische Unternehmen in der Regel nicht aufzubringen sind.[280]

---

274 Bürkle, BB 2005, S. 565 (568); Hauschka, ZIP 2004, S. 877 (878); im Ergebnis auch: Hüffer, § 91, Rn. 8.

275 *Bachmann* in: VGR, S. 65 (74).

276 Hauschka, ZIP 2004, S. 877 (878). So auch Liese, BB 2008, S. 17.

277 Vgl. zum Streitstand der Geschäftsherrenhaftung den Gliederungspunkt ab S. 47.

278 Hauschka, ZIP 2004, S. 877 (878). Nach einer Studie verfügen in Deutschland („nur") 54 Prozent der befragten Unternehmen über ein Compliance System, vgl. Bussmann/Matschke, wistra 2008, S. 88 (91).

279 Hauschka, ZIP 2004, S. 877 (878).

280 Obwohl es sich um ein Großkonzern handelt, seien beispielhaft die hohen Kosten genannt, die Siemens für zahlreiche Maßnahmen hatte aufwenden müssen (unter anderem Schulungsmaßnahmen, Einrichtung von Whistleblowing-Hotlines, etc.), um sein Compliance System an die veränderte Unternehmensstruktur anzupassen. Siemens kostete die Aufdeckung der Vorfälle insgesamt 2,5 Mrd. Euro, vgl. Faz.net – „Siemens-Schmiergeldskandal", 12.06.2011, wovon ein hoher Anteil auf die genannten Maßnahmen zurückzuführen ist.

Schließlich ist gegen diese Ansicht einzuwenden, dass auch aus dem DCGK keine Rechtspflicht zur Einführung eines Compliance-Systems abgeleitet werden kann. Denn dieser formuliert lediglich Empfehlungen für Selbstverpflichtungen von Aktiengesellschaften, ihm kommt aber gerade mangels staatlichen Rechtssetzungsakts kein Gesetzesrang zu.[281]

b) Compliance-Pflicht als unternehmerisches Ermessen?

Mangels ausreichender gesetzlicher Vorgaben wird daher die Ansicht vertreten, dass die Einführung eines Compliance-Systems ausschließlich der *unternehmerischen Freiheit der Unternehmensleitung* unterliege.[282] Denn nach der Rechtsprechung komme der Unternehmensleitung bei Organisationsmaßnahmen ein weiter *Ermessensspielraum* zu.[283] Daher sei es Sache der Unternehmensleitung anhand des Einzelfalls zu entscheiden, ob sie selbst die Rechtskonformität gewährleisten könne oder ob sie hierzu ein Compliance-System einrichten wolle.[284] Die Einführung eines Compliance-Systems möge zwar angesichts der zahlreichen nationalen und internationalen Pflichten im Interesse des Unternehmens sein. Gleichwohl bleibt nach Vertretern dieser Ansicht die von Gesetzes wegen grundsätzlich eingeräumte unternehmerische Freiheit beim Treffen von unternehmensbezogenen Entscheidungen davon unberührt.[285]

Der Unternehmensleitung kommt daher nach zutreffender Ansicht *grundsätzlich* ein unternehmerisches Ermessen hinsichtlich der Einführung eines Compliance-Systems zu.

aa) Ermessen der Unternehmensleitung

Gleichwohl besteht das unternehmerische Ermessen hinsichtlich der Einführung eines Compliance-Systems nicht ausnahmslos – vielmehr ist beim

---

281 Hierzu schon: Werder, DB 2002, S. 801; zustimmend: Koch, WM 2009, S. 1013 (1020); *Hauschka* in: Hdb. Haftungsvermeidung, S. 10; Gößwein/Hohmann, BB 2011, S. 963 (964); zuletzt: Schlieker, S. 65 ff.

282 *Hauschka* in: Hdb. Haftungsvermeidung, S. 10 f.; ders., ZIP 2004, S. 877 (878); *Kort* in: Hopt/Wiedemann, § 91, Rn. 65; ders., NZG 2008, S. 81 (84); *Ringleb* in: Ringleb/Kremer/Lutter/Werder, Rn. 582; Gößwein/Hohmann, BB 2011, S. 963 (964); die aktienrechtlichen Vorschriften regeln nur einzelne Aspekte des Vorstandshandelns: Bergmoser/Theusinger/Gushurst, BB Beilage 2008, S. 1 (3); Koch, WM 2009, S. 1013 (1017); *Dierlamm* in: Görling/Inderst/Bannenberg, S. 478.

283 BGHZ, 135, 244; zustimmend: Bürkle, BB 2005, S. 565 (568) gerade unter Berufung auf die ARAG/Garmenbeck-Entscheidung des BGH; so auch Kort, NZG 2008, S. 81 (84).

284 *Hauschka* in: Hdb. Haftungsvermeidung, S. 10; ders., ZIP 2004, S. 877 (878).

285 *Dierlamm* in: Görling/Inderst/Bannenberg, S. 478.

Ermessen zu differenzieren: zum einen in die Frage *„ob" Rechtskonformität im Unternehmen sichergestellt werden muss* – diese ist immer zu bejahen, da den Gesetzen entsprochen werden muss und der Unternehmensleitung insofern kein Ermessensspielraum zukommt.[286] Zum anderen stellt sich die Frage, *„wie" die Sicherstellung der Rechtskonformität im Unternehmen konkret umgesetzt werden muss.*[287] Im Gegensatz zum *„Ob"* stellte die Rechtsprechung bei der Frage fest, dass der Unternehmensleitung ein weites (Organisations-) Ermessen einzuräumen ist, da diese andernfalls keine *unternehmerischen Entscheidungen* treffen könne. Allerdings besteht das Ermessen nur dahingehend, mittels welcher von mehreren gleich geeigneten Maßnahmen die Rechtskonformität sichergestellt wird[288]– sei es, dass die Leitung selbst Kontrollen durchführt und diese als ausreichend erachtet oder der Ansicht ist, hierfür zusätzlich ein Compliance-System einzurichten.[289] Ein Compliance-System ist somit nur eine mögliche Alternative für die Unternehmensleitung, um ihrer Legalitätspflicht nachzukommen.[290] In diesem Kontext kann es bei einem kleinen Unternehmen, wie bei der bereits genannten kleinen Bäckerei, ausreichen, wenn der Bäckermeister gelegentlich mal nach dem Rechten sieht und mit seinem Steuerberater vereinzelt Rücksprache hält. Bei einem internationalen Großunternehmen, wie einer börsennotierten Aktiengesellschaft, wird diese Form der Compliance-Struktur die unternehmensspezifischen Risiken aber nicht angemessen abdecken. Fakt ist danach aber auch, dass sowohl die kleine Bäckerei als auch das internationale Großunternehmen „ihre Compliance-Systeme" betreiben; die erforderliche Feinmaschigkeit dieses Systems hängt dann aber vom Vorliegen einzelner *Indizien* ab. Es ist es daher am Ende auch die Unternehmensleitung, die die uneingeschränkte Verantwortung für ihre Entscheidung trägt.[291]

Dabei muss die Unternehmensleitung auch nicht alle theoretisch möglichen Compliance-Maßnahmen ergreifen. Ermessenseinschränkend sind aber diejenigen durchzuführen, die nach dem *Grundsatz der Verhältnismäßigkeit* erforderlich und angemessen sind.[292]

---

286 So wird etwa bei der Aktiengesellschaft die gesetzestreue Amtsführung des Vorstands als eine Kardinalspflicht bewertet, *Fleischer* in: Hdb. Vorstandsrecht, § 7, Rn. 4; ders., NJW 2009, S. 2337.

287 So die zutreffende Einteilung von Pape, S. 125.

288 Zum Ganzen: BGHZ 135, 244.

289 *Goette* in: FS 50 Jahre BGH, S. 123 (130); Hauschka, ZIP 2004, S. 877 (878); Bürkle, BB 2005, S. 565 (569 f.); *Kort* in: Hopt/Wiedemann, § 91, Rn. 65; ders., NZG 2008, S. 81 (84); Fleischer, CCZ 2008, S. 1 (3).

290 Spindler, WM 2008, S. 905 (909); Pape, S. 126.

291 *Hauschka* in: Hdb. Haftungsvermeidung, S. 10; ders., ZIP 2004, S. 877 (878).

292 Dann, AnwBl 2009, S. 84 (85).

Hinzu kommt, dass bei Compliance in ordnungswidrigkeiten- und strafrechtlichen Verfahren die Fragen von Vorsatz und Fahrlässigkeit eine bedeutende Rolle spielen. Grund hierfür ist, dass in Rahmen solcher Verfahren Unternehmen und ihre Leitung sich zumindest einem Fahrlässigkeitsvorwurf aussetzen müssen, da ein vorsätzliches Verhalten in einer komplexen Unternehmensstruktur grundsätzlich schwer nachweisbar ist. Denn bei gelegentlichen Delikten der Mitarbeiter wird sich die Unternehmensleitung im Regelfall darauf berufen können, von den konkreten Tatumständen keine Kenntnis gehabt zu haben.[293] Insofern beschränkt sich die Compliance-Diskussion in der Praxis regelmäßig auf den Vorwurf der Fahrlässigkeit in Verbindung mit einer Unterlassungsstrafbarkeit[294], wenn die Unternehmensleitung es fahrlässig unterlassen haben sollen, erforderliche Maßnahmen vorzunehmen, um die im Unternehmen aufgetretenen Gefahren durch Aufsicht, Instruktionen, Organisation und Kontrolle der Mitarbeiter zu verhindern.[295] Maßgeblich für das fahrlässige Unterlassungsdelikt und eine strafrechtliche Verantwortlichkeit der Unternehmensleitung ist dabei die Außerachtlassung *„der im Verkehr erforderlichen Sorgfalt“* (vgl. § 276 Abs. 2 BGB). Unter anderem ist Inhalt der Sorgfaltspflicht ausreichende Sicherheitsvorkehrungen bzw. Vorkehrungen gegen diejenigen Rechtsverstöße zu treffen, mit denen die Unternehmensleitung nach der Erfahrung des täglichen Lebens zu rechnen hat.[296] Doch ist in einem Strafverfahren, das ein fahrlässiges Unterlassungsdelikt zum Gegenstand hat, auch oftmals schwer nachweisbar, dass der Erfolg bei Vornahme der gebotenen Handlung *„mit an Sicherheit grenzender Wahrscheinlichkeit“* ausgeblieben wäre, weil Kontrollmaßnahmen in der Regel immer nur stichprobenartig durchgeführt werden können, weshalb letztendlich auf § 130 OWiG zurückgegriffen wird.[297]

bb) Indizien für Art und Umfang der Compliance gemessen an den Grundsätzen der Verhältnismäßigkeit und Sorgfalt im Verkehr

Entsprechend den vorherigen Ausführungen hat sich das Organisationsermessen an zwei Grundsätzen zu orientieren: der *Verhältnismäßigkeit* und der im *Verkehr erforderlichen Sorgfalt.* Die im Folgenden aufgeführten Indizien können darauf hindeuten, dass im Einzelfall die Einführung eines Compliance-Systems verhältnismäßig sein kann, um der im Verkehr erforderlichen

---

293 *Achenbach* in: HWSt, Rn. 35 ff.

294 Vgl. Kohlmann/Ostermann, wistra 1990, S. 121 (122); Bock, ZIS 2009, S. 68 (70).

295 Vgl. Kohlmann/Ostermann, wistra 1990, S. 121 (123).

296 Vgl. BGHSt 20, 315; OLG Stuttgart, WuW/E OLG 3049–3050.

297 Vgl. Kohlmann/Ostermann, wistra 1990, S. 121 (123).

Sorgfalt gerecht zu werden.[298] Angemerkt sei hierbei, dass es sich nur um Indizien und nicht um starre Vorgaben handelt, denn letztendlich ist es Aufgabe des Richters, bei der Rechtsfindung „alle Umstände des Einzelfalls" zu prüfen (vgl. § 286 ZPO, § 261 StPO). Anhand dieser Indizien soll den Unternehmen die Möglichkeit gegeben werden, zu überprüfen, ob die in ihrem Unternehmen bereits ergriffenen organisatorischen Maßnahmen bereits ausreichen oder weitere Compliance-Bemühungen erforderlich sind. Denn bei Vorliegen mehrerer Indizien kann dies (verstärkte) Compliance-Maßnahmen bedingen. Speziell bei internationalen und daher meist komplexen Großunternehmen kann sich möglicherweise ein „faktischer Zwang" zur Einführung eines Compliance-Systems ergeben, da vermutlich nur auf diese Art die Rechtskonformität sichergestellt werden kann.[299] Anzumerken ist, dass es eine allgemeingültige Organisationsvorgabe nicht gibt, da der Inhalt und die Ausrichtung eines Compliance-Systems aufgrund der sektorspezifischen Risiken und Kriterien einzelfallabhängig sind. Daher ist bei diesem Indizienkatalog eine Einzelfallbetrachtung für jedes Unternehmen erforderlich.

Der notwendige Inhalt und Umfang der Maßnahmen im Hinblick auf die konkrete Umsetzung der Sicherstellung der Rechtskonformität im Unternehmen ergibt sich für jedes Unternehmen im Einzelfall nach Ansicht des Schrifttums aus folgenden Indizien[300]:

- Rechtsform des Unternehmens / Bestehen einer branchenspezifischen Compliance-Pflicht (zum Beispiel aus § 33 Abs. 1 WpHG)
- Größe und Struktur des Unternehmens[301]

---

298 Es handelt sich lediglich um Indizien und nicht um starre Vorgaben, da es letztendlich Aufgabe des Richters ist, bei der Rechtsfindung „alle Umstände des Einzelfalls" zu prüfen (vgl. § 286 ZPO, § 261 StPO).

299 So AKEIÜ, DB 2010, S. 1509 (1511); Bürkle, BB 2005, S. 565 (570).

300 Siehe insofern: *Hauschka* in: Hdb. Haftungsvermeidung, S. 19 f.; ders., AG 2004, S. 461 (476 ff.); ders., ZIP 2004, S. 877 (878); Hauschka/Greeve, BB 2007, S. 165 (166 ff.); *Lampert* in: Hdb. Haftungsvermeidung, S. 166; Bürkle, BB 2005, S. 565 (569 f.); AKEIÜ, DB 2010, S. 1509 (1510); Fleischer, AG 2003, S. 291 (299); ders., CCZ 2008, S. 1 (2); Thüsing, S. 16; Itzen, BB Beilage 2008, S. 12 (14 ff.); Liese, BB 2010, S. 27 (28 ff.); eine Rechtspflicht zur Einführung eines Compliance-Systems bei entsprechendem Gefahrenpotential bejahend: Fleischer, CCZ 2008, S. 1 (2); *ders.* in: Hdb. Vorstandsrecht, § 8, Rn. 43; *Eisele* in: Hdb. Bankrecht, § 109, Rn. 95; Kiethe, GmbHR 2007, S. 393 (397); *Zöllner/Noack* in: Baumbach/Hueck, § 43, Rn. 17; *Bachmann* in: VGR, S. 65 (68). Ähnliche Kriterien werden auch in den USA verwendet, vgl. dazu Debold, § 17, S. 16.

301 So wird die Unternehmensleitung selbst ab einer gewissen Größe des Unternehmens nicht mehr im Stande sein, alle Compliance Risiken zu überwachen, Hauschka, ZIP 2004, S. 877 (878).

- o Ist das Unternehmen national oder international ausgerichtet?
- o Ist das Unternehmen an einer Börse notiert (vor allem in den USA)?
- o Ist das erforderliche Wissen und seine Umsetzung im Unternehmen sehr komplex?
- o Wie viele Mitarbeiter sind in dem Unternehmen tätig?[302]
- o Welche Berufserfahrung und Qualifikation bringen die Mitarbeiter mit (zum Beispiel Beschäftigung von niedrig entlohnten Leiharbeitnehmern vornehmlich aus osteuropäischen Ländern)?
- o Sorgfalt der Mitarbeiter
- o Findet eine sachgerechte Auswahl der Bewerber statt – vor allem für solche in Führungspositionen?
- o Gibt es ein Verfahren zur Überprüfung von Bewerbern vor der Einstellung?
- o Gibt es bereits eine angemessene Anzahl an Personen / Abteilung(en), die die Rechtskonformität im Unternehmen sicherstellen?

- ➢ Überschreitet das Unternehmen einen gewissen Jahresumsatz-Schwellenwert von 50 Mio. Euro pro Jahr?[303]
- ➢ In welchem Bereich ist das Unternehmen tätig (in Rechtsgebieten und Bereichen wie beispielsweise Kartellrecht, Umweltrecht, Bank- und Börsengeschäfte, Produkthaftung, pharmazeutische und chemische Industrie, Bauwirtschaft sowie Exportgeschäfte in Länder mit hohem Korruptionsniveau[304]) und welche Gefahren bestehen für die Geschäftstätigkeit in diesem

302 Nach einer Definition des Instituts für Mittelstandsforschung (IfM) fallen Unternehmen unter den Mittelstand, wenn sie bis unter 500 Mitarbeiter beschäftigen; abrufbar unter http://www.ifm-bonn.org/index.php?id=89 [20.07.2016]. Davon ausgehend sollte ein Kriterium für die Einführung eines Compliance Systems eine Mitarbeiterzahl von mehr als 500 sein. Hauschka/Greeve, BB 2007, S. 165 (166) warnen aber davor, mittelständischen Unternehmen die Last und hohen Kosten eines Compliance Systems aufzuerlegen. Denn in einem Großunternehmen seien weitergehende bzw. verstärkte organisatorische Maßnahmen zu verlangen als in einem Mittelstandsbetrieb, da zum Beispiel die Arbeitsbereiche größer und die Kommunikationswege länger seien.

303 Nach dem IfM fallen Unternehmen unter den Mittelstand, die einen Jahresumsatz bis unter 50 Mio. Euro aufweisen. Zieht man den Schwellenwert von weniger als 50 Mio. Euro Jahresumsatz heran, sind nach Rechnung des IfM von den 5,4 Billionen Euro der erzielten Umsätze von Unternehmen im Jahr 2008 rund 99,7 % dem Mittelstand zuzurechnen, abrufbar unter http://www.ifm-bonn.org/index.php?id=579 [20.07.2016].

304 Als Orientierungshilfe kann dabei der „The 2014 Corruption Perceptions Index“ von Transparency International dienen, der die Länder auf einer Skala von oben beginnend bei „sehr sauber“ (highly clean) bis „sehr korrupt“ (highly corrupt) kategorisiert. Vor allem Unternehmen, die in Ländern wie Somalia oder Afghanistan geschäftlich tätig sind (diese Länder liegen auf den letzten Plätzen), kann der

Bereich (zum Beispiel Gefahr, die von Produkten des Unternehmens ausgeht wie Arzneimittel, Medizininstrumente , Waffen und ähnliches)?

- Erreichen eines gewissen Risikogrades / konkretes Risikoprofil des Unternehmens
  - Welche unternehmensspezifischen Risiken bestehen?
  - Gibt es Veränderungen im Umfeld des Unternehmens, insbesondere auch in Gestalt von Gesetzesänderungen?
  - Wie hoch ist die Einrittswahrscheinlichkeit des jeweiligen Risikos und welche Auswirkungen hat dies?
- Vielfalt und Gewicht der konkret einzuhaltenden Vorschriften
  - Unterliegt das Unternehmen beispielsweise den Anwendungsbereichen des FCPA, der USSG, des DFA, des SOA oder des UK Bribery Acts?
- Wie hat sich die jeweilige Branche (Bauwirtschaft, pharmazeutische Industrie, etc.) entwickelt; ist der Unternehmensbereich (wie Einkauf, Produktion und Vertrieb) korruptionsanfällig?
- Bestehen korruptionsanfällige Geschäftsbeziehungen? / Gibt es Tochterunternehmen in Ländern, in denen die Rechtsbefolgung besonders durch Korruption gefährdet ist? / Korruptionsniveau des jeweiligen Landes?
- Ist es in der Vergangenheit im Unternehmen aufgrund von Missständen, Unregelmäßigkeiten oder defizitärer Organisation eventuell bereits zu Compliance-Verstößen gekommen und wurden dadurch (hohe) Sach- und Personalschäden verursacht?
  - Falls ja, wie häufig kam es zu Missständen und Unregelmäßigkeiten?
  - Falls ja, in welchem Unternehmensbereich fanden die Verstöße statt?
- Umfang und Schadensnähe möglicher Rechtsverstöße
  - Besteht eine Gefahr der Verursachung besonders hoher Schäden im Unternehmen und des (nationalen und internationalen) Marktes, auf dem das Unternehmen aktiv ist?
- Existenz einer innerbetrieblichen Organisation
  - Bestehen präzise, überschneidungsfreie, klar abgrenzbare und vor allem schriftlich festgehaltene Aufgabenzuweisungen der Organe und der verantwortlichen Mitarbeiter bezüglich der fachlichen und örtlichen Zuständigkeit innerhalb des Unternehmens (zum Beispiel schriftlich niedergelegt durch einen aktuellen und regelmäßig überarbeiteten Geschäftsverteilungsplan)?
  - Verfügen die Unternehmensleitung bzw. die für Abteilungen verantwortlichen Personen über die erforderlichen Rechts-, Wirtschafts- und

---

dortigen Korruption vermutlich nur sehr schwer entgehen. Dieses Risiko ist nicht zu unterschätzen, da die Bestechung im internationalen geschäftlichen Verkehr gemäß § 299 Abs. 3 StGB strafbar ist.

Branchenkenntnisse, Sensibilisierung sowie sachlichen und personellen Ressourcen?

- o Sind für das Unternehmen wichtige Entscheidungen den Entscheidungsträgern vorbehalten (zum Beispiel Kreditvergabe, Personaleinstellung, etc.)?
- o Besteht eine vollständige, transparente und nachvollziehbare Dokumentation der Unternehmensabläufe / Entscheidungen?
- o Findet im Unternehmen eine frühzeitige Informationsweitergabe an die Unternehmensleitung statt / Gibt es im Unternehmen etablierte Berichtswege und Eskalationsroutinen?
- o Werden Mitarbeiterschulungen durchgeführt, so dass die Mitarbeiter die typischen (Compliance) Risiken ihres Bereichs kennen?
  Falls ja,
  - auf welche Weise werden die Schulungen durchgeführt (zum Beispiel Face-to-Face-Schulung, e-Learning-Programme, etc.)?
  - in welcher Häufigkeit werden Schulungen durchgeführt – vor allem in gefährdeten Bereichen wie beispielsweise im Einkauf?
  - werden die Schulungen an neue rechtliche Standards angepasst und wird vergangenes Fehlverhalten thematisiert?
  - werden Schulungen auf den jeweiligen Mitarbeiter, dessen Aufgaben und dessen Risikobereich ausgerichtet?
  - gibt es Maßnahmen zur Kontrolle des Erfolgs der Schulungen?
- o Gibt es geeignete Unternehmensrichtlinien (sog. Codes of Conduct), die für alle Unternehmensangehörigen einsehbar sind und auch verstanden werden?
- o Wie sind die realen Überwachungsmöglichkeiten im Unternehmen?
- o Gibt es eine unabhängige Person / Abteilung für Fragen und Aufklärung der Mitarbeiter zu compliance-relevantem Verhalten sowie eine Stelle zur Entgegennahme von (anonymen) Hinweisen der Mitarbeiter zu Fehlverhalten und Missständen im Unternehmen?
- o Falls ja, bestehen für die Entgegennahme solcher Hinweise ausreichende technische Möglichkeiten, damit Mitarbeiter vertraulich Hinweise an die geeigneten Stellen weiterleiten können?
- o Welches Verfahren schließt sich an einen solchen Hinweis an? Gibt es einen standardisierten Prozess zur Ermittlung von Rechtsverstößen?
- o Werden Kontrollen überraschend und stichprobenartig durchgeführt und dokumentiert oder können diese leicht umgangen werden?
- o Sind die Kontrollen in die Unternehmensorganisation integriert?
- o Wann wurde die innerbetriebliche Organisation zuletzt an die Unternehmensstruktur angepasst bzw. wann wurde sie verbessert? Werden also regelmäßig alle Abteilungen hinsichtlich etwaiger Compliance-Risiken überprüft?

- Befindet sich das Unternehmen in einer Insolvenz oder droht eine solche, so dass die Erfüllung der Geschäftsverbindlichkeiten nicht mehr gewährleistet werden kann?
- Sind Compliance-Maßnahmen für das Unternehmen zur Aufrechterhaltung von Geschäftsbeziehungen erforderlich?
  - Etwa weil
    - der Auftraggeber vom Auftragnehmer verlangt, die für den Auftraggeber geltenden Compliance-Vorschriften einzuhalten und damit im Endeffekt über ein Compliance-System zu verfügen?
    - Banken ein Testat über das Compliance-System vom Unternehmen verlangen (zum Beispiel testiert nach dem Entwurf des Prüfungsstandards 980 des Instituts der Deutschen Wirtschaftsprüfer e. V.)?

2. *Generelle Garantenpflicht der Unternehmensleitung zur Verhinderung von Straftaten der Mitarbeiter?*

Das Vorliegen mehrerer der genannten Indizien, die auf die Erforderlichkeit zur Einführung eines Compliance-Systems hindeuten können, ist gerade aus strafrechtlicher Sicht von Bedeutung: Denn kommt es aufgrund eines fehlenden bzw. defizitären Compliance-Systems im Unternehmen zu Unregelmäßigkeiten, kann sich speziell die Frage nach einer Strafbarkeit des jeweiligen Unternehmensleiters stellen. Dieser könnte dann dem Vorwurf ausgesetzt sein, keine bzw. unzureichende Compliance-Maßnahmen durchgeführt zu haben, um strafrechtlich relevante Gefahren aus dem Unternehmen heraus zu vermeiden.[305] Dieses Szenario kommt allerdings nur dann in Frage, wenn der Unternehmensleiter überhaupt Adressat einer Unterlassungstäterschaft sein kann, wenn ihn etwa eine Rechtspflicht trifft, im Allgemeinen Unregelmäßigkeiten im Unternehmen bzw. im Konkreten Straftaten der Mitarbeiter durch ein angemessenes Compliance-System zu verhindern. Bejahendenfalls hätte sich der Unternehmensleiter wegen Unterlassung strafbar gemacht – wie beispielsweise nach §§ 263, 266 StGB bzw. im Falle einer fahrlässigen Unterlassung nach § 264 Abs. 4 StGB. In der Folge könnten sich Fragen nach einer Strafbarkeit der Unternehmensleitung durch Unterlassen stellen, was zu der aktuell in der Praxis bereits bestehenden Rechtsunsicherheit auf der Ebene strafrechtlicher Sanktionierungen noch hinzukommt.[306]

---

305 Vgl. Ransiek, AG 2010, S. 147 (148).

306 Zum Beispiel die Verurteilung zweier Siemens-Manager, vgl. BGHSt 52, 323 oder den Hinweis des BGH zur strafrechtlichen Verantwortlichkeit des Compliance Beauftragten, BGH NJW 2009, 3173. Vgl. dazu den Gliederungspunkt ab S. 157.

a) Garantenpflichten nach § 13 Abs. 1 StGB

Das Strafgesetzbuch setzt bei einer Strafbarkeit grundsätzlich an ein aktives Tun an. Der Vorschrift des § 13 StGB lässt sich allerdings entnehmen, dass ein Unterlassen einem aktiven Tun gleichgesetzt werden kann (vgl. § 13 Abs. 1 a.E. StGB „[...] wenn das Unterlassen der Verwirklichung des gesetzlichen Tatbestandes durch ein Tun entspricht.").[307] Das setzt voraus, dass dem lediglich Untätigen eine über die allgemeine Solidaritätspflicht hinausgehende Rechtspflicht zur Abwendung des jeweiligen tatbestandsmäßigen Erfolgs (sog. *Erfolgsabwendungs- oder Garantenpflicht*) trifft.[308] Dieser Pflicht betrifft entsprechend § 13 Abs. 1 StGB nicht jedermann, sondern unterliegen nur solche Personen, die rechtlich dafür einzustehen haben, dass der Erfolg nicht eintritt. § 13 Abs. 1 StGB lässt allerdings offen, wann jemand „rechtlich dafür einzustehen hat, dass der Erfolg nicht eintritt".[309] Die ältere Rechtsprechung und Lehre hat bei der Herleitung der Garantenstellung zumeist nach möglichen Entstehungsgründen wie Gesetz, Vertrag, vorangegangenem gefährdenden Tun (Ingerenz) und enge Lebensbeziehungen unterschieden (sog. *Rechtspflicht- bzw. Rechtsquellenlehre*).[310] Diese Einteilung war allerdings nicht sehr hilfreich, da sie die Reichweite der Schutzpflichten unzureichend beschrieb und somit nicht als ausreichende Grundlage angesehen wurde.[311] In der neueren Lehre und mittlerweile auch neueren Rechtsprechung des Bundesgerichtshofs hat sich die Einteilung nach materiellen Kriterien und spezifischen Schutzfunktionen des Garanten durchgesetzt (sog. *Funktionenlehre*).[312] Diese Lehre führt Garantenpflichten auf zwei unterschiedliche Funktionen zurück: Sie können eine *Beschützer- oder Überwachergarantenstellung*

---

307 Zur Verfassungsrechtlichen Problematik des unechten Unterlassungsdelikts ausführlich der Gliederungspunkt ab S. 89.

308 Lackner/Kühl, § 13, Rn. 6; Fischer, § 13, Rn. 8; Wessels/Beulke/Satzger, S. 302.

309 Zu den verfassungsrechtlichen Bedenken in Bezug auf Art. 103 Abs. 2 GG, vgl. den Gliederungspunkt ab S. 89.

310 Vgl. RGSt 63, 392; BGHSt 2, 150; 4, 20; ebenso noch heute Baumann/Weber/Mitsch, StrafR AT, S. 284 ff.

311 Kritisch gegen diese Lehre daher Fischer, § 13, Rn. 11 f.; *Wohlers* in: NK-StGB, § 13, Rn. 31; Rengier, S. 481 f.; Kindhäuser, S. 318. Allgemein kritisch zur Dogmatik der unechten Unterlassungsdelikte Gimbernat Ordeig, ZStW 111 (1999), S. 307 (314 ff.).

312 Zurückgehend auf: Armin Kaufmann, S. 283; anschließend übernommen durch Otto/Brammsen, Jura 1985, S. 530 (533 ff.); 592 ff.; 646 ff.; *Rudolphi/Stein* in: SK-StGB, § 13, Rn. 23 f.; *Stree/Bosch* in: Sch/Sch, § 13, Rn. 9 ff.; *Wohlers* in: NK-StGB, § 13, Rn. 32 ff.; Kindhäuser, S. 318 f.; Krey/Esser, S. 464; Maiwald, JuS 1981, S. 473 (480 ff.); Rengier, S. 481 f.; Jescheck/Weigend, S. 621. Kritisch: Roxin, § 32, Rn. 6 ff., 17 ff. Auch die Rechtsprechung orientiert sich inzwischen daran BGHSt 48, 77.

zum Gegenstand haben.[313] Für Unternehmensleiter sind vor allem die Fallgruppen der Überwachergarantenstellung maßgeblich, wonach sich eine Garantenpflicht aufgrund der Herrschaft über bestimmte Gefahrenquellen (Verkehrssicherungspflicht), der Verantwortlichkeit für das Verhalten Dritter und dem pflichtwidrig gefährdenden Vorverhalten (Ingerenz) ergeben kann.[314] Im Konkreten geht es um die Pflicht der Unternehmensleitung zur Überwachung von bestimmten Gefahrenquellen. Möglicherweise könnte dies die Überwachung des Unternehmens selbst und seines abstrakt gefährlichen Herrschaftsbereichs bedeuten, aber auch die Verantwortung für das (rechtswidrige) Handeln Dritter (Mitarbeiter).[315]

b) Die Garantenpflichten der Unternehmensleitung

Überwachungspflichten der Unternehmensleitung können sich speziell aus dem Inverkehrbringen gefährlicher Produkte ergeben. In diesem Zusammenhang ist im Strafrecht die Garantenpflicht der Geschäftsleitung anerkannt, soweit es um *Sachen als Gefahrenquelle* geht: Der BGH hat im sog. *„Lederspray-Fall"* eine Garantenpflicht beim Vertrieb gesundheitsgefährdender Produkte und damit eine strafbewehrte Pflicht zum Produktrückruf angenommen.[316]

Ob und in welchem Ausmaß eine Garantenpflicht der Unternehmensleitung aber auch dann gegeben ist, wenn *durch einen Mitarbeiter aus dem Unternehmen heraus Straftaten begangen werden*, ist mangels richtungweisender Urteile in der Literatur unter dem Stichwort der sog. *„Geschäftsherrenhaftung"* umstritten. Weder aus der reichsgerichtlichen bis hin zur neueren Rechtsprechung lassen sich klare Maßgaben hinsichtlich der Garantenpflicht der Geschäftsherren zum Einschreiten gegen Straftaten ihrer Mitarbeiter ableiten.[317] Bei genauerer Analyse der Literatur zeigt sich allerdings, dass heute jedoch nur noch über die Reichweite der Geschäftsherrenhaftung gestritten

---

313 Zum Begriff der Beschützergarantenstellung und den dazugehörigen Fallgruppen: Lackner/Kühl, § 13, Rn. 7 ff.; Otto, S. 167 ff.; Kindhäuser, S. 313; Rengier, S. 481 ff.

314 Fischer, § 13, Rn. 13 ff.; Lackner/Kühl, § 13, Rn. 7 ff.; Wessels/Beulke/Satzger, S. 314 f.; *Schmid/Fridrich* in: Hdb. Wirtschaftsstrafrecht, § 30, Rn. 112; Krey/Esser, S. 464.

315 Otto, S. 179.

316 Dabei hat der BGH eine Garantenstellung aus vorangegangenem pflichtwidrigen Gefährdungsverhalten (sog. Ingerenz) angenommen, vgl. ausführlich zur Produkthaftung: BGHSt 37, 106, 119; BGH NJW 2010, 1087; kritisch dazu: *Stree/Bosch* in: Sch/Sch, § 13, Rn. 53; *Rotsch* in: Hdb. Criminal Compliance, S. 147.

317 Vgl. zur unvollkommenen Rechtsprechung RGSt 48, 316; BGHSt, 5, 187; 19, 286; 20, 315; 47, 224; OLG Karlsruhe, GA 1971, S. 281; LG Nürnberg-Fürth, NJW 2006, S. 1824; BGH NJW 2009, 3173.

wird. Dreh- und Angelpunkt der Diskussion ist die Eigenverantwortlichkeit der Mitarbeiter für ihr Handeln im Unternehmen.

aa) Keine Geschäftsherrenhaftung aufgrund der Eigenverantwortlichkeit der Mitarbeiter

Gegen die Annahme einer Haftung des Unternehmensleiters für Straftaten seiner Mitarbeiter wird darauf verwiesen, dass ihn keine allgemeine Straftatenverhinderungspflicht treffe[318] und er nur dann als Garant zur Abwehr von Straftaten seiner Mitarbeiter verpflichtet sei, wenn sich aus der *Eigenart des Betriebs* Gefahren für die Allgemeinheit mit besonderen Überwachungspflichten ergeben würden (zum Beispiel bei Rüstungsunternehmen die Gefahr rechtswidriger Waffenexporte).[319] Begründet wird diese Haltung im Wesentlichen mit dem *Grundsatz der Eigenverantwortlichkeit des Untergebenen* bzw. dem *Gedanken der Personenautonomie.*[320] Nach diesem Gedanken besteht keine Pflicht zur Verhütung von Straftaten anderer Menschen.[321] Dies ändere sich auch dann nicht, wenn der Untergebene in eine Unternehmensorganisation eingebunden werde. Er werde dadurch nicht in seinen Entscheidungen unfrei.[322] Ferner existiere kein Gesetz für eine strafrechtliche Geschäftsherrenhaftung für die Privatwirtschaft. Vielmehr erkenne der Gesetzgeber das Unterlassen organisatorischer Überwachungsmaßnahmen lediglich als Ordnungswidrigkeit nach § 130 OWiG an, nicht hingegen als ein strafbares Handeln. Das vom Gesetzgeber grundsätzlich geforderte aktive Tun dürfe daher durch die Unterlassungsstrafbarkeit nicht umgangen werden, indem eine vom Gesetzgeber nicht vorgesehene strafrechtliche Geschäftsherrenhaftung

318 Ablehnend Otto, Jura 1998, S. 409 (411); Ransiek, ZGR 1992, S. 203 (220f.); *Rudolphi/Stein* in: SK-StGB, § 13, Rn. 35a.

319 *Jescheck* in: LK, 11. Auflage, § 13, Rn. 45; *Rudolphi/Stein* in: SK-StGB, § 13, Rn. 35a; Bosch, S. 159; *Weigend* in: LK, 12. Auflage, § 13, Rn. 56; *ders.* in: MüKo-StGB, § 4 VStGB, Rn. 34; *ders.*, ZStW 116 (2004), S. 999 (1004 f.); Ransiek, ZGR 1992, S. 203 (220 f); Otto, S. 182 f.

320 Nach *Weigend* in: LK, 12. Auflage, § 13, Rn. 55 bildet die Eigenverantwortlichkeit des Mitarbeiters eine normative Barriere gegenüber einer Unterlassungsstrafbarkeit des Unternehmensleiters für die vom Mitarbeiter begangenen Taten; a.A. *Schall* in: Schünemann, S. 99 (110), wonach die Eigenverantwortlichkeit des Begehungstäters eine Garantenhaftung des Unternehmensleiters nicht ausschließe.

321 Gleichwohl werden von diesem Grundsatz Ausnahmen diskutiert. Genannt seien die Fälle von Erziehungsberechtigten gegenüber den minderjährigen Kindern, Lehrern gegenüber Schülern während der Schulzeit, militärischen Vorgesetzen gegenüber Untergebenen, Vollzugsbeamten gegenüber Gefangenen und Betreuern gegenüber betreuten Personen, vgl. *Stree/Bosch* in: Sch/Sch, § 13, Rn. 53; Roxin, § 32, Rn. 125 f.

322 Bock, S. 328.

über den Umweg des unechten Unterlassungsdelikts eingeführt werde.[323] Andernfalls drohe in Gestalt des unechten Unterlassungsdelikts die Schaffung einer unvergleichbaren Generalklausel. Danach würde immer dann auf das unechte Unterlassungsdelikt als allgemeine Rechtsgrundlage zurückgegriffen, wenn eine strafrechtliche Verantwortung des Unternehmensleiters für die Tat seines Mitarbeiters wegen dessen Nichtüberwachung im Raume stehe[324], was dazu führen würde, dass der Nachweis des aktiven Beitrags entbehrlich wäre. Somit wäre das unechte Unterlassungsdelikt auch Rechtsgrundlage für Rechtsverletzungen von Mitarbeitern, die aufgrund der Nichteinführung eines Compliance-Systems ermöglicht wurden.

bb) Geschäftsherrenhaftung wegen der Befehlsgewalt der Unternehmensleiter und der Gehorsamspflicht der Mitarbeiter

Demgegenüber wird eine Verantwortlichkeit des Unternehmensleiters für Straftaten seiner Mitarbeiter in großen Teilen des Schrifttums – mit differenzierenden Ansätzen – bejaht[325], wobei teilweise zur Vermeidung einer Haftungsausweitung eine *Garantenstellung des Unternehmensleiters nur für jede betriebsbezogene Tat* angenommen wird.[326] Das sind solche, die „unter Ausnutzung der tatsächlichen und rechtlichen Wirkungsmöglichkeiten des Betriebes" begangen werden.[327] Gestützt wird diese Ansicht im Wesentlichen auf dem Zusammenspiel zwischen der *Befehls- und Organisationsgewalt des Unternehmensleiters* (Direktions- und Weisungsrecht) und der *Gehorsamspflicht des Arbeitnehmers.*[328] Danach bestimme der Unternehmensleiter den Inhalt der Tätigkeit und erzeuge eine *Verbandsdisziplin* mit der Folge, dass die Eigenverantwortlichkeit des Mitarbeiters ausgeschaltet sei.[329] Kraft seiner

323 *Jescheck* in: LK, 11. Auflage, §13, Rn. 45; zustimmend: Campos Nave/Vogel, BB 2009, S. 2546 (2549); Tiedemann, 2007, Rn. 183; Bock, S. 329.

324 Vgl. auch Bock, S. 308.

325 Eine allgemeine Garantenpflicht nimmt etwa Schünemann, S. 101 ff; ders., ZStW 96 (1984), S. 287 (318) an. Ferner: Rogall, ZStW 98 (1986), S. 673 (613 ff.); Roxin, § 32, Rn. 137; Tiedemann, 2007, Rn. 185; ders., NJW 1986, S. 1842 (1845); *Schall* in: FS Rudolphi, S. 267 ff.; Göhler in: FS Dreher, S. 611 (621); so wohl auch Lackner/Kühl, § 13, Rn. 14.

326 Fischer, § 13, Rn. 68; *Wohlers* in: NK-StGB, § 13, Rn. 53; *Rengier* in: KK-OWiG, § 8, Rn. 47; Rönnau/Schneider, ZIP 2010, S. 53. So auch BGH NJW 2012, 1237. Gegensätzlich aber dazu die Ansicht des Zivilsenats: BGH ZIP 2012, 1552.

327 So *Schall* in: FS Rudolphi, S. 282 f.; vgl. auch *Wohlers* in: NK-StGB, § 13, Rn. 53.

328 Schünemann, S. 101 ff; ders., ZStW 96 (1984), S. 287 (318); *Rengier* in: KK-OWiG, § 8, Rn. 48.

329 Schünemann, S. 102 begründet die Garantenstellung des Geschäftsleiters mit einer von ihm behaupteten „partiellen Unmündigkeit" des Mitarbeiters, die sich aus

Anordnungsgewalt habe der Unternehmensleiter die Pflicht und die Möglichkeit, durch Anweisungen und Kontrollen Straftaten der Mitarbeiter im Zusammenhang mit ihrer beruflichen Tätigkeit zu verhindern und für die Nichtverwirklichung dieser einzustehen.[330] Er beherrsche damit das Unternehmen als *„Quelle von Gefahren“*[331], speziell wegen seines Informationsvorsprungs, seines Direktionsrechts und der faktischen Durchsetzbarkeit infolge des uneingeschränkten Gehorsams seiner Mitarbeiter.[332] Die Unterlassungsverantwortlichkeit der Unternehmensleitung nach § 13 StGB sei die *„Kehrseite zur rechtlich gewährten Freiheit, eine für andere Personen oder Rechtsgüter potentiell gefährliche wirtschaftliche Tätigkeit durchführen zu dürfen“*.[333] Dabei gehe es nicht nur um drohende Gefahren durch Sachen, sondern auch um solche durch Mitarbeiter,[334] da *„Mitarbeiter ebenso wie Sachen betriebsfundierte Gefahren“* seien.[335] Denn für unbeteiligte Dritte sei es unbedeutend, ob das Risiko der Rechtsgutsverletzung von einer Sache oder einem Menschen ausgehe. Es bestehe eine *„verlängerte Sachgarantenstellung“*[336], die den Unternehmensleiter dazu verpflichte, die Gefahren im Unternehmen zu minimieren.[337] Im Übrigen lasse sich der Gedanke der Haftung der Unternehmensleitung auch aus § 130 OWiG herleiten. Denn § 130 OWiG stehe der Annahme einer Garantenstellung nicht entgegen, vielmehr diene die Vorschrift dem Zweck eine Garantenstellung nach § 13 StGB zu erweitern.[338] Im Ergebnis sei daher die von der Gegenauffassung behauptete Eigenverantwortlichkeit des Arbeitnehmers nur eine Fassade.[339]

---

dem Direktionsrecht des Arbeitgebers ergeben soll; a.A. Ransiek, ZGR 1992, S. 203 (220).

330 Roxin, § 32, Rn. 137.

331 Der BGH geht von der Annahme aus, dass es sich bei einem Unternehmen um eine Gefahrenquelle handelt und dies eine „Sonderverantwortlichkeit“ für dessen Integrität begründet, so BGH NJW 2009, 3173, 3174.

332 Schünemann, S. 104; ders., wistra 1982, S. 41 (45).

333 *Wohlers* in: NK-StGB, § 13, RN. 53; Rogall, ZStW 98 (1986), S. 573 (616 ff.); Schünemann, ZStW 96 (1984), S. 287 (318).

334 *Wohlers* in: NK-StGB, § 13, Rn. 53; *Schall* in: FS Rudolphi, S. 267 (275 f.).

335 Fischer, § 13, Rn. 68.

336 Roxin, § 32, Rn. 137.

337 Bosch, S. 217.

338 Rogall, ZStW 98 (1996), S. 574 (619 f.); zustimmend: Roxin, § 32, Rn. 140; nach Koch, WM 2009, S. 1013 (1017) lasse § 130 OWiG darauf schließen, dass der Gesetzgeber den Betrieb nicht nur als Quelle von Sachgefahren ansehe und dem Betriebsinhaber deshalb auch die Aufsicht über andersartige Gefahren zuweise.

339 Schünemann, S. 104.

cc) Geschäftsherrenhaftung nur für besondere Betriebe, betriebstypische Gefährdungen oder betriebsspezifische Organisationsrisiken

Beachtet man den gesetzgeberischen Willen, so ist zu erkennen, dass in bestimmten Verhältnissen durchaus eine Überwachergarantenstellung explizit angeordnet wird – wie zum Beispiel in §§ 94 Abs. 1 Nr. 2, 100a Abs. 1, 107a Abs. 2, 109g Abs. 1, 340 Abs. 1, 357 StGB, §§ 4 Abs. 1, 13, 14 Abs. 1 Völkerstrafgesetzbuch (VStGB), §§ 30 Abs. 2, 31 Abs. 2, 41 Abs. 1 Wehrstrafgesetz (WStG) und § 84 Abs. 1 GmbHG[340]. Insoweit könnte man daher in diesem Kontext vertreten, dass dieser Regelung keine Sperrwirkung zukomme, sondern die Geschäftsherrenhaftung Ausdruck eines allgemeinen Rechtsgedankens sei oder eine Kausalitätsprüfung erleichtere.[341] Vielmehr lässt sich aber dieser Aufzählung der Vorschriften entnehmen, dass sowohl im StGB als auch in strafrechtlichen Nebengesetzen keine entsprechende Vorschrift für die Privatwirtschaft existiert, die die Existenz einer allgemeinen Garantenstellung der Unternehmensleitung begründet.[342] Daran zeigt sich im Umkehrschluss, dass der Gesetzgeber gewisse *Überwachungspflichten nur für besondere Teilbereiche* normiert hat bzw. in bewusster Entscheidung Pflichtverletzungen der Unternehmensleitung in Zusammenhang mit betriebsbezogenen Taten der Mitarbeiter in erster Linie als Ordnungswidrigkeit im Sinne von § 130 OWiG verfolgt wissen will.

Auch das Bild eines „allmächtigen" und „allwissenden" Unternehmensleiters an der Spitze eines Unternehmens ist nicht mehr zeitgemäß und zu hierarchisch gedacht[343]: zum einen existieren Unternehmen mit unterschiedlichster Rechtsform, Organisation und Größe; zum anderen gibt es in Unternehmen zahlreiche Spezialabteilungen, die Fachwissen besitzen und gegenüber dem Unternehmensleiter einen Wissensvorsprung besitzen als umgekehrt.[344] Das tragende Argument der Eigenverantwortlichkeit ist daher zutreffend, da in der Deliktsbegehung eine eigenverantwortliche Entscheidung des jeweilig handelnden Mitarbeiters zum Ausdruck kommt, die Ausfluss eines allgemeinen gesellschaftlichen Risikos und gerade nicht eines betriebstypischen Gefahrenpotentials ist,[345] zumal der Mitarbeiter in seiner Entscheidung dahingehend frei ist, die Mitarbeit für den Unternehmensleiter aufzugeben – natürlich

---

340 Vgl. Bock, S. 310 f.

341 So etwa Roxin, § 32, Rn. 140; Stratenwerth/Kuhlen, § 13, Rn. 19, 47; a.A. *Schmid/Fridrich* in: Hdb. Wirtschaftsstrafrecht, § 30, Rn. 117 ff., der diese Vorschriften nicht für verallgemeinerungsfähig erachtet.

342 So auch *Rudolphi/Stein* in: SK-StGB; § 13, Rn. 35a.

343 So aber Schünemann, S. 102 f.; zustimmend: *Schall* in: Schünemann, S. 99 (111).

344 Bosch, S. 173; im Ergebnis auch: *Rudolphi/Stein* in: SK-StGB, § 13, Rn. 35a.

345 Heine, S. 122; Bock, S. 332.

unter Inkaufnahme arbeitsrechtlicher Konsequenzen.[346] Ferner hat er sich mittlerweile im modernen Wirtschaftsleben zu einem *eigenständigen und selbstverantwortlichem Mitarbeiter* im Team entwickelt hat.[347] Den eigenverantwortlichen Menschen als Gefahr aufzufassen und diesen darüber hinaus mit Sachgefahren gleichsetzen zu wollen[348], ist daher verfehlt. Denn grundsätzlich ist das Unternehmen keine Quelle von Gefahren.[349] An der Eigenverantwortlichkeit ändert auch eine Compliance-Abteilung im Unternehmen nichts: Denn diese, so *Wessels/Beulke/Satzger*, „beseitigt nicht die Eigenverantwortlichkeit der Mitarbeiter, sondern führt lediglich unternehmensintern die unter anderem von § 130 OWiG geforderte Überwachung und Kontrolle durch".[350]

Eine allgemeine Garantenpflicht des Unternehmensleiters führt letztlich dazu, dass eine Unternehmensgründung und die damit verbundene Vorteilsziehung zur Quelle eines Risikos missbraucht und letztendlich pönalisiert wird.[351] Eine ausufernd weite Auslegung des § 13 StGB und der Compliance-Verantwortung der Unternehmensleiter ist rechtlich unzulässig, da andernfalls das Strafbarkeitsrisiko der Unternehmensleiter völlig unkalkulierbar wäre.[352] Es verbietet sich eine Ausweitung der Garantenstellung und des unechten Unterlassungsdelikts, da das *Strafrecht Ultima Ratio* ist.

Vor diesem Hintergrund ist es verfehlt, der Geschäftsleitung eine allgemeine strafrechtlich bewährte Pflicht aufzuerlegen, Straftaten der Mitarbeiter zu verhindern. Denn nicht jedes Unternehmen und dessen Geschäftsbetrieb stellt per se eine Gefahr für andere dar. Um eine Ausweitung der Haftung zu vermeiden, müssen daher zutreffender Weise besondere Umstände zum normalen Geschäftsbetrieb hinzukommen[353]: Nur eine Beschränkung der Garantenstellung auf *besondere Betriebe*, *betriebstypische Gefährdungen* oder *betriebsspezifische Organisationsrisiken* ist daher verhältnismäßig.[354] In diesem Fall ist es

---

346 Jakobs, S. 806.

347 Schürmann, S. 113; Bock, S. 330.

348 Gimbernat Ordeig spricht sich dagegen aus, einen Angestellten als „Gefahrenquelle" zu bezeichnen, vgl. *Gimbernat Ordeig* in: FS Roxin, S. 651 (662) unter Berufung auf Schünemann, wistra 1982, S. 41 (43).

349 Weigend, ZStW 116 (2004), S. 999 (1004 f.).

350 Wessels/Beulke/Satzger, S. 317.

351 Zustimmend: Bosch, S. 175, wonach nicht jede privatnützige Tätigkeit eine strafbewehrte Garantenstellung zur Folge habe.

352 Vgl. zum Bestimmtheitsgebot den Gliederungspunkt ab S. 89.

353 So auch Wolf, BB 2011, S. 1353 (1359), wonach die „jeweilige Geschäftstätigkeit über die allgemeinen Lebensrisiken hinausgehende Gefährdungsmomente" aufweisen muss.

354 Zustimmend: Bosch, S. 224; Mosbacher/Dierlamm, NStZ 2010, S. 268 (269) bejahen nur bei besonderen Umständen eine Garantenpflicht wie im Falle eines

für den Geschäftsherrn erforderlich und zugleich zumutbar, diese Gefahren zu kontrollieren und zu verhindern.[355] Dieses Ergebnis stimmt insoweit auch mit der Diskussion über die Rechtspflicht zur Einführung eines Compliance-Systems im Unternehmen überein: Denn nach der hier vertretenen Ansicht können die Indizien des Gefährdungspotentials des Unternehmens bzw. der Geschäftstätigkeit immanente Gefahren eine entscheidende Bedeutung für eine Compliance-Pflicht einnehmen.

C. Risiken einer fehlenden bzw. defizitären Compliance

Die Anforderungen an ein Unternehmen, seiner Organmitglieder und seiner Mitarbeiter bezüglich der Einhaltung aller rechtlichen Ge- und Verbote sind in der jüngeren Vergangenheit deutlich angestiegen. Die Unternehmen und deren Leitung haben zahlreiche nationale und gegebenenfalls auch internationale Regelungen zu berücksichtigen, die mit einer Vielfalt von Haftungsrisiken einhergeht. Vor allem die Konsequenzen für die Organisationsmitglieder können aufgrund der jüngeren Vergangenheit nicht oft genug erwähnt werden.[356] Des Weiteren hat der BGH im Jahr 2008 entschieden, dass allein das Vorhalten sog. „schwarzer Kassen" eine Untreue im Sinne des § 266 StGB darstellen kann.[357] In diese Richtung der sich wandelnden Haftungspraxis geht auch die Feststellung des BGH aus dem Jahr 2009 zur Garantenstellung eines Compliance-Beauftragten aufgrund seiner „Pflicht zur Verhinderung von Rechtsverstößen, die aus dem Unternehmen heraus begangen werden".[358] Schließlich verstärkt sich der Trend der gestiegenen Verantwortung durch zahlreiche Gesetzesnovellen.[359]

Gewinnstrebens um jeden Preis zum Beispiel bei Einrichtung und Fortführung „schwarzer Kassen" zwecks Bestechung.

355 So auch Otto, Jura 1998, S. 409 (411); BGHSt 37, 106.

356 Beispielsweise die Verurteilung zweier Siemens-Manager, vgl. BGHSt 52, 323; dazu vertiefend: *Wolf* in: Graeff/Schröder/Wolf, S. 12 f.; zu weiteren Verurteilungen: Hauschka, NJW 2004, S. 257; Fleischer, NJW 2009, S. 2337. Die wegweisende Veränderung dieser Haftungspraxis ist auf die ARAG/Garmenbeck-Entscheidung zurückzuführen, siehe BGHZ 135, 244. Vgl. dazu den Gliederungspunkt ab S. 60.

357 BGHSt 52, 323.

358 BGH NJW 2009, 3173.

359 Hervorzuheben sind das Gesetz zur Kontrolle und Transparenz im Unternehmen von 1998 (KonTraG), vgl. BGBl. I 1998, S. 786; das Transparenz- und Publizitätsgesetz von 2002 (TransPuG), vgl. BGBl. I 2002, S. 2681; das Gesetz zur Unternehmensintegrität und Modernisierung des Anfechtungsrechts von 2005 (UMAG), vgl. BGBl. I 2005, S. 2802; das Gesetz zur Modernisierung des Bilanzrechts (BilMoG), vgl. BGBl. I 2009, S. 1102, sowie strenge US-Gesetze wie speziell der SOA, der FCPA und die USSG.

Angesichts dieser Verschärfungen stellt sich die Frage, welche Folgen eine fehlende bzw. defizitäre Compliance haben kann, wobei die Bedeutung von Compliance insbesondere anhand von den rechtlichen und faktischen Folgen für das Unternehmen (I.) und seiner Leitung (II.) erkennbar wird.

I. Folgen einer fehlenden bzw. defizitären Compliance für Unternehmen

Bei einer fehlenden bzw. defizitären Compliance drohen den Unternehmen vor allem straf-und ordnungswidrigkeitenrechtliche, aber auch zivilrechtliche Konsequenzen. Nicht zuletzt sind die faktischen Folgen einer „Non-Compliance“ zu beachten.

1. Rechtliche Folgen für Unternehmen

a) Straf- und ordnungswidrigkeitenrechtliche Haftungstatbestände

Das deutsche Strafrecht kennt keine Strafbarkeit von Unternehmen. Die Kriminalstrafen sind auf die dahinter stehenden natürlichen Personen beschränkt – basierend auf dem aus dem römischen Recht entstammenden Grundsatz *„societas delinquere non potest“*. Wenngleich in Deutschland also keine echte Verbandsstrafe existiert[360], stellt das deutsche Recht für Unternehmen Sanktionen und Instrumente bereit, die bei Rechtsverletzungen zum einen hohe Geldbußen zur Folge haben oder zum anderen dem Unternehmen den erzielten Gewinn entziehen können.[361]

aa) Haftung der Unternehmen aufgrund des Ordnungswidrigkeitenrechts

(1) Unternehmensgeldbuße nach § 30 OWiG

In § 30 OWiG ist die wichtigste Sanktionsmöglichkeit im deutschen Rechtssystem gegen Unternehmen (nach dem Gesetzeswortlaut „juristische Personen oder Personenvereinigungen“) statuiert.[362] Danach kann gegen Unternehmen eine Geldbuße festgesetzt werden, wenn die in der Vorschrift genannten Leitungspersonen des Unternehmens eine Straftat oder Ordnungswidrigkeit begangen (sog. *Anknüpfungs- oder Bezugstat*)[363] und dabei betriebsbezogene Pflichten verletzt haben. Die Vorschrift knüpft demnach an das Verhalten natürlicher Personen („jemand“) an, um den Durchgriff auf das Unternehmen

---

360 Vgl. zur Diskussion: Tiedemann, 2014, S. 161; *Joecks* in: MüKo-StGB, Vor § 25, Rn. 16 ff.; *Schünemann* in: LK, 12. Auflage, Vor § 25, Rn. 20 ff.; Hirsch, ZStW 107 (1995), S. 285 ff.; Dannecker, GA 2001, S. 101 ff.

361 *Heine/Weißer* in: Sch/Sch, Vor § 25, Rn. 120 ff.; Bohnert, S. 44.

362 Scholz, ZRP 2000, S. 435 (437).

363 Többens, S. 281 f.

zu ermöglichen (sog. *Unternehmens- oder Verbandsgeldbuße*).[364] Die Unternehmensgeldbuße zielt einerseits repressiv auf Abschöpfung der durch eine Tat entstandenen Vorteile ab und bezweckt andererseits präventiv die Schaffung eines Anreizes für Leitungspersonen zur Sicherstellung der Compliance.[365]

In Bezug auf die tatbestandsmäßigen Voraussetzungen sind in § 30 Abs. 1 Nr. 1–5 OWiG abschließend die für eine Geldbuße in Frage kommenden Adressaten genannt. Zusätzlich werden diejenigen Leitungspersonen aufgeführt, die eine Haftung des Unternehmens auslösen können, also die möglichen Täter einer Anknüpfungstat. Im Hinblick auf den Personenkreis der möglichen Täter ist die Konkretisierung des materiellen Kriteriums des verantwortlichen Handelns einer Leitungsperson problematisch.[366] Gemäß der durch das EU-Rechtsinstrumente-Ausführungsgesetz vom 22.08.2002[367] neu eingefügten Generalklausel des § 30 Abs. 1 Nr. 5 OWiG kann eine Unternehmensgeldbuße auch dann ausgelöst werden, wenn eine Person Pflichten verletzt, die mit der *Ausübung von Leitungs- oder Kontrollbefugnissen* betraut ist.[368]

Erforderlich für eine Unternehmensgeldbuße ist die Begehung einer Anknüpfungstat, bei der eine Leitungsperson im Sinne von § 30 Abs. 1 OWiG eine Straftat oder Ordnungswidrigkeit rechtswidrig und schuldhaft bzw. nach § 12 OWiG vorwerfbar begangen hat.[369] Durch diese Tat muss eine Pflicht verletzt worden sein, die das Unternehmen trifft (§ 30 Abs. 1 Alt. 1 OWiG). Dies sind alle Pflichten, die im Zusammenhang mit dem Wirkungskreis des Unternehmens stehen und dieses als Normadressaten treffen (*betriebsbezogene Pflichten*).[370] Die Begehung einer Ordnungswidrigkeit und Verletzung einer solchen betriebsbezogenen Pflicht kann dabei auch eine *Aufsichtspflichtverletzung nach § 130 OWiG* sein. Genauer gesagt, bildet die

---

364 *Achenbach* in: HWSt, Rn. 1 ff.; Hellmann/Beckemper, S. 400; Bohnert, OWiG, § 30, Rn. 18 bezeichnet dies als „QuasiOWi".

365 *Stephan/Seidel* in: Hdb. Haftungsvermeidung 2007, § 25, Rn. 86; Eidam, wistra 2003, S. 447 (448); Zimmer/Stetter, BB 2006, S. 1445 (1448).

366 Vgl. zur Kritik an der Generalklausel des § 30 Abs. 1 Nr. 5 OWiG: Achenbach, wistra 2002, S. 441 (443 f.).

367 Gesetz zur Ausführung des zweiten Protokolls vom 19.06.1997 zum Übereinkommen über den Schutz der finanziellen Interessen der Europäischen Gemeinschaften, der gemeinsamen Maßnahmen betreffend die Bestechung im privaten Sektor vom 22.12.1998 und des Rahmenbeschlusses vom 29.05.2000 über die Verstärkung des mit strafrechtlichen und anderen bewehrten Schutzes gegen Geldfälschung im Hinblick auf die Einführung des Euro vom 22.08.2002, vgl. BGBl. I 2002, S. 3387.

368 *Achenbach* in: HWSt, Rn. 6 ff.

369 Bohnert, OWiG, § 30, Rn. 7; *Stephan/Seidel* in: Hdb. Haftungsvermeidung 2007, § 25, Rn. 87.

370 *Gürtler* in: Göhler, § 30, Rn. 19; *Achenbach* in: HWSt, Rn. 7; Lemke/Mosbacher, § 30, Rn. 46; Bohnert, Ordnungswidrigkeitenrecht, S. 45.

Aufsichtspflichtverletzung nach § 130 OWiG wohl die bedeutendste Fallgruppe.[371] Vor allem ausgelöst durch die Siemens-Entscheidung der Staatsanwaltschaft München I kommt § 30 OWiG und dessen Verbindung zu § 130 OWiG eine ständig wachsende Bedeutung zu.[372] Zusätzlich muss die Leitungsperson in ihrer Funktion „als" Organ gehandelt haben, also in Wahrnehmung der Interessen des Unternehmens und der genannten Funktionen.[373]

Sind die Tatbestandsvoraussetzungen des § 30 Abs. 1 OWiG erfüllt, „kann"[374] dem Unternehmen als Rechtsfolge eine Geldbuße auferlegt werden. Die Höhe der Geldbuße wird in § 30 Abs. 2 OWiG geregelt. Sie richtet sich nach dem *Unrechtsgehalt der Anknüpfungstat*, dem Gewicht, dem Ausmaß und der Häufigkeit der Pflichtverletzung, der Schwere des Schadens sowie nach *unternehmensbezogenen Umständen* wie den wirtschaftlichen Verhältnissen des Unternehmens und den Auswirkungen der Anknüpfungstat auf den geschützten Ordnungsbereich.[375] Ferner sind *betriebliche Organisationsmängel* von Bedeutung.[376] Hierbei wird unter anderem berücksichtigt, welche Vorsorgemaßnahmen innerhalb des Unternehmens vor und nach der Tat getroffen worden sind, um solche Taten künftig zu verhindern.[377] Insbesondere kommt hierbei einem Compliance-System keine ausdrückliche haftungsmildernde Wirkung vergleichbar mit der Strafzumessung der USSG zu.

Dieser Bußgeldrahmen spiegelt das wirtschaftliche Risiko für Unternehmen in Folge einer fehlenden bzw. defizitären Compliance nur bedingt wider: Aufgrund dessen die Unternehmensgeldbuße auch dazu dient, wirtschaftliche Vorteile aus der Ordnungswidrigkeit abzuschöpfen, ist nach § 30 Abs. 3 OWiG die Vorschrift des § 17 Abs. 4 OWiG entsprechend anwendbar. Danach kann das gesetzliche Höchstmaß der Geldbuße auch überschritten werden (vgl. § 17 Abs. 4 S. 2 OWiG).[378]

(2) Einziehung nach § 29 OWiG und Verfall nach § 29a OWiG

Neben einer Unternehmensgeldbuße nach § 30 Abs. 1 OWiG kann das Unternehmen durch die unternehmensbezogene Einziehung nach § 29 Abs. 1 OWiG sanktioniert werden. Die Einziehung richtet sich auf Sachen und Rechte und

371 So auch Lemke/Mosbacher, § 30, Rn. 48; RRH, OWiG, § 30, Rn. 27; Wittig, S. 117 ff.; Bohnert, S. 45.

372 Vgl. dazu den Gliederungspunkt ab S. 67.

373 *Gürtler* in: Göhler, § 30, Rn. 24; RRH, OWiG, § 30, Rn. 33.

374 Die Ahndung des § 30 OWiG liegt im Ermessen der Verwaltungsbehörde, vgl. Bohnert, S. 46.

375 Bohnert, OWiG, § 30, Rn. 41; Lemke/Mosbacher, § 30, Rn. 63; *Gürtler* in: Göhler, § 30, Rn. 36a.

376 Bohnert, OWiG, § 30, Rn. 41.

377 *Gürtler* in: Göhler, § 30, Rn. 36a; RRH, OWiG, § 30, Rn. 43a.

378 RRH, OWiG, § 30, Rn. 44 f.; Bohnert, OWiG, § 30, Rn. 42; Többens, S. 283.

nur in bestimmten Fällen auf Wertersatz (vgl. § 25 OWiG). Nach § 29 Abs. 1 OWiG kann eine im Eigentum[379] des Unternehmens stehende Sache wegen einer ahnbaren Ordnungswidrigkeit durch eine der in der Vorschrift genannten Leitungspersonen des Unternehmens eingezogen werden. Das Unternehmen wird daher so behandelt, als wäre es selbst Täter.[380] Durch den Verweis in § 29 Abs. 1 OWiG auf die §§ 22 ff. OWiG ist somit eine unternehmensbezogene Einziehung möglich.

Zusätzlich kommt die Anordnung des Verfalls nach § 29a OWiG in Betracht, der der Abschöpfung des deliktisch erlangten Gewinns dient.[381] Unter den Voraussetzungen des § 29a Abs. 2 OWiG kann der Verfall auch gegen an der Tat nicht beteiligte Dritte angeordnet werden: Hat also der „Täter für einen anderen gehandelt" kann danach der Verfall auch gegen den Dritten angeordnet werden, sofern er etwas aus der mit Geldbuße bedrohten Handlung (vgl. § 1 Abs. 2 OWiG) erlangt hat (sog. *Drittverfall*).[382] Aufgrund dessen „ein anderer" nach § 9 Abs. 1 OWiG ein Unternehmen sein kann, erfasst die Vorschrift auch Handlungen, durch die das Unternehmen etwas erlangt hat.[383] Insoweit ergänzt die Vorschrift des § 29a OWiG die Regelung des § 17 Abs. 4 OWiG: Wird eine Geldbuße verhängt, werden die Vorteile nach § 17 Abs. 4 OWiG abgeschöpft; andernfalls gesondert nach § 29a OWiG.[384] Da die Geldbuße die Abschöpfungsfunktion übernimmt, darf der unternehmensbezogene Verfall daher nach § 30 Abs. 5 OWiG nicht angeordnet werden, wenn gegen das Unternehmen wegen derselben Tat eine Geldbuße festgesetzt worden ist. Denn die Unternehmensgeldbuße verfolgt weitergehende Zwecke und ist daher die umfassendere Sanktion.[385] Maßgeblich für die Anordnung des unternehmensbezogenen Verfalls nach § 29a Abs. 2 OWiG ist, dass das Unternehmen das *Erlangte* (*„etwas"*)[386] „aus der Handlung" des Täters (zum Beispiel Gewinn) unmittelbar („dadurch") gewonnen hat.[387] Zudem muss der Täter (auch) im Interesse des Unternehmens gehandelt haben.[388] Im Hinblick auf den Umfang des Verfalls gilt das *Bruttoprinzip*[389]: Danach ist nicht bloß der Gewinn für verfallen zu erklären, sondern die Gesamtheit des aus der

---

379 BGH NStZ 1997 30.
380 *Achenbach* in: HWSt, Rn. 23 ff.; Bohnert, OWiG, § 29a, Rn. 7.
381 *Gürtler* in: Göhler, § 29a, Rn. 1; Wittig, S. 100. Vgl. zum Regelungszweck der (strafrechtlichen) Verfallsanordnung: *Achenbach* in: HWSt, Rn. 26 ff.
382 *Achenbach* in: HWSt, Rn. 27; Zimmer/Stetter, BB 2006, S. 1445 (1449).
383 Bohnert, OWiG, § 29a, Rn. 18; Wittig, S. 108 f.
384 *Gürtler* in: Göhler, § 29a, Rn. 1; Bohnert, OWiG, § 29a, Rn. 1.
385 RRH, OWiG, § 30, Rn. 47; Zimmer/Stetter, BB 2006, S. 1445 (1449).
386 Zu den Begriffen „erlangtes Etwas": Wittig, S. 103; RRH, OWiG, § 29a, Rn. 7.
387 OLG Stuttgart, VRS 116, S. 122; LG Tübingen, NJW 2006, S. 3447.
388 BGHSt 45, 235; *Achenbach* in: HWSt, Rn. 34.
389 BGH NJW 2006, 2500.

Ordnungswidrigkeit Erlangten, ohne Berücksichtigung Gewinn mindernder Aufwendungen.[390]

bb) Strafrechtliche Haftung des Unternehmens

Obwohl eine Strafbarkeit von Unternehmen im deutschen Strafrecht nicht möglich ist, können gegen Unternehmen strafrechtliche Maßnahmen verhängt werden, die den Zweck verfolgen, dem Unternehmen die erzielten Gewinne bzw. das Erlangte aus der Tat entnehmen zu können. Vorrangig zu erwähnen sind die Möglichkeiten der Einziehung nach §§ 75, 76a StGB[391] und der unternehmensbezogenen Verfallsanordnung nach § 73 Abs. 3 StGB. Es handelt sich dabei um das strafrechtliche Gegenstück zu den ordnungswidrigkeitenrechtlichen Regelungen der Einziehung nach § 29 OWiG und des Verfalls nach § 29a OWiG. Der strafrechtliche Verfall nach § 73 Abs. 3 StGB (sog. *Vertreterklausel*)[392] kann unmittelbar gegenüber dem Unternehmen angeordnet werden. Denn es handelt sich hierbei um eine Maßnahme (vgl. § 11 Abs. 1 Nr. 8 StGB) eigener Art, die weder Strafe noch strafähnliche Maßnahme ist.[393] Soweit allerdings nach § 30 OWiG eine Unternehmensgeldbuße festgesetzt wurde, ist auch der strafrechtliche Verfall nach § 73 Abs. 3 StGB subsidiär (vgl. § 30 Abs. 5 OWiG). Die Verfallsvorschriften sind daher nur subsidiär anwendbar. Hingegen geht die strafrechtliche Einziehung der ordnungswidrigkeitenrechtlichen vor (vgl. § 21 Abs. 1 OWiG). Zusätzlich besteht für Unternehmen das Risiko einer *Mehrerlösabschöpfung* nach § 10 Abs. 2 WiStG.[394]

b) Zivilrechtliche Haftungstatbestände

Neben einer straf- und ordnungswidrigkeitenrechtlichen Haftung droht den Unternehmen bei einer fehlenden bzw. defizitären Compliance eine zivilrechtliche Inanspruchnahme.[395] So können Dritten (zum Beispiel Vertragspartnern) Vertragsstrafen nach §§ 339 ff. BGB, vertragliche Schadensersatzansprüche nach §§ 280 Abs. 1, 311 Abs. 2, 241 Abs. 2 BGB sowie deliktische Schadensersatzansprüche nach § 823 Abs. 1 BGB, etwa wegen Eingriffs in das Recht am eingerichteten und ausgeübten Gewerbebetrieb, nach § 823 Abs. 2 i.V.m. einem Schutzgesetz wie §§ 263, 266, 298 und 299 StGB und Ansprüche

390 BT-Drucks. 12/1134, S. 5 f., 12; BGHSt 47, 369; *Gürtler* in: Göhler, § 29a, Rn. 6.

391 Gegebenenfalls als ein selbständiges Verfahren nach § 76 Abs. 1 StGB.

392 *Eser* in: Sch/Sch, § 73, Rn. 34.

393 BGHSt 47, 369; BVerfG NJW 2004, 2073. Vertreter der Literatur vertreten die Ansicht, dass der Verfall jedenfalls strafähnlichen Charakter annimmt, soweit er über die legitimierte Nettogewinnabschöpfung hinausgeht, vgl. statt vieler: Lackner/Kühl, § 73, Rn. 4 b m. w. N.

394 *Achenbach* in: HWSt, Rn. 37.

395 *Dieners* in: Hdb. Korruptionsprävention, S. 187.

nach § 826 BGB gegen das Unternehmen zustehen.[396] Schließlich können abgeschlossene Verträge nach §§ 134 und 138 BGB unwirksam sein[397] und Unternehmen daraus resultierend Rückabwicklungsansprüche entstehen.[398]

2. *Faktische Folgen für Unternehmen*

Die faktischen Folgen einer fehlenden bzw. defizitären Compliance sind nicht zu unterschätzen, da sie weitaus schwerwiegendere – im Einzelfall gar existenzbedrohende Ausmaße – annehmen können[399]: So schaden sie dem Ansehen und der *Reputation des Unternehmens* gegenüber der Öffentlichkeit, Kunden, Geschäftspartnern, Behörden und den eigenen Unternehmensangehörigen.[400] Sie können zu Einschränkungen bei der Kreditvergabe durch Banken, zu höheren Versicherungsprämien und zu einer verstärkten Überwachung der Aufsichtsbehörden führen.[401] Es können Investoren durch Missstände innerhalb des Unternehmens abgeschreckt werden, was sich negativ auf den *Aktienkurs börsennotierter Unternehmen* auswirken kann.[402] Die auf die Compliance-Verstöße folgenden Gerichtsverfahren gegen Unternehmensleiter und sonstige Unternehmensangehörige können nachteilige Wirkung auf das Unternehmen haben. Zu berücksichtigen ist auch der *finanzielle Aufwand*, der durch umfangreiche Aufklärung von Compliance-Verstößen in Unternehmen, resultierend aus Gerichts- sowie Beratungs- und Verteidigungskosten, entstehen kann.[403]

II. Folgen einer fehlenden bzw. defizitären Compliance für Unternehmensleiter

Ebenso wie den Unternehmen drohen auch den Unternehmensleitern bei eigenem Fehlverhalten rechtliche und faktische Folgen. Anhand der jüngsten Wirtschaftsskandale ist eine verstärkte Prüfung von Pflichtverletzungen der Unternehmensverantwortlichen seitens der Staatsanwaltschaften und Gerichte

---

396 Passarge, NZI 2009, S. 86 (88 f.); Hauschka, ZIP 2004, S. 877 (879).

397 Zum Beispiel ist die Schmiergeldabrede nach § 134 BGB i.V.m. § 299 StGB nichtig, vgl. Passarge, NZI 2009, S. 86 (88).

398 Vgl. dazu Kappel/Kienle, WM 2007, S. 1441 (1443); Passarge, NZI 2009, S. 86 (88 f.). Weitere rechtliche Folgen können sich aus dem Kartellrecht gemäß §§ 32 ff. und 81 GWB und dem Gewerberecht (§§ 35, 149 Abs. 2 GewO, §§ 4 Abs. 1, 15 Abs. 2 GastG) ergeben, vgl. Bock, S. 267 f.

399 Bürkle, BB 2005, S. 565 (566); Hauschka, ZIP 2004, S. 877 (879); Thüsing, S. 24.

400 Bürkle, BB 2005, S. 565 (566); *Wessing* in: FS Volk, S. 869 (876).

401 Linklater/Mc Eylea, RIS 1994, S. 117 (122).

402 Bock, S. 273; Bürkle, BB 2005, S. 565 (566).

403 Passarge, NZI 2009, S. 86.

zu erkennen.[404] Auch wenn das deutsche Strafrecht keine Unternehmensstrafe kennt, gibt es sehr wohl straf- und ordnungswidrigkeitenrechtliche Haftungsrisiken der Unternehmensleiter. Das ergibt sich für Sonder- und Pflichtdelikte aus § 14 StGB und § 9 OWiG[405]: Richtet sich eine Straf- oder Ordnungswidrigkeitenrechtsvorschrift lediglich an einen bestimmten Normadressaten, wird entsprechend § 14 StGB oder § 9 OWiG auch derjenige mit in die Verantwortung einbezogen, der von dem Normadressaten als Vertreter bestellt (Abs. 1) oder beauftragt wurde (Abs. 2).[406] Diese Strafausdehnung ist erforderlich, da sich der Normadressat aufgrund der ihm zahlreich obliegenden Pflichten und dem notwendigen Fachwissen regelmäßig den Mitteln der Dezentralisation und Delegation bedient. Handelt dann aber etwa ein Vertreter wie beispielsweise das Organ einer juristischen Person tatbestandsmäßig, kann dieser nicht sanktioniert werden, weil er nicht Normadressat ist. Der Vertretene wiederum kann nicht zur Verantwortung gezogen werden, da er nicht selbst gehandelt hat.[407] Um die beiderseits entstehende Sanktionslosigkeit zu vermeiden, übertragen die § 14 StGB und § 9 OWiG die besonderen strafbarkeitsbegründenden persönlichen Merkmale von der *Unternehmensebene* (juristische Person oder Personengesellschaft als Normadressat) auf die *Organ-, Vertreter- oder Beauftragtenebene* (unmittelbar handelnde natürliche Person).[408] Die Vorschriften haben im Bereich der Unternehmenssanktionierung sowohl für § 130 OWiG als auch für § 30 OWiG eine besondere Bedeutung, da durch sie der persönliche Anwendungsbereich dieser Tatbestände erweitert wird. Über die § 14 StGB und § 9 OWiG können somit auch der Vorstand bzw. Vorstandsmitglieder einer AG, der Geschäftsführer einer GmbH, der Gesellschafter einer OHG (§ 14 Abs. 1 StGB, § 9 Abs. 1 OWiG) oder vom Betriebsinhaber bestimmte gewillkürte Vertreter (§ 14 Abs. 2 StGB, § 9 Abs. 2 OWiG) zum Täter für die im Wirtschaftsstrafrecht besonders bedeutsamen Sonder- und Pflichtdelikte werden.[409]

1. *Rechtliche Folgen für Unternehmensleiter*

Die *Lederspray-* und die *ARAG/Garmenbeck-Entscheidung* des BGH hatten eine Signalwirkung für die Verschärfung der strafrechtlichen Haftung von Unternehmensorganen.[410] Verstärkt wurde dieser Trend durch eine zunehmende

404 Buchta, DB 2006, 1939 (1942); Hauschka, NJW 2004, S. 257; Leyendecker, wistra 2011, S. 176 ff.
405 Lackner/Kühl, § 14, Rn. 1a; Bohnert, OWiG, § 9, Rn. 1.
406 Fischer, § 14, Rn. 1b; Lackner/Kühl, § 14, Rn. 1; Wittig, S. 56.
407 *Perron* in: Sch/Sch, § 14, Rn. 1, Wittig, S. 56.
408 Theile/Petermann, JuS 2011, S. 496 (497).
409 Lackner/Kühl, § 14, Rn. 1; Wittig, S. 54.
410 Bock, S. 247.

Erhöhung der Anforderungen hinsichtlich der Organisations- und Aufsichtspflichten der Unternehmensleiter, die zuletzt erkennbar häufiger Gegenstand von Ermittlungs- und Strafverfahren waren.[411] Ein wesentlicher Grund ist, dass die Anforderungen der „*Business Judgment Rule*" im Zusammenhang mit der Einführung eines Compliance-Systems im Unternehmen als Ausgangspunkt für die Entscheidung über ein Organisationsverschulden restriktiver ausgelegt werden.[412]

a) Straf- und ordnungswidrigkeitenrechtliche Haftungstatbestände

Bei den Ordnungswidrigkeitenrechtsnormen ist insbesondere die Vorschrift des § 130 OWiG aufgrund der erheblichen Ausdehnung des Haftungsrisikos zu nennen.[413] Soweit eine strafrechtliche Verantwortlichkeit der Unternehmensleitung ausscheidet bzw. eine Beteiligung nicht nachweisbar ist, bedroht § 130 OWiG den Unternehmensinhaber mit Geldbuße bis zu einer Million Euro (vgl. § 130 Abs. 3 OWiG).[414] Darüber hinaus droht bei Verletzung der Aufsichtspflicht nach § 130 OWiG eine (täterbezogene) Verfallsanordnung nach § 29a Abs. 1 OWiG oder die Einziehung nach §§ 22 ff. OWiG. Schließlich ist auch ein Verwarnungsgeld nach §§ 56 ff. OWiG gegen den Unternehmensleiter möglich.

Bei Verwirklichung aller Tatbestandsmerkmale eines Straftatbestandes durch den jeweiligen Unternehmensleiter drohen ihm Geld- und Freiheitsstrafen. Diesen Strafen können strafprozessual vorübergehende Belastungen wie eine Untersuchungshaft insbesondere wegen der Haftgründe der Flucht nach § 112 Abs. 2 Nr. 1 StPO, der Fluchtgefahr nach § 112 Abs. 2 Nr. 2 StGB und / oder der Verdunkelungsgefahr nach § 112 Abs. 2 Nr. 3 StPO vorausgehen.[415] Im Wirkungskreis des Unternehmens und „unter Ausnutzung der tatsächlichen und rechtlichen Möglichkeiten"[416] des Betriebes kommen vor

---

411 Siehe insofern zu den Aufsichtspflichten der Unternehmensleitung den Gliederungspunkt ab S. 105.

412 BGH ZIP 2007, 224; BGH WM 2008, 1688; kritisch: Redeke, NZG 2009, S. 494 ff., da der BGH damit die Anforderungen der Business Judgment Rule überziehe. Des Weiteren: OLG München, AG 2006, S. 662; OLG Stuttgart, BB 2006, S. 1019; OLG Karlsruhe, WM 2009, S. 1147; OLG Düsseldorf, ZIP 2010, S. 28; Staatsanwaltschaft München I, Beschl. vom 03.12.2008, S. 1 ff.; vgl. zu Kriterien, die das unternehmerische Organisationsermessen und den unternehmerischen Haftungsfreiraum einschränken können: *Bürkle* in: Hdb. Haftungsvermeidung, S. 142 f.

413 Achenbach, wistra 1998, S. 296. Vgl. zur Vorschrift des § 130 OWiG den Gliederungspunkt ab S. 67.

414 *Gürtler* in: Göhler, § 130, Rn. 28 f.; RRH, OWiG, § 130, Rn. 33.

415 Vgl. dazu ausführlich: Meyer-Goßner, § 112, Rn. 26 ff.

416 *Schall* in: FS Rudolphi, S. 282 f.

allem die Verwirklichung von Korruptionsdelikten wie §§ 298, 299, 331, 332, 333, 334, 335 StGB in Betracht sowie Vermögensstraftaten wie §§ 263, 264, 264a, 266, 266a und Insolvenzdelikte nach §§ 283 ff. StGB. Die *Lederspray-Entscheidung* zeigte gar auf, dass bei der „strafrechtlichen Produkthaftung" auch Körperverletzungsdelikte nach §§ 223 ff. StGB in Betracht kommen können.[417] Ferner besteht die Gefahr der (täterbezogenen) Anordnung des Verfalls nach §§ 73 ff. StGB sowie die Einziehung nach § 74 StGB. Zudem kommt die Anordnung eines Berufsverbots nach §§ 70 ff. StGB in Betracht, dem ein vorläufiges Berufsverbot nach § 132a StPO vorangehen kann.[418] Schließlich besteht für den Unternehmensleiter die Gefahr einer Mehrerlösabschöpfung nach §§ 8 ff. WiStG.

b) Zivilrechtliche Haftungstatbestände

Neben einer straf- und ordnungswidrigkeitenrechtlichen Haftung droht den Unternehmensleitern bei eigenem Fehlverhalten auch eine zivilrechtliche Inanspruchnahme – einerseits durch das Unternehmen und andererseits durch Dritte.

aa) Geschäftsleiterhaftung nach § 93 Abs. 2 AktG

Von enormer Bedeutung für die Inanspruchnahme von Unternehmensleitern wegen Pflichtverletzungen ist die Haftung nach § 93 Abs. 2 S. 1 AktG. Kommt es zu Verstößen gegen diese Verhaltenspflicht wegen Verletzung der *Auswahl-*, *Organisations-*, *Aufklärungs-*, *Überwachungs-* oder *Sanktionspflicht*[419], droht gemäß § 93 Abs. 2 S. 1 AktG die persönliche Haftung der Vorstandsmitglieder gegenüber der Gesellschaft.[420] Allerdings sollten nicht zu hohe Anforderungen an die Einhaltung dieser Verhaltenspflichten mit Blick auf die Funktionsfähigkeit der Organisationsmitglieder gestellt werden. Denn andernfalls würde jede falsche unternehmerische Entscheidung eine Haftung auslösen und die Angst vor der Haftung die Risikobereitschaft jedes Unternehmensleiters lähmen.[421] Zu diesem Zweck wurde im US-amerikanischen Recht bereits im Jahr 1829 ein haftungsbefreiender Handlungs- und Beurteilungsspielraum bei unternehmerischen Entscheidungen in Gestalt der sog. „*Business Judgment Rule*"

---

417 BGHSt 37, 106. Haftungsgefahren können sich zudem aus dem Arbeits- und Bilanzstrafrecht sowie aus dem WpHG und dem UWG ergeben.

418 *Möhrenschlager* in: Hdb. Korruptionsprävention, S. 483. Zum vorläufigen Berufsverbot nach § 132a StPO: Meyer-Goßner, § 132a, Rn. 1 ff.

419 Etwa also den von § 130 OWiG verlangten Aufsichtsmaßnahmen, vgl. Fleischer, AG 2003, S. 291 (294).

420 Hüffer, § 93, Rn. 36, 40 ff.

421 Vgl. BGHZ 134, 392; Fleischer, ZIP 2004, 685; Koch, ZGR 2006, 769 (782); Paefgen, AG 2004, S. 245 (247); *Fleischer* in: Spindler/Stilz, § 93, Rn. 60.

entwickelt (sog. safe harbor).[422] Danach haftet der Unternehmensleiter dann nicht, wenn er bei seiner unternehmerischen Entscheidung ausreichend informiert war und annahm, dass seine Entscheidung im besten Sinne für das Unternehmen ist.[423]

In Deutschland wurde diese Idee erstmals im Rahmen der *ARAG/Garmenbeck-Entscheidung*[424] auf höchstrichterlicher Ebene aufgegriffen[425]: Der BGH billigte der Unternehmensleitung einen weiten Handlungsspielraum bei der Geschäftsführung zu, da ohne diesen *„eine unternehmerische Tätigkeit schlechterdings nicht denkbar ist"*. Unter ausdrücklicher Bezugnahme des Gesetzesentwurfs auf diese Entscheidung des BGH und der Orientierung an den *Principles of Corporate Governance* wurde im Jahre 2005 die Figur des Geschäftsleiterermessens in § 93 Abs. 1 S. 2 AktG aufgenommen, für das sich der Begriff *„Business Judgment Rule"* eingebürgert hat.[426] Gemäß diesem Institut ist eine Pflichtverletzung der Unternehmensleiter ausgeschlossen, „wenn das Vorstandsmitglied bei einer unternehmerischen Entscheidung vernünftigerweise annehmen durfte, auf der Grundlage angemessener Informationen zum Wohle der Gesellschaft zu handeln". Die Vorschrift beinhaltet *drei Tatbestandsvoraussetzungen*, die kumulativ vorliegen müssen:

(1) Die wichtigste Tatbestandsvoraussetzung betrifft das *Vorliegen einer „unternehmerischen Entscheidung"*. Diese liegt nur dann vor, wenn dem Vorstand bei der Entscheidung ein Handlungsspielraum für alternative Entscheidungen zukommt und gerade nicht nur eine bestimmte verbindliche Verhaltensweise gestattet wird.[427] In diesem Sinne kommt den Unternehmensleitern bei der

---

422 Vgl. Perca vs Millaudon, 8 Mart (NSW) 68 (1829).

423 Vertiefend Paefgen, AG 2004, S. 245 (247); Ulmer, DB 2004, S. 859 (860 f.); Brömmelmeyer, WM 2005, S. 2065. Nach § 4.01 (c) der vom American Law Institute herausgegebenen Principles of Corporate Governance (1994) heißt es: "A director or officer who makes a business judgment in good faith fulfils the duty under this Section if the director or officer: (1) is not interested in the subject of the business judgment; (2) is informed with respect to the business judgment to the extent the director or officer reasonably believes to be appropriate under the circumstances; and (3) rationally believes that the business judgment is in the best interest of the corporation"; vgl. American Law Institute, S. 172 ff.

424 BGHZ 135, 244 ff.

425 *Fleischer* in: FS Wiedemann, S. 827 (836 f.).

426 Kodifizierung der Business Judgment Rule durch das UMAG vom 22.09.2005, BGBl. I 2005, S. 2802; vgl. BT-Drucks. 15/5092, S. 11; *Fleischer* in: Spindler/Stilz, § 93, Rn. 60; Paefgen, AG 2004, S. 245. Hierbei sei angemerkt, dass die Business Judgment Rule auch für die GmbH gilt, so dass § 43 Abs. 2 GmbHG analog anzuwenden ist, vgl. Hauschka, GmbHR 2007, S. 11 (12); Kiethe, GmbHR 2007, S. 393 (395).

427 Koch, ZGR 2006, S. 769 (784); Schneider, DB 2005, S. 707 (709 f.); Langenbucher, DStR 2005, S. 2083 (2085). Ein Haftungsfreiraum scheidet daher für

Sicherstellung der Rechtskonformität kein unternehmerisches Ermessen zu, grundsätzlich aber bei der organisatorischen Umsetzung dieser Pflicht im Unternehmen.[428] Ein Ermessen bei der Organisation gilt aber nur im beschränktem Maße, weil in der deutschen Rechtsordnung sehr wohl auch verbindliche gesetzliche Vorgaben zum Ergreifen organisatorischer Maßnahmen existieren, so dass in diesen Fällen ebenfalls kein Ermessen für die Unternehmensleitung besteht (zum Beispiel § 91 Abs. 2 AktG, § 33 WpHG, § 25a KWG und § 64a VAG).[429] Im Umkehrschluss besagt dies, dass den Unternehmensleitern ein Ermessen bei der konkreten Umsetzung der Sicherstellung der Rechtskonformität im Unternehmen nur dort einzuräumen ist, wo nicht nur eine Verhaltensweise erlaubt ist. Daher genießt die Unternehmensleitung – mit Ausnahme der genannten Vorschriften – auch einen Ermessensspielraum hinsichtlich der Frage, ob ein Compliance-System im Unternehmen zur Sicherstellung der Rechtskonformität eingeführt wird und wie dieses System auszugestalten ist.[430] Die Entscheidung fällt folglich in den Anwendungsbereich der Business Judgment Rule.[431]

(2) Ein weiteres Merkmal ist, dass der Vorstand bei seiner unternehmerischen Entscheidung „*zum Wohle der Gesellschaft handeln*" muss. Ein Handeln zum Wohle der Gesellschaft liegt vor, wenn es frei von Sonderinteressen und Fremdeinflüssen ist[432] sowie „der langfristigen Ertragsstärkung und Wettbewerbsfähigkeit des Unternehmens und seiner Produkte oder Dienstleistungen dient"[433].

(3) Dritte Voraussetzung ist, dass der Unternehmensleiter „vernünftigerweise annehmen durfte, *auf der Grundlage angemessener Informationen* zu handeln". Dies ist gegeben, wenn er die für die Ermittlung einer Entscheidung nötigen Informationen einholt.[434] Erforderlich sind dafür die Informationen, die ein ordentlicher Unternehmensleiter in der konkreten Entscheidungssituation

---

denjenigen aus, der kraft Gesetzes, Satzung, Geschäftsordnung, Vertrages oder rechtmäßiger Weisung keinen Ermessensspielraum hat, vgl. *Fleischer* in: Spindler/Stilz, § 93, Rn. 67.

428 *Sieg/Zeidler* in: Hdb. Haftungsvermeidung, S. 60; Meier-Greve, BB 2009, S. 2555 (2557).

429 *Bürkle* in: Hdb. Haftungsvermeidung, S. 143.

430 *Sieg/Zeidler* in: Hdb. Haftungsvermeidung, S. 60.

431 Meier-Greve, BB 2009, S. 2555 (2557).

432 Vgl. BGHZ 135, 244; *Fleischer* in: FS Wiedemann, S. 826 (841 f.); Fleischer, ZIP 2004, S. 685 (690 f.). Kritisch dazu: *Krieger/Sailer-Coceani* in: Schmidt/Lutter, § 93, Rn. 15.

433 BT-Drucks. 15/5092, S. 11; vgl. auch *Fleischer* in: Spindler/Stilz, § 93, Rn. 71.

434 *Krieger/Sailer-Coceani* in: Schmidt/Lutter, § 93, Rn. 13.

herangezogen hätte.[435] Das Ausmaß der Informationsbeschaffung richtet sich dabei nach dem Zeitvorlauf, dem Gewicht und der Art der zu treffenden Entscheidung, den tatsächlichen und rechtlichen Möglichkeiten des Informationszugangs und dem Verhältnis von Informationsbeschaffungskosten und dem voraussichtlichen Informationsnutzen.[436]

Genügt die Unternehmensleitung diesen Anforderungen, besteht auf der *Rechtsfolgenseite* die unwiderlegbare Vermutung[437] eines objektiv pflichtgemäßen Verhaltens.[438] Sind die Voraussetzungen hingegen nicht erfüllt und kann der Unternehmensleiter die Einhaltung der Verhaltenspflicht auch nicht im Sinne des § 93 Abs. 2 S. 2 AktG beweisen, haftet er nach § 93 Abs. 2 S. 1 AktG. Die Pflichtverletzung der Unternehmensleitung führt zu einer Binnenhaftung der Unternehmensleiter gegenüber dem Unternehmen, sofern ein Vermögensschaden beim Unternehmen vorliegt.[439]

bb) Weitere zivilrechtliche Haftungstatbestände und rechtliche Konsequenzen

An diese Haftung schließen sich regelmäßig vertragliche und deliktische Schadensersatzansprüche (§ 280 Abs. 1, §§ 311 Abs. 2, 241 Abs. 2 BGB; § 823 Abs. 1 und nach § 823 Abs. 2 BGB i.V.m. einem Schutzgesetz) Dritter gegen Unternehmensleiter[440] sowie im Einzelfall eine Haftung nach § 826 BGB an.[441] Rechtsverletzungen der Mitglieder der Unternehmensleitung können vor allem arbeitsrechtliche Folgen nach sich ziehen. Diese können von einer Abmahnung, Suspendierung, einem Schadensersatzanspruch, Aufhebungsvertrag bis hin zur (Verdachts-)Kündigung des Arbeitsvertrags reichen.[442] Hinzu kommt, dass durch ein Berufsverbot nach §§ 70 ff. StGB die berufliche Existenz gefährdet sein könnte. Als selbständiger Gewerbetreibender kann der Entzug der Gewerbeerlaubnis wegen Unzuverlässigkeit nach § 35 GewO, die Eintragung ins Gewerbezentralregister nach § 149 GewO, bei Verurteilung die

---

435 *Krieger/Sailer-Coceani* in: Schmidt/Lutter, § 93, Rn. 13; Hüffer, § 93, Rn. 36, 40 ff.

436 *Fleischer* in: Spindler/Stilz, § 93, Rn. 69; BT-Drucks. 15/5092, S. 15; Brömmelmeyer, WM 2005, S. 2065 (2067); Ulmer, DB 2004, S. 859 (860).

437 So Hüffer, § 93, Rn. 12; Koch, ZGR 2006, S. 769 (784).

438 Lutter, ZIP 2007, S. 841 (845); *Krieger/Sailer-Coceani* in: Schmidt/Lutter, § 93, Rn. 11.

439 Kiethe, GmbHR 2007, S 393 (395); Thüsing, S. 21 f. Vgl. zur Haftung des Aufsichtsrats: Kapp/Gärtner, CCZ 2009, S. 168 (171 ff.).

440 Vgl. ausführlich zur Haftung der Unternehmensleiter nach § 823 BGB: *Spindler* in: Spindler/Stilz, § 116, Rn. 186 ff.; Lackhoff/Schulz, CCZ 2010, S. 81 (84); zu §§ 280 ff. BGB: Hüffer, § 93, Rn. 67.

441 Lackhoff/Schulz, CCZ 2010, S. 81 (86).

442 Vgl. zu arbeitsrechtlichen Konsequenzen: *Maschmann* in: Hdb. Korruptionsprävention, S. 150 ff.

Eintragung ins Bundeszentralregister sowie die Entziehung der Arbeits- und Aufenthaltserlaubnis drohen.

2. *Faktische Folgen für Unternehmensleiter*

Neben den eben dargestellten rechtlichen Konsequenzen für die Unternehmensleitung dürfen die faktischen Folgen eines eigenen Fehlverhaltens nicht vernachlässigt werden. Denn die Konsequenzen können im Einzelfall existenzbedrohende Ausmaße annehmen, da der mögliche *Verlust des Ansehens und der Reputation* des jeweiligen Mitarbeiters, speziell aufgrund negativer Presseberichterstattung und Gerichtsverfahren, Schwierigkeiten bereiten kann, eine neue Arbeitsstelle zu finden und derartige Gerichtsverfahren mit *hohen Kosten* verbunden sind. Auch können ein *mediales Aufsehen* und ein *langes Gerichtsverfahren* zu erheblichen *psychischen Belastungen* bei dem Betroffenen führen.

III. Zusammenfassung

Allein dieser kurze Überblick über mögliche Haftungsrisiken und Nachteile bedingt durch eine fehlende bzw. defizitäre Compliance verdeutlicht das Erfordernis der Einführung eines auf die spezifischen Unternehmensverhältnisse und -bedürfnisse zugeschnittenen Compliance-Systems, das gerade darauf ausgerichtet ist, solche Haftungssituationen präventiv zu vermeiden. Compliance Verstöße sind daher angesichts der Wertverluste für das Unternehmen ein hohes Risiko, die erhebliche Anstrengungen zur Vermeidung rechtfertigen. Zwar ist die Einrichtung eines Compliance-Systems im Unternehmen mit erheblichen Kosten und organisatorischem Aufwand verbunden, eine *Kosten-Nutzen-Analyse* wird aber bei Compliance-Überlegungen immer zum Ergebnis kommen, dass eine fehlende bzw. defizitäre Compliance zu mehr Schaden als Nutzen führt. Insofern erhalten folgende Aussagen durchaus ihre Berechtigung: *"If you think compliance is too expensive – try to be non-compliant!"*[443] genauso wie *"comply or die"*[444].

---

443 Campos Nave/Bonenberger, BB 2008, S. 734.
444 Bürkle, BB 2005, S. 565 (567).

Teil 2: Aufsichtspflichtverletzung nach § 130 OWiG

Im zweiten Teil dieser Arbeit wird die betriebliche Aufsichtspflichtverletzung nach § 130 OWiG vorgestellt. Bei der Darstellung werden als Kernpunkte der Regelungszweck und die Systematik (A. I.), die Tatbestandsmerkmale (A. II. 1.) und die Rechtsfolgen des § 130 OWiG (A. II. 2.) analysiert. Der zweite Abschnitt dieses Teils befasst sich gesondert mit dem objektiven Tatbestandsmerkmal der „erforderlichen Aufsichtsmaßnahmen" und dessen Konkretisierung (B.). Die isolierte Betrachtung dieses Tatbestandserfordernisses ist damit zu begründen, weil für eine Ahndung nach § 130 OWiG das Unterlassen der „erforderlichen Aufsichtsmaßnahmen" maßgeblich ist. Umso wichtiger ist es, Klarheit über die generalklauselartige Formulierung der „erforderlichen Aufsichtsmaßnahmen" zu gewinnen.

A. Die Vorschrift des § 130 OWiG

Ursprünglich war die Aufsichtspflichtverletzung in § 33 OWiG geregelt.[445] Bei der am 24.06.1968 eingeführten Norm des § 130 OWiG handelt es sich um eine Norm, die zunehmend an Bedeutung im Wirtschaftsstrafrecht gewinnt.[446] Die Regelung droht dem Unternehmensinhaber unter bestimmten Voraussetzungen die Sanktionierung von Aufsichtspflichtverletzungen mit Geldbuße an.

Nach § 130 OWiG handelt ordnungswidrig,

> *„wer als Inhaber eines Betriebes oder Unternehmens vorsätzlich oder fahrlässig die Aufsichtsmaßnahmen unterlässt, die erforderlich sind, um in dem Betrieb oder Unternehmen Zuwiderhandlungen gegen Pflichten zu verhindern, die den Inhaber treffen und deren Verletzung mit Strafe oder Geldbuße bedroht ist, und durch gehörige Aufsicht verhindert oder wesentlich erschwert worden wäre*".

I. Grundlegendes zu § 130 OWiG

1. *Funktion und Einordnung des § 130 OWiG in das Haftungssystem des Ordnungswidrigkeitenrechts*

Bei § 130 OWiG handelt es sich um eine „*betriebsbezogene Ordnungswidrigkeit*" im Sinne des § 30 OWiG[447], „die den Durchgriff auf das Unternehmen

445 Siehe insofern zur Entstehungsgeschichte der Regelung *Rogall* in: KK-OWiG, § 130, Rn. 7 ff.; RRH, OWiG, § 130, Rn. 1.

446 Theile/Petermann, JuS 2011, S. 496 (496 f.).

447 *Rogall* in: KK-OWiG, § 130, Rn. 6; *Gürtler* in: Göhler, § 130, Rn. 3. Vgl. dazu den Gliederungspunkt ab S. 56.

ermöglicht".[448] Die Regelungen der § 130 OWiG, § 9 OWiG und § 30 OWiG gehören damit „zum Kreis der Vorschriften, die eine wirksame Bekämpfung von Zuwiderhandlungen in Betrieben und Unternehmen ermöglichen"[449]. Durch das Zusammenspiel von § 130 und § 30 OWiG soll verhindert werden, dass sich Unternehmensverantwortliche und Unternehmen ihrer haftungsrechtlichen Verantwortung entziehen können.[450] Die Vorschrift des § 130 OWiG wird zu Recht als ein „kennzeichnendes Instrument des deutschen Rechts der unternehmensbezogenen Sanktionen"[451] bezeichnet. Denn sofern eine Aufsichtspflichtverletzung nach § 130 OWiG vorliegt, kann dies auch zur Festsetzung einer Unternehmensgeldbuße nach § 30 OWiG führen. Insofern hat eine Verletzung des § 130 OWiG auch direkte Konsequenzen für das Unternehmen.

Ausgangspunkt für die Schaffung des § 130 OWiG war die Erwägung, dass in einem Betrieb oder Unternehmen den Inhaber zwar zahlreiche und vielschichtige Pflichten persönlich treffen. Oft ist es ihm aber gar nicht möglich, all diese Pflichten in eigener Person wahrzunehmen – sei es wegen des genannten Umfangs der Pflichten oder weil ihm in gewissen Bereichen die notwendige Fachkenntnis fehlt.[452] Dies gilt erst recht, je größer der Betrieb oder das Unternehmen ist.[453] In der Praxis müssen sich die Inhaber mangels Alternativen daher oftmals der Mittel von *Dezentralisation* und *Delegation* bedienen, indem sie ihre Pflichten und Aufgaben auf ihre Mitarbeiter übertragen.[454] Aufgrund der zunehmenden – weil erforderlichen – Aufgabendelegation in der Praxis[455] ergibt sich zum einen, dass bei vielen Zuwiderhandlungen die Inhaber oftmals nicht als Täter oder Teilnehmer belangt werden können, da entweder die Voraussetzungen einer unmittelbaren Tatbeteiligung nicht vorliegen oder zumindest nicht beweisbar sind;[456] zum anderen können die eigentlich unmittelbar zuwiderhandelnden Mitarbeiter womöglich nicht

---

448 *Gürtler* in: Göhler, § 130, Rn. 3; Lemke/Mosbacher, OWiG, § 130, Rn. 1.

449 *Gürtler* in: Göhler, § 130, Rn. 3; Rau, S. 5. Többens bezeichnet die §§ 9, 130 und 30 OWiG aufgrund ihres Zusammenspiels als „Troika", vgl. Többens, NStZ 1999, S. 1 ff.

450 Többens, NStZ 1999, S. 1 (7).

451 So *Achenbach* in: HWSt, Rn. 38.

452 RRH, OWiG, § 130, Rn. 2; *Rogall* in: KK-OWiG, § 130, Rn. 3; *Gürtler* in: Göhler, § 130, Rn. 2.

453 Lösler, S. 128.

454 So auch Theile/Petermann, JuS 2011, S. 496 (497). Vgl. zu delegationsfähigen Aufgaben den Gliederungspunkt ab S. 125.

455 Siemens beschäftigt beispielsweise nach eigenen Angaben mittlerweile 500 Mitarbeiter, die nur für den Bereich Compliance Pflichten und Aufgaben wahrnehmen, vgl. Siemens-Pressemitteilung vom 15.12.2008, S. 1 (28).

456 *Gürtler* in: Göhler, § 130, Rn. 3; Rau, S. 58.

sanktioniert werden, weil sie nicht zu dem nach § 9 OWiG bzw. § 14 StGB erfassten Adressatenkreis zählen.[457] Angesichts dieser unternehmenstypischen Aufspaltung von rechtlicher Verantwortung des Inhabers und tatsächlichem Handeln des eingesetzten Mitarbeiters wird die Frage der *„organisierten Unverantwortlichkeit"* gestellt.[458] Diese in Frage stehende Sanktionslücke soll durch § 130 OWiG geschlossen werden: Die Regelung ermöglicht es im Hinblick auf die Haftung, nicht nur den Zuwiderhandelnden zur Verantwortung zu ziehen, sondern auch den Inhaber.[459] Denn dieser soll gerade nicht durch die Pflichtendelegation von seiner rechtlichen Verantwortung befreit werden. Vielmehr verpflichtet ihn § 130 OWiG zur Kontrolle und Beaufsichtigung der Mitarbeiter, um sicherzustellen, dass die eigentlich ihn treffenden Pflichten durch den von ihm eingesetzten Mitarbeiter auch ordnungsgemäß wahrgenommen werden.[460]

Rechtspolitische Erwägung ist zum einen, die Haftungsmöglichkeiten in Unternehmen zu erweitern; zum anderen, dass der Inhaber bereits im Vorfeld konkreter Zuwiderhandlungsgefahren die notwendigen Vorkehrungen trifft, um die Begehung von Zuwiderhandlungen zu vermeiden – beispielsweise in Gestalt eines Compliance-Systems.[461] Folglich ist der Inhaber dazu angehalten, die erforderlichen Aufsichtsmaßnahmen zu treffen, damit die für den Betrieb oder das Unternehmen geltenden Regeln eingehalten werden.

Die daraus resultierenden Kontroll- und Aufsichtspflichten des Inhabers sind nach überwiegender Ansicht des Schrifttums Ausdruck einer *„Art Garantenstellung"*[462] oder *„garantenähnlichen"*[463] bzw. *„garantenartigen Stellung"*[464] kraft Organisationszuständigkeit.[465] Danach sehe der Tatbestand des § 130 OWiG *„den Mensch bzw. die Zusammenfassung von Personal- und Produktionsmitteln unter der Bedingung der arbeitsteiligen Wirtschaft als Risikofaktor an"*[466], was eine entsprechende Garantenpflicht des Inhabers

---

457 So der RegE eines Gesetzes über Ordnungswidrigkeiten (OWiG), vgl. BT-Drucks. 5/1269, S. 69 f.; *Rogall* in: KK-OWiG, § 130, Rn. 4; RRH, OWiG, § 130, Rn. 2; *Gürtler* in: Göhler, § 130, Rn. 1, 3.

458 Rogall, ZStW 98 (1986), S. 573 (576 f.); Theile/Petermann, JuS 2011, S. 496 (497).

459 *Rogall* in: KK-OWiG, § 130, Rn. 4; Wittig, S. 71 f.

460 Kindler, S. 94.

461 Schürmann, S. 85.

462 BT-Drucks. 5/1269, S. 69; Ferner, OWiG, § 130, Rn. 3.

463 *Gürtler* in: Göhler, § 130, Rn. 2; Lemke/Mosbacher, § 130, Rn. 2; Schürmann, S. 86.

464 RRH, OWiG, § 130, Rn. 2.

465 Vgl. *Rogall* in: KK-OWiG, § 130, Rn. 1. So auch Bohnert, OWiG, § 130, Rn. 11: „Die Inhaberschaft eines Betriebs begründet die Garantenstellung".

466 So *Rogall* in: KK-OWiG, § 130, Rn. 2.

begründe. Dem ist entgegenzuhalten, dass es sich bei der Vorschrift des § 130 OWiG um ein echtes Unterlassungsdelikt handelt.[467] Eine Garantenpflicht gemäß § 8 OWiG bzw. § 13 StGB ist daher nicht erforderlich. Daher ist die Bezeichnung des Inhabers als „Garant" nicht nur unglücklich, sondern auch systematisch falsch.[468] Die Unsicherheit, den Inhaber als Garant anzusehen, zeigt sich letztendlich auch in den Formulierungen „Art Garantenstellung" oder eine „garantenähnliche Stellung".

Damit korrespondiert das Ergebnis, dass für den Inhaber nach § 13 StGB keine allgemeine Pflicht im Sinne einer „Art Garantenstellung" begründet wird, Zuwiderhandlungen seiner Mitarbeiter zu verhindern. Andernfalls besteht die Gefahr, dass bei Auferlegung einer derartigen Pflicht § 130 OWiG zu einem unechten strafrechtlichen Unterlassungsdelikt wird. Die bußgeldbewehrte „erforderliche" Aufsichtspflicht des Inhabers ist daher das *notwendige Korrelat der Pflichtendelegation.*

2. *Geschütztes Rechtsgut*

Im Schrifttum und in der Rechtsprechung ist umstritten, welches Rechtsgut von § 130 OWiG geschützt wird. So wird teilweise vertreten, dass das geschützte Rechtsgut in der *Zurechnungsfunktion* liege.[469] Denn aufgrund des Auseinanderfallens von Verantwortung und Handeln, entstehe eine Zurechnungslücke. Diese Lücke schließe § 130 OWiG, so dass es funktional gesehen bei § 130 OWiG um die Sicherung von Zurechnung gehe.[470] Dem ist entgegenzuhalten, dass in diesem Fall die Funktion der Norm mit dem geschützten Rechtsgut gleichgesetzt wird[471], weshalb andere das staatliche Interesse an der „*Ordnung im Betrieb*" als geschütztes Rechtsgut vorbringen.[472] Schutzzweck sei danach das „Interesse der Allgemeinheit an der Schaffung und Aufrechterhaltung einer innerbetrieblichen Organisationsform, mit der den von einem Unternehmen als der Zusammenfassung von Personen und Produktionsmitteln ausgehenden Gefahren begegnet wird"[473]. Daran ist allerdings zu kritisieren, dass die Aufrechterhaltung der Ordnung kein Selbstzweck ist, sondern vielmehr der Vermeidung von betriebsbezogenen Zuwiderhandlungen dient.[474] Daher wird die Auffassung vertreten, dass § 130 OWiG der

467 Bohnert, OWiG, § 130, Rn. 2; *Gürtler* in: Göhler, § 130, Rn. 9.
468 So auch Schürmann, S. 86.
469 So *Spendel* in: LK, 11. Auflage, § 323a, Rn. 69 f.
470 *Rogall* in: KK-OWiG, § 130, Rn. 4; Schürmann, S. 93.
471 *Rogall* in: KK-OWiG, § 130, Rn. 12; ders., ZStW 98 (1986), S. 573 (585 f.); Bosch, S. 318 f.
472 Zum Schutzzweck des § 130 OWiG: BGHZ 125, 366 ff.; Bosch, S. 320 ff.
473 BGHZ 125, 366 ff.
474 *Rogall* in: KK-OWiG, § 130, Rn. 15.

Verstärkung des Rechtsgüterschutzes gegenüber betriebsbezogenen Zuwiderhandlungen diene, die durch die Aufsichtspflichtverletzung im Betrieb oder Unternehmen ermöglicht würden.[475] Nach Ansicht von *Rogall* ist die Verstärkung des Rechtsgüterschutzes in seiner Vorverlagerung zu sehen, indem der Inhaber präventiv konkreten Zuwiderhandlungsgefahren durch Aufsichtsmaßnahmen zu begegnen hat.[476] Geschütztes Rechtsgut seien „die durch die einzelnen betriebsbezogenen Straf- und Bußgeldvorschriften geschützten Interessen, gegen welche sich die Zuwiderhandlung richtet".[477]

Richtigerweise ist für die Einordnung des geschützten Rechtsguts vom Sinn und Zweck des § 130 OWiG auszugehen, der vom Inhaber die Schaffung von internen Organisationsmaßnahmen, mit denen die Einhaltung des Rechts gewährleistet werden soll, verlangt. Dies beschreibt gerade das Interesse an der „*Ordnung im Betrieb*". Als eine Art Reflex der Ordnung des Betriebs werden dann auch *betriebsbezogene Zuwiderhandlungen verhindert*.[478] Geschütztes Rechtsgut ist damit die Ordnung im Betrieb, die eine Verhinderung von betriebsbezogenen Zuwiderhandlungen zur Folge hat.

II. Regelungsinhalt von § 130 OWiG

1. Ahndungsvoraussetzungen des § 130 OWiG

a) Objektiver Tatbestand: Aufsichtspflichtverletzung des Unternehmensinhabers

aa) Täterkreis des § 130 OWiG: Inhaber eines Betriebes oder Unternehmens

Ausgehend vom Wortlaut kann Täter einer Aufsichtspflichtverletzung nach § 130 OWiG in erster Linie nur der Inhaber eines Betriebes oder Unternehmens sein. Insoweit handelt es sich um ein *Sonderdelikt*.[479]

Aus der Vorschrift des § 130 OWiG geht nicht hervor, wer *Inhaber eines Betriebes oder Unternehmens* ist. Mangels Legaldefinition wird im Schrifttum zunächst davon ausgegangen, dass für die Bestimmung des Inhabers nicht die Eigentümerstellung oder die Kapitalbeteiligung entscheidend ist.[480] Inhaber im Sinne von § 130 OWiG ist nur *derjenige, dem die Erfüllung der für § 130*

---

475 Bohnert, OWiG, § 130, Rn. 1.

476 *Rogall* in: KK-OWiG, § 130, Rn. 16.

477 *Rogall* in: KK-OWiG, § 130, Rn. 16; ders., ZStW 98, S. 573 (587 f.); Lemke/Mosbacher, § 130, Rn. 1; zustimmend: *Gürtler* in: Göhler, § 130, Rn. 3a; RRH, OWiG, § 130, Rn. 2; Klesczewski, S. 171.

478 So auch Bock, S. 365; Ferner, OWiG, § 130, Rn. 4.

479 Wittig, S. 73; Wilhelm, S. 9.

480 *Rogall* in: KK-OWiG, § 130, Rn. 25; Lemke/Mosbacher, § 130, Rn. 5.

OWiG relevanten betriebs- oder unternehmensbezogenen Pflichten obliegt.[481] Denn gemäß dem Regelungszweck soll der Inhaber Maßnahmen treffen, die der Verhinderung von Verstößen gegen derartige Pflichten dienen. Demnach ist der Inhaber von den Pflichten ausgehend zu bestimmen.[482] Sollte danach Inhaber im Sinne von § 130 OWiG eine juristische Person oder Personengesellschaft sein, ist § 130 OWiG in Verbindung mit § 9 OWiG anzuwenden, so dass über § 9 OWiG der Anwendungsbereich auf die für den Inhaber handelnden Personen erweitert wird.[483] Danach stehen Organe, Organmitglieder, Vertreter oder Beauftragte im Sinne des § 9 OWiG dem Inhaber gleich, indem das besondere persönliche Merkmal der Betriebs- oder Unternehmensinhaberschaft und damit die Aufsichtspflicht auf diese Personen übertragen wird.[484] Folglich werden auch die dort genannten Personen in den Kreis der Aufsichtspflichtigen einbezogen.[485] Täter sind demnach etwa bei einer AG die Vorstandsmitglieder oder bei einer GmbH der Geschäftsführer.[486]

„*Betrieb* im Sinne des § 130 OWiG ist eine nicht nur vorübergehende organisatorische, meist auch räumlich zusammengefasste Einheit von Personen und Sachmitteln unter einheitlicher Leitung zu dem arbeitstechnischen Zweck, bestimmte Leistungen hervorzubringen oder zur Verfügung zu stellen“[487]. Dagegen ist ein *Unternehmen* eine „rechtlich-wirtschaftliche Einheit, die auf kaufmännische Tätigkeit gerichtet ist“[488]. Gewinnerzielungsabsicht ist dabei nicht erforderlich.[489] Es gibt demnach keinen sachlichen Unterschied zwischen Betrieb und Unternehmen, so dass eine genaue Abgrenzung nicht notwendig ist und im Folgenden deshalb der Begriff „Unternehmen“ einheitlich verwendet wird.[490] Ferner werden über § 130 Abs. 2 OWiG auch *öffentliche Unternehmen* erfasst.

---

481 Wittig, S. 73; Bohnert, OWiG, § 130, Rn. 8; *Rogall* in: KK-OWiG, § 130, Rn. 25.

482 Lösler, S. 130.

483 Bohnert, OWiG, § 130, Rn. 8.

484 Rau, S. 59; Wittig, S. 73.

485 *Schmid/Fridrich* in: Hdb. Wirtschaftsstrafrecht, § 30, Rn. 135 ff.

486 Lemke/Mosbacher, § 130, Rn. 5. Vgl. zur alten Rechtslage: Art 2 Nr. 4 b) des Einunddreißigsten Strafrechtsänderungsgesetzes – Zweites Gesetz zur Bekämpfung der Umweltkriminalität (31. StrÄndG-2. UKG) vom 27.06.1994, BGBl. I 1994, S. 1440 (1444). So der RegE des 31. StrÄndG-2.UKG, BT-Drucks. 12/192, S. 34; RRH, OWiG, § 130, Rn. 5; *Gürtler* in: Göhler, § 130, Rn. 4, Dazu auch: Kindler, S. 96.

487 Lemke/Mosbacher, § 130, Rn. 6; RRH, OWiG, § 130, Rn. 5.

488 Lemke/Mosbacher, § 130, Rn. 7.

489 Bohnert, OWiG, § 130, Rn. 4; Schürmann, S. 97.

490 Bohnert, OWiG, § 130, Rn. 4. So auch: Wittig, S. 73.

Im Schrifttum ist die Frage umstritten und durch die Rechtsprechung[491] bislang nicht hinreichend geklärt[492], ob bei einem Zusammenschluss von rechtlich selbständigen Unternehmen (sog. *Konzern*, vgl. § 18 AktG)[493] eine originäre Aufsichtspflicht des Mutterunternehmens gegenüber dem Tochterunternehmen besteht. Das heißt, es ist fraglich, ob der Konzern unter den Begriff des Unternehmensinhabers im Sinne des § 130 OWiG fällt.[494]

Eine generelle Haftung des Mutterunternehmens wird teilweise unter Berufung auf die rechtliche Selbstständigkeit des Tochterunternehmens verneint, da das Tochterunternehmen selbst Inhaberin im Sinne des § 130 OWiG sei und somit die Aufsichtspflicht treffe.[495] Dem ist entgegenzuhalten, dass die rechtliche Selbstständigkeit im Rahmen der Aufsichtspflichtverletzung außer Acht gelassen wird. Denn der Konzern hat wie ein Unternehmen eine einheitliche Leitung und demzufolge eine gewisse Verantwortung[496], weshalb andere auf eine *faktische Betrachtungsweise* abstellen[497]: Danach sei der Konzern faktisch so organisiert, dass das Mutterunternehmen einzelne Entscheidungen der Tochterunternehmen bestimmen könne.[498] Für diesen Fall gelte § 130 OWiG auch für die Vorstandsmitglieder des Mutterunternehmens.[499] Bei einer derartigen allgemeinen und faktischen Betrachtungsweise besteht allerdings die Gefahr, die tatsächlichen Verhältnisse und Zuständigkeiten aufzudecken.[500]

Richtigerweise hat sich der Umfang der Aufsichtspflicht nach dem *konkreten Einzelfall* zu bestimmen. Maßgeblich ist hierbei insbesondere, *„welchen Spielraum die einzelnen Unternehmen zu eigener Willensbildung haben bzw. in welchem Umfang die Konzernspitze von ihren Durchgriffsmöglichkeiten tatsächlich Gebrauch macht"*[501]. Dabei kann beispielsweise ein Beherrschungsvertrag gem. § 308 AktG zu einer Aufsichtspflicht führen.[502]

---

491 BGH DB 1982, 1162.

492 *Gürtler* in: Göhler, § 130, Rn. 5a; Wittig, S. 73.

493 Wittig, S. 73.

494 Vgl. dazu ausführlich Koch, WM 2009, S. 1013 (1017 f.).

495 *Gürtler* in: Göhler, § 130, Rn. 5a; RRH, OWiG, § 130, Rn. 5; Mansdörfer/Timmerbeil, WM 2004, 362 (367 f.); Rau, S. 60; *Schmid/Fridrich* in: Hdb. Wirtschaftsstrafrecht, § 30, Rn. 138.

496 *Rogall* in: KK-OWiG, § 130, Rn. 27.

497 *Rogall* in: KK-OWiG, § 130, Rn. 27.

498 Bock, S. 363; *ders.* in: Hdb. Criminal Compliance, S. 267.

499 Bohnert, OWiG, § 130, Rn. 7; Lemke/Mosbacher, § 130, Rn. 7; *Rogall* in: KK-OWiG, § 130, Rn. 27 f.

500 Rau, S. 60.

501 *Rogall* in: KK-OWiG, § 130, Rn. 28.

502 *Gürtler* in: Göhler, § 130, Rn. 5a.

bb) Tathandlung des § 130 OWiG: Aufsichtspflichtverletzung

Die Tathandlung besteht im Unterlassen der erforderlichen Aufsichtsmaßnahmen. Das Gesetz lässt allerdings weitgehend offen, welche konkreten Aufsichtsmaßnahmen zu treffen sind.[503] Bevor die konkreten Aufsichtsmaßnahmen im Einzelnen behandelt werden, ist der Frage nachzugehen, ob es sich bei der Vorschrift um ein abstraktes oder konkretes Gefährdungsdelikt handelt. So wird vertreten, dass es sich bei § 130 OWiG um ein *abstraktes Gefährdungsdelikt* handele.[504] Danach sei bereits das Unterlassen der erforderlichen Aufsichtsmaßnahmen für das geschützte Rechtsgut abstrakt gefährlich.[505] Die Zuwiderhandlung gegen Inhaberpflichten sei daher lediglich als *„echte, strafeinschränkend wirkende objektive Bedingung der Ahndung"* zu werten. Dagegen ist allerdings einzuwenden, dass die „Erfolgsbezogenheit der Aufsichtspflichtverletzung"[506] verkannt wird. Denn der Bußgeldrahmen des § 130 OWiG „bemisst sich im Wesentlichen nach Bedeutung und Schwere der zugrunde liegenden Zuwiderhandlung, so dass es sich bei den Aufsichtsmaßnahmen um erfolgsbezogene Verpflichtungen handelt".[507] Abstrakte Gefährdungsdelikte sind aber gerade keine Erfolgsdelikte. Sie verlangen gerade nicht den Eintritt einer spezifischen Gefahr. Vielmehr beschreiben sie ein bloßes Tun. Dieses wird aber nur bestraft, „weil es leicht eine konkrete Gefahr auslösen kann"[508]. Zutreffender Weise reicht die abstrakte Gefahr von betriebsbezogenen Zuwiderhandlungen daher nicht aus, um den Tatbestand des § 130 OWiG zu erfüllen.[509] Denn § 130 OWiG schreibt die Aufsichtsmaßnahmen nicht abstrakt vor, sondern die Aufsichtspflichtverletzung ist an die konkrete Zuwiderhandlung gekoppelt.[510] Geschützte Rechtsgüter sind gerade diejenigen, gegen die sich die Zuwiderhandlung konkret richtet. Daraus ist richtigerweise zu folgern, dass es sich bei § 130 OWiG um ein *konkretes Gefährdungsdelikt* handelt.[511] § 130 OWiG verlangt nicht abstrakt geeignete Maßnahmen zu treffen, sondern nur solche, die die Zuwiderhandlungsgefahren abwenden oder beseitigen und sich aus der *„Typik des Betriebs"*[512]

503 Siehe zur Konkretisierung der „erforderlichen Aufsichtsmaßnahmen" den Gliederungspunkt ab S. 105.
504 Bohnert, OWiG, § 130, Rn. 2; Adam, wistra 2003, S. 285 (289).
505 Thiemann, S. 112 ff.
506 Zum Vorstehenden: *Rogall* in: KK-OWiG, § 130, Rn. 15.
507 So Bock, S. 366.
508 Zum Vorstehenden: Fischer, Vor § 13, Rn. 19.
509 *Gürtler* in: Göhler, § 130, Rn. 9.
510 Lebherz, S. 389.
511 *Gürtler* in: Göhler, § 130, Rn. 9; *Rogall* in: KK-OWiG, § 130, Rn. 17 f.; Bock, S. 366; Schürmann, S. 95; Klesczewski, S. 171; Buchholz, S. 18 ff.
512 *Gürtler* in: Göhler, § 130, Rn. 9; *Rogall* in: KK-OWiG, § 130, Rn. 19.

ergeben.[513] Erst wenn diese Gefahren nicht abgewendet oder beseitigt werden, hat sich der Inhaber nach § 130 OWiG zu verantworten. Insbesondere kann es eine „*Aufsicht an sich*" nicht geben.[514] Vielmehr lassen sich die im konkreten Einzelfall erforderlichen Maßnahmen des Inhabers nur unter Einbeziehung der Zuwiderhandlung beschreiben, um dadurch die Verhaltensanforderungen an den Inhaber zu konkretisieren.[515] Zudem zeigt – wenn auch für die Unternehmenspraxis wenig hilfreich – die Rechtsprechungspraxis, dass die Erforderlichkeit der getroffenen Aufsichtsmaßnahmen mit Blick auf die tatsächlich begangene Zuwiderhandlung festgestellt wird. „Die Rechtsprechung begnügt sich häufig mit der Feststellung, dass die getroffenen Vorkehrungen im Einzelfall nicht ausreichend waren", ohne den Betroffenen jedoch Hinweise für das „Erforderliche" an die Hand zu geben.[516]

In diesem Sinne führt die Unzumutbarkeit der sorgfältigen Aufsicht ohne Bezugsgeschehen und die Erfolgsbezogenheit der Aufsichtspflichtverletzung dazu, dass die Aufsichtspflicht nach § 130 OWiG sich nur auf „betriebstypische Zuwiderhandlungen" bezieht.[517] Es handelt sich demnach bei § 130 OWiG um ein konkretes Gefährdungsdelikt.

b) Subjektiver Tatbestand

Der subjektive Tatbestand des § 130 OWiG setzt voraus, dass die erforderlichen Aufsichtsmaßnahmen *vorsätzlich* oder *fahrlässig* unterlassen worden sind. Vorsatz oder Fahrlässigkeit müssen sich nur auf die Verletzung der Aufsichtspflicht beziehen, nicht aber auf die Zuwiderhandlung.[518] Denn es handelt sich dabei um eine objektive Bedingung der Ahndung und nicht um ein Tatbestandsmerkmal. Dies folgt „aus der gesetzestechnischen Einstellung der Begehung der konkreten Zuwiderhandlung in einen mit ,wenn' eingeleiteten Relativsatz".[519] Demzufolge muss der Aufsichtspflichtige weder voraussehen noch voraussehen können, dass als Folge seiner Aufsichtspflichtverletzung eine ganz bestimmte Zuwiderhandlung begangen werden wird.[520] Allerdings muss der Aufsichtspflichtige erkennen oder er hat zu erkennen, dass eine

---

513 Bock, S. 367.

514 Adam, wistra 2003, S. 285 (290).

515 *Rogall* in: KK-OWiG, § 130, Rn. 18 f.

516 So richtig: Bock, ZIS 2009, S. 68 (73).

517 So auch Adam, wistra 2003, S. 285 (289 ff.).

518 *Bock* in: Hdb. Criminal Compliance, S. 280.

519 So Kindler, S. 97. Ferner: Bohnert, OWiG, § 130, Rn. 2, 24; *Rogall* in: KK-OWiG, § 130, Rn. 119; *Gürtler* in: Göhler, § 130, Rn. 17; *Schmid/Fridrich* in: Hdb. Wirtschaftsstrafrecht, § 30, Rn. 159.

520 OLG Frankfurt, wistra 1985, S. 38; *Gürtler* in: Göhler, § 130, Rn. 16a; Lemke/Mosbacher, § 130, Rn. 10; RRH, OWiG, § 130, Rn. 20a; a.A. Bohnert, OWiG, § 130, Rn. 32.

betriebstypische Zuwiderhandlungsgefahr besteht, so dass die konkrete Zuwiderhandlungsgefahr vom Vorsatz erfasst wird.[521] Irrt der Aufsichtspflichtige über das Bestehen einer Zuwiderhandlungsgefahr (vgl. § 11 Abs. 1 OWiG), kommt eine fahrlässige Begehung des § 130 OWiG in Betracht.[522] Für die fahrlässige Begehung ist erforderlich, dass der Aufsichtspflichtige voraussehen konnte, dass seine Aufsichtspflichtverletzung zu einer Zuwiderhandlung der im konkreten Fall begangenen Art hätte führen können.[523]

c) Objektive Bedingung der Ahndung: Zuwiderhandlung gegen Pflichten, die den Inhaber treffen

Eine Aufsichtspflichtverletzung kann nach § 130 OWiG nur dann geahndet werden, wenn in dem Betrieb oder Unternehmen eine mit Strafe oder Geldbuße bedrohte Zuwiderhandlung gegen Pflichten des Inhabers begangen wurde und die Zuwiderhandlung „durch gehörige Aufsicht verhindert oder wesentlich erschwert worden wäre". Die Aufsichtspflichtverletzung geht dabei der Zuwiderhandlung zeitlich voraus.[524]

aa) Zuwiderhandlung

Die begangene Zuwiderhandlung muss „mit Strafe oder Geldbuße bedroht" sein und eine den Inhaber treffende Aufsichtspflicht verletzen. Lediglich in diesem Fall ist es gerechtfertigt, die Zuwiderhandlung dem Aufsichtspflichtigen zuzurechnen.[525] Sie ist allerdings nicht mit der „rechtswidrigen Tat" nach § 11 Abs. 1 Nr. 5 StGB und der „mit einer Geldbuße bedrohten Handlung" nach § 1 Abs. 2 OWiG gleichzusetzen. Denn die Zuwiderhandlung muss nur mit Strafe oder Geldbuße „bedroht" sein und verlangt gerade nicht die volle Verwirklichung eines Straf- oder Bußgeldtatbestandes inklusive der persönlichen Merkmale.[526] Sie unterscheidet sich daher von den vorgenannten Begriffen dadurch, dass sie nur nach dem äußeren Geschehensablauf einer Straftat oder Ordnungswidrigkeit entsprechen muss.[527] Es kommt daher nicht

---

521 *Gürtler* in: Göhler, § 130, Rn. 9, 16a; *Rogall* in: KK-OWiG, § 130, Rn. 119, Buchholz, S. 22 f.
522 Bohnert, OWiG, § 130, Rn. 32.
523 RRH, OWiG, § 130, Rn. 13.
524 Bohnert, OWiG, § 130, Rn. 24.
525 Többens, NStZ 1999, S. 1 (4).
526 BT-Drucks. 5/1269, S. 70; *Gürtler* in: Göhler, § 130, Rn. 21; Kindler, S. 105, Buchholz, S. 24.
527 Többens, NStZ 1999, S. 1 (5); *Gürtler* in: Göhler, § 130, Rn. 21; *Bock* in: Hdb. Criminal Compliance, S. 281.

auf die Ahndung der Straftat oder Ordnungswidrigkeit in der Person des Zuwiderhandelnden an.[528]

Die Zuwiderhandlung muss rechtswidrig begangen worden sein, nicht aber schuldhaft bzw. vorwerfbar (vgl. §§ 20, 21 StGB; § 12 OWiG).[529] Damit wollte der Gesetzgeber auch die Fälle von § 130 OWiG erfassen, in denen der Täter der Zuwiderhandlung den Tatbestand einer Straf- oder Ordnungswidrigkeitenvorschrift mangels Normadressateneigenschaft im Sinne des § 14 StGB bzw. des § 9 OWiG gar nicht verwirklichen kann.[530] Für die Zuwiderhandlung wird somit diese Eigenschaft fingiert, so dass auf diesem Wege erst die Möglichkeit besteht, gegen den Aufsichtspflichtigen eine Sanktion nach § 130 OWiG zu verhängen.[531]

Als mögliche Täter der Zuwiderhandlung kommen vorrangig Unternehmensangehörige in Betracht.[532] Allerdings können zum Kreis der Zuwiderhandelnden auch Unternehmensfremde oder Personen gehören, die nur vorübergehend im Rahmen des Unternehmens mit Aufgaben betraut sind.[533] Erforderlich ist dabei, dass sie in „Wahrnehmung der Angelegenheiten des Unternehmens eine dem Inhaber obliegende Pflicht verletzt haben".[534] Verallgemeinernd fallen unter den Kreis der Zuwiderhandelnden alle, die aufgrund eines Subordinationsverhältnisses dem Direktions- oder Weisungsrechts des Unternehmensinhabers unterliegen.[535] Denn nur in diesem Fall kann man von einer Aufsichtspflichtverletzung sprechen, die den Inhaber trifft.[536] Grund hierfür ist, dass die Verantwortlichkeit des Aufsichtspflichtigen funktional auf den Pflichtverstoß bezogen ist und gerade nicht auf bestimmte Personen.[537] Aus dieser sachbezogenen Verhinderungspflicht folgt, dass die Feststellung

---

528 Bock, S. 369.

529 Vgl. BT-Drucks. 5/1269, S. 70.; RRH, OWiG, § 130, Rn. 10.

530 Siehe BT-Drucks. 5/1269, S. 70; *Gürtler* in: Göhler, OWiG, § 130, Rn. 21.

531 *Rogall* in: KK-OWiG, § 130, Rn. 79 f.; Wilhelm, S. 55 f.; kritisch: Schünemann, S. 115 f.

532 *Rogall* in: KK-OWiG, § 130, Rn. 108.

533 Vgl. BT-Drucks. 5/1269, S. 69; RRH, OWiG, § 130, Rn. 8; *Gürtler* in: Göhler, OWiG, § 130, Rn. 19.

534 Bohnert, OWiG, § 130, Rn. 30; Lemke/Mosbacher, § 130, Rn. 17; *Rogall* in: KK-OWiG, § 130, Rn. 108.

535 *Rogall* in: KK-OWiG, § 130, Rn. 108; Bock, S. 368; *ders.* in: Hdb. Criminal Compliance, S. 281; a.A. *Gürtler* in: Göhler, § 130, Rn. 19, der ein Subordinationsverhältnis für nicht zwingend erforderlich hält, da er ansonsten eine Umgehung der Verantwortlichkeit im Sinne des § 130 OWiG befürchtet; zustimmend: RRH, OWiG, § 130, Rn. 8.

536 So Klesczewski, S. 173.

537 *Gürtler* in: Göhler, § 130, Rn. 19; *Rogall* in: KK-OWiG, § 130, Rn. 109; RRH, OWiG, § 130, Rn. 8; Schürmann, S. 106 f.

eines bestimmten Täters gerade nicht erforderlich ist.[538] Nicht notwendig ist daher auch die Feststellung des Orts der Zuwiderhandlung trotz der Wendung „in“ dem Betrieb oder Unternehmen.[539] Denn der Gesetzgeber wollte auch die Fälle als Aufsichtspflichtverletzung erfasst wissen, bei denen infolge eines Organisationsmangels der in Betracht kommende Zuwiderhandelnde gerade nicht festgestellt werden kann.[540] Der Täterkreis bzw. der Ort ist also durch den sachlichen Zusammenhang mit der Tätigkeit für das Unternehmen beschränkt.[541] Entscheidend ist insgesamt immer, ob der Aufsichtspflichtige überhaupt die Möglichkeit der Aufsicht hatte.

bb) Pflichten, die den Inhaber treffen

Für eine Verwirklichung des § 130 OWiG ist erforderlich, dass die mit „Strafe oder Geldbuße bedrohte“ Zuwiderhandlung Pflichten verletzt, „die den Inhaber treffen“. Unter dem Begriff „Pflichten“ fallen unstreitig Ge- und Verbote.[542] Aufgrund der gesetzgeberischen Formulierung innerhalb des § 130 OWiG, wonach es sich um Pflichten zu handeln hat, die den Inhaber *„als solchen“*, war es bisher umstritten, ob den Unternehmensinhaber neben den Pflichten aus *Sonderdelikten* auch solche aus *Allgemeindelikten* treffen.[543] Dieser Streit wurde durch den Gesetzgeber entschärft: Mit dem 41. Strafrechtsänderungsgesetz zur Bekämpfung der Computerkriminalität vom 07.08.2007[544] hat der Gesetzgeber den Wortlaut des § 130 OWiG geändert, indem er hinter dem Begriff „Inhaber“ die Wörter „als solchen“ strich. Dadurch hat der Gesetzgeber eine allgemeine, klarstellende Regelung getroffen[545], wonach nunmehr auch solche Pflichten der Aufsichtspflicht des § 130 OWiG unterfallen, die

538 RRH, OWiG, § 130, Rn. 9.

539 So schon Demuth/Schneider, BB 1970, S. 642 (648); RRH, OWiG, § 130, Rn. 4; Lemke/Mosbacher, § 130, Rn. 16; Bohnert, OWiG, § 130, Rn. 28; *Gürtler* in: Göhler, § 130, Rn. 20; Bock, S. 368.

540 So schon BT-Drucks. 5/1269, S. 69 f.; *Gürtler* in: Göhler, § 130, Rn. 20.

541 Schürmann, S. 107.

542 Vgl. BT-Drucks. 5/1269, S. 69; *Gürtler* in: Göhler, § 130, Rn. 18.

543 Siehe insofern zur früheren Streitigkeit die Vertreter der sog. *Theorie des Sonderdelikts*, vgl. Schünemann, S. 113 f.; ders., wistra 1982, S. 41 (48); Ransiek, S. 103 ff.; *Rogall* in: KK-OWiG, § 130, Rn. 80, 87; ders., ZStW 98 (1986), S. 573 (604 ff.); Bottke, wistra 1991, S. 81 (87 f.); die Vertreter sog. *Theorie der Garantenpflicht*, so schon *Cramer* in: KK-OWiG, 1. Auflage 1989, § 130, Rn. 31 und die Vertreter der sog. *normtheoretische Betrachtungsweise*, siehe insofern Achenbach, wistra 1998, S. 296 (298). Zu den einzelnen Theoriebezeichnungen: *Rogall* in: KK-OWiG, 3. Auflage, § 130, Rn. 78 ff.

544 Vgl. Art. 2 des Einundvierzigsten Strafrechtsänderungsgesetzes zur Bekämpfung der Computerkriminalität (41. StrÄndG) vom 07.08.2007, BGBl. I 2007, S. 1786 (1787); RegE zum 41. StrÄndG, BT-Drucks. 16/3656, S. 14 f.

545 Bock, S. 368; *ders.* in: Hdb. Criminal Compliance, S. 281.

sich aus *Allgemeindelikten* ergeben.[546] Erforderlich ist jedoch auch weiterhin, dass die den Inhaber treffenden Pflichten im Zusammenhang mit der Führung des Unternehmens stehen. Der Gesetzgeber hat sich somit für die schon zum alten Recht herrschende *„Theorie des betrieblichen Zusammenhangs"* entschieden.[547]

cc) Kausalität zwischen der Aufsichtspflichtverletzung und der konkreten Zuwiderhandlung

Die Ahndung der Aufsichtspflichtverletzung verlangt des Weiteren einen Kausalzusammenhang zwischen der Aufsichtspflichtverletzung und der konkreten Zuwiderhandlung.[548] Dieser liegt dann vor, wenn die tatsächlich begangene Zuwiderhandlung bei gehöriger Aufsicht „verhindert oder wesentlich erschwert worden wäre".

Verlangte das Gesetz bis zur Novellierung durch das 31. Strafrechtsänderungsgesetz – Zweites Gesetz zur Bekämpfung der Umweltkriminalität am 01.11.1994[549], dass die Zuwiderhandlung bei gehöriger Aufsicht *mit an Sicherheit grenzender Wahrscheinlichkeit („verhindern")* abgewendet worden wäre, erweiterte der Gesetzgeber im Zuge der Novellierung den Tatbestand des § 130 OWiG aus Praktikabilitätsgründen[550]: Seither greift § 130 OWiG auch dann ein, wenn die Zuwiderhandlung bei gehöriger Aufsicht *„wesentlich erschwert worden wäre"*. Insofern hat der Gesetzgeber den Gedanken der *„Risikoerhöhungslehre"* in § 130 OWiG eingeführt.[551] Diese besagt im Allgemeinen, dass eine zurechenbare Risikoerhöhung dann vorliegt, sobald das Verhalten des Täters eine Steigerung des erlaubten Risikos bedeutet[552] bzw. gegensätzlich dazu, dass der Täter verpflichtet ist, die ihm zur Verfügung stehenden Möglichkeiten der Risikoverringerung zu nutzen.[553] Bezogen auf

546 Lemke/Mosbacher, § 130, Rn. 16; *Gürtler* in: Göhler, § 130, Rn. 18; Wittig, S. 74; Rosenkötter/Louis, S. 82.

547 Vgl. BT-Drucks. 16/3656, S. 14 f., *Gürtler* in: Göhler, § 130, Rn. 18; RRH, OWiG, § 130, Rn. 7; Többens, NStZ 1999, S. 1 (5); Hellmann/Beckemper, S. 377; Buchholz, S. 25 f.; siehe zur Theoriebezeichnung: *Rogall* in: KK-OWiG, 3. Auflage, § 130, Rn. 79.

548 *Gürtler* in: Göhler, § 130, Rn. 17; Lemke/Mosbacher, § 130, Rn. 16, Wilhelm, S. 52 f.

549 Vgl. BT-Drucks. 12/192, S. 33 f.

550 Denn der Nachweis dürfte sehr schwer fallen, dass eine bestimmte Aufsichtsmaßnahme „mit an Sicherheit grenzender Wahrscheinlichkeit" eine Zuwiderhandlung verhindert hätte, vgl. *Gürtler* in: Göhler, § 130, Rn. 22; Bock, S. 370; BT-Drucks. 12/192, S. 33 f.

551 *Rogall* in: KK-OWiG, § 130, Rn. 114; *Gürtler* in: Göhler, § 130, Rn. 22.

552 *Rudolphi* in: SK-StGB, Vor § 1, Rn. 101.

553 *Rogall* in: KK-OWiG, § 130, Rn. 115 f.

die Aufsichtspflichtverletzung nach § 130 OWiG ist der Tatbestand der Risikoerhöhungslehre dann verwirklicht, wenn „sich das Risiko der Zuwiderhandlung erheblich erhöht hat, weil die erforderliche Aufsicht außer Acht gelassen wurde“[554].

Daher kann nach aktuellem Recht ein Kausalzusammenhang dann vorliegen, wenn durch die gehörige Aufsicht die Zuwiderhandlung mit an Sicherheit grenzender Wahrscheinlichkeit „verhindert“ (*hypothetischer Kausalzusammenhang*) oder zumindest „wesentlich erschwert worden wäre“ (*Risikoerhöhungslehre*).[555]

Indem der Gesetzgeber zusätzlich die Wörter „wesentlich erschwert“ einführte, drückte er damit aus, dass nicht jede Aufsichtspflichtverletzung kausal für eine später begangene Zuwiderhandlung ist.[556] Denn gemäß der Gesetzesbegründung genügt eine nur fördernde Wirkung nicht. Erforderlich ist eine engere Verknüpfung. Insgesamt muss die Aufsichtspflicht für die Begehung der Zuwiderhandlung *„mit wirksam geworden sein“*[557]. Daraus lässt sich aber kein großer Erkenntnisgewinn ableiten. Insoweit ist wegen der Einführung der Wendung „wesentlich erschwert“ in den Wortlaut des § 130 OWiG im Schrifttum umstritten, wann eine „wesentliche Erschwerung“, das heißt eine Risikoverringerung vorliegt.

So sei eine wesentliche Erschwerung dann anzunehmen, wenn die gehörige Aufsicht die Wahrscheinlichkeit der Begehung einer Zuwiderhandlung selbst um *mehr als 25 % substantiell reduziere*.[558] Hiergegen ist jedoch einzuwenden, dass sich prozentuale Wahrscheinlichkeiten nicht hinreichend bestimmen, sondern wegen zahlreich zu berücksichtigender Umstände lediglich abschätzen lassen.[559] Zudem erscheint die Prozentzahl 25 willkürlich, da der Grund für die Festlegung gerade dieser Wertgrenze nicht dargelegt wird.[560]

Richtigerweise und daher dieser Ansicht folgend, wird mittels einer *ex ante Betrachtung* eine wesentliche Erschwerung dann angenommen, wenn die Aufsichtsmaßnahme (*abstrakt*) geeignet ist, die betriebstypische Zuwiderhandlungsgefahr zu beseitigen.[561] Dies ist dann zu bejahen, wenn im Fall der geeigneten Aufsichtsmaßnahmen das Unterbleiben der Zuwiderhandlung

---

554 So BT-Drucks. 12/192, S. 33.

555 Wittig, S. 78.

556 Siehe insofern BT-Drucks. 12/192, S. 33; RRH, OWiG, § 130, Rn. 21; *Gürtler* in: Göhler, § 130, Rn. 22a.

557 So BT-Drucks. 12/192, S. 33 f.

558 *Rogall* in: KK-OWiG, § 130, Rn. 117; zustimmend Klesczewski, S. 174.

559 Vgl. *Gürtler* in: Göhler, § 130, Rn. 22a; Bock, S. 370.

560 So auch *Spindler* in: Hdb. Vorstandshaftung, § 15, Rn. 103.

561 *Gürtler* in: Göhler, § 130, Rn. 22a; Hellmann/Beckemper, S. 379 f.; *Achenbach* in: HWSt, Rn. 62. Die Rechtsprechung hat eine Entscheidung darüber offen gelassen: vgl. OLG Düsseldorf, WuW/E DE-R, S. 1893 ff.

wahrscheinlicher ist als deren Begehung.[562] Besonders tragfähig ist das Argument, dass § 130 OWiG vom Aufsichtspflichtigen „erforderliche“ Aufsichtsmaßnahmen verlangt. Unter den Grundsatz der *Erforderlichkeit* fällt auch die Eignung von Aufsichtsmaßnahmen. Durch die Feststellung der *Geeignetheit* von Aufsichtsmaßnahmen wird somit zugleich die Kausalität im Hinblick auf die wesentliche Erschwerung angenommen.[563]

Darüber hinaus wird ein *spezifischer Schutzzweckzusammenhang* zwischen der Aufsichtspflichtverletzung und der konkreten Zuwiderhandlung verlangt.[564] Denn die Ahndung nach § 130 OWiG setzt voraus, dass die Zuwiderhandlung gerade als eine Realisierung der betriebstypischen Gefahr erscheint. Nur mit Hilfe des Schutzzwecks der Norm kann aber bestimmt werden, ob dieser innere Zusammenhang besteht.[565]

2. *Rechtsfolge des § 130 OWiG*

Die Verletzung der Aufsichtspflicht nach § 130 OWiG hat die Verhängung einer Geldbuße nach § 130 Abs. 3 OWiG zur Folge. Die Höhe der Geldbuße hängt vor allem von der Bedeutung und Schwere der begangenen Zuwiderhandlung ab.[566] Handelt es sich um *eine mit Strafe bedrohte Zuwiderhandlung*, beträgt die Geldbuße nach § 130 Abs. 3 S. 1 OWiG „bis zu einer Million Euro“[567]. Bei einer *fahrlässigen Aufsichtspflichtverletzung* halbiert sich das Höchstmaß der Geldbuße nach den allgemeinen Regeln des § 17 Abs. 2 OWiG auf 500.000 Euro.[568]

Handelt es sich um *eine mit Geldbuße bedrohte Zuwiderhandlung*, bestimmt sich das Höchstmaß der Geldbuße nach § 130 Abs. 3 S. 2 OWiG

---

562 *Gürtler* in: Göhler, § 130, Rn. 22a.

563 *Gürtler* in: Göhler, § 130, Rn. 22a.

564 *Rogall* in: KK-OWiG, § 130, Rn. 118; *Gürtler* in: Göhler, § 130, Rn. 22a; Bock, S. 370.

565 Vgl. zu Beispielen zum Schutzzweckzusammenhang: *Rogall* in: KK-OWiG, § 130, Rn. 118; RRH, OWiG, § 130, Rn. 21.

566 Für die Bußgeldbemessung sind aber auch allgemeine Grundsätze maßgeblich wie etwa der „individuelle Vorwurf gegenüber dem Aufsichtspflichtigen, das heißt das Gewicht der Aufsichtspflichtverletzung“, so *Gürtler* in: Göhler, § 130, Rn. 28a.; Bohnert, OWiG, § 130, Rn. 38.

567 Geändert durch das Gesetz zur Ausführung des Protokolls vom 19. Juni 1997 zum Übereinkommen über den Schutz der finanziellen Interessen der Europäischen Gemeinschaften, der Gemeinsamen Maßnahme betreffend die Bestechung im privaten Sektor vom 22. Dezember 1998 und des Rahmenbeschlusses vom 29. Mai 2000 über die Verstärkung des mit strafrechtlichen und anderen Sanktionen bewehrten Schutzes gegen Geldfälschung im Hinblick auf die Einführung des Euro, BGBl. 2002 I, S. 3387 (3388).

568 Bohnert, OWiG, § 130, Rn. 35, 38.

nach dem für die zugrunde liegende Zuwiderhandlung angedrohten Bußgeldrahmen. Wurde die *mit Geldbuße bedrohte Zuwiderhandlung fahrlässig* begangen, ist von dem Höchstmaß auszugehen, das für Fahrlässigkeitstaten gilt. Das Bußgeld reduziert sich nochmals um die Hälfte, wenn die Aufsichtspflichtverletzung fahrlässig begangen worden ist.[569] Ist die Zuwiderhandlung zugleich mit Geldbuße oder Strafe bedroht, ist nach § 130 Abs. 3 S. 3 OWiG die Bußgeldgrenze der Ordnungswidrigkeit entscheidend. Dies gilt auch, wenn die Ordnungswidrigkeit nach § 21 OWiG subsidiär ist.[570]

B. Konkretisierung des objektiven Tatbestandserfordernisses der „erforderlichen Aufsichtsmaßnahmen" nach § 130 OWiG

Ausschlaggebend für eine Haftung des Unternehmensinhabers nach § 130 OWiG ist das Unterlassen der „erforderlichen Aufsichtsmaßnahmen". Bei diesem Tatbestandserfordernis handelt es sich um das entscheidende Kriterium für eine Ahndung nach § 130 OWiG. Insofern überrascht es, dass die Norm es weitgehend offen lässt, welche Aufsichtsmaßnahmen aus Sicht des Inhabers für sein Unternehmen überhaupt erforderlich sind, um einer Verletzung der Aufsichtspflicht zu entgehen. Angesichts der offenen Formulierung der Norm auf der einen Seite und dem Verlangen des Normadressaten nach Rechtssicherheit auf der anderen Seite, ist es notwendig, die von § 130 OWiG verlangten erforderlichen Aufsichtsmaßnahmen zu konkretisieren.[571] Den Ausgangspunkt für die hier vorzunehmende Konkretisierung bildet der Gesetzeswortlaut, der mithilfe der Ausführungen des Schrifttums und der Rechtsprechung näher bestimmt werden soll.

I. Die „erforderlichen Aufsichtsmaßnahmen" nach dem Gesetzeswortlaut

Der Gesetzeswortlaut des § 130 OWiG erschöpft sich in der Verpflichtung zur Ergreifung *„erforderlicher Aufsichtsmaßnahmen"* und zur *„gehörigen Aufsicht"*. Eine besondere Hilfestellung leistet die Vorschrift damit nicht. Auch unter Hinzuziehung der Regelung des § 130 Abs. 1 S. 2 OWiG ändert sich dies nur unwesentlich: § 130 Abs. 1 S. 2 OWiG ergänzt die „erforderlichen Aufsichtsmaßnahmen" nur insoweit, dass zu diesen *„auch"* die „Bestellung, sorgfältige Auswahl und die Überwachung von Aufsichtspersonen" gehören. Das Wort „auch" im zweiten Satz des § 130 OWiG verdeutlicht aber zugleich, dass es sich nur um exemplarisch genannte Maßnahmen handelt.[572] Auch

---

569 Lemke/Mosbacher, § 130, Rn. 19; RRH, OWiG, § 130, Rn. 33.
570 Eingeführt durch das Gesetz zur Bekämpfung der Korruption vom 13.08.1997, BGBl. I 1997, S. 2038 (2041).
571 So auch *Rogall* in: KK-OWiG, § 130, Rn. 39 ff.
572 RRH, OWiG, § 130, Rn. 14.

aus dem Begriff der „Aufsichtsmaßnahmen" lassen sich keine besonderen Erfordernisse zur Verhaltensbeschreibung ableiten. Demzufolge hat sich eine erste Konkretisierung an den Begriffen der *„Erforderlichkeit"* und der *„gehörigen Aufsicht"* zu orientieren.

§ 130 Abs. 1 S. 1 OWiG verpflichtet den Unternehmensinhaber zunächst zu erforderlichen Aufsichtsmaßnahmen, was den *Erforderlichkeitsgrundsatz* beschreibt. Ähnlich zu dem aus dem Rechtsstaatsprinzip abgeleiteten *Verhältnismäßigkeitsgrundsatz*[573] müssen die Aufsichtsmaßnahmen des Inhabers demnach zum einen zur Verhinderung oder wesentlichen Erschwerung der Zuwiderhandlung geeignet sein (*Grundsatz der Geeignetheit*) und zum anderen darf der Inhaber bei gleicher Eignung das mildeste ihm zur Verfügung stehende Mittel (*Grundsatz des mildesten Mittels*) wählen.[574] Dem Verhältnismäßigkeitsgrundsatz ähnlich ist schließlich entsprechend einer *Verhältnismäßigkeit im engeren Sinne*, dass der Inhaber nur zur Ergreifung zumutbarer Aufsichtsmaßnahmen verpflichtet ist (*Zumutbarkeit der Aufsichtsmaßnahmen*).

Nach dem *Grundsatz der Geeignetheit* sind nur solche Maßnahmen erforderlich, die geeignet sind, unternehmensbezogene Verstöße zu verhindern.[575] Dabei geht es jedoch nicht darum, eine flächendeckende Aufsicht durchzuführen, sondern solche Maßnahmen zu ergreifen, „die aufgrund ihrer verhaltensbeeinflussenden Wirkung"[576] das Risiko dafür verringern[577], „dass unternehmensbezogene Verfehlungen stattfinden"[578]. Maßnahmen, die keine verhaltensbeeinflussende Wirkung haben, sind somit von vornherein ungeeignet.[579] Es sind daher nur solche zu wählen, die nach Lage der Dinge geeignet erscheinen, betriebsbezogene Pflichten aller Voraussicht nach einzuhalten.[580]

---

573 BVerfGE 76, 256; 80, 109; 111, 54; *Jarass* in: Jarass/Pieroth, Art. 20, Rn. 80.

574 So *Bock* in: Hdb. Criminal Compliance, S. 269 f.

575 *Rogall* in: KK-OWiG, § 130, Rn. 45; Többens, NStZ 1999, S. 1 (4).

576 Bock, S. 460.

577 *Rogall* in: KK-OWiG, § 130, Rn. 45 spricht von einer „hohen Wahrscheinlichkeit". Diesem zustimmend: Kleszewski, S. 173; Többens, NStZ 1999, S. 1 (4). Dies ist allerdings nicht Voraussetzung für die Feststellung der Geeignetheit einer Handlung, sondern betrifft bei § 130 OWiG den Zurechnungszusammenhang zwischen der Aufsichtspflichtverletzung und der Zuwiderhandlung als objektive Bedingung der Ahndung, was aus der Wendung „wesentlich erschwert" hervorgeht, so Bock, S. 461 f.

578 Bock, ZIS 2009, S. 68 (74). Dies bekräftigt ein Vergleich zu § 32 StGB, wonach „geeignet bedeutet, dass die Maßnahme grundsätzlich dazu in der Lage ist, den Angriff entweder ganz zu beenden oder ihm wenigstens ein Hindernis in den Weg zu legen", vgl. Wessels/Beulke/Satzger, S. 136.

579 Többens, NStZ 1999, S. 1 (4).

580 OLG Zweibrücken, NStZ-RR 1998, S. 311; *Rogall* in: KK-OWiG, § 130, Rn. 45 f.; RRH, OWiG, § 130, Rn. 14; *Gürtler* in: Göhler, § 130, Rn. 11; Többens, NStZ 1999, S. 1 (4).

Im Einzelfall können auch mehrere Maßnahmen geeignet sein. Für diesen Fall beschreibt der *Grundsatz des mildesten Mittels* zum einen, dass der Inhaber bei „mehreren geeigneten Handlungsmöglichkeiten diejenige auszuwählen hat, die unter den gegebenen Umständen am sichersten den Erfolg abzuwenden vermag"[581]. Zum anderen darf der Inhaber jene mit der geringsten Belastung wählen, das heißt mit dem geringsten (finanziellen) Aufwand.[582]

Nach dem Wortlaut des § 130 OWiG werden Art und Umfang der erforderlichen Aufsichtsmaßnahmen durch das Merkmal der *Zumutbarkeit* eingeschränkt[583], das sich aus dem Begriff der „gehörigen Aufsicht" in § 130 Abs. 1 S. 1 a.E. OWiG ableitet.[584] Dies bedeutet, dass der Unternehmensinhaber nur zu den ihm zumutbaren Aufsichtsmaßnahmen verpflichtet ist. Bei der Zumutbarkeit handelt es sich um ein objektives Tatbestandsmerkmal.[585] Folglich müssen die Aufsichtsmaßnahmen nicht nur objektiv geeignet sein, unternehmensbezogene Verstöße zu verhindern, sondern auch objektiv zumutbar.[586] Die Zumutbarkeit soll dazu führen, zulässiges Risiko von unerlaubtem abzugrenzen. Denn „es gibt keine Pflicht, jedes Risiko zu vermeiden"[587]. Entscheidend ist, dass Art und Umfang der Aufsichtsmaßnahmen in einem angemessenen Verhältnis zur Wahrscheinlichkeit einer Rechtsgutsverletzung im Unternehmen stehen.[588] Unzumutbar sind Maßnahmen, die in ihrem Aufwand, und damit bezogen auf die Kosten zu umfassend sind.[589] Die Anforderungen dürfen daher nicht überspannt werden; es dürfen daher nur Maßnahmen verlangt werden, die *tatsächlich möglich* und *rechtlich zulässig* sind.[590]

Die Fälle einer tatsächlichen Unmöglichkeit stellen mit Blick auf die heutigen organisatorischen und technischen Möglichkeiten von Unternehmen eindeutig die Ausnahme dar. Zwar sind nach *Rogall* in diesem Zusammenhang „Art und Umfang der Aufsichtsmaßnahmen nicht allein an dem Ziel

581 Bock, S. 462.

582 *Rogall* in: KK-OWiG, § 130, Rn. 50; Bohnert, OWiG, § 130, Rn. 21, Wilhelm, S. 41.

583 *Rogall* in: KK-OWiG, 3. Auflage, § 130, Rn. 37 spricht von einer „kontrollierenden Bedeutung".

584 Otto, Jura 1998, S. 409 (414), Többens, NStZ 1999, S. 1 (4), Wilhelm, S. 41.

585 Vgl. BGH NJW 2002, 2480 ff.; NJW 2009, 3173 ff.; nach a.A. handelt es sich um einen Rechtfertigungsgrund, so etwa Köhler, S. 297 f., oder um einen Schuldausschließungsgrund, siehe Roxin, § 31, Rn. 233 f.

586 *Rogall* in: KK-OWiG, § 130, Rn. 49; *Gürtler* in: Göhler, § 130, Rn. 12.

587 So Bock, ZIS 2009, S. 68 (74).

588 Bohnert, OWiG, § 130, Rn. 51.

589 *Rogall* in: KK-OWiG, § 130, Rn. 51.

590 RRH, OWiG, § 130, Rn. 14; vgl. zur Möglichkeit von Aufsichtsmaßnahmen: Bock, S. 459.

auszurichten, durch möglichst umfassende Beaufsichtigung jegliche Zuwiderhandlung gegen betriebliche Pflichten zu verhindern“[591]. Ergänzend führt *Bock* dazu aber aus, „dass akzeptiert werden muss, dass strafrechtlich nur ein gewisses Grundmaß an Organisationspflichten abgesichert werden kann und ein umfassender Rechtsgüterschutz nicht zu leisten ist“[592]. Relevant können lediglich die finanziellen Möglichkeiten sein, jedoch ist auch in diesem Fall das Unternehmen daran gehalten, die jeweiligen Behörden zu informieren.[593]

Bei den rechtlichen Maßnahmen dürfen selbstverständlich nur rechtlich zulässige Maßnahmen abverlangt werden, so dass etwa eine ununterbrochene Videoüberwachung der Mitarbeiter nicht vom Unternehmensinhaber verlangt werden kann.[594]

Im Ergebnis heißt dies: Je höher das Risiko einer Rechtsgutsverletzung ist, desto mehr „gehörige Aufsicht“ ist zur Verringerung des Risikos geboten. Die Bestimmung der Zumutbarkeit von Aufsichtsmaßnahmen hat dabei durch eine *Risikoanalyse* der konkreten Risiken im Unternehmen mittels eines *Risikomanagements* zu erfolgen.[595]

II. Konkretisierung der „erforderlichen Aufsichtsmaßnahmen“

Das Schrifttum und die Rechtsprechung gehen einheitlich davon aus, dass Art und Umfang der erforderlichen Aufsichtsmaßnahmen zunächst vom *jeweiligen Einzelfall* abhängen.[596] Sie können daher nicht allgemeingültig für alle Unternehmen bestimmt werden.[597] Als maßgebliche Kriterien zur Bestimmung des Umfangs der erforderlichen Aufsichtsmaßnahmen werden vor allem Art, Größe und Struktur des Unternehmens, der Geschäftstätigkeit immanente Gefahren, die Vielfalt und Bedeutung der einzuhaltenden Vorschriften, Anzahl und Qualifikation der Mitarbeiter, bereits in der Vergangenheit aufgetretene Missstände und die tatsächlichen Überwachungsmöglichkeiten genannt.[598]

591 *Rogall* in: KK-OWiG, § 130, Rn. 51.

592 Bock, S. 466.

593 Zum Ganzen: Bock, S. 459.

594 So zutreffend: *Rogall* in: KK-OWiG, 3. Auflage, § 130, Rn. 38. Vgl. zu zulässigen Ermittlungsmaßnahmen den Gliederungspunkt ab S. 199.

595 Bock, S. 466.

596 *Pelz* in: Hdb. Haftungsvermeidung, S. 107; RRH, OWiG, § 130, Rn. 14; Klesczewski, S. 173.

597 OLG Köln, wistra 1994, S. 315; OLG Düsseldorf, wistra 1999, S. 115; OLG Jena, NStZ 2006, S. 533; OLG Düsseldorf, WuW/E DE-R, S. 1893 ff.

598 Bohnert, OWiG, § 130, Rn. 18; Lemke/Mosbacher, § 130, Rn. 12; RRH, OWiG, § 130, Rn. 14; Wittig, S. 75; *Schmid/Fridrich* in: Hdb. Wirtschaftsstrafrecht, § 30, R. 142; *Spindler* in: Hdb. Vorstandshaftung, § 15, Rn. 106; Wirtz, WuW 2001, S. 342 (343). Zur Rechtsprechung etwa: OLG Zweibrücken, NStZ-RR 1998, S. 311.

Da sich die Rechtsprechung stets an den Besonderheiten des Unternehmens und der verletzten Norm orientiert, lassen sich nicht zweifelsfrei allgemeine Leitlinien ableiten.[599] Daher wird an der Rechtsprechungspraxis kritisiert, dass Gerichte mittels einer ex post-Betrachtung von der begangenen Zuwiderhandlung auf die Verletzung der Aufsichtspflicht schließen. Dabei begnügen sich die Gerichte lediglich mit der negativen Feststellung, dass die Aufsichtsmaßnahmen im konkreten Fall unzureichend waren – nicht hingegen, welche eigentlich im Sinne des § 130 Abs. 1 OWiG allgemein verbindlich erforderlich gewesen wären.[600] Richtigerweise wird daher gefordert, dass die verlangten Aufsichtsmaßnahmen *ex ante* beurteilt werden und nicht ex post, das heißt unter Ausblendung der Zuwiderhandlung.[601] Eine ex post-Rechtsprechung verkennt nämlich die Bedürfnisse der Unternehmer, dass das jeweilige Gericht schon während des Gerichtsverfahrens konkrete Feststellungen zu treffen und gegenüber den Beteiligten zu erörtern hat, wie etwa ein Compliance-System, gemessen an den Anforderungen von Gesetzeswortlaut und Rechtsprechung, zu etablieren oder unter Umständen zu verbessern ist.[602]

Einem ebenso wenig hilfreichen Modell bedienen sich zum Teil Vertreter des Schrifttums zur weiteren Konkretisierung der Aufsichtsmaßnahmen – das sog. „*Maßfiguren-Modell*“[603]: Mangelt es an gesetzlichen Vorgaben zur Bestimmung der Sorgfaltspflicht, soll als Maßstab für das Ausmaß der erforderlichen Aufsichtsmaßnahmen entscheidend sein, was im jeweiligen Einzelfall als angemessen angesehen wird.[604] Danach sei die „Sorgfalt bestimmend, die von einem ordentlichen Angehörigen des jeweiligen Tätigkeitsbereichs abverlangt werden kann“[605]. Beim Maßfiguren-Modell besteht jedoch die Gefahr, dass bei neuen Zuwiderhandlungsgefahren und Erkenntnissen überhaupt kein Vergleichsmaßstab besteht, um die Angemessenheit von Aufsichtsmaßnahmen und die durchschnittliche Sorgfalt zu bestimmen.[606] Zudem wird im Schrifttum vorgebracht, dass sich Unternehmen in ihren Strukturen häufig

599 Bock, S. 448; ders., ZIS 2009, S. 68 (73).

600 So auch die Feststellung von Bock, S. 448; ders., ZIS 2009, S. 68 (73). Auch Adam, wistra 2003, S. 283: „[…] es wird festgestellt, dass die im jeweilig konkret zu entscheidenden Fall ergriffenen Maßnahmen nicht ausreichend waren“.

601 So *Spindler* in: Hdb. Vorstandshaftung, § 15, Rn. 107. Zustimmend: *Gürtler* in: Göhler, § 130, Rn. 10 und *Bachmann* in: VGR, S. 65 (83).

602 *Gürtler* in: Göhler, § 130, Rn. 12; Rau, S. 65; OLG Stuttgart, NJW 1977, S. 1410; OLG Düsseldorf, wistra 1991, S. 38; OLG Hamm, wistra 2003, S. 469.

603 Zum Begriff: Bosch, S. 395 ff.

604 Bock, ZIS 2009, S. 68 (75); so etwa: *Gürtler* in: Göhler, § 130, Rn. 12; Bohnert, OWiG, § 130, Rn. 19.

605 OLG Düsseldorf, wistra 1999, 115; *Gürtler* in: Göhler, § 130, Rn. 12; Többens, NStZ 1999, S. 1 (4).

606 Bosch, S. 399.

derart unterscheiden, dass ein Vergleich mit anderen Unternehmen oftmals gar nicht möglich erscheint.[607] Den Versuch eines Vergleichs zwischen gleichartigen Unternehmen gilt es aber vor dem Hintergrund des „vorauseilenden Gehorsams“ zu vermeiden. Denn ein Vergleich könnte dazu führen, dass bei Unternehmen, die etwa nicht ein dem Standard entsprechendes Compliance-System eingeführt haben, mit einem Sorgfaltsmaßstab gemessen wird, der durch überobligationsmäßige Compliance-Maßnahmen gleichartiger Unternehmen erhöht wurde.[608]

Vergleicht man die Ausführungen von Rechtsprechung und Schrifttum zu den „erforderlichen Aufsichtsmaßnahmen“, lässt sich erkennen, dass beide die gehörige Aufsichtspflicht übereinstimmend grob in *Auswahl-*, *Organisations-*, *Instruktions-*, *Überwachungs-* und unter Umständen *Sanktionspflichten* unterteilen.[609]

Die *Auswahlpflicht* lässt sich bereits aus § 130 Abs. 1 S. 2 OWiG herleiten und beinhaltet die sorgfältige Auswahl von zuverlässigen und geeigneten Mitarbeitern sowie gegebenenfalls von Aufsichtspersonen bei der Einstellung für den Fall, dass der Inhaber seine Aufgaben und Pflichten nicht persönlich erfüllen kann.[610] Zur Sorgfalt gehört dabei, dass die ausgewählten Personen nach Bedeutung ihrer Aufgabe im Unternehmen und für die ihnen zugedachte Verantwortung die notwendigen fachlichen Kenntnisse und Fähigkeiten besitzen.[611] Der Unternehmensinhaber muss zudem die Grundvoraussetzungen dafür schaffen, damit die von ihm ausgewählten Personen in der Lage sind, den gesetzlichen Pflichten nachzukommen.[612]

Als eine weitere Aufsichtsmaßnahme beschreibt die *Organisationspflicht*, dass der Inhaber dazu verpflichtet ist, seine Aufsichtspflicht persönlich wahrzunehmen oder sie gegebenenfalls je nach Größe des Unternehmens auf andere Aufsichtspersonen zu übertragen.[613] Delegiert der Inhaber seine Pflichten, muss er geeignete und zuverlässige Personen hierfür bestellen. Diesbezüglich

---

607 Bosch, S. 399.

608 *Kuhlen* in: Maschmann, S. 11 (27).

609 Siehe etwa *Pelz* in: Hdb. Haftungsvermeidung, S. 107 ff.; ähnlich *Rogall* in: KK-OWiG, § 130, Rn. 40; Többens, S. 280; Otto, Jura 1998, S. 409 (414); Pampel, BB 2007, S. 1636 (1637); Liese, BB 2008, S. 17 (19). Zur Rechtsprechung siehe OLG Düsseldorf, WuW/E DE-R, S. 1893 ff.

610 BGH NStZ 1986, 34; OLG Hamm, wistra 2003, S. 469; OLG Köln, wistra 1994, S. 315; *Achenbach* in: HWSt, Rn. 51; RRH, OWiG, § 130, Rn. 15; *Rogall* in: KK-OWiG, § 130, Rn. 52.

611 *Gürtler* in: Göhler, § 130, Rn. 12; *Pelz* in: Hdb. Haftungsvermeidung, S. 108; *Spindler* in: Hdb. Vorstandshaftung, § 15, Rn. 108.

612 OLG Düsseldorf, wistra 1999, S. 115; OLG Hamm, wistra 2003, S. 469. Zur Organisation einer Revisionsabteilung: BGH wistra 1982, 34.

613 *Pelz* in: Hdb. Haftungsvermeidung, S. 107 f.; *Achenbach* in: HWSt, Rn. 51.

hat der Inhaber Aufgaben- und Verantwortungsbereiche der Mitarbeiter und Aufsichtspersonen klar festzulegen sowie lückenlos zu verteilen und dabei Zuständigkeitsüberschneidungen zu vermeiden.[614] Bei größeren Unternehmen kann zudem die Pflicht zur Einrichtung einer „personell und sachlich angemessen ausgestatteten sowie unabhängigen Abteilung bestehen, die die Einhaltung der betriebsbezogenen Pflichten und die Ausführung der Aufgaben sicherstellt" – wie etwa eine Compliance-Abteilung oder ein Risikofrüherkennungs- und Überwachungssystem nach § 91 Abs. 2 AktG.[615] Eine Aufsichts- bzw. Organisationspflichtverletzung liegt in diesem Zusammenhang vor, wenn mehrere Personen mit den gleichen Pflichten betraut sind und es dabei zu Kompetenzüberschneidungen kommt, so dass sich niemand verantwortlich fühlt, weil jeder auf die Erfüllung der Pflichten durch den anderen vertraut.[616] Gleiches gilt, wenn die Verantwortung „zu tief nach unten verlagert" wird[617] oder die Aufsichtsperson mit der Einhaltung der betrauten Aufgaben erkennbar überfordert ist.[618]

Ferner sind die Mitarbeiter und Aufsichtspersonen über den Inhalt ihrer Aufgaben, ihrer Pflichten und den von ihnen einzuhaltenden gesetzlichen und unternehmensinternen Vorschriften umfassend zu belehren und fortlaufend zu schulen, was die *Instruktionspflicht* umschreibt.[619] Eine einmalige Unterrichtung ist dabei nicht ausreichend, vielmehr hängt die Anzahl der Schulungen vom jeweiligen Kenntnisstand, dem Lernfortschritt und dem Betätigungsfeld der Mitarbeiter ab.[620] Dabei muss der Inhaber sicherstellen, dass die Informationen gelesen und verstanden werden.[621] Diesbezüglich ist den Mitarbeitern und Aufsichtspersonen genügend Zeit für eine gewissenhafte Beachtung der Aufgaben und Pflichten zu gewähren.[622] Kennt oder versteht der

---

614 KG, Beschl. vom 26.07.1997, Az.: 2 Ss 182/97 – 5 Ws (B) 424/97, 2 Ss. So Wittig, S. 75; *Spindler* in: Hdb. Vorstandshaftung, § 15, Rn. 110; Bohnert, OWiG, § 130, Rn. 20; *Pelz* in: Hdb. Haftungsvermeidung, S. 108.

615 So OLG Köln, wistra 1994, S. 315; BayOblG, NJW 2002, S. 766; BGH wistra 1982, 34 („Einrichtung einer Revisionsabteilung"). Hierzu auch: BGH NJW 2009, 3173 ff. Ferner: Wittig, S. 76; *Pelz* in: Hdb. Haftungsvermeidung, S. 108; *Rogall* in: KK-OWiG, § 130, Rn. 54; Wirtz, WuW 2001, S. 342 (343).

616 OLG Düsseldorf, wistra 1999, S. 115.

617 BGHSt 27, 196 ff.

618 KG, Beschl. vom 26.07.1997, Az.: 2 Ss 182/97 – 5 Ws (B) 424/97, 2 Ss.

619 *Rogall* in: KK-OWiG, § 130, Rn. 42. Zur Rechtsprechung etwa: OLG Düsseldorf, wistra 1991, S. 38; KG, Beschl. vom 26.07.1997, Az.: 2 Ss 182/97 – 5 Ws (B) 424/97, 2 Ss.

620 *Gürtler* in: Göhler, § 130, Rn. 12; *Rogall* in: KK-OWiG, § 130, Rn. 57; *Spindler* in: Hdb. Vorstandshaftung, § 15, Rn. 111.

621 KG, Beschl. vom 31.10.2001, Az.: 2 Ss 223/00 – 5 Ws (B) 784/00, 2 Ss.

622 OLG Düsseldorf, wistra 1991, S. 38.

Inhaber die Vorschriften nicht, so muss er sich selbst die notwendige Kenntnis verschaffen oder externen Rat von einer qualifizierten Person einholen.[623]

Zur Aufsichtspflicht gehört des Weiteren nach § 130 Abs. 1 S. 2 OWiG die *Überwachungspflicht*.[624] Sie umfasst nach Rechtsprechung und Schrifttum eine hinreichende Überwachung der Mitarbeiter und Aufsichtspersonen sowie der Unternehmensvorgänge durch regelmäßige Kontrollen, aber auch durch überraschende Stichproben.[625] Überträgt der Inhaber einzelne Pflichten auf von ihm gewissenhaft ausgewählte Aufsichtspersonen, soll ihn dies aber nicht vollständig von seiner Überwachungspflicht gemäß § 130 Abs. 1 OWiG entbinden.[626] Dem Inhaber soll stattdessen stets die Oberaufsicht verbleiben.[627] Denn § 130 Abs. 1 S. 2 OWiG zeige gerade auf, dass die Aufsichtspflicht auch die Überwachung der bestellten Aufsichtspersonen betrifft.[628] Hinsichtlich der beim Inhaber verbleibenden Aufsichtspflicht sollen jedoch nicht zu hohe Anforderungen gestellt werden, weil dies das Delegationsrecht faktisch ausschließen würde.[629]

Im Schrifttum wird zudem gefordert, dass die Überwachungspflicht nicht erst dann entstehen soll, wenn Missstände durch Stichproben aufgedeckt werden, da diese ja gerade vermieden werden sollen.[630] Die Stichproben sollen daher derart durchgeführt werden, dass „der gegen ein Verbot vorsätzlich verstoßende Mitarbeiter ernsthaft mit seiner Entdeckung und daraus resultierend mit Konsequenzen rechnen muss“[631]. Sind aber derartige gelegentliche, stichprobenartige Kontrollen nicht ausreichend, soll es im Einzelfall zusätzlich geboten sein, weitergehende Maßnahmen wie überraschende

623 BayObLG, NJW 2002, S. 766.

624 *Pelz* in: Hdb. Haftungsvermeidung, S. 109.

625 BGHSt 25, 158 ff.; BGH wistra 1982, 34; BGH NStZ 1986, 34; *Achenbach* in: HWSt, Rn. 51; *Gürtler* in: Göhler, § 130, Rn. 12; *Schmid/Fridrich* in: Hdb. Wirtschaftsstrafrecht, § 30, Rn. 147 spricht hierbei von „monatlichen Kontrollen“. Zu anderen Ansichten diesbezüglich: *Pelz* in: Hdb. Haftungsvermeidung, S. 110. Jedoch lässt sich eine allgemeingültige Antwort hinsichtlich der Häufigkeit von Kontrollen nicht abgeben. Maßgebend ist immer die Erforderlichkeit und Zumutbarkeit der Überwachung im jeweiligen Unternehmen.

626 BayObLG, NJW 2002, S. 766; OLG Hamm, wistra 2003, S. 469. *Pelz* in: Hdb. Haftungsvermeidung, S. 108; *Spindler* in: Hdb. Vorstandshaftung, § 15, Rn. 110.

627 BGHSt 25, 158 ff.

628 *Spindler* in: Hdb. Vorstandshaftung, § 15, Rn. 116.

629 OLG Düsseldorf, wistra 1999, S. 115.

630 *Spindler* in: Hdb. Vorstandshaftung, § 15, Rn. 112.

631 *Rogall* in: KK-OWiG, § 130, Rn. 64; zustimmend: *Pelz* in: Hdb. Haftungsvermeidung, S. 109 f. So auch BGH wistra 1982, 34; BGH NStZ 1986, 34; BayOblG, NJW 2002, S. 766.

und umfassende Geschäftsprüfungen durchzuführen.[632] Dabei kommt der Inhaber seiner Überwachungspflicht nach BGH nicht nach, wenn er nur gelegentlich die Mitarbeiter aufsucht, die Unternehmensvorgänge kontrolliert und sonst nach dem Rechten sieht.[633] Stattdessen hat er sicherzustellen, dass die für die Kontrollen erforderliche Anzahl an Mitarbeitern zur Verfügung steht. So wurde eine vierköpfige Revisionsabteilung bei einem Unternehmen mit insgesamt fünftausend Mitarbeitern als nicht ausreichend erachtet.[634] Zudem soll eine Pflicht des Inhabers zu gesteigerten Aufsichtsmaßnahmen bestehen, wenn es in dem Unternehmen bereits zu Unregelmäßigkeiten gekommen oder mit diesen aufgrund von unzuverlässigen oder unerfahrenen Mitarbeitern zu rechnen ist.[635]

Diese Ansätze stehen jedoch im Widerspruch zum *Vertrauensgrundsatz* und dem *Grundsatz der Eigenverantwortung*. Danach kann der Unternehmensinhaber im Grundsatz gerade auf ein sach- und fachgerechtes Verhalten seiner Mitarbeiter vertrauen, weshalb überzogene, von zu starkem Misstrauen geprägte Aufsichtsmaßnahmen eine gegenteilige Wirkungen haben könnten.[636] Der Unternehmensinhaber darf daher im Sinne der Zumutbarkeit nicht zu mehr verpflichtet werden, als es ihm insbesondere angesichts Art, Größe und Struktur des Unternehmens tatsächlich möglich ist. In diesem Zusammenhang ist der Grundsatz von *Gürtler* „je höher qualifiziert der Mitarbeiter ist, umso geringer ist die Kontrollpflicht und umgekehrt“[637] aber unzutreffend. Vielmehr ist dieser dahingehend abzuwandeln, dass „je zuverlässiger“ der Mitarbeiter ist, desto weniger ist er zu beaufsichtigen.[638]

Schließlich verlangt die *Sanktionspflicht* vom Inhaber, bei Hinweisen auf Fehlverhalten seiner Mitarbeiter gegen diese einzuschreiten und bei

---

632 BGH NStZ 1986, 34; OLG Köln, wistra 1994, S. 315.

633 BGHSt 9, 319 ff.

634 BGH wistra 1982, 34. Ferner erachtete die Staatsanwaltschaft München I, Beschl. vom 03.12.2008, S. 9 die personelle Ausstattung der Compliance Abteilung von Siemens mit sechs Mitarbeitern als unzureichend.

635 Wittig, S. 75; *Achenbach* in: HWSt, Rn. 51 f.; *Gürtler* in: Göhler, § 130, Rn. 13; Többens, NStZ 1999, S. 1 (4); vgl. zu weiteren Fällen einer gesteigerten Aufsicht: *Schmid/Fridrich* in: Hdb Wirtschaftsstrafrecht, § 30, Rn. 144; *Pelz* in: Hdb. Haftungsvermeidung, S. 110.

636 BGH wistra 1986, 222; Wirtz, WuW 2001, S. 342 (344).

637 *Gürtler* in: Göhler, § 130, Rn. 12; zustimmend: Wittig, S. 75; RRH, OWiG, § 130, Rn. 16.

638 Nicht zutreffend ist die Ansicht von Bussmann/Matschke, CCZ 2009, S. 132 (135), die abstellend auf die Erfahrungen im Fall Siemens eine „Gleichmäßigkeit von Kontrollen“ im Unternehmen vorschlagen – unabhängig von Beschäftigungsdauer, Qualifikation und Stellung der Mitarbeiter, da dies zu einer Verschärfung des § 130 OWiG führt.

festgestellten Verstößen (arbeitsrechtlich) zulässige Sanktionen anzudrohen und zu verhängen.[639]

Aus dem Gesetzeswortlaut des § 130 OWiG sowie den Ansätzen des Schrifttums und der Rechtsprechung lassen sich zahlreiche Gemeinsamkeiten und wechselseitige Verweise erkennen, die eine erneute Konkretisierungsleistung der „erforderlichen Aufsichtsmaßnahmen" im Sinne des § 130 OWiG gestatten.

Darauf aufbauend lassen sich im Ergebnis die Aufsichtsmaßnahmen auf die folgenden fünf reduzieren:

- Sorgfältige Auswahl bei Neueinstellung von Personal
- Sachgerechte Organisation und Zuständigkeitsverteilung
- Angemessene Instruktion und Schulung des Personals
- Ausreichende Kontrolle und Überwachung des Personals
- Angemessenes Einschreiten bei Fehlverhalten des Personals

C. Verfassungsrechtliche Bedenken gegen die Vorschrift des § 130 OWiG

Von Vertretern des Schrifttums werden seit Einführung des § 130 OWiG an der Vorschrift verfassungsrechtlichen Bedenken geäußert, wonach die Norm insbesondere wegen ihrer Unbestimmtheit gegen den *in Art. 103 Abs. 2 GG enthaltenen Bestimmtheitsgrundsatz*, aber auch gegen das *Schuldprinzip* verstoße.[640]

I. Verstoß gegen den Bestimmtheitsgrundsatz nach Art. 103 Abs. 2 GG

1. Anwendbarkeit von Art. 103 Abs. 2 GG auf das Ordnungswidrigkeitenrecht

Bevor zu der Frage der Vereinbarkeit des § 130 OWiG mit Art. 103 Abs. 2 GG Stellung bezogen werden kann, stellt sich zunächst die Frage, ob der verfassungsrechtlich in Art. 103 Abs. 2 GG und in § 1 StGB einfachgesetzlich

---

639 Bohnert, OWiG, § 130, Rn. 20; Wittig, S. 76; *Rogall* in: KK-OWiG, § 130, Rn. 61 f.; *Pelz* in: Hdb. Haftungsvermeidung, S. 111; *Spindler* in: Hdb. Vorstandshaftung, § 15, Rn. 108; Fleischer, AG 2003, S. 291 (294). Dazu auch die Rechtsprechung: OLG Frankfurt, wistra 1985, S. 38; BGH GmbHR 1985, 143. So hat das OLG Düsseldorf NJW 2008, S. 930 die Unternehmer dazu verpflichtet, das Fahrpersonal dahingehend zu belehren, dass es bei Verletzung der Lenk- und Ruhezeiten „fühlbare Unannehmlichkeiten mit dem Arbeitgeber zu befürchten hat". Diese seien arbeitsrechtliche Maßnahmen wie Abmahnung und gegebenenfalls Kündigung.

640 Schünemann, S. 117.

enthaltene Bestimmtheitsgrundsatz auch im Ordnungswidrigkeitenrecht Anwendung findet. Nach Ansicht des Bundesverfassungsgerichts sowie des verfassungs- und strafrechtlichen Schrifttums erfasst der Begriff *„Bestrafung"* im Wortlaut des Art. 103 Abs. 2 GG jede staatliche Maßnahme, die eine „missbilligende hoheitliche Reaktion auf ein schuldhaftes Verhalten"[641] beinhaltet.[642] Zwar unterscheidet sich die Geldbuße von der Kriminalstrafe hinsichtlich der Intensität des Schuldvorwurfs, doch bringt die Auferlegung einer Geldbuße ebenfalls eine staatliche Missbilligung des Fehlverhaltens zum Ausdruck.[643] Auch stellt sie wie die Kriminalstrafe eine repressive Maßnahme auf ein verübtes Unrecht dar.[644] Vor diesem Hintergrund ist es allgemeine Ansicht, dass das sich aus dem Gesetzlichkeitsprinzip des Art. 103 Abs. 2 GG ergebende Bestimmtheitsgebot sowohl im Straf- als auch im Ordnungswidrigkeitenrecht gilt, weshalb die Geldbußtatbestände ebenso wie die Verhängung der Strafe vor ihrer Begehung gesetzlich festgelegt werden müssen.[645] Um die Ausdehnung des Anwendungsbereichs des Bestimmtheitsgebots auf das Ordnungswidrigkeitenrecht klarzustellen, hat der Gesetzgeber die Vorschrift des § 3 OWiG eingeführt und damit unmissverständlich zum Ausdruck gebracht, dass „eine Handlung als Ordnungswidrigkeit nur dann geahndet werden darf, wenn die Möglichkeit der Ahndung gesetzlich *bestimmt* war, bevor die Handlung begangen wurde".

2. *Grundlegendes zu Art. 103 Abs. 2 GG*

Aus dem Gesetzlichkeitsprinzip werden vier Einzelprinzipien abgeleitet, worunter auch das Verbot unbestimmter Strafgesetze (sog. Bestimmtheitsgebot) fällt. Dieses Gebot beinhaltet den Grundsatz *„keine Strafe ohne Gesetz"* (*„nullum crimen sine lege"*), wonach ein Fehlverhalten nur dann sanktioniert werden darf, wenn es nicht vor der Tat gesetzlich als Straftat bestimmt worden ist.[646] Bei der Strafgesetzlichkeit handelt es sich um das „zentrale Prinzip des Strafrechts" und um den „Ausfluss rechtsstaatlicher

641 BVerfGE 26, 186; 42, 261.

642 *Schmidt-Aßmann* in: Maunz-Dürig, Art. 103 Abs. 2, Rn. 195; *Kunig* in: von Münch/Kunig, Art. 103, Rn. 18; Rengier, S. 19 ff.

643 BVerfGE 20, 323.

644 BVerfGE 45, 272.

645 BVerfGE 9, 137; 81, 132; 87, 399; BGHSt 42, 79; Rengier, S. 19 ff.; *Rogall* in: KK-OWiG, § 3, Rn. 1 ff.; *Gürtler* in: Göhler, § 130, Rn. 1; Bohnert, OWiG, § 130, Rn. 1. Zuletzt wieder: BVerfG NJW 2009, 2370.

646 BVerfG NJW 2009, 2370; *Kunig* in: von Münch/Kunig, Art. 103, Rn. 18. Kritisch zur Vorschrift des Art. 103 Abs. 2 GG: Naucke, KritV 2000, S. 132 ff. (Sonderheft).

Grundsätze“[647]. Im Allgemeinen verpflichtet der sich aus Art. 103 Abs. 2 GG abgeleitete *Bestimmtheitsgrundsatz* „den Gesetzgeber, die Voraussetzungen der Strafbarkeit so konkret zu umschreiben, dass sich Anwendungsbereich und Tragweite der Straftatbestände aus dem Wortlaut oder durch Auslegung ermitteln lassen“[648]; erforderlich ist insofern eine „Genauigkeit bei der Gesetzesformulierung“[649]. Der „Einzelne soll von vornherein wissen, welches Verhalten verboten und mit welcher Strafe es sanktioniert ist, damit er in der Lage ist, sich dementsprechend zu verhalten“.[650] Damit das Strafrecht allerdings nicht zu restriktiv ist bzw. es zu Strafbarkeitslücken kommt, bedarf das Strafrecht einer gewissen Abstraktheit.[651] Um der „Vielgestaltigkeit des Lebens“[652], „dem Wandel der Verhältnisse“ oder „der Besonderheit des Einzelfalls“[653] Rechnung zu tragen, soll es ausreichend sein, wenn „der Gesetzgeber mit sprachlich verständlichen, wertungsabhängigen Begriffen den Bußgeldtatbestand umschreiben und dessen Anwendung im Einzelfall dem Richter überlässt“[654]. Jedoch darf nach der zutreffenden Ansicht von *Rogall* „das Bestimmtheitsgebot nicht von der Schwere der angedrohten Sanktionsfolgen abhängig gemacht werden“. Denn „wenn das BVerfG umso größere Präzision verlangt, je schwerer die angedrohte Strafe ist, so darf das keineswegs zu einer Preisgabe des Bestimmtheitsgebots bei (…) Ordnungswidrigkeiten führen“[655]. Dem ist zuzustimmen, denn die in Teil 1, Abschnitt C dieser Arbeit dargestellten Haftungsgefahren haben aufgezeigt, dass die Sanktionsfolgen der hier gegenständlichen Bußgeldtatbestände nicht weniger einschneidend für Unternehmen und Unternehmensinhaber sind.[656]

---

647 Albrecht, Kriminologie, S. 115. Vgl. dazu auch Naucke, S. 64 ff.

648 BVerfG NStZ 2009, 83 f.; BVerfGE 75, 340; 87, 223; 92, 12; 96, 68; 124, 300; 126, 170; 130, 1; *Rogall* in: KK-OWiG, § 3, Rn. 36.

649 Albrecht, Kriminologie, S. 116; ders., Die vergessene Freiheit, S. 59; Naucke, S. 64 („Genauigkeitsgarantie“).

650 Albrecht, Kriminologie, S. 116; ders., Die vergessene Freiheit, S. 59 f.; Wessels/Beulke/Satzger, S. 16 f.; BVerfGE 25, 269; 26, 41; 32, 346; 37, 201; 45, 346; 71, 108; 73, 206; 78, 374 ff.; 87, 363 ff.; 105, 135 ff.

651 BVerfG NStZ 2009, 83.

652 BVerfG NStZ 2009, 84.

653 BVerfGE 75, 329.

654 So *Gürtler* in: Göhler, § 3, Rn. 5.

655 *Rogall* in KK-OWiG, § 3, Rn. 5.

656 Vgl. zu den Haftungsgefahren den Gliederungspunkt ab S. 54. A.A. *Gürtler* in: Göhler, OWiG, § 3, Rn. 5. Zu Beispielen aus der Rechtsprechung hinsichtlich der Vereinbarkeit einer Sanktionsnorm mit dem Bestimmtheitsgrundsatz siehe *Rogall* in: KK-OWiG, § 3, Rn. 39.

3. *Das Bestimmtheitsgebot und die Vereinbarkeit mit § 130 OWiG*

- **Die erforderlichen Aufsichtsmaßnahmen und der Bestimmtheitsgrundsatz**

„Ein Unternehmensinhaber benötigt [...] zuverlässige Leitlinien, Kontinuität, verlässliche Maßstäbe, Erwartungssicherheit und hinreichend deutliche Pflichtenpotentiale“[657], da er nur auf diesem Wege die Sicherheit hat, dass bestimmte Konzepte für Unternehmensorganisationen später „gerichtsfest“ sind und keine zivil- oder gar strafrechtlichen Sanktionen als Konsequenz haben.[658] Gegenwärtig stellt sich die Gesetzeslage jedoch anders dar: Denn der unbestimmte Wortlaut des § 130 OWiG erläutert nicht, welche Maßnahmen erforderlich sind, um einer Haftung nach § 130 OWiG (gegebenenfalls i.V.m. § 30 OWiG) zu entgehen. So enthält die Vorschrift keine ausreichende Konkretisierung der „erforderlichen“ Aufsichtsmaßnahmen, obwohl es sich hierbei um das Kerntatbestandsmerkmal des § 130 OWiG handelt. Daher ist der Unternehmensinhaber mangels ausreichender Handlungsanweisungen momentan dazu gezwungen, die Konkretisierung der erforderlichen Aufsichtsmaßnahmen nach eigenem Befinden und Verständnis selbst vorzunehmen – mit der Gefahr einer fehlerhaften Rechtsfindung. Durch die generalklauselartige Formulierung des § 130 OWiG schwebt über dem Unternehmen und deren Leitung letzten Endes ein „haftungsrechtliches Damokles-Schwert“[659].

- **Die Zuwiderhandlung und der Bestimmtheitsgrundsatz**

Die Ahndungsvoraussetzung der Zuwiderhandlung beinhaltet einzelne Punkte, die den sachlichen Anwendungsbereich des § 130 OWiG und dadurch die Haftung nach § 130 OWiG erheblich verschärft, was zu Fragen hinsichtlich der Vereinbarkeit mit dem Bestimmtheitsgrundsatz führt. So hat die Aufgabe des Erfordernisses, dass die Zuwiderhandlung durch die Ergreifung der Aufsichtsmaßnahmen „hätte verhindert werden können“, zugunsten der Risikoerhöhungslehre das Kausalitätserfordernis abgeschwächt und den Anwendungsbereich des § 130 OWiG erheblich erweitert, da es nun ausreicht, dass „sich das Risiko der Zuwiderhandlung erhöht hat, weil die erforderliche Aufsicht außer Acht gelassen wurde“. Wann jedoch eine „wesentliche Erschwerung“ anzunehmen ist, lässt sich dem § 130 OWiG unter Verstoß gegen Art. 103 Abs. 2 GG nicht entnehmen, insbesondere erhält die Norm – wie es teilweise vorgeschlagen wird – ihre Bestimmtheit nicht durch eine beliebige prozentuale Wertgrenze.[660]

In diesem Zusammenhang mehren sich die verfassungsrechtlichen Bedenken, da die Ahndungsvoraussetzung der Zuwiderhandlung sowohl die

657 So Bock, ZIS 2009, S. 68 (73).
658 Bock, S. 449.
659 So Bock, wistra 2011, S. 201 (205).
660 Kindler, S. 108.

„Feststellung eines bestimmten Täters", der die Zuwiderhandlung begangen hat, gerade „nicht erforderlich ist"[661], vielmehr zum Kreis der Zuwiderhandelnden auch Unternehmensfremde in Betracht kommen, als auch diejenige des Orts der Zuwiderhandlung nicht notwendig ist.

Zudem ergeben sich auf der Ebene der subjektiven Ahndungsvoraussetzungen und durch die Ausgestaltung der Zuwiderhandlung als objektive Bedingung der Ahndung weitere verfassungsrechtlich bedenkliche Erweiterungen des Anwendungsbereichs: Vor dem Hintergrund, dass die begangene Zuwiderhandlung ebenso wie der Kausalzusammenhang zwischen Aufsichtspflichtverletzung und Zuwiderhandlung als objektive Bedingung der Ahndung außerhalb des subjektiven Tatbestands stehen, wird nach zutreffender Ansicht von *Kindler* so der Nachweis entbehrlich, dass die konkrete Zuwiderhandlung als Folge hätte vorausgesehen werden müssen und können.[662]

- **Das Unterlassungsdelikt und der Bestimmtheitsgrundsatz**

Da § 130 OWiG durch die verfassungsrechtlich bedenkliche Beschreibung des tatbestandsmäßigen, sanktionsbewährten Verhaltens des „Unterlassens von erforderlichen Aufsichtsmaßnahmen" dem Unternehmensinhaber die Norminterpretation überlässt, ergeben sich verfassungsrechtliche Fragen bezogen auf das Unterlassungsdelikt als solches.[663] Diese stützen sich im Allgemeinen darauf, dass der Gesetzgeber zwar im Strafgesetzbuch bzw. Ordnungswidrigkeitenrecht bestimmte Unterlassungen explizit für strafbar erklärt, bei den übrigen Unterlassungen aber auf eine gesetzliche Normierung der Voraussetzungen im Einzelfall verzichtet hat.[664] Dies tat er natürlich zunächst vor dem Hintergrund, dass das Strafgesetzbuch bei einer Strafbarkeit grundsätzlich an ein aktives Tun ansetzt. Doch wird hierbei verkannt, dass die Möglichkeiten sich durch ein aktives Tun gesetzeswidrig zu verhalten, bei weitem nicht so umfangreich sind, wie bei einem Unterlassen: So sanktioniert etwa § 130 OWiG das Unterlassen der Ergreifung erforderlicher Aufsichtsmaßnahmen, ohne dem Normadressaten aufzuzeigen, was alles unterlassen werden kann. Die vorstehende Konkretisierung der Aufsichtsmaßnahmen hat aber gerade gezeigt, dass den Unternehmensinhaber zahlreiche Aufsichtspflichten in Gestalt von Auswahl-, Organisations- Instruktions-, Überwachungs- und Sanktionspflichten treffen, die sich dann aber nochmals in detaillierte unternehmens- und branchenspezifischen Pflichten aufteilen. Doch diese Anforderungen sind für den Normadressaten zu hoch und nicht bestimmbar. Überraschend – weil völlig im Kontrast dazu stehend – ist dann aber die

661 Bock, ZIS 2009, S. 68 (72).
662 Kindler, S. 110.
663 Kindler, S. 119.
664 So *Schmitz* in: MüKo-StGB, § 1, Rn. 49 ff. Ferner Duttge, S. 206; Kühl, S. 572 f.

Forderung der Rechtsprechung, dem Unternehmensinhaber hinsichtlich seiner Aufsichtsmaßnahmen nicht zu hohe Anforderungen zu stellen.[665] Anhand von § 130 OWiG lässt sich exemplarisch darstellen, dass im Gegensatz zu einem aktiven Tun, das Unterlassen im Grundsatz völlig beliebig und konturenlos zum gefährdeten Rechtsgut und zum gefährlichen Verhalten ist. Da hinter dem § 130 OWiG jedoch lediglich die verallgemeinernde Aussage steht „es ist verboten, seinen Betrieb fehlerhaft zu organisieren“[666], handelt es sich bei § 130 OWiG nach zutreffender Ansicht *Schünemanns* um „eine Generalklausel ohne bestimmbaren Gehalt“. Denn § 130 OWiG beinhaltet keine bestimmte Beschreibung des „typischerweise gefährlichen Verhaltens“[667] (also der Aufsichtsmaßnahmen) oder der „gefährdeten Rechtsgüter“[668], jedoch muss der Normadressat schon mittels des Gesetzes – und dies ist nach Art. 103 Abs. 2 GG der Maßstab – erkennen können, ob er sich durch ein Unterlassen strafbar macht oder straflos bleibt.

- **Das Fahrlässigkeitsdelikt und der Bestimmtheitsgrundsatz**

Da einem Unternehmensinhaber ein vorsätzliches Unterlassen in der Regel schwer nachzuweisen ist, ist praktischer Hauptanwendungsfall des § 130 OWiG die fahrlässige Verletzung der Aufsichtspflicht.[669] Ebenso wie beim Unterlassungsdelikt bestehen auch beim Fahrlässigkeitsdelikt verfassungsrechtliche Zweifel: Die Bedenken stützen sich im Allgemeinen darauf, „dass es an einer näheren Beschreibung darüber mangelt, was als fahrlässiges Handeln in einer konkreten Situation anzusehen ist“[670]. So findet sich im Strafgesetzbuch – im Gegensatz zum BGB – bereits keine Legaldefinition für den Begriff Fahrlässigkeit.[671] Aus der Perspektive des jeweiligen Normadressaten stellen sich die Fahrlässigkeitsdelikte als „offen“ dar. Wiederum ist es der Normadressat, der – legt man die zivilrechtliche Definition aus § 276 BGB zu Grunde – die „im Verkehr erforderlichen Sorgfalt“ konkretisieren muss – abermals unter Gefahr der Falschbestimmung.[672] Es ist daher kritisch zu sehen, dass auch bei den Fahrlässigkeitsdelikten sämtliche Strafbarkeitsvoraussetzungen von der Rechtsprechung und dem Schrifttum entwickelt werden[673] und dadurch

---

665 OLG Koblenz, MDR 1973, S. 606.

666 So Schünemann, S. 218.

667 So Schünemann, S. 217.

668 So Schünemann, wistra 1982, S. 41 (48).

669 § 130 OWiG wirkt daher auch haftungserweiternd, vgl. schon Demuth/Schneider, BB 1970, S. 642 (647); *Gürtler* in: Göhler, § 130, Rn. 1; Kindler, S. 113.

670 *Schmitz* in: MüKo-StGB, § 1, Rn. 51; *Rogall* in KK-OWiG, § 3, Rn. 39. A.A. *Rudolphi* in: SK-StGB, § 1, Rn. 14; *Eser/Hecker* in: Sch/Sch, § 1, Rn. 19.

671 *Vogel* in: LK, 12. Auflage, Vor § 15, Rn. 52.

672 Kühl, S. 573.

673 *Schmitz* in: MüKo-StGB, § 1, Rn. 51.

zu unbestimmte Fahrlässigkeitsdelikte erst durch die Rechtsprechung eine ausreichende Bestimmtheit erfahren sollen.[674] Dieses „Dilemma“ ist auch bei der Vorschrift des § 130 OWiG festzustellen, da die Aufsichtsmaßnahmen des § 130 Abs. 1 S. 2 BGB nicht abschließend und bestimmt sind, weshalb der Gesetzgeber von weiteren situativ erforderlichen Maßnahmen ausgeht und die Rechtsprechung sowie das Schrifttum die offene Formulierung der erforderlichen Aufsichtsmaßnahmen fortwährend konkretisieren. Diese Konkretisierungen sind aber gerade nicht dem Gesetzeswortlaut zu entnehmen, was erheblich zur bestehenden Rechtsunsicherheit bei den Unternehmensinhaber im Rahmen von straf- und ordnungswidrigkeitenrechtlichen Verfahren beiträgt. Hinzu kommt, dass ebenso wie beim Unterlassen auch die fahrlässige Begehungsweise, wie sie § 130 OWiG ermöglicht, viel breiter gefächert ist, als das vorsätzliche aktive Tun, da die Anknüpfungspunkte an die Sorgfalt, „die an einen besonnenen und gewissenhaften Menschen in der konkreten Lage und der sozialen Rolle des Handelnden zu stellen sind“, umfassender sind.

- **Verstoß des § 130 OWiG gegen den Bestimmtheitsgrundsatz als Konsequenz?**

Stellt man nun eine Gesamtbetrachtung an, so ist zunächst festzustellen, dass die vorgenannten Punkte in ihrer Addition nicht zwingend zu einem Verstoß gegen den Bestimmtheitsgrundsatz nach Art. 103 Abs. 2 GG führen, wenn es dem Normadressaten möglich ist, erkennen zu können, wozu er in seinem Unternehmen sanktionsrechtlich verpflichtet ist.[675] Daher wird im Schrifttum teilweise die Behauptung aufgestellt, dass eine in diesem Sinne restriktive Auslegung der Norm des § 130 OWiG möglich sei.[676] Denn „aus dem Erfordernis des Kausalzusammenhangs zwischen Aufsichtspflichtverletzung und Zuwiderhandlung sowie den an der Erforderlichkeit und Zumutbarkeit orientierten Tatbestandskorrektiven der Vorschrift“[677] sei erkennbar, welche Aufsichtsmaßnahmen im jeweiligen Unternehmen durch den Inhaber zu treffen seien. Ferner sei der Normadressatenkreis über § 130 OWiG bzw. § 9 OWiG beschränkt.[678]

Dem ist aber entgegenzuhalten, dass durch die „Herausnahme der Zuwiderhandlung“[679] aus dem Tatbestand als objektiver Bedingung der Ahndung von der Tathandlung des Unterlassens der erforderlichen Aufsichtsmaßnahmen eine derartige – mit den oben aufgezeigten Konsequenzen – Unbestimmtheit

674 Bejahend aber: BVerfGE 45, 363; 48, 65; *Rogall* in: KK-OWiG, § 3, Rn. 39; *Eser/Hecker* in: Sch/Sch, § 1, Rn. 19; *Duttge* in: MüKo-StGB, § 15, Rn. 30 ff.

675 *Cramer* in: KK-OWiG, 1. Auflage 1989, § 130, Rn. 6; BVerfG NStZ 2009, 84.

676 So etwa *Cramer* in: KK-OWiG, 1. Auflage 1989, § 130, Rn. 6.

677 So *Cramer* in: KK-OWiG, 1. Auflage 1989, § 130, Rn. 6; RRH, OWiG, § 130, Rn. 1a; *Gürtler* in: Göhler, § 130, Rn. 3a.

678 RRH, OWiG, § 130, Rn. 1a.

679 Rogall, ZStW 98 (1986), S. 573 (591).

des § 130 OWiG entstanden ist, die durch die vorstehenden fünf konkretisierten Aufsichtsmaßnahmen nicht vollumfänglich relativiert werden kann.[680] Denn bereits anhand der „Erforderlichkeit" und „Zumutbarkeit", die sich aus dem Wortlaut ableiten, wurde deutlich, dass weitere erhebliche Konkretisierungsleistungen für den Normadressaten anzustellen sind, damit er im Sinne des Bestimmtheitsgrundsatzes eine umfassende Pflichteninformation über § 130 OWiG erhält.

Selbstverständlich unterliegt jedes Gesetz einer gewissen Flexibilität, da eine positivrechtliche Statuierung aller nur erdenklichen Aufsichtsmaßnahmen nicht möglich ist. Gleichwohl zeigt der Gesetzgeber in den USA in Gestalt der USSG aber auch, dass eine Steigerung des Detaillierungsgrads von (Aufsichts-) Maßnahmen durchaus möglich ist: Denn im achten Abschnitt der USSG in § 8 B 2.1. USSG führt er in sieben Punkten für den Normadressaten eindeutig auf, wie ein effektives Compliance-System auszusehen hat.[681] Dadurch wird anschaulich, dass der US-Gesetzgeber die Unternehmen nicht ganz alleine lässt, sondern ihnen die notwendigen Kontroll- und Präventionsmaßnahmen aufzeigt und zugleich den Begriff Compliance konkretisiert.[682] Allgemein gilt, dass je detaillierter ein Gesetz ist und je enger der Richter in der Folge an das Gesetz gebunden ist, desto eher geht dies mit dem Bestimmtheitsgebot nach Art. 103 Abs. 2 GG konform. Insofern ist es dem deutschen Gesetzgeber trotz Novellierungen bisher nicht gelungen, innerhalb des § 130 OWiG eindeutige Kriterien zu bestimmen, die dem Aufsichtspflichtigen eine sichere Orientierung gewähren. Umso mehr verdeutlicht dies die Erforderlichkeit der zuvor durchgeführten Konkretisierung der Aufsichtsmaßnahmen auf fünf Stufen. Natürlich wären Leitlinien vergleichbar mit den USSG, vorgegeben durch den Gesetzgeber, wünschenswerter, da sie die Ansicht des Staates reflektieren und den Unternehmensleitern bei der Ausgestaltung ihrer Organisation noch mehr Sicherheit und Gewissheit über die Gerichtsfestigkeit ihrer Organisation geben würden.[683] Derartige gesetzliche Bestrebungen sind zumindest seitens des Gesetzgebers derzeit jedoch noch nicht erkennbar.

---

680 *Achenbach* in: HWSt, Rn. 48 ff. So auch Rogall, ZStW 98 (1986), S. 573 (591). Diesem zustimmend: Geismar, S. 108.

681 Bock, S. 455.

682 Bussmann/Matschke, CCZ 2009, S. 132 (133). Zutreffend daher die zu berücksichtigende Aussage von Copeland, Drake Journal of Agricultural Law 2000, S. 305 (326): „The U.S. Sentencing constitutes a watershed development for U.S. corporations in the development and use of corporate compliance programs because for the first time there is a legally recognized definition of what a compliance program should be and a serious commitment made to those companies that adopt effective programs."

683 Nell, ZRP 2008, S. 150.

Im Ergebnis handelt es sich bei § 130 OWiG gegenwärtig um einen „unsicherheitsstiftenden Generaltatbestand", so dass mit dem aktuellen Gesetzeswortlaut des § 130 OWiG „kein Weg an der Verletzung des Bestimmtheitsgrundsatzes vorbeiführt"[684].

II. Compliance und Selbstregulierung in Unternehmen

Die Kombination aus unbestimmten Vorschriften wie § 130 OWiG einerseits sowie der zunehmenden Internationalisierung des Rechts und der daraus folgenden Haftungsgefahren andererseits hat seit wenigen Jahren zur Folge, dass neben dem Staat zunehmend auch private Unternehmen in den verschiedensten Rechtsbereichen *selbst* als *Regelsetzer* auftreten – genannt seien an dieser Stelle etwa Rechnungslegungsvorschriften, Vereinssatzungen, Verhaltenskodizes von Gesellschaften oder einfach nur Allgemeine Geschäftsbedingungen.

- **Grundlegendes**

Unter *Selbstregulierung* versteht man ein „Konzept, welches die Regelung eines grundsätzlich als ordnungsbedürftig erkannten Sachbereichs jenem (privaten) Kreis überlässt oder zuweist, der materiell von der Regelung betroffen sein wird, weil seine Akteure in irgendeiner Weise in diesem Bereich tätig sind"[685]. Bei der privaten bzw. gesellschaftsrechtlichen Selbstregulierung geht es „um das Ausfüllen von Spielräumen, die der Gesetzgeber gelassen hat, und das im Rahmen der staatlich gewährleisteten Privatautonomie durch privatrechtliche Satzungen, Geschäftsordnungen und allgemeine Übung stattfindet"[686]. Selbstregulierung erfolgt damit zwischen dem Unternehmen (oder dem Konzern oder Unternehmen einer Branche), der Unternehmensleitung und jeder darunter stehenden natürlichen Person.[687] Das Wort *„selbst"* soll ausdrücken, dass es um eine eigenverantwortliche, auf privater Initiative und vom Staat unbeeinflusster Regelsetzung bzw. -durchsetzung geht (sog. *autonome (echte) Selbstregulierung*).[688] Als selbstregulatorische Maßnahmen im Privatsektor werden etwa branchenspezifische Verhaltensstandards, Selbstverpflichtungen, Verhaltenskodizes sowie einzelfallbezogene Unternehmensrichtlinien angesehen[689],

---

684 So Schünemann, wistra 1982, S. 41 (48). Diesem sich anschließend: Geismar, S. 108.

685 Buck-Heeb/Dieckmann, S. 16.

686 Buck-Heeb/Dieckmann, S. 14.

687 Buch-Heeb/Dieckmann, S. 20.

688 Pape, S. 139; Buck-Heeb/Dieckmann, S. 19, 24, 33.

689 Neudeutsch werden diese Maßnahmen auch „codes of conduct", „principles" oder „standards" genannt, vgl. Buck-Heeb/Dieckmann, S. 21.

die nicht gesetzlich vorgeschrieben, sondern Resultat der Eigeninitiative der Unternehmen sind.[690]

In Abgrenzung zur autonomen Selbstregulierung steht die staatlich gesteuerte, fremdbestimmte und unfreiwillige Selbstregulierung (sog. *heteronome (staatlich gesteuerte) Selbstregulierung*). Letztere wird teilweise auch als *„regulierte Selbstregulierung"* oder *„kontrollierte Selbstregulierung"* bezeichnet.[691] Dabei versteht man unter dem Begriff (staatliche) *Regulierung* die „staatliche Beeinflussung gesellschaftlicher Prozesse durch rechtliche Ordnung bzw. Steuerung"[692], wobei hiervon die Regelsetzung als auch die Regeldurchsetzung mittels hoheitlich wahrgenommener Tätigkeit umfasst werden.[693]

Das Thema der autonomen Selbstregulierung findet seit ein paar Jahren vor allem im Bereich Compliance seine Grundlage, die sich durch selbstauferlegte, freiwillige Verpflichtungen – vorrangig in Gestalt der Unternehmensrichtlinien[694] – auszeichnet. Betrachtet man diesen regelrechten „Boom" der privaten Regelsetzung, auch ausgelöst durch das Thema Compliance, aus einem öffentlich-rechtlichen Blickwinkel bestehen insbesondere Bedenken, ob sich die privaten Regelungen „Staatszielen und Verfassungsgrundsätzen wie Gerechtigkeit, Gemeinwohlverpflichtung, Grundrechtsbindung oder Demokratiegebot entziehen können und dürfen"[695]. Insbesondere stellt sich die Frage, wie sich die privaten Regelungen verfassungsrechtlich legitimieren lassen, wenn durch die Regelsetzung bzw. -durchsetzung (verfassungsrechtlich) verbriefte Rechte anderer beeinträchtigt werden (etwa anderer privater Unternehmen, wenn ein Unternehmensstandard einem anderen Unternehmen in der Branche / dem Verband oder durch die Rechtsprechung aufgezwungen werden). Es drängt sich daher bei dem Thema der Selbstregulierung im Privatsektor die Frage auf, ob die *„Entstaatlichung und Privatisierung von Recht"*[696] verfassungsrechtlich legitimiert ist.

- **Selbstregulierung: Sachwissen und Informationsvorsprung der Unternehmen**

Die Selbstregulierung begründet sich in der grundrechtlich geschützten *Unternehmensorganisationsfreiheit nach Art. 9 Abs. 1, 12 Abs. 1 und 14 Abs. 1 GG.* Nach dem Bundesverfassungsgericht umfasst die Organisationsfreiheit „sowohl

690 Thoma, S. 65. Kritisch zur Frage der Privatisierung des Ermittlungsverfahrens: Schlieker, S. 60 f.

691 Zum Vorstehenden und zu Beispielen heteronomer Selbstregulierung: Buck-Heeb/Dieckmann, S. 19, 35 und 39.

692 Buck-Heeb/Diecknann, S. 18.

693 Pape, S. 139; Buck-Heeb/Dieckmann, S. 24.

694 Zum Begriff siehe den Gliederungspunkt ab S. 179.

695 Buck-Heeb/Dieckmann, S. 6.

696 Buck-Heeb/Dieckmann, S. 21.

für die Mitglieder als auch für die Vereinigungen die Selbstbestimmung über die eigene Organisation, das Verfahren ihrer Willensbildung und die Führung ihrer Geschäfte"[697]. Anders gewendet genießt jeder Unternehmensleiter die Freiheit, ein Unternehmen nach seinem Ermessen zu bilden und zu gestalten, indem er selbst die Organisation, die unternehmensinternen Verfahren und die Geschäftsführung regelt – etwa mittels der Implementierung einer Geschäftsordnung oder von Unternehmensrichtlinien sowie Verhaltensstandards.[698]

Diese verfassungsrechtlich gewährte Freiheit beruht auf folgenden Erwägungen: So sei die Selbstregulierung gegenüber der staatlichen Gesetzgebung *flexibler*, da mit ihr die Möglichkeit verbunden ist, im Gegensatz zu einem langwierigen Gesetzgebungsverfahren schneller auf veränderte wirtschaftliche bzw. technische Verhältnisse sowie Gesetzes- oder Rechtsprechungsänderungen reagieren zu können.[699]

Als ein weiterer Vorzug für die private Selbstregulierung wird angeführt,, dass private Unternehmen bei der Festsetzung des erforderlichen Anforderungsniveaus in bestimmten Unternehmensbereichen oder Branchen wegen ihrer Sachnähe einen höheren *Sachverstand* und damit einen *Informationsvorsprung* gegenüber dem staatlichen Gesetzgeber besitzen.[700] Dadurch seien private Unternehmen grundsätzlich besser in der Lage, Risiken im eigenen Tätigkeitsbereich zu identifizieren und zu bewältigen. Dies entspreche auch dem strafrechtlichen *Gedanken der Eigenverantwortung*.[701] Zudem wird vorgebracht, dass private Regeln zu höherer *Akzeptanz* bei den Unternehmensinhabern und den Mitarbeitern des Unternehmens führen können, da sie selbst, spezifisch ausgerichtet auf das Unternehmen, ausgearbeitet wurden, im Gegensatz zu von außen vorgegebenen Regeln.[702] Schließlich wird behauptet, dass die private Selbstregulierung in sachlicher, personeller und finanzieller Hinsicht dazu führt, dass dadurch der *Staat entlastet wird* und *Kosten eingespart werden*, die ihm sonst durch Entwicklung, Administration und Regeldurchsetzung entstehen würden.[703]

697 BVerfG 50, 290, vgl. auch BVerfGE 10, 89; 13, 174; 30, 227.

698 BVerfGE 30, 292; 50, 290; 97, 228; Spindler, S. 1046; *Bürgers/Israel* in: Bürgers/Körber, § 91, Rn. 12; Liese, BB 2008, S. 17 (19); Thoma, S. 353; Buck-Heeb/Dieckmann, S. 90, 93.

699 Ekkenga, BB 2001, S. 2362 (2368). Kritisch hinsichtlich der Flexibilität: *Kort* in: FS Schmidt, S. 945 (950); Buck-Heeb/Dieckmann, S. 220.

700 Ransiek, S. 184; Lucius, CCZ 2008, S. 186 (187); Pape, S. 147; Buck-Heeb/Dieckman, S. 222.

701 *Sieber* in: FS Tiedemann, S. 449 (476); Lucius, CCZ 2008, S. 186 (187).

702 Buck-Heeb/Dieckmann, S. 223.

703 Lucius, CCZ 2008, S. 186 (187); Pape, S. 147.

• **Selbstregulierung als Verstoß gegen das Rechtsstaats- und Demokratieprinzip**
Trotz dieser Vorteile werden der privaten Selbstregulierung zahlreiche Nachteile im Schrifttum entgegengebracht: Allen voran wird als Nachteil der Selbstregulierung die *mangelnde bzw. fehlende demokratische Legitimation* angeführt. Begründet wird dies unter Bezugnahme auf das *Rechtsstaatsprinzip* nach Art. 1 Abs. 3 GG i.V.m. Art. 20 Abs. 2 S. 2, Abs. 3 GG[704] und das *Demokratieprinzips* nach Art. 20 Abs. 2 GG, wonach die *Regelsetzung* bzw. - *durchsetzung* sowie der Rechtsgüterschutz notwendigerweise vom Staat zu erfüllende Aufgaben sind.[705] Danach beinhalten die Grundrechte nicht nur die klassische Funktion als Abwehrrechte gegen Eingriffe des Staates, sondern sie verpflichten auch den Gesetzgeber aufgrund der Werteordnung der Grundrechte, die Rechte des Einzelnen vor rechtswidrigen Eingriffen seitens Dritter zu schützen.[706] Es muss demnach der Anspruch des Gesetzgebers sein, gesetzliche Maßstäbe selbst festzulegen. Nur er ist nach dem Grundgesetz dazu berechtigt, Gesetze zu erlassen und wesentliche Normen selbst zu konkretisieren. Diese Aufgabe kann er nicht privaten Unternehmen oder nachgeordneten Institutionen wie etwa der BaFin überlassen, da ihm sonst der Vorwurf zur Last zu legen ist, dass er sich seiner Gesetzgebungskompetenz und -verantwortung entzieht. Dies ist nicht mit den genannten Prinzipien vereinbar, da den privaten Unternehmen bzw. Institutionen gerade keine eigenständige Gesetzgebungsbefugnis zukommt.[707] Denn das Demokratieprinzip fordert die Ausübung der Staatsgewalt durch das Volk, die nach Art. 20 Abs. 2 S. 2 GG unter anderem durch besondere Organe der Gesetzgebung ausgeübt wird. Jede Ausübung von Staatsgewalt bedarf also einer hinreichenden Legitimation durch das Volk.[708] Normsetzung ist Ausübung von Staatsgewalt, weshalb sie eine demokratische Legitimation erfordert. Unternehmen des Privatrechts und Institutionen wie etwa die BaFin sind allerdings nach Art. 20 Abs. 2 GG nicht demokratisch legitimiert.

Gerade bei den compliance-relevanten Gesetzen ist zu erkennen, dass der Gesetzgeber seine verfassungsrechtliche Pflicht aus der Hand gegeben hat, gesetzliche Maßstäbe selbst zu bestimmen und inhaltlich zu konkretisieren. So statuierte der Gesetzgeber – sei es bewusst oder unbewusst – vor allem im Bereich der Finanz- und Versicherungswirtschaft zahlreiche Gesetze, die ein Defizit an der gebotenen verfassungsrechtlichen Bestimmtheit aufweisen und

---

704 BVerfGE 2, 280.
705 BVerfGE 39, 1 ff.; *Wessing* in: FS Volk, S. 867 (877 f.); Bock, S. 209; Schlieker, S. 35.
706 So BVerfGE 39, 1 ff.
707 *Schünemann* in: FS Lackner, S. 367 (370); Buck-Heeb/Dieckmann, S. 237.
708 *Pieroth* in: Jarass/Pieroth, Art. 20, Rn. 9.

die Institutionen wie die BaFin regelmäßig dazu veranlassen, mittels Rundschreiben und Richtlinien diese Gesetze zu konkretisieren.[709]

Erfolgt diese Konkretisierung nicht durch Institutionen wie etwa die BaFin, gehen mittlerweile Private vermehrt dazu über, zu unbestimmte Normen für ihre Bedürfnisse und ihr Tätigkeitsfeld selbstregulierend zu ergänzen, indem sie Leitlinien aufstellen, um den Mitarbeitern damit zu erläutern, wie die Gesetze auszulegen sind. Dies wird auch bei der Vorschrift des § 130 OWiG sichtbar, bei der die inhaltlichen Anforderungen an die erforderlichen Aufsichtsmaßnahmen aufgrund ihrer Unbestimmtheit durch selbstauferlegte Verpflichtungen der Unternehmen konkretisiert werden. Dies ist kritisch zu sehen, da zum einen die inhaltlichen Vorgaben des § 130 OWiG durch Private vorgegeben werden und zum anderen Private aufgrund des Versagens des Gesetzgebers wegen des dauerhaften Haftungsrisikos dazu verleitet werden, Gesetze zu konkretisieren, mit der Gefahr einer Falschbestimmung. Insbesondere ist in diesem Zusammenhang aus strafrechtskritischer Sicht bezüglich der demokratisch-rechtsstaatlichen Legitimation zu vermeiden, dass private Regelwerke (Unternehmensrichtlinien) durch Gerichte bei der Konkretisierung straf- oder ordnungswidrigkeitenrechtlichen Organisations- und Kontrollpflichten herangezogen werden, da diese privaten Regelwerke quasi dadurch zum Organisationsgesetz aufsteigen und als Eingriffsgrundlage dienen.[710]

Der Gesetzgeber ist es weiter, der innerhalb von Gesetzen auf private Regelungswerke verweist – wie etwa in § 161 AktG der Verweis auf den Deutschen Corporate Governance Kodex. Problematisch ist an diesem gesetzgeberischen Vorgehen aber, dass dieser Kodex nicht vom Gesetzgeber stammt, so dass dem Kodex mangels staatlichem Rechtsetzungsakts gerade kein Gesetzesrang zukommt. Die Implementierung des Kodex in das Aktiengesetz hat jedoch zur Konsequenz, dass die Vorgaben, die sich Unternehmen durch den Kodex selbst als eine Art „Best Practice“ stellen, bei der Auslegung bezüglich des Maßstabes für Corporate Compliance anderer Aktiengesellschaften oder gar anderer Unternehmensformen Berücksichtigung finden.

Hierbei stellt sich aber nicht nur die Frage nach der Legitimität, sondern auch nach der *Geltung* der selbstregulativen Normsetzung, da diese im Gegensatz zu Gesetzen keine Allgemeingültigkeit genießt.[711] Denn der Anwendungsbereich der selbstregulativen Normsetzung erstreckt sich regelmäßig nur auf das jeweilige Unternehmen bzw. im Falle eines Konzerns auf Mutter- und Tochterunternehmen.[712] Gleiches gilt für die Durchsetzung der Regeln, da der

709 Zur Problematik der Verfassungskonformität von BaFin-Richtlinien siehe den Gliederungspunkt ab S. 36.
710 Seibert, BB 2002, S. 581 (582).
711 Buck-Heeb/Dieckmann, S. 229.
712 Lucius, CCZ 2008, S. 186 (187).

Gesetzgeber seine Regeln gegenüber jedermann durchsetzen kann, wohingegen die privaten Regeln nur gegenüber solche Personen Anwendung finden, die sich diesen freiwillig unterworfen haben.[713]

Als ein weiterer entscheidender Nachteil der privaten Selbstregulierung wird weiter die *mangelnde bzw. fehlende Objektivität* der privaten Regeln angeführt. Denn bei der Schaffung der privaten Regelwerke werden stets unternehmensspezifische Verhältnisse und eigene Anliegen berücksichtigt bzw. verfolgt.[714] Insofern wird der privaten Selbstregulierung vorgeworfen, dass sie öffentliche Interessen bedingt oder gar nicht beachtet.[715] Verfassungsrechtlich bedenklich erscheint in diesem Zusammenhang, dass den privaten Regelsetzern ein erheblich größerer Gestaltungsspielraum als dem staatlichen Gesetzgeber zukommt, da sie nicht wie der Staat daran gebunden sind, ob die jeweilige Regel gesetzlichen bzw. behördlichen Vorgaben entspricht bzw. mit staatlichen Prinzipien (etwa Bestimmtheitsgrundsatz, Rechtsschutz, rechtliches Gehör etc.) vereinbar ist.[716]

- **Der Mittelweg: „Regulierte Selbstregulierung"**

Insgesamt zeigt sich, dass die private Selbstregulierung ein verfassungsrechtlich verbrieftes Recht, niedergelegt in Art. 9 Abs. 1, 12 Abs. 1 und 14 Abs. 1 GG, darstellt und Vorzüge wie Flexibilität, Stärkung der Eigenverantwortung, Kosteneffizienz und Entlastung des staatlichen Gesetzgebers beinhaltet. Allerdings stößt die private Selbstregulierung durchaus an wesentliche verfassungsrechtliche Grenzen in Gestalt der Legitimität oder der Unverbindlichkeit der Regeln.

Da mit der privaten Selbstregulierung sowohl Vorteile als auch Nachteile verbunden werden, wird im Schrifttum als ein sinnvoller Mittelweg die sog. *regulierte Selbstregulierung*[717] vorgeschlagen. Darunter versteht man die staatlich kontrollierte bzw. beaufsichtigte private Selbstregulierung.[718] Eine regulierte Selbstregulierung beruht auf einer wechselseitigen Ergänzung von Regulierung und Selbstregulierung.[719] In Bezug auf Compliance bedeutet dies, dass einerseits der Staat als Gesetzgeber die Befugnis hat, den Unternehmen für die Selbstregulierung Leitlinien und Wertungen vorzugeben und den Unternehmen andererseits die Befugnis zukommt, diese staatlichen Vorgaben aufgrund der jeweiligen Unternehmensspezifik zu konkretisieren.

713 Thoma, S. 76; Buck-Heeb/Dieckmann, S. 76.
714 Buck-Heeb/Dieckmann, S. 231.
715 Dazu: Thoma, S. 145, 147; Buck-Heeb/Dieckmann, S. 231.
716 Buck-Heeb/Dieckmann, S. 221.
717 Thoma, S. 351; *Sieber* in: FS Tiedemann, S. 449 (460); Engelhart, S. 645; Pape, S. 140; Buck-Heeb/Dieckmann, S. 278 ff.
718 Engelhart, S. 645 f.; *Sieber* in: FS Tiedemann, S. 449 (460).
719 Pape, S. 139.

Dem staatlichen Regelsetzer muss dabei stets eine steuernde Eingriffsbefugnis zukommen, indem er die Selbstregulierungsmöglichkeiten begrenzt, dies jedoch nicht in Gestalt von starren, ermessensfreien, regulierungsgleichen Vorgaben, sondern durch die Vorgabe von Zielen und Rahmenbedingungen, die dann von den Unternehmen zu verwirklichen sind.[720] Um einen Schutz der öffentlichen Interessen und eine Befolgung von staatlichen Prinzipien zu gewährleisten, ist es erforderlich, dass der Staat für die privaten Regelsetzer fremdsteuernd diejenigen Kernmerkmale vorgibt, die aus seiner Sicht notwendig sind, um die Unternehmen zur Rechtskonformität „zu leiten".

Als Beispiel erweisen sich hier die USSG, wonach das Staatsziel die Vermeidung und Aufdeckung von Rechtsverstößen aus dem Unternehmen heraus ist (vgl. § 8 B 2.1. (b) (1) USSG: *„The organization shall establish standards and procedures to prevent and detect criminal conduct."*). Damit Unternehmen dieses Ziel erreichen können, gibt der US-Gesetzgeber ihnen in Form von Compliance-Maßnahmen einen Rahmen, der durch die Unternehmen konkretisiert werden und bei effektiver Umsetzung zu einer Strafmilderung führen kann.[721] Die Vorgabe von Kernmerkmalen im Sinne von erforderlichen Aufsichtsmaßnahmen hat der Gesetzgeber bei § 130 OWiG jedoch bisher versäumt, stattdessen beschränkt er sich auf eine beispielhafte, nicht abschließende Aufzählung. In der deutschen Wissenschaft wird zutreffender Weise entsprechend den USSG eine "stimulierende gesetzgeberische Tätigkeit" in Betracht gezogen, bei der sich die "gesetzliche Formulierung auf eine Verhaltenserwartung stützt, die mit positiven bzw. negativen Anreizen" verbunden wird, ohne – und das gilt es vor dem Hintergrund der verfassungsrechtlich geschützten Organisationsfreiheit zu vermeiden – explizit eine allgemeine Compliance Pflicht zu statuieren.[722] Positive Anreize wären dabei etwa auf der Ebene des Ordnungswidrigkeitenrechts eine Vermeidung oder zumindest Verringerung der Geldbuße bei einem gerichtlich überprüften wirksamen Compliance System; negative Anreize wären etwa die Erhöhung der Geldbußen.[723] Im Ergebnis zielt regulierte Selbstregulierung darauf ab, mittels einer staatlichen Initiative den Unternehmen einen Anreiz zur Einhaltung der Gesetze zu schaffen.[724] Abschließend ist zu berücksichtigen, dass auch der Gesetzgeber sich der Variante der regulierten Selbstregulierung als eine vermittelnde Lösung zwischen selbstregulatorischer Eigenkontrolle und

---

720 Engelhart, S. 645; *Sieber* in: FS Tiedemann, S. 449 (475).

721 Vgl. dazu die sieben Compliance-Maßnahmen, die in § 8 B 2.1. USSG aufgeführt werden.

722 Zum Ganzen: Pape, S. 151. Dazu auch *Sieber* in: FS Tiedemann, S. 449 (479), der dies als „carrot-and-stick approach" bezeichnet.

723 So Pape, S. 152.

724 So auch Buck-Heeb/Dieckmann, S. 94.

staatliche(r) Aufsicht/Kontrolle bedient: So seien in diesem Zusammenhang beispielhaft die Vorschriften der § 33b WpHG oder § 161 AktG i.V.m. dem DCGK genannt.

III. Verstoß gegen das Schuldprinzip

1. Anwendbarkeit des Schuldprinzips im Ordnungswidrigkeitenrecht

Ebenso wie bei der Frage der Vereinbarkeit des Art. 103 Abs. 2 GG mit § 130 OWiG stellt sich auch hier zunächst die Frage der Anwendbarkeit des Schuldprinzips im Ordnungswidrigkeitenrecht. Es ist in Rechtsprechung und Schrifttum allgemein anerkannt, dass das in § 46 StGB explizit verankerte Schuldprinzip auch im Ordnungswidrigkeitenrecht gilt.[725] Auch wenn das Prinzip nicht ausdrücklich im Grundgesetz geregelt ist, handelt es sich um ein essentielles Merkmal mit Verfassungsrang, welches über das Rechtsstaatsprinzip nach Art. 20 Abs. 3 GG sowie die Menschenwürde nach Art. 1 GG und das allgemeine Persönlichkeitsrecht nach Art 2 Abs. 1 GG hinreichend Anerkennung findet.[726]

Zwar ist die Geldbuße keine Kriminalstrafe, jedoch zeichnet sich die Geldbuße wie auch die Strafe dadurch aus, dass sie als „staatliche Unrechtsfolge"[727] auch auf „Repression und Vergeltung für ein rechtlich verbotenes Verhalten abzielt"[728]. Auch mit der Geldbuße, soll dem Betroffenen sein Fehlverhalten vor Augen geführt und zum Vorwurf gemacht werden. Dies setzt jedoch gerade die Vorwerfbarkeit, also Schuld, voraus; „andernfalls wäre die Strafe eine mit dem Rechtsstaatsprinzip unvereinbare Vergeltung für einen Vorgang, den der Betroffene nicht zu verantworten hat"[729].

2. Grundlegendes zum Schuldprinzip

Das Schuldprinzip fungiert als die „Grundlage des Strafrechts" und zugleich als „Begrenzung für die Strafmacht"[730]. Es besagt, dass eine Person dann nicht bestraft werden kann, wenn sie keine Schuld trifft („Keine Strafe ohne

725 BVerfGE 9, 169; 20, 323; *Gürtler* in: Göhler, OWiG, Vor § 1, Rn. 10; Geismar, S. 109.

726 Grundlegend hierfür: BVerfGE 20, 323. Vgl. auch: BVerfGE 25, 269; 42, 261; 57, 250; 90, 145; 95, 96; 109, 133; 110, 1; *Jarass* in: Jarass/Pieroth, Art. 20, Rn. 106; *Eisele* in Sch/Sch, Vorb. zu §§ 13 ff., Rn. 103/104, Schünemann, wistra 1982, S. 41 (49); *Theune* in: LK, § 46, Rn. 3 ff.

727 Geismar, S. 109.

728 BVerfGE 20, 323.

729 BVerfGE 20, 323.

730 Albrecht, Kriminologie, S. 119 ff. Siehe dazu ausführlich und kritisch: Albrecht, Die vergessene Freiheit, S. 73 ff.

Schuld" – *nulla poena sine culpa*). Beim Schuldprinzip ist der Schuldvorwurf maßgeblich, da die Verhängung einer Strafe nur dann rechtskonform ist, wenn die Tat der konkret handelnden Person persönlich vorgeworfen werden kann (subjektive Vorwerfbarkeit). Die Schuld ist entscheidend für das Strafmaß, weil die Strafe das Maß der Schuld nicht übersteigen darf; jede Strafe muss daher in einem gerechten Verhältnis zur Schwere der Tat und zum Verschulden des Täters stehen. Auch muss sie alle Merkmale des gesetzeswidrigen Verhaltens zum Gegenstand haben.[731]

3. *Vereinbarkeit von § 130 OWiG mit dem Schuldprinzip*

Die Frage der Vereinbarkeit des § 130 OWiG mit dem Schuldprinzip bezieht sich insbesondere auf das Merkmal der Zuwiderhandlung als objektive Bedingung der Ahndung. Dies findet seine Ursache bereits darin, dass im Strafrecht an der verfassungsrechtlichen Vereinbarkeit der Rechtsfigur der objektiven Bedingung der Strafbarkeit mit dem Schuldprinzip gezweifelt wird. Begründet wird dies damit, dass der Täter durch dieses Merkmal entgegen dem Schuldprinzip für ein fremdes Unrecht bestraft wird, das ihm persönlich nicht vorwerfbar ist, da dieses nicht von seinem Vorsatz umfasst war oder zumindest fahrlässig verursacht worden ist.[732] Vor diesem Hintergrund werden daher auch die subjektiven Ahndungsvoraussetzungen der Vorschrift als verfassungsrechtlich bedenklich erachtet, da § 130 OWiG bereits bei einer fahrlässigen Aufsichtspflichtverletzung des Unternehmensinhabers greift. So führt *Schünemann* aus, dass „die Kappung des Schuldzusammenhangs zwischen Aufsichtspflichtverletzung und Zuwiderhandlung"[733] die Konsequenz hat, dass der Unternehmensinhaber bereits für eine fahrlässige Aufsichtspflichtverletzung haftet, obwohl die dadurch ermöglichte Zuwiderhandlung eigentlich nur bei vorsätzlichem oder grob fahrlässigem Handeln mit Strafe oder Geldbuße sanktioniert wird.[734] Dies führt zu dem eigenartigen – weil beachtlich haftungserweiternden – Ergebnis, dass der Unternehmensinhaber bei einer (fahrlässigen) Aufsichtspflichtverletzung eher verantwortlich ist als bei einer eigenen Zuwiderhandlung und dies obwohl er doch beim eigentlichen Tatvorgang nicht dabei war.[735] *Schünemann* kritisiert vor diesem Hintergrund

731 Siehe etwa BVerfGE 20, 323; 95, 96; BGHSt 2, 194; 50, 40; Rengier, S. 226; Naucke, S. 65.

732 BGH wistra 1982, 73; OLG Frankfurt, wistra 1985, S. 38; *Gürtler* in: Göhler, § 130, Rn. 16a; Lemke/Mosbacher, § 130, Rn. 10; RRH, OWiG, § 130, Rn. 20a; Rogall, ZStW 98 (1986), S. 573 (589); Tiedemann, 1976, S. 233.

733 Schünemann, S. 118.

734 Vgl. auch Geismar, S. 110.

735 Zum Ganzen: Kindler, S. 113 ff., 118.

diesen sich geradezu aufdrängenden „Wertungswiderspruch“[736], dem § 130 OWiG unterliege, weshalb nach seiner Ansicht § 130 OWiG nicht mit dem Schuldprinzip vereinbar ist.

Teilweise wird diesen Ausführungen aber widersprochen, wonach § 130 OWiG einen derartigen Wertungswiderspruch nicht beinhalte, da der Aufsichtspflichtige nicht für fremdes Unrecht in Gestalt der begangenen Zuwiderhandlung, sondern wegen der Gefährlichkeit der unterlassenen, erforderlichen Aufsichtsmaßnahmen hafte.[737] Dem ist aber zusätzlich und für einen Wertungswiderspruch sprechend die Unstimmigkeit des § 130 OWiG entgegenzuhalten, wenn sich einerseits die Schuld des Unternehmensinhabers allein nach der Aufsichtspflichtverletzung bestimmt und die Zuwiderhandlung lediglich eine objektive Ahndungsbedingung darstellt, während andererseits die Höhe der Geldbuße vor allem aber von der Bedeutung und Schwere der begangenen Zuwiderhandlung abhängt. Dies ist bemerkenswert, weil auf einen Schuldzusammenhang zwischen Aufsichtspflichtverletzung und Zuwiderhandlung gerade verzichtet werden soll.[738] *Thiemann* folgert daraus zutreffend, dass die Zuwiderhandlung als objektive Bedingung der Ahndung unrechtserhöhende Wirkung zukommt und damit das Schuldprinzip verletzt.[739]

---

736 So Schünemann, wistra 1982, S. 41 (49).

737 *Cramer* in: KK-OWiG, 1. Auflage 1989, § 130, Rn. 5; RRH, OWiG, § 130, Rn. 1a.

738 Kindler, S. 118.

739 Thiemman, S. 130. Um Bemühung einer verfassungsrechtlichen Norminterpretation bedacht: *Kindler* erachtet § 130 OWiG als eine „Ausnahme vom Schuldgrundsatz“, vgl. Kindler, S. 126 oder *Geismar* mit dem Versuch einer unrechtseinschränkenden Auslegung, vgl. Geismar, S. 110 ff.

Teil 3: Zur Bedeutung der „fünf Aufsichtsmaßnahmen des § 130 OWiG“ für die Ausgestaltung eines Compliance Systems im Unternehmen

Im dritten Teil dieser Arbeit wird untersucht, ob die in Wissenschaft und Praxis erprobten Compliance Maßnahmen dazu dienen können, die „fünf Aufsichtsmaßnahmen des § 130 OWiG“ weiter zu konkretisieren. Dabei wird im Folgenden zunächst in die Fragestellung eingeführt (A.) und anschließend werden die beiden Schritte, die in Wissenschaft und Praxis für die Ausgestaltung eines Compliance Systems vorgeschlagen werden, dargestellt (B. und C.). In der Ausgangsphase (B.) werden der Inhalt und die Erforderlichkeit eines Risikomanagements für den Erfolg eines Compliance Systems erläutert. In der Ausgestaltungsphase (C.) werden die fünf Aufsichtsmaßnahmen konkretisiert und mit Kernelementen eines Compliance Systems verglichen, um im Ergebnis die Handlungspflichten des Unternehmensinhabers zu konkretisieren und die Grenzen seiner Aufsichtspflicht zu bestimmen. Dies schließt eine Analyse der maßgeblichen internationalen Regelwerke mit ein. Bestimmte Inhalte eines Compliance Systems, wie der Compliance Beauftragte und seine Strafbarkeitsrisiken, die Möglichkeiten und verfassungsrechtlichen Grenzen bei unternehmensinternen Untersuchungen sowie das Whistleblowing, werden in diesem Zusammenhang ausführlicher behandelt.

A. Grundlegendes

Zwar wurde durch die im zweiten Teil dieser Arbeit vorgenommene Konkretisierung *abstrakt* dargestellt, welche fünf Aufsichtsmaßnahmen im Sinne des § 130 OWiG vom Unternehmensinhaber abverlangt werden. Dieser Konkretisierung lässt sich aber nicht entnehmen, welche *konkreten* Handlungspflichten diese Aufsichtsmaßnahmen vom Unternehmensinhaber erfordern; zugleich zeigen diese abstrakten Maßnahmen ihm auch nicht die Grenzen der Aufsicht auf. Die Frage ist, die sich im dritten Teil diese Arbeit stellt, ob eine weitere notwendige Konkretisierung der Aufsichtsmaßnahmen durch Compliance geleistet werden kann. Dies erscheint aus den folgenden maßgeblichen Erwägungen zunächst fragwürdig:

(1) Aufgrund der kurzen deutschen Compliance-Historie befinden sich Compliance-Systeme und einzelne Compliance-Maßnahmen in deutschen Unternehmen erst in einer Erprobungsphase. Im Allgemeinen bestehen bereits keine gesicherten Erkenntnisse darüber, ob ein System oder bestimmte Compliance-Maßnahmen, den Funktionen von Compliance erfolgreich

nachkommen.[740] Insoweit ist man sich in der Wissenschaft und in der Praxis schon bei der Frage uneinig, welche Kernmerkmale im Allgemeinen ein Compliance-System aufweisen sollte und welche Compliance-Maßnahmen tatsächlich sinnvoll sind. Diese Fragestellung spitzt sich aber nochmals zu, wenn es um die spezifischen Anforderungen eines ordnungswidrigkeitenrechtskonformen Compliance-Systems oder ordnungswidrigkeitenrechtskonformer Compliance-Maßnahmen geht.

(2) Hintergrund für die Bedenken ist weiter, dass im Schrifttum vorgebracht wird, dass sich die Anforderungen, die sich aus den fünf Aufsichtsmaßnahmen ergeben, im Wesentlichen mit den Bestandteilen eines Compliance-Systems decken, weshalb etwa *Stephan/Seidel* auch von den „Kernmerkmalen der Compliance-Organisation" sprechen.[741] Mit Verweis auf die beiden Autoren ist auch für *Dierlamm* die große Kongruenz zwischen den Aufsichtsmaßnahmen und den „basalen Compliance-Themen nicht zufällig"[742]. Denn nach *Kort* orientieren sich die Compliance-Systeme in Unternehmen gegenwärtig unter anderem an der Rechtsprechungspraxis zur Aufsichtspflicht nach § 130 OWiG.[743] *Steinmeyer/Späth* gehen noch einen Schritt weiter und bezeichnen Compliance als „ein neudeutsches Wort für die in § 130 OWiG angesprochenen Aufsichtsmaßnahmen"[744]. Was soll also der Mehrwert von Compliance sein?

Diese beispielhaften Aussagen aus dem Schrifttum werden jedoch ohne Begründung bzw. einem vorausgehenden Vergleich aufgestellt. Deshalb erscheint eine Analyse dahingehend notwendig, ob die von Rechtsprechung und Schrifttum über den Wortlaut des § 130 OWiG hinaus entwickelten Aufsichtsmaßnahmen von der Wissenschaft und Praxis erst dazu verwendet wurden, Kernmerkmale von Compliance festzulegen und anschließend zu erproben, oder ob demgegenüber Compliance weitergehende Anforderungen an den Unternehmensinhaber stellt, die aber gerade dazu beitragen, § 130 OWiG bestimmter zu machen. Dementsprechend muss analysiert werden, ob die in Wissenschaft und Praxis vorgeschlagenen Kernmerkmale eines Compliance-Systems sich in den fünf erforderlichen Aufsichtsmaßnahmen wiederfinden. Hierfür bedarf es eines Vergleichs dieser Merkmale mit den fünf Aufsichtsmaßnahmen. Da die deutsche Compliance-Wissenschaft und -Praxis allerdings noch sehr jung ist und gesicherte Erkenntnisse über einzelne Compliance-Maßnahmen noch nicht bestehen, bedient sich die Arbeit zusätzlich einer Analyse internationaler Regelwerke, um die ordnungswidrigkeitenrechtlichen Anforderungen an ein Compliance-System zu bestimmen.

---

740 Zu den Funktionen von Compliance siehe den Gliederungspunkt ab S. 23.

741 So *Stephan/Seidel* in: Hdb. Haftungsvermeidung 2007, § 25, Rn. 79.

742 So *Dierlamm* in: Görling/Inderst/Bannenberg, S. 479.

743 So Kort, NZG 2008, S. 81 (82). Ferner Pampel, BB 2007, S. 1636 (1637).

744 So *Steinmeyer/Späth* in: Wieland/Steinmeyer/Grüninger, S. 192.

Für die Betrachtung der internationalen Compliance-Regelwerke gibt es drei entscheidende Gründe:

(1) Die US-Regelungen sind von besonderer Wichtigkeit für die Bestimmung des Inhalts eines Compliance-Systems, da von den US-Gesetzeswerken SOA, FCPA und USSG als internationaler Standard enorme Impulse und Ausstrahlungswirkungen für andere Jurisdiktionen ausgehen.[745] Im Folgenden ist in diesem Zusammenhang zu untersuchen, ob man aus den US-Gesetzeswerken zu den dortigen Compliance-Vorgaben nützliche Erkenntnisse für die hiesige Ausgestaltung eines Compliance-Systems gewinnt.
(2) Die Regelungen der USSG stehen bei der Analyse im Vordergrund, da diese explizit den Inhalt und die Anforderungen an ein Compliance-System darstellen. Allerdings sind auch zahlreiche US-Regelungen des SOA von Bedeutung, da sie auf deutsche Unternehmen Anwendung finden, die an einer US-Börse gelistet sind und mit Wertpapieren handeln oder in den USA unternehmerisch agieren.[746]
(3) Abgesehen von den Unternehmen, die nicht diesen US-Regelungen aufgrund ihrer internationalen Tätigkeit unterliegen, dienen diese Compliance-Vorgaben aus den US-Gesetzeswerken für alle anderen Unternehmen als Anreiz und Denkanstoß für die Implementierung oder Ausgestaltung ihres eigenen Compliance-Systems.

Die Frage, wie diese Aufsichtsmaßnahmen im Unternehmen *konkret* ausgestaltet werden müssen, um den von § 130 OWiG verlangten Anforderungen gerecht zu werden, ist angesichts der Verfahren der jüngeren Vergangenheit von erheblicher Relevanz für Unternehmen und deren Leitung: Denn die Ausgestaltung eines Compliance-Systems kann eine Sanktion der Unternehmensleitung nach § 130 OWiG und die Durchgriffsmöglichkeit auf das Unternehmen nach § 30 OWiG vermeiden.[747] So hat das Kammergericht etwa organisatorische Maßnahmen eines Unternehmens zur Prävention von Fehlverhalten bei der Bußgeldbemessung berücksichtigt.[748] Demgegenüber wird in einem Aufsatz von *Pampel* – einem Mitarbeiter des Bundeskartellamts – klargestellt, dass

745 Bussmann/Matschke, wistra 2008, S. 88; zustimmend: *Rieder/Falge* in: Görling/Inderst/Bannenberg, S. 22.

746 So auch *Rieder/Falge* in: Görling/Inderst/Bannenberg, S. 22.

747 Insofern betrachten *Steinmeyer/Späth* in: Wieland/Steinmeyer/Grüninger, S. 191 die „Bestimmung der richtigen Aufsichtsmaßnahmen als die „Gretchenfrage" der Corporate Compliance".

748 Vgl. KG, WuW/E OLG 4572–4574. Dazu auch Bosch/Colbus/Harbusch, WuW 2009, S. 740 (742); für eine Beachtung von Compliance-Maßnahmen bei der Bußgeldbemessung ferner: *Steinmeyer/Späth* in: Wieland/Steinmeyer/Grüninger, S. 192 f.

das Bundeskartellamt Compliance-Systeme bei der Festsetzung einer Geldbuße bisher nicht berücksichtigt hat. Begründet wird dies damit, dass die Einführung eines Compliance-Systems der Erfüllung der gesetzlichen Aufsichtspflicht diene. Die Verwirklichung einer gesetzlichen Obliegenheit könne aber nicht als mildernder Umstand berücksichtigt werden, so die Feststellung von *Pampel.*[749]

Die Konkretisierung der Aufsichtsmaßnahmen beinhaltet jedoch zugleich die Problematik, dass detaillierte Vorgaben zur *sorgfältigen Auswahl bei Neueinstellung von Personal*, *sachgerechten Organisation und Zuständigkeitsverteilung*, *angemessenen Instruktion und Schulung des Personals*, *ausreichenden Kontrolle und Überwachung des Personals* sowie zum *angemessenen Einschreiten bei Fehlverhalten des Personals* zum bereits erörterten „vorauseilenden Gehorsam" und damit zu einer umfassenden richterlichen Überprüfung führen können.[750] In diesem Kontext ist aber ausdrücklich darauf hinzuweisen, dass die anschließende Analyse der konkreten Ausgestaltung der Aufsichtsmaßnahmen im Sinne des § 130 OWiG und den sich daraus ergebenden Anforderungen an den Unternehmensinhaber aufgrund der bei Compliance-Fragen notwendigen Einzelfallabwägung nicht ohne weiteres zu addieren und daher nicht für jede Form von Unternehmen maßgeblich sind. Denn teilweise werden in den anschließenden Ausführungen branchenspezifische Vorgaben dargestellt, denen ein Unternehmen, würde man diese verallgemeinern, gar nicht gerecht werden könnte. Die folgenden Überlegungen richten sich vor diesem Hintergrund dementsprechend vor allem an Aktiengesellschaften und Gesellschaften mit beschränkter Haftung, da diese Unternehmensformen – wie schon dargestellt – zu zahlreichen Compliance-Maßnahmen verpflichtet werden.[751] Auch erfasst sind Unternehmen mit einer Mitarbeiterzahl von mehr als 500 Personen, da zum einen bei einer derartigen Unternehmensgröße die Unternehmensleiter selbst aufgrund von Zeit und Personal nicht mehr im Stande sind, alle Compliance-Risiken zu überwachen und ihren Pflichten sowie Aufgaben sorgfältig nachzukommen[752]; zum anderen können diesen Unternehmen im Gegensatz zu mittelständischen Unternehmen die Last und die hohen Kosten, die sich aus der Konkretisierung im Einzelfall für das jeweilige Unternehmen ergebenden Anforderungen, grundsätzlich auferlegt werden.

---

749 Pampel, BB 2007, S. 1636 (1638). Zur Beachtung von Compliance-Systemen auf europäischer Ebene siehe etwa, Rau, S. 135 ff.; Krebs/Eufinger/Jung, CCZ 2011, S. 213.

750 Bock, S. 623. Vgl. zum „vorauseilenden Gehorsam" den Gliederungspunkt ab S. 21.

751 Vgl. dazu den Gliederungspunkt ab S. 26.

752 Vgl. zur Definition des Mittelstands den Gliederungspunkt S. 44.

B. Ausgangsphase: Risikoanalyse der konkreten Compliance-Risiken in einem Unternehmen (sog. Risikomanagement)

Ein wesentlicher Bestandteil eines Compliance-Systems ist, der sich aus der hier verwendeten Definition eines Compliance-Systems ergibt, dazu beizutragen, Risiken frühzeitig zu erkennen. Ausgangspunkt für ein effektives Compliance-System ist zunächst die sorgfältige Analyse der konkreten Compliance-Risiken[753] in einem Unternehmen.[754] Denn erst wenn dem Unternehmen und seiner Leitung die Compliance-Risiken bewusst sind, können sie das Compliance-System entsprechend den Risiken ausgestalten.[755] Daher ist eine *Risikoanalyse* notwendig. Die Compliance-Risiken sind dabei nach den Prinzipien des sog. *Risikomanagements* systematisch *zu analysieren*, *zu bewerten* und schließlich *zu bewältigen*.[756] Unter einem Risikomanagement versteht man „die Gesamtheit aller organisatorischen Regelungen (Schaffung der organisatorischen Rahmenbedingungen) und Maßnahmen zur Risikofrüherkennung (Arbeitsschritte von der Generierung risikorelevanter Informationen bis zur Risikoklassifizierung) sowie zum Umgang mit den Risiken unternehmerischer Betätigung (Risikobewältigung)“[757]. Dem Risikomanagement werden dabei im Wesentlichen zwei Funktionen beigemessen[758]: Zum einen kann es eines von mehreren Elementen eines Compliance-Systems sein[759]; zum anderen konkretisiert es (straf- und ordnungswidrigkeitenrechtsbegrenzend), welche Compliance-Maßnahmen für das Unternehmen im Einzelfall erforderlich sind, um den identifizierten Risiken zu begegnen und diese präventiv zu vermeiden. So finden sich gesetzliche Grundlagen des Risikomanagements in § 91 Abs. 2

753 Zum Risikobegriff: vgl. *Pampel/Glage* in: Hdb. Haftungsvermeidung, S. 86 f.; Kromschröder/Lück, DB 1998, S. 1573.

754 Hauschka, DB 2006, S. 1143 (1144); Hauschka/Greeve, BB 2007, S. 165 (166); Rodewald/Unger, BB 2007, S. 1629 (1633); *Tauber/Campos Nave* in: Jäger/Rödl/Campos Nave, S. 391. So auch die Vorgehensweise in der US-amerikanischen Compliance-Beratung, wobei das Risikomanagement in den USA „liability inventory“ genannt wird, vgl. *Valukas/Stauffeur/Murphy* in: Kapplan/Murphy, § 5, S. 6; *Kapplan* in: Kapplan/Murphy, § 6, S. 1 ff.

755 Liese, BB 2008, S. 17 (22); Bock, S. 589.

756 Hauschka/Greeve, BB 2007, S. 165 (166); Rodewald/Unger, BB 2007, S. 1629 (1633).

757 So Hahn/Weber/Friedrich, BB 2000, S. 2620 (2622).

758 Vgl. dazu Bock, ZIS 2009, S. 68 (76); *Ringleb* in: Ringleb/Kremer/Lutter/Werder, Rn. 608.

759 Vgl. dazu auch 4.1.4 DCGK: „Der Vorstand sorgt für ein angemessenes Risikomanagement und Risikocontrolling im Unternehmen“ und die Ausführungen zum Risikofrüherkennungs- und Überwachungssystem nach § 91 Abs. 2 AktG beim Gliederungspunkt ab S. 29.

AktG, § 317 Abs. 4 HGB und § 289 Abs. 1 S. 4 HGB sowie im Bereich des Banken- und Versicherungsaufsichtsrechts etwa durch die Regelungen der § 25a KWG, § 33 WpHG und § 64a VAG, bei denen eine ordnungsgemäße Geschäftsorganisation, insbesondere ein Risikomanagement, vorausgesetzt wird. Das Ziel eines Risikomanagements ist „die Sicherung der Existenz und die Möglichkeit der strategischen, zukunftsorientierten Planung eines Unternehmens“[760].

In der Wissenschaft und auch in der Praxis setzt sich der Risikomanagement-Prozess typischerweise aus drei wesentlichen Schritten zusammen: *Risikoidentifikation* (I.), *Risikobewertung* (II.) und *Risikobewältigung* (III.). Dies deckt sich in etwa auch mit dem Regelungsinhalt Vorschrift des § 25a Abs. 1 S. 1 Nr. 3 b) KWG. Danach umfasst das „interne Kontrollsystem Prozesse zur Identifizierung, Beurteilung, Steuerung sowie Überwachung und Kommunikation der Risiken“. Ferner sei die Vorschrift des § 64a Abs. 1 S. 4 Nr. 3 b) VAG genannt, wonach ein „internes Steuerungs- und Kontrollsystem angemessene, auf der Risikostrategie beruhende Prozesse, die eine Risikoidentifikation, -analyse, -bewertung, -steuerung und -überwachung enthalten“, beinhaltet.

I. Risikoidentifikation

Erster Schritt für ein effektives Risikomanagement ist eine systematische Bestandsaufnahme der im jeweiligen Unternehmen aktuell vorhandenen und potentiellen Risiken (sog. *Risikoidentifikation*). Hierbei ist eine sorgfältige *Soll-Ist-Analyse* vorzunehmen.[761] Dazu sind alle rechtlichen und organisatorischen Risiken strukturiert und vollständig zu erfassen. Es wird dadurch festgestellt, aus welchen Bereichen für das Unternehmen Compliance-Risiken entstehen können.[762] Hierbei sind systematisch und regelmäßig alle Schadensgefahren und Verlustpotentiale vor und nach Eintritt von Schäden oder Verlusten zu dokumentieren.[763] Es sind zum einen die rechtskreis- sowie branchen- und industriespezifischen Risiken, zum anderen die unternehmensspezifischen Risiken auf Ebene der einzelnen Unternehmensbereiche wie Einkauf, Produktion, Marketing und Vertrieb zu erfassen.[764] Für die Prüfung stehen verschiedene Mittel zur Verfügung; zu nennen sind etwa Checklisten,

760 Zur Bedeutung des Risikomanagements im Unternehmen: *Pampel/Glage* in: Hdb. Haftungsvermeidung, S. 87 f.

761 *Tauber/Campos Nave* in: Jäger/Rödl/Campos Nave, S. 391.

762 AKEIÜ, DB 2010, S. 1510 (1511).

763 Zu den einzelnen Begriffen siehe Kromschröder/Lück, DB 1998, S. 1573 (1574).

764 Ausführlich dazu: *Tauber/Campos Nave* in: Jäger/Rödl/Campos Nave, S. 392 f.

Besichtigungen, Interviews mit Schlüsselmitarbeitern und Dokumentenanalysen.[765]

Im Zusammenhang mit den hier dargestellten Schritten zum Risikomanagement-Prozess sind die Anforderungen des UK Bribery Acts von Interesse. Denn die dazu vom britischen Ministry of Justice (Britisches Justizministerium) erlassenen Leitlinien („*Guidance*“)[766] beinhalten Vorgaben zum Inhalt einer Risikoanalyse (“*Risk Assessment*”).[767] Die Leitlinien sind insofern von Bedeutung, als sie mögliche Anhaltspunkte aufzeigen, welche Risiken bei der Risikoidentifikation zu berücksichtigen sind. Insbesondere ist der UK Bribery Act aber für deutsche Unternehmen von Interesse, da er auf alle Unternehmen unabhängig von ihrem Sitz Anwendung findet, welche geschäftlich im Vereinigten Königreich tätig sind.[768]

Am 08.04.2010 wurde der UK Bribery Act königlich genehmigt (“*Royal Assent*”) und trat am 01.07.2011 in Kraft.[769] Durch den UK Bribery Act wurden im Vereinigten Königreich die Anti-Korruptions-Regeln erheblich erweitert. Wichtigste Neuerung des Gesetzes ist eine in Section 7 UK Bribery Act statuierte strafrechtliche Verantwortlichkeit von Unternehmen[770] („*Failure of commercial organisations to prevent bribery*“).[771] Nach dieser Vorschrift haftet ein Unternehmen, wenn eine mit dem Unternehmen nahestehende Person („*associated person*“)[772] eine andere Person mit dem Vorsatz besticht, für

765 *Pauthner-Seidel/Stephan* in: Hdb. Haftungsvermeidung, S. 667 f.; *Pampel/Glage* in: Hdb. Haftungsvermeidung, S. 95; Kromschröder/Lück, DB 1998, S. 1573 (1574).

766 Siehe dazu „Guidance about procedures which relevant commercial organisations can put into place to prevent persons associated with them from bribing (section 9 of the Bribery Act 2010)“, abrufbar unter: http://www.justice.gov.uk/downloads/legislation/bribery-act-2010-guidance.pdf [20.07.2016]. Im Folgenden „Leitlinien“ genannt.

767 Zur Problematik der Verfassungskonformität von derartigen Richtlinien siehe den Gliederungspunkt ab S. 36.

768 Siehe Leitlinien UK Bribery Act, S. 15 zu Section 7: „[...] carries on a business, or an incorporated body or partnership which carries on a business or part of a business in the UK, irrespective of place of incorporation or formation“. Ferner zum Anwendungsbereich des UK Bribery Acts: Fett/Theusinger, BB 2010, S. 6 (7).

769 Ursprünglich sollte das Gesetz bereits am 08.04.2010 in Kraft treten, siehe dazu Deister/Geier/Rew, CCZ 2011, S. 81.

770 Unternehmen werden in den Leitlinien als *commercial organisations* bezeichnet.

771 Ausführlich dazu Deister/Geier/Rew, CCZ 2011, 81 (84 f.); Deister/Geier, CCZ 2011, S. 12 (15f.); Hugger/Röhrich, BB 2010, S. 2643 (2644 f.); Pörnbacher, NZG 2010, S. 1372 (1374).

772 Zum Begriff „nahestehende Person“ („*associated person*“): Deister/Geier/Rew, CCZ 2011, S. 81 (84); Hugger/Röhrich, BB 2010, S. 2643 (2644 f.).

das Unternehmen ein Geschäft oder geschäftlichen Vorteil zu erlangen oder zu sichern. Das Unternehmen kann sich allerdings vollständig der Haftung entziehen, sofern es den Nachweis erbringt, adäquate Maßnahmen (*"adequate procedures"*) ergriffen zu haben, um Bestechungshandlungen assoziierter Personen zu verhindern.[773]

Aus Section 7 UK Bribery Act selbst geht aber nicht hervor, was *adequate procedures* sind. Hierzu hat das Ministry of Justice allerdings Leitlinien veröffentlicht, die Vorgaben zu den *adequate procedures* beinhalten (vgl. Section 9 UK Bribery Act).[774] Das Ministry of Justice empfiehlt dabei, dass Unternehmen in ihrem eigenen Interesse ihre Antikorruptionsmaßnahmen nach *sechs Prinzipien* auszurichten haben. Bei diesen sechs Prinzipien handelt es sich allerdings nicht um Rechtsvorschriften (*"not prespective"*). Vielmehr verfolgen sie das Anliegen flexibel ausgestaltet zu sein, um den jeweiligen Unternehmen zu ermöglichen, die Maßnahmen an ihre einzelfallspezifischen Verhältnisse, Kapazitäten und Situationen anzupassen. Nach den Leitlinien sollen die Antikorruptionsmaßnahmen des jeweiligen Unternehmens im Ergebnis stets im Verhältnis zu dessen Korruptionsrisiko stehen.[775]

Die sechs Prinzipien gliedern sich wie folgt auf[776]: Verhältnismäßige Maßnahmen ("*Proportionate procedures*"), Verpflichtung der Unternehmensleitung ("*Top-level commitment*"), Risikoanalyse ("*Risk Assessment*"), Sorgfältige Überprüfung ("*Due Diligence*"), Kommunikation einschließlich Schulung ("*Communication (including training)*") sowie Überwachung und Bewertung ("*Monitoring and review*").

An dieser Stelle ist das dritte Prinzip der Leitlinien hervorzuheben, die sog. Risikoanalyse. Diese besagt, dass das Unternehmen regelmäßig unternehmensinterne und unternehmensexterne Risiken erfassen und analysieren muss.[777] Dadurch sollen Risikomanagement-Prozesse in die Unternehmensorganisation

---

773 „A commercial organisation will be liable to prosecution if a person associated with it bribes another person intending to obtain or retain business or an advantage in the conduct of business for that organisation. As set out above, the commercial organisation will have a full defence if it can show that despite a particular case of bribery it nevertheless had adequate procedures in place to prevent persons associated with it from bribing", vgl. Leitlinien UK Bribery Act, S. 15.

774 Zur Problematik der Selbstregulierung durch Unternehmen und Institutionen der Gliederungspunkt ab S. 96.

775 Zum Vorstehenden: Leitlinien UK Bribery Act, S. 20.

776 Siehe Leitlinien UK Bribery Act, S. 20 ff.

777 „The commercial organisation assesses the nature and extent of its exposure to potential external and internal risks of bribery on its behalf by persons associated with it. The assessment is periodic, informed and documented", vgl. Principle 3 in den Leitlinien des UK Bribery Acts, S. 25.

integriert werden und im Verhältnis zur Größe, Rechtsform und Struktur des Unternehmens stehen.[778]

Die Leitlinien kategorisieren dabei *externe Risiken* in fünf Gruppen:

- Länderrisiken
- sektorale Risiken
- Transaktionsrisiken
- Geschäftschancenrisiken
- Geschäftspartnerrisiken.

Demgegenüber sind nach den Leitlinien des UK Bribery Acts häufig vorkommende *interne Risiken*:

- Ausbildungsschwierigkeiten,
- Bonusmodelle, die hohe Risikobereitschaft belohnen,
- unbestimmte Unternehmensrichtlinien hinsichtlich Geschenke und Spenden,
- mangelnde Kontrolle der Finanzen sowie schließlich
- mangelnde Verpflichtung der Unternehmensleitung zur Korruptionsbekämpfung.[779]

Eine derartige Einordnung von Risiken wird hierzulande auch vorgenommen: *Pauthner-Seidel/Stephan* kategorisieren die Risiken etwa in strategische Risiken, rechtliche und regulatorische Risiken, operative Risiken, finanzielle Risiken und Personalrisiken.[780] Ein detaillierter Blick auf den Inhalt dieser Risiken zeigt dabei Gemeinsamkeiten auf mit der vom UK Bribery Act geforderten Risikoanalyse, so dass die bisher in Deutschland praktizierten Risikomanagement-Prozesse diesbezüglich mit den Vorgaben des UK Bribery Acts übereinstimmen.[781]

II. Risikobewertung

In einem zweiten Schritt sind die identifizierten Risiken mithilfe von methodischen und organisatorischen Aspekten zu bewerten.[782] Das Ziel der

---

778 Leitlinien UK Bribery Act, S. 25.

779 Zum Ganzen: Leitlinien UK Bribery Act, S. 26. Vgl. dazu auch: Deister/Geier/Rew, CCZ 2011, 81 (86).

780 *Pauthner-Seidel/Stephan* in: Hdb. Haftungsvermeidung, S. 647.

781 Jedoch sollten deutsche Unternehmen wegen des umfassenden Anwendungsbereichs des UK Bribery Acts ihre Unternehmensorganisation im Hinblick auf die Kompatibilität mit den hohen Anforderungen des UK Bribery Acts überprüfen. Dies gilt speziell für Unternehmen, die sich bisher am weniger stringenten FCPA oder nur an deutschen Vorschriften orientiert haben und irgendwie im Vereinigten Königreich geschäftlich tätig sind.

782 Bock, ZIS 2009, S. 68 (76).

Risikobewertung ist die Feststellung, inwieweit ein identifiziertes Risiko in negativer Hinsicht Einfluss auf ein Unternehmensziel nehmen kann.[783] Für die Auswertung wird in der Praxis regelmäßig auf die jeweilige Eintrittswahrscheinlichkeit[784] von Schadensfällen und den Umfang des drohenden Schadens[785] abgestellt.[786]

III. Risikobewältigung

Aus der Risikobewertung ergibt sich ein Risikoportfolio bzw. eine Risk-Map des jeweiligen Unternehmens, aus der sich der Umgang mit den bewerteten Risiken entnehmen lässt.[787] Maßnahmen zur Risikobewältigung sind die *Risikovermeidung*, *-verminderung*, *-überwälzung* und *-kompensation*.[788] Bei der Risikokompensation übernimmt das Unternehmen selbst das Risiko, wohingegen es bei der Risikoüberwälzung durch Vertrag oder faktische Übernahme auf ein anderes Unternehmen teilweise oder vollständig übertragen wird, zum Beispiel auf ein Versicherungsunternehmen.[789] Unterlässt das Unternehmen gänzlich risikobehaftete Tätigkeiten, wird dies als Risikovermeidung bezeichnet. Die Risikoverminderung verringert die Wahrscheinlichkeit, dass Nachteile durch eine Pflichtverletzung eines Mitarbeiters entstehen.[790] Das Hauptaugenmerk der Compliance-Maßnahmen liegt im Bereich der Risikovermeidung, zumindest aber in der Risikoverminderung. Diese beiden Arten der Risikobewältigung umfassen einen wesentlichen Bestandteil eines Compliance-Systems, entsprechend der Definition eines Compliance-Systems.[791] Denn durch die Einführung und Ausgestaltung eines Compliance-Systems einschließlich der gegenwärtig erprobten und vorgeschlagenen Compliance-Maßnahmen, können Eintrittswahrscheinlichkeit und Schäden gänzlich ausgeschlossen oder zumindest verringert

---

783 *Pampel/Glage* in: Hdb. Haftungsvermeidung, S. 95.

784 Diese besagt die Wahrscheinlichkeit, dass Nachteile durch eine Pflichtverletzung eines Mitarbeiters entstehen, siehe Bock, S. 468. Auch Schadenserwartungswert genannt: So Hahn/Weber/Friedrich, BB 2000, S. 2620 (2625).

785 Darunter wird der Umfang der durch eine Pflichtverletzung eines Mitarbeiters anzurichtenden eventuellen Nachteile verstanden, vgl. Bock, S. 469.

786 Dazu ausführlich: Hahn/Weber/Friedrich, BB 2000, S. 2620 (2625 f.); *Pampel/Glage* in: Hdb. Haftungsvermeidung, S. 95 f.

787 Hahn/Weber/Friedrich, BB 2000, S. 2620 (2625); Wolf, DStR 2002, S. 1729 (1731).

788 *Pauthner-Seidel/Stephan* in: Hdb. Haftungsvermeidung, S. 648; *Pampel/Glage* in: Hdb. Haftungsvermeidung, S. 96 f.; Bock, S. 599 f.

789 *Pampel/Glage* in: Hdb. Haftungsvermeidung, S. 96; Füßer/Gleißner/Meier, DB 1999, S. 753 (757).

790 Zu den Begriffen: Hahn/Weber/Friedrich, BB 2000, S. 2620 (2626 f.); Füßer/Gleißner/Meier, DB 1999, S. 753 (757).

791 Vgl. dazu den Gliederungspunkt ab S. 115.

werden.[792] Dabei bestimmt die Größe des aus der Eintrittswahrscheinlichkeit und möglichen Schadensumfangs ermittelten Wertes den Umfang der im Unternehmen durchzuführenden Aufsichtsmaßnahmen nach § 130 OWiG.[793] *Bock* meint im Grundsatz zutreffend in diesem Zusammenhang, dass „je größer der Erwartungswert einer Rechtsgüterbeeinträchtigung ist, desto mehr Aufsicht zur Wahrscheinlichkeitsreduzierung ist geboten“[794]. Jedoch muss hierbei berücksichtigt werden, dass nach dem Wortlaut des § 130 OWiG Art und Umfang der erforderlichen Aufsichtsmaßnahmen durch das Merkmal der *Zumutbarkeit* eingeschränkt werden, weshalb die Compliance-Maßnahmen stets in einem angemessenen Verhältnis zum erfassten Risikoprofil des jeweiligen Unternehmens stehen müssen und aus diesem Grund solche Aufsichtsmaßnahmen unzumutbar sind, die aus wirtschaftlicher Hinsicht mehr schaden als nützen.[795]

C. Ausgestaltungsphase: Die Vermeidung von Compliance-Verstößen durch die Konkretisierung der „fünf Aufsichtsmaßnahmen des § 130 OWiG“

Abhängig von den gewonnenen Erkenntnissen aus dem Risikomanagement-Prozess leiten sich daraus die unternehmensspezifischen Anforderungen an ein Compliance-System ab.[796] Im Rahmen der Ausgestaltungsphase sind die „fünf Aufsichtsmaßnahmen des § 130 OWiG“ mit unternehmensspezifischen Maßnahmen weiter zu konkretisieren, damit eine (ordnungswidrigkeitenrechtliche) Risikovermeidung sichergestellt werden kann. Durch die unternehmensindividuelle und effektive Ausgestaltung der fünf Aufsichtsmaßnahmen sollen Pflichtverletzungen sowie Missstände vermieden oder zumindest frühzeitig erkannt und konsequentes Einschreiten gegen derartige Situationen ermöglicht werden.[797]

Es gilt daher die Aufsichtsmaßnahmen zur (ordnungswidrigkeitenrechtlichen) Risikovermeidung mit Inhalt zu füllen. Für die Ausgestaltung werden in Wissenschaft und Praxis erprobte und vorgeschlagene Risikoverminderungsmaßnahmen sowie rechtsvergleichend internationale Regelwerke berücksichtigt. Speziell die genauen und abschließenden Vorgaben der USSG zu einem effektiven Compliance-System sind hierbei von Bedeutung. Denn

---

792 *Pampel/Glage* in: Hdb. Haftungsvermeidung, S. 96; *Pauthner-Seidel/Stephan* in: Hdb. Haftungsvermeidung, S. 648.
793 So Bock, ZIS 2009, S. 68 (76).
794 So Bock, ZIS 2009, S. 68 (75); Bock, S. 468.
795 Bock, ZIS 2009, S. 68 (76).
796 Denn die Ausgestaltung eines Compliance Systems hängt von dem konkreten Risikoprofil eines Unternehmens ab.
797 Schemmel/Ruhmannseder, AnwBl 2010, S. 647 (649).

im achten Abschnitt der USSG wird in § 8 B 2.1. USSG in sieben Punkten dargestellt, welchen wesentlichen Anforderungen ein effektives Compliance-System mindestens genügen muss, um in den Genuss einer Reduzierung der zu verhängenden Strafe zu kommen. Hierbei ist allerdings auf den US-spezifischen Kontext eines Compliance-Systems im Rahmen der USSG hinzuweisen, wonach ein effektives Compliance System auf der Strafzumessungsebene die Geldbuße lediglich verringert, sie aber nicht vermeidet im Sinne der hier interessierenden Risikovermeidung.

Um ein effektives Compliance-System zu errichten, soll ein Unternehmen nach § 8 B 2.1. USSG eine sorgfältige Prüfung („due diligence") durchführen, um dadurch kriminelles Verhalten *präventiv* aufzudecken und *repressiv* zu vermeiden. Zudem ist eine Unternehmenskultur zu entwickeln, die ethisches Verhalten und eine Verpflichtung zur Gesetzestreue fördert.[798] Das diesbezügliche Minimum, das von den Unternehmen abverlangt wird, beschreiben die USSG in sieben Punkten.[799] Da diese Regelung im Folgenden an den jeweiligen Stellen rechtsvergleichend und ergänzend zur Konkretisierung der fünf Aufsichtsmaßnahmen herangezogen werden, werden diese sieben Punkte vorab dargestellt:

(1) Verhaltensstandards und Richtlinien: Das Unternehmen hat Verhaltensstandards und Richtlinien zu entwickeln, die kriminelles Verhalten vermeiden und aufdecken.[800]

(2) Organisation und Aufsicht: Das Führungsgremium des Unternehmens („governing authority")[801] soll Kenntnis über Inhalt und Verfahren des Compliance-Systems haben und eine angemessene Aufsicht über die Implementierung und Wirksamkeit des Compliance-Systems ausüben.[802] Die Führungskräfte („high-level personnel") des Unternehmens müssen sicherstellen, dass das Unternehmen ein effektives Compliance-System besitzt. Es sind hierfür Führungskräfte auszuwählen, denen eine Gesamtverantwortung für das Compliance-System zukommt.[803] Bestimmten Personen soll innerhalb des Unternehmens die tägliche unternehmerische Verantwortung für das Compliance-System übertragen werden. Diese Personen sollen regelmäßig den Führungskräften und dem Führungsgremium hinsichtlich der Effektivität des Compliance-Systems berichten.

---

798 Vgl. § 8 B 2.1. (a) USSG.

799 Siehe hierzu: § 8 B 2.1. (b) USSG. Siehe insofern McGreal, 60 Southern Methodist University Law Review 2007, S. 1571 (1585 ff.).

800 Vgl. § 8 B 2.1. (b) (1) USSG.

801 Hierbei handelt es sich um das höchste Kontrollorgan eines Unternehmens, das sog. Board of Directors, siehe dazu: Hopson/Koehler, CCZ 2008, S. 208 (209).

802 Vgl. § 8 B 2.1. (b) (2) (A) USSG.

803 Vgl. § 8 B 2.1. (b) (2) (B) USSG.

Zur Erfüllung ihrer Aufgaben sind sie mit ausreichenden Ressourcen und Befugnissen auszustatten sowie mit einem direkten Berichtsweg zum Führungsgremium zu versehen.[804]

(3) Sorgfältige Auswahl des Personals: Das Unternehmen soll sorgfältig darauf achten, dass keinen Personen maßgebliche Verantwortung übertragen wird, von denen das Unternehmen aufgrund einer sorgfältigen Prüfung weiß oder hätte wissen können, dass diese Personen an kriminellen Aktivitäten oder anderen Verhaltensweisen beteiligt waren, die nicht mit einem effektiven Compliance-System im Einklang stehen.[805]

(4) Kommunikation und Schulung: Das Unternehmen soll angemessene Schritte unternehmen, um regelmäßig und in geeigneter Weise seine Verhaltensstandards und Richtlinien und andere Aspekte des Compliance-Systems zu kommunizieren, indem es wirksame Schulungsprogramme durchführt und den Mitarbeitern bezüglich ihrer Positionen und Verantwortungsbereiche sonstige Informationen vermittelt.[806]

(5) Überwachung und Prüfung: Das Unternehmen soll angemessene Schritte unternehmen, um zu gewährleisten, dass das Compliance-System befolgt wird. Erforderlich hierfür sind Überwachung und Überprüfung, um kriminelles Verhalten aufzudecken.[807] Zudem ist die Wirksamkeit des Compliance-Systems regelmäßig zu überprüfen.[808] Schließlich soll das Unternehmen ein System einrichten und bekanntmachen, innerhalb dessen Mitarbeiter des Unternehmens anonym und vertraulich vermeintliche oder tatsächliche kriminelle Verhalten melden können, ohne persönliche Konsequenzen zu befürchten.[809]

(6) Anreiz und Ahndung: Das Compliance-System soll im ganzen Unternehmen konsequent durchgesetzt und gefördert werden, indem (i) angemessene Anreize zum konformen Handeln mit dem Compliance-System geschaffen, und (ii) angemessene Disziplinarmaßnahmen ergriffen werden, wenn eine Person Straftaten begeht oder daran teilnimmt oder sie die erforderlichen Schritte zur Vermeidung und Aufdeckung des kriminellen Verhaltens unterlässt.[810]

(7) Einschreiten bei kriminellem Verhalten und Modifizierung: Nachdem kriminelles Verhalten aufgedeckt wurde, soll das Unternehmen angemessene Schritte unternehmen, um auf das festgestellte kriminelle Verhalten zu

804 Vgl. § 8 B 2.1. (b) (2) (C) USSG.
805 Vgl. § 8 B 2.1. (b) (3) USSG.
806 Vgl. § 8 B 2.1. (b) (4) (A) USSG.
807 Vgl. § 8 B 2.1. (b) (5) (A) USSG.
808 Vgl. § 8 B 2.1. (b) (5) (B) USSG.
809 Vgl. § 8 B 2.1. (b) (5) (C) USSG.
810 Vgl. § 8 B 2.1. (b) (6) USSG.

reagieren und ähnliches Verhalten zukünftig zu vermeiden, einschließlich notwendiger Anpassungen des Compliance-Systems.[811] Als angemessene Schritte wird im Guidelines Manual zu den USSG die Wiedergutmachung des Schadens genannt, der aus dem kriminellen Verhalten resultierte. Ferner eine Selbstanzeige gegenüber den Ermittlungsbehörden und eine Kooperation mit diesen.[812] Um zukünftig ähnliche Vorfälle zu vermeiden und ein wirksames Compliance-System zu gewährleisten, soll das Unternehmen schließlich das Compliance-System überprüfen und anpassen. Diese Überprüfung kann gegebenenfalls durch einen externen Sachverständigen durchgeführt werden, um eine angemessene Evaluierung und Implementierung zu gewährleisten.[813]

I. Sorgfältige Auswahl durch den Unternehmensinhaber bei der Neueinstellung von Personal

1. Allgemeines

Als ein ausdrückliches Regelbeispiel in § 130 Abs. 1 S. 2 OWiG genannt und damit eine maßgebliche Aufsichtsmaßnahme des § 130 OWiG ist die „sorgfältige Auswahl" der Mitarbeiter. Dabei beschreibt die Auswahlsorgfalt „diejenigen Verhaltensmaßstäbe, die bei der Erstübertragung neuer Aufgaben anzuwenden sind"[814]. Die Auswahl des richtigen Personals ist angesichts der jüngsten Verfahren mehr denn je von wesentlicher Bedeutung für den Erfolg eines Unternehmens.[815] Umso wichtiger ist es, Stellen, vor allem Schlüsselpositionen,[816] in Unternehmen optimal zu besetzen – speziell vor dem Hintergrund der Risikovermeidung: Denn aus kriminellem Fehlverhalten von Mitarbeitern können sich erhebliche finanzielle und rufschädigende Konsequenzen ergeben.[817] Um dies

811 Vgl. § 8 B 2.1. (b) (7) USSG.

812 Eine derartige Verpflichtung sollte keinesfalls Bestandteil des § 130 OWiG sein.

813 Commentary 6 to § 8 B 2.1. (b) (7) USSG.

814 So *Belling* in: Staudinger, § 831, Rn. 101. Die Kriterien für eine Neueinstellung gelten auch für eine Versetzung oder Beförderung eines Arbeitnehmers innerhalb eines Unternehmens, wobei bei einer Vorbeschäftigung in der Regel auf die Erkenntnisse der bisherigen Zusammenarbeit zurückgegriffen werden kann, so Bock, S. 632 f.

815 *Pelz* in: Hdb. Haftungsvermeidung, S. 494.

816 Vgl. zum Anforderungsprofil des Compliance-Beauftragten den Gliederungspunkt ab S. 150.

817 *Pelz* in: Hdb. Haftungsvermeidung, S. 494. Vgl. zu den Haftungsrisiken den Gliederungspunkt ab S. 54.

zu vermeiden, beginnt die Ausgestaltung eines effektiven Compliance-Systems mit der sorgfältigen Auswahl des Personals.[818]

Für die Auswahl eines geeigneten Mitarbeiters ist Folgendes durch den Arbeitgeber zu überprüfen: Die Bedeutung der wahrzunehmenden Aufgabe für das Unternehmen muss sich stets mit der *Fachkenntnis* und den *Fähigkeiten des Mitarbeiters* decken.[819] Der Arbeitgeber hat daher zu prüfen, ob der potentielle Arbeitnehmer, die ihm zugedachte Aufgabe überhaupt ordnungsgemäß ausüben könnte.[820] Er darf nicht erkennbar damit überfordert sein, die ihm übertragene Aufgabe zu erledigen, andernfalls ahnden die Gerichte dies als Organisationsmangel nach § 130 Abs. 1 OWiG.[821] Zudem wird der Arbeitgeber durch eine sorgfältige Auswahl des Personals nicht von seiner Überwachungspflicht befreit.[822]

Um demnach eine Aufsichtspflichtverletzung nach § 130 Abs. 1 OWiG zu verhindern, hat sich der Arbeitgeber im Rahmen des Bewerbungsverfahrens ein genaues Bild vom potentiellen Arbeitnehmer zu machen.

2. *Anforderungen an die sorgfältige Auswahl des Bewerbers*

Bei der Bewerberauswahl ist Dreh- und Angelpunkt einer Haftungsvermeidung nach § 130 Abs. 1 OWiG die Frage, welche Anforderungen für das Auswahlverfahren gelten, um dem Sorgfaltsmaßstab gerecht zu werden.[823] Verallgemeinernd lässt sich dies nicht beantworten, denn die Anforderungen hängen stets von der konkret zu übertragenden Aufgabe ab.[824] Allgemein lässt sich nur sagen, dass der Sorgfaltsmaßstab umso strenger ist, je schwieriger und verantwortungsvoller die zugewiesene Aufgabe im Unternehmen und je größer der drohende Schaden bei einem Fehlverhalten ist.[825] Anders gewendet,

818 So auch *Maschmann* in: Hdb. Korruptionsprävention, S. 103; Lelley, S. 79; Geismar, S. 73.

819 Es ist sicherzustellen, dass auf jeder Unternehmensebene Aufgabe, Kompetenz und Verantwortung übereinstimmen, so *Pelz* in: Hdb. Haftungsvermeidung, S. 496. So auch: *Gürtler* in: Göhler, § 130, Rn. 12; *Belling* in: Staudinger, § 831, Rn. 101; Fleischer, AG 2003, S. 291 (293).

820 Bock, S. 622; *Sprau* in: Palandt, § 831, Rn. 12.

821 KG, Beschl. vom 26.07.1997, Az.: 2 Ss 182/97 – 5 Ws (B) 424/97, 2 Ss.; Bussmann/Matschke, CCZ 2009, S. 133 (134); *Pelz* in: Hdb. Haftungsvermeidung, S. 108.

822 BayObLG, NJW 2002, S. 766; *Gürtler* in: Göhler, § 130, Rn. 15; *Pelz* in: Hdb. Haftungsvermeidung, S. 108; *Spindler* in: Hdb. Vorstandshaftung, § 15, Rn. 110.

823 Bock, S. 632 f.

824 *Belling* in: Staudinger, § 831, Rn. 101; *Schmidt-Husson* in: Hdb. Haftungsvermeidung, S. 127.

825 BGH NJW 2003, 288; *Schmidt-Husson* in: Hdb. Haftungsvermeidung, S. 127; *Sprau* in: Palandt, § 831, Rn. 12; *Schiemann* in: Erman, § 831, Rn. 17; Fleischer, AG 2003, S. 291 (293); *Gürtler* in: Göhler, § 130, Rn. 12.

der Sorgfaltsmaßstab hängt von den „Spezifika der zu besetzenden Stelle und dem damit verbundenen Gefährdungspotential ab“[826].

Um dem Sorgfaltsmaßstab bei der Bewerberauswahl nachzukommen, bestehen für den Arbeitgeber im Rahmen des Bewerbungsverfahrens zwei Prüfungsphasen: Zum einen die *Kontaktaufnahme des Bewerbers* a) mit dem einstellenden Unternehmen und zum anderen, bei Vakanzen für die Position sowie einem erfolgreichen Erstkontakt, das *Bewerbungsgespräch* b). Im Rahmen dieser beiden Phasen hat der Arbeitgeber stets die *fachliche Qualifikation des Bewerbers* und dessen *persönliche Eignung mit der ihm angedachten Aufgabe* im Unternehmen sorgfältig zu überprüfen.[827] Diese Kriterien lassen sich auch Art. 33 Abs. 2 GG entnehmen, wonach „jeder Deutsche nach seiner Eignung, Befähigung und fachlichen Leistung Zugang zu jedem öffentlichen Amte“ hat.

a) Kontaktaufnahme des Bewerbers

In der Phase der Kontaktaufnahme des Bewerbers ist erster Anhaltspunkt für die Prüfung der genannten Sorgfaltskriterien die dem Unternehmen zugegangenen *Bewerbungsunterlagen*. Allerdings kann die Aufmachung und die Zusammenstellung einer Bewerbungsmappe nur erstes, aber nicht ausschlaggebendes Indiz für die Sorgfalt des Bewerbers selbst sein – vor allem nicht im Hinblick auf seine Rechtskonformität.[828] Entscheidend für die Beurteilung eines Bewerbers anhand seiner Bewerbungsunterlagen sind vielmehr die Erkenntnisse, die sich aus der Darstellung des beruflichen Werdegangs ergeben. Der Arbeitgeber kann an dieser Stelle bereits erkennen, ob der Bewerber über die (notwendige) Kenntnis und Berufserfahrung für die (ausgeschriebene) Stelle im Unternehmen verfügt. Zudem beinhalten Bewerbungsunterlagen in der Regel Zeugnisse und Ausbildungsnachweise, die eine weitere Einschätzung zur fachlichen Befähigung des Bewerbers gewähren. Diese sollte sich der Arbeitgeber nochmals als Original vorlegen lassen, um Manipulationen auszuschließen.[829] Jedoch darf der Arbeitgeber davon ausgehen, dass der Bewerber die von ihm angegebenen Qualifikationen auch tatsächlich besitzt.

---

826 So *Rogall* in: KK-OWiG, § 130, Rn. 54.

827 *Sprau* in: Palandt, § 831, Rn. 12 spricht von „Fähigkeit, Eignung und Zuverlässigkeit“; Hegnon, CCZ 2009, S. 57 (58) spricht von „fachlicher Qualifikation und persönlicher Zuverlässigkeit“. So auch *Schmidt-Husson* in: Hdb. Haftungsvermeidung, S. 127.

828 So auch Bock, S. 626. Ähnlich BayObLG, NJW 2002, S. 766.

829 OLG Köln, NJW-RR 1997, S. 471; Bock, S. 634. *Hugger/Simon* in: Wieland/Steinmeyer/Grüninger, S. 508 verweisen aufgrund der Praxiserfahrung auf einen Zusammenhang zwischen Manipulationen an Zeugnissen und späterem Fehlverhalten, weil häufig relevante Auffälligkeiten übersehen worden sind. So auch *Benz/Heißner/John/Möllering* in: Hdb. Korruptionsprävention, S. 52, die des

Vor einem Bewerbungsgespräch könnte der Arbeitgeber auch versuchen, *Informationen bei Dritten* über die Befähigungen des Bewerbers einzuholen. In Betracht kommt eine Auskunft beim ehemaligen Arbeitgeber.[830] Relativierend ist bei einer solchen Informationseinholung allerdings Folgendes zu berücksichtigen: Zum einen kann es den Aussagen des ehemaligen Arbeitgebers oftmals an der notwendigen Objektivität fehlen,[831] zum anderen bedarf es der vorherigen Einwilligung des Bewerbers, sofern sich der potentiell zukünftige Arbeitgeber für eine Auskunft beim ehemaligen Arbeitgeber entschließt.[832]

Anhand der Unterlagen und gegebenenfalls der externen Auskünfte können möglicherweise die ersten Bewerber mangels Übereinstimmung von Qualifikation und zu besetzender Stelle bereits ausselektiert werden.

b) Bewerbungsgespräch

Daran schließt sich die zweite Phase an: das Bewerbungsgespräch. Mit den verbleibenden Bewerbern ist ein Gespräch durchzuführen, um gegebenenfalls die fachlichen Qualifikationen des Bewerbers zu testen und sich einen persönlichen Eindruck von der charakterlichen Eignung zu verschaffen. Fraglich ist aber, welche Maßnahmen im Rahmen des Bewerbungsgesprächs aus Sicht des Arbeitgebers erforderlich sind. Von Interesse ist hierbei zum einen welche Fragen er dem Bewerber stellen sollte bzw. darf; zum anderen, welche Tests mit dem Bewerber durchgeführt werden dürfen, um ihn auf seine charakterliche und persönliche Fähigkeit und Geeignetheit hin zu überprüfen.

Den Großteil der Informationen kann sich der Arbeitgeber im Rahmen des Bewerbungsgesprächs holen.[833] Erforderlich sind vor allem Fragen, die Erkenntnisse zur fachlichen Qualifikation ermöglichen wie etwa zum Inhalt vergangener Tätigkeiten und Schwerpunkte in der Ausbildung. Aber auch Fragen zu Lücken im Lebenslauf und deren Ursachen sind von Bedeutung. Werden diese Punkte vom Bewerber nicht zufriedenstellend erläutert, sollte diesen durch den Arbeitgeber nachgegangen werden.[834] Allerdings gilt das

---

Weiteren vom Arbeitgeber eine Überprüfung der im Lebenslauf angegebenen Referenzen verlangen. Eine derart allgemeine Nachforschungspflicht scheint aber überspannt und würde die Anforderungen an das Informationsrecht bei Dritten und das Fragerecht unterlaufen.

830 Dazu ausführlich: *Maschmann* in: Hdb. Korruptionsprävention, S. 108 ff.

831 Denn es werden oftmals keine negativen Tatsachen erwähnt, so *Belling* in: Staudinger, § 831, Rn. 103.

832 BAG BB 1977, 297; NZA 1985, 811 f.; *Belling* in: Staudinger, § 831, Rn. 103; *Hugger/Simon* in: Wieland/Steinmeyer/Grüninger, S. 508; *Maschmann* in: Hdb. Korruptionsprävention, S. 109.

833 Siehe insoweit: *Maschmann* in: Hdb. Korruptionsprävention, S. 104; *Wisskirchen/Bissels* in: Tschöpe, S. 119; *Preis* in: ErfK, § 611 BGB, Rn. 271.

834 *Benz/Heißner/John/Möllering* in: Hdb. Korruptionsprävention, S. 52.

Fragerecht des Arbeitgebers gegenüber dem Bewerber nicht uneingeschränkt: Nach dem Bundesarbeitsgericht sind Fragen des Arbeitgebers dann zulässig, an deren Beantwortung er wegen des zu begründenden Arbeitsverhältnisses ein berechtigtes, billigenswertes und schutzwürdiges Interesse hat.[835] Nach einer erfolgten Interessenabwägung ist ein Fragerecht bzw. eine Pflicht zur wahrheitsgemäßen Beantwortung der Frage dann zu bejahen, wenn das Recht des Bewerbers auf Wahrung seiner Persönlichkeit gegenüber dem Recht des Arbeitgebers auf Informationsfreiheit zurücktritt.[836] Demgegenüber müssen unzulässige Fragen des Arbeitgebers nicht beantwortet werden, wenn der Frage gesetzliche Wertentscheidungen entgegenstehen.[837] In diesen Fällen wird dem Bewerber faktisch ein *„Recht zur Lüge"* gestattet.[838]

Allgemein gesagt steht dem Arbeitgeber ein Fragerecht eher dann zu, je mehr die Frage auf die fachliche Qualifikation für die zu besetzende Stelle abzielt[839]: So sind Fragen nach der Berufsausbildung, Qualifikation und Berufserfahrung zulässig, da sie der Ermittlung der fachlichen Befähigung dienen.[840] Hingegen gilt das Fragerecht zu Vorstrafen und laufenden Ermittlungs- sowie Strafverfahren wegen des Resozialisierungsgedankens nicht uneingeschränkt: Nach der Rechtsprechung ist das Fragerecht nur dann zulässig, wenn gerade die Art des zu besetzenden Arbeitsplatzes eine Auskunft über Vorstrafen erfordert, um die Eignung des Bewerbers für die zu besetzende Position zu überprüfen.[841] Zulässig sind daher beispielsweise Fragen eines Buchhalters zu Vorstrafen aus dem Bereich der Vermögensstraftaten.[842]

Hinsichtlich Art und Umfang von *Tests* im Rahmen von Bewerbungsgesprächen bestehen in der Wissenschaft und Praxis Uneinigkeiten: Ist der Arbeitgeber zur Durchführung von allgemeinen Wissenstests, Gruppenarbeiten oder zur Übermittlung von Frage- und Einstellungsbögen an den Bewerber verpflichtet? Kann der Arbeitgeber gar die Einstellung eines Bewerbers von der Durchführung von Drogen- oder Alkoholtests abhängig machen?

Überwiegende Einigkeit besteht darüber, dass sog. *Integritätstests* vom Arbeitgeber nicht durchzuführen sind.[843] Denn der gegenwärtige Forschungsstand

---

835 BAG DB 1984, 2706; DB 1999, 1859.

836 BAG NZA 1985, 57; NZA 1996, 371.

837 *Wisskirchen/Bissels* in: Tschöpe, S. 120.

838 *Hugger/Simon* in: Wieland/Steinmeyer/Grüninger, S. 508; *Preis* in: ErfK, § 611 BGB, Rn. 271.

839 *Maschmann* in: Hdb. Korruptionsprävention, S. 104; ausführlich zu zulässigen Fragen: *Wisskirchen/Bissels* in: Tschöpe, S. 120 ff.

840 BAG BB 1970, 883; NZA 1996, 637.

841 BAG DB 1999, 1859; *Wisskirchen/Bissels* in: Tschöpe, S. 137.

842 Fleischer, AG 2003, S. 291 (293).

843 Vgl. dazu Bussmann/Matschke, CCZ 2009, S. 133 (134), *Wisskirchen/Bissels* in: Tschöpe, S. 145 ff.; *Preis* in: ErfK, § 611 BGB, Rn. 308 und Lelley, S. 81 ff.

ist nicht ausreichend, um aus solchen Tests eine fundierte Prognose hinsichtlich der Begehung von Wirtschaftskriminalität herzuleiten.[844] Derartige Tests zielen darauf ab, Erkenntnisse über Charakter, Fähigkeiten, Zuverlässigkeit und Integrität des Bewerbers zu erhalten – begründet auf Informationen, die der Bewerber an sich nicht preisgeben würde.[845] Insgesamt werden daher gut strukturierte Bewerbungsgespräche mit einer situativen Komponente als ausreichend und zuverlässig erachtet.[846]

Die Verpflichtung zur Durchführung eines *Drogen- oder Alkoholtests* stellt regelmäßig einen Eingriff in das verfassungsrechtlich geschützte Persönlichkeitsrecht des Bewerbers dar, weshalb an die Verpflichtung zu solchen Tests strenge Voraussetzungen gestellt werden.[847] Bei der Neueinstellung darf der Arbeitgeber nicht standardmäßig von jedem Bewerber vorsorglich einen Alkohol- oder Drogentest verlangen. Der Arbeitgeber hat aber das Recht eine ärztliche Gesundheitsuntersuchung entsprechend den Grundsätzen zum Fragerecht des Arbeitgebers durchführen zu lassen, „wenn er ein berechtigtes Interesse daran hat".[848] Die Zulässigkeit eines Alkohol- oder Drogentests hängt davon ab, ob das Ergebnis einen Bezug zur konkret zu besetzenden Arbeitsstelle hat oder eine besondere Risikosituation gegeben ist, bei der der Bewerber durch ein alkohol- oder drogenbedingtes Fehlverhalten das Leben, die Gesundheit oder das Eigentum Dritter sowie sich selbst gefährden könnte.[849] Diese Risikosituation muss über das normale Risiko einer bloßen Schlecht- oder Nichtleistung des Arbeitnehmers hinausgehen.[850]

Trotz dieser hohen Anforderungen haben sich derartige Tests in Deutschland nach Erkenntnissen von Kriminologen gemäß dem Vorbild US-amerikanischer

---

844 *Hugger/Simon* in: Wieland/Steinmeyer/Grüninger, S. 509 erachten derartige Tests bei der Besetzung besonders compliance-relevanter Positionen im Einzelfall als zulässig und empfehlenswert. Zustimmend: *Belling* in: Staudinger, § 831, Rn. 103. *Benz/Heißner/John/Möllering* in: Hdb. Korruptionsprävention, S. 52 nennen ein „Pre-Employment-Screening" als eine geeignete Möglichkeit zur vorgelagerten Kontrolle. Eine Rechtsprechung bezüglich einer verpflichtenden Durchführung solcher Tests ist nicht ersichtlich. Ferner *Pelz* in: Hdb. Haftungsvermeidung, S. 495, der zur Bewertung der Integrität ein Pre-Employment-Screening oder Integrity Assessments empfiehlt. Siehe dazu Vogt, NJW 2009, S. 3755.

845 Lelley, S. 80.

846 Bussmann/Matschke, CCZ 2009, S. 133 (134); Bock, S. 632; *Sprau* in: Palandt, § 831, Rn. 12.

847 BAG DB 1999, 2369. Bei Blut- oder Haartests wird auch in das Grundrecht auf körperliche Unversehrtheit eingegriffen, vgl. Diller/Pwoetzka, NZA 2001, S. 1227.

848 So Diller/Pwoetzka, NZA 2001, S. 1227 (1228).

849 *Becker* in: Kittner/Zwanziger, § 28, Rn. 28a.

850 Diller/Pwoetzka, NZA 2001, S. 1227 (1228).

Sicherheitsstrategien in Einstellungsverfahren zunehmend etabliert.[851] Legitimiert werden diese Tests mit dem Arbeits- und Gesundheitsschutz. Allerdings kommt *Paul* in ihrer Untersuchung zum Ergebnis, dass der Arbeits- und Gesundheitsschutz der Bewerber als „ökonomische Größe“ gerade nicht der Grund für die Durchführung der Tests ist, da „Alkohol und Drogen“ in den Erfolgsberichten der Unternehmen als Unfallgefährdung am Arbeitsplatz gar nicht thematisiert werden. Insoweit stellt *Paul* die These auf, dass derartige Tests ausschließlich der Ermittlung dienen, ob der jeweilige Bewerber „mit Drogen in Kontakt gekommen ist, ungeachtet der Frage nach dessen Konsumverhalten“, da speziell Drogen als „Synonym für Krankheit und Kriminalität“ verstanden werden.[852]

Im Zusammenhang mit Drogen- oder Alkoholtests darf letztendlich nicht verkannt werden, dass die Gefahr besteht, dass der Bewerber bei Ablehnung solcher Tests vom Arbeitgeber anschließend nicht eingestellt wird. Die Rechtsschutzmöglichkeiten des Bewerbers sind dabei äußerst begrenzt, da zivilrechtliche Schadensersatz- oder Schmerzensgeldansprüche wegen Verletzung des Persönlichkeitsrechts – gestützt auf die unterlassene Einstellung wegen der Verweigerung der Durchführung eines Alkohol- oder Drogentests – nur schwer nachweisbar sind.[853]

Neben der fachlichen Qualifikation ist bei der Auswahl des Bewerbers auch dessen persönliche Eignung zu berücksichtigen.[854] Der Arbeitgeber sollte daher darauf achten, solche Personen auszuwählen, die die *„Charakterstärke“* und das *„Verantwortungsbewusstsein“* besitzen, die übertragene Position im Unternehmen nicht zur Begehung von Straftaten auszunutzen.[855] Gleichwohl sind diese Eigenschaften nur schwer prüfbar, damit die Wahrscheinlichkeit der Begehung von Straftaten auf null reduziert werden kann. Daher wird von Autoren in diesem Zusammenhang vorgebracht, dass vom Arbeitgeber verlangt werden kann, sich vom Bewerber ein polizeiliches Führungszeugnis vorlegen zu lassen.[856] Denn nach den empirischen Erkenntnissen von *Bussmann/Matschke* sollen „einschlägige Vorbelastungen noch am ehesten als ein

851 So Diller/Pwoetzka, NZA 2001, S. 1227 (1228).

852 Paul, KrimJ 2007, S. 55.

853 Diller/Pwoetzka, NZA 2001, S. 1227 (1228).

854 Vor allem wenn mit der Tätigkeit Gefahren verbunden sind, so *Sprau* in: Palandt, § 831, Rn. 12. Ferner *Schmidt-Husson* in: Hdb. Haftungsvermeidung, S. 127.

855 Vgl. Bock, S. 630; *Sprau* in: Palandt, § 831, Rn. 12; *Schiemann* in: Erman, § 831, Rn. 17.

856 Bock, S. 635; *Belling* in: Staudinger, § 831, Rn. 103; *Maschmann* in: Hdb. Korruptionsprävention, S. 110 ist der Ansicht, dass der Arbeitgeber nicht ohne weiteres ein Führungszeugnis verlangen kann, da sich aus ihm mehr Vorstrafen ergeben können, als der Bewerber anzugeben hat.

valider Indikator für einen Rückfall“[857] gelten. Allerdings ist diesbezüglich anzuführen, dass die Anforderungen an eine Eintragung in das Führungszeugnis sehr genau sind. Ferner werden Eintragungen gem. § 34 Bundeszentralregistergesetz (BZRG) nach Fristablauf gelöscht – etwa eine Geldstrafe nach drei Jahren (vgl. § 34 Abs. 1 Nr. BZRG).[858] Entgegen der Erkenntnisse von *Bussmann/Matschke* darf daher nicht vorschnell von Vorstrafen auf ein charakterliches Defizit geschlossen werden, da dies dem Resozialisierungsgedanken widerstrebt.[859]

Ein Blick auf § 8 B 2.1 (b) (3) USSG verdeutlicht, dass die Berücksichtigung der persönlichen Eignung im Rahmen des Bewerbungsgesprächs essentieller Bestandteil erforderlicher Compliance-Maßnahmen ist. Danach ist für effektive Compliance-Maßnahmen eines Unternehmens erforderlich, dass keinen Personen *maßgebliche Verantwortung* übertragen wird, von denen das Unternehmen aufgrund einer sorgfältigen Prüfung weiß oder hätte wissen können, dass diese Personen an kriminellen Aktivitäten oder anderen Verhaltensweisen beteiligt waren, die nicht mit einem effektiven Compliance-System im Einklang stehen.[860]

Zukünftig könnten solche Compliance-Anstrengungen im Rahmen von § 130 OWiG eine Bedeutung haben, so dass den Unternehmensinhaber die Pflicht trifft, das Legalverhalten von Bewerbern für Schlüsselpositionen zu prüfen.[861] Daran zeigt sich, welche drastischen Konsequenzen es für den Arbeitgeber haben kann, ihm im Rahmen des § 130 OWiG Vorgaben zum Bewerbungsverfahren zu machen.[862] Denn detaillierte Vorgaben zur sorgfältigen Auswahl implizieren eine umfassende richterliche Überprüfung.[863]

c) Nach der Einstellung eines Bewerbers

Wurden Bewerber schließlich sorgfältig ausgewählt, sind zwischen Arbeitgeber und neueingestelltem Arbeitnehmer regelmäßige *Beurteilungsgespräche* durchzuführen. Diese sind zum einen für die *Leistungskontrolle* und *Karriereentwicklung* des neueingestellten Arbeitnehmers geeignet. Zum anderen dienen sie

---

857 Bussmann/Matschke, CCZ 2009, S. 133 (134).

858 Bock, S. 635.

859 Bock, S. 630. So aber *Belling* in: Staudinger, § 831, Rn. 103 mit einigen Beispielen.

860 Vgl. § 8 B 2.1. (b) (3) USSG: „The organization shall use reasonable efforts not to include within the substantial authority personnel of the organization any individual whom the organization knew, or should have known through the exercise of due diligence, has engaged in illegal activities or other conduct inconsistent with an effective compliance and ethics program.“

861 So Bussmann/Matschke, CCZ 2009, S. 133 (134).

862 So Bock, S. 632.

863 Bock, S. 623.

dazu, im Unternehmen vorhandene Probleme anzusprechen. Insgesamt können dadurch negative Entwicklungen frühzeitig erkannt und vermieden werden.[864]

II. Sachgerechte Organisation und Zuständigkeitsverteilung im Unternehmen

1. Allgemeines

Zur Einhaltung der erforderlichen Aufsicht im Sinne des § 130 OWiG muss der Unternehmensleiter durch effektive Organisationsanordnungen und einer damit verbundenen Zuständigkeitsverteilung für gesetzestreues Verhalten innerhalb des Unternehmens Sorge tragen.[865] Die im ersten Teil der Arbeit dargestellten zahlreichen Gesetzesnovellierungen[866] haben verdeutlicht, dass die den Unternehmensleitern obliegenden Aufgaben und Pflichten an die Organisation eines Unternehmens in Deutschland in den letzten Jahren erheblich gestiegen sind. Damit die Verantwortlichen diesen Aufgaben und Pflichten nachkommen, obliegt es den Unternehmensleitern das Unternehmen *sachgerecht zu organisieren.*[867] Compliance betrifft diesbezüglich zum einen den Aufbau einer klaren Unternehmensorganisation und zum anderen die Festlegung der internen Zuständigkeiten, Prozesse, Kompetenzen und Abläufe.[868] Hierfür gibt es zwar keine allgemeingültigen Leitlinien, regelmäßig ist aber erster und entscheidender Schritt zu einer sachgerechten Organisation die *Verteilung der Zuständigkeiten* innerhalb der einzelnen Hierarchieebenen des Unternehmens.[869]

Für die Befolgung der Aufsichtspflicht nach § 130 OWiG ist auf oberster Ebene der Unternehmensinhaber zuständig.[870] Er ist für die Wahrnehmung der zahlreichen und vielschichtigen Pflichten verantwortlich, die das Unternehmen mit sich bringt, was als der *Grundsatz der Allzuständigkeit* beschrieben wird.[871]

864 *Benz/Heißner/John/Möllering* in: Hdb. Korruptionsprävention, S. 53.

865 Diese Pflicht des Vorstands wiederholt Ziffer 4.1.3. DCGK, wonach er innerhalb des Unternehmens „für die Einhaltung der gesetzlichen Bestimmungen und unternehmensinternen Richtlinien zu sorgen“ hat.

866 Ausführlich dazu der Gliederungspunkt ab S. 26.

867 OLG Hamm, wistra 2003, S. 469.

868 Bock, S. 677; *Pelz* in: Hdb. Haftungsvermeidung, S. 112.

869 Demuth/Schneider, BB 1970, S. 642 (649).

870 Fleischer, CCZ 2008, S. 1 (3); *Pelz* in: Hdb. Haftungsvermeidung, S. 112; *Rogall* in: KK-OWiG, § 130, Rn. 55; *Vetter* in: Wecker/van Laak, S. 37; Liese, BB 2008, S. 17 (22).

871 BGHZ 133, 370; *Haas/Ziemons* in: Michalski, § 43, Rn. 165; Kiethe, GmbHR 2007, S. 393 (398); *Vetter* in: Wecker/van Laak, S. 45; *Schmidt-Husson* in: Hdb. Haftungsvermeidung, S. 118.

Heutzutage ist es aber immer seltener, dass es in einem Unternehmen „*den*" Inhaber bestehend aus einer Person gibt. Vielmehr setzen sich bei internationalen Großunternehmen die Führungsebenen häufig nicht mehr aus einer Person zusammen, sondern umfassen gleich ein mehrköpfiges Organ (die folgenden Überlegungen gehen daher von einer mehrköpfigen Unternehmensleitung aus).[872] Bei derartigen mehrköpfigen Führungsebenen stellt sich dann aber die Frage, wen die Organisationspflicht trifft. Bei einer Aktiengesellschaft sind nach § 77 Abs. 1 AktG alle Vorstandsmitglieder nur gemeinschaftlich zur Geschäftsführung berechtigt, es gilt insoweit kraft Gesetz der Grundsatz der Gesamtzuständigkeit.[873] Entsprechend diesem Grundsatz ist jedes einzelne Mitglied der Unternehmensleitung Normadressat des § 130 OWiG, da jedes Mitglied die Pflicht einer rechts- und ordnungsgemäßen Geschäftsführung trifft. Dies wird im Schrifttum als *Grundsatz der Gesamtverantwortung* etikettiert.[874] Ausgehend davon obliegt also jedem Mitglied der Unternehmensleitung als Normadressat des § 130 OWiG die Sorgfaltspflicht, durch organisatorische Maßnahmen die Einhaltung aller geltenden Ge- und Verbote sicherzustellen.[875]

2. *Zuständigkeitsverteilung*

Zwar werden diese Grundsätze teilweise im Gesetz nicht ausdrücklich angesprochen,[876] dennoch sind sie allgemein anerkannt.[877] Trotz dessen die Unternehmensleitung die Gesamtzuständigkeit und Gesamtverantwortung für Corporate Compliance trifft, geht die Wahrnehmung von Compliance-Aufgaben mit einer mehrfachen Delegation innerhalb des Unternehmens einher.[878] Denn aufgrund der Vielzahl der ihnen obliegenden Pflichten, der Komplexität der Leitungsaufgabe und der in gewissen Unternehmensbereichen notwendigen Fachkenntnis, sind für die Unternehmensverantwortlichen die Mittel der *Dezentralisation* und *Delegation* unumgänglich. Anders gewendet, müssen Unternehmensverantwortliche nicht alle Pflichten und Aufgaben in eigener

872 Bei Dax 30-Unternehmen setzt sich die Führungsebene durchweg aus mehreren Personen zusammen: So bestehen etwa der Vorstände der Volkswagen AG, der Deutsche Telekom AG und Siemens AG derzeit aus sieben Mitgliedern.

873 Hüffer, § 77, Rn. 1; *Oltmanns* in: Heidel, § 77, Rn. 8; *Bürgers/Israel* in: Bürgers/Körber, § 77, Rn. 1; Kiethe, GmbHR 2007, S. 393 (398).

874 Grundsätzlich dazu: Fleischer, NZG 2003, S. 449 ff.; Hoffmann-Becking, ZGR 1998, S. 497 (508 f.); *Landwehrmann* in: Heidel, § 93, Rn. 14; *Spindler* in: Hdb. Vorstandshaftung, § 15, Rn. 83.

875 *Schmidt-Husson* in: Hdb. Haftungsvermeidung, S. 119.

876 Zum Beispiel in §§ 76, 77, 78, 93 Abs. 2 AktG und §§ 35, 37, 43 Abs. 2 GmbHG, vgl. *Schmidt-Husson* in: Hdb. Haftungsvermeidung, S. 119.

877 *Fleischer* in: Spindler/Stilz, § 77, Rn. 44.

878 So Liese, BB 2008, S. 17 (22).

Person wahrnehmen, sondern dürfen diese delegieren. Sie haben oftmals gar keine andere Möglichkeit, die Rechtmäßigkeit des Handelns im Unternehmen mittels der Delegation von Aufgaben und Pflichten sicherzustellen.[879]

Insgesamt ist bei allen Delegationen – also innerhalb der Unternehmensleitung und auf nachgeordnete Unternehmensebenen – immer auf eine präzise und eindeutige Festlegung der Verantwortungsbereiche zu achten: Um den Anforderungen des § 130 OWiG nachzukommen, sind alle Verantwortungsbereiche zu definieren, klar abzugrenzen und überschneidungsfrei zuzuweisen.[880] Es gilt Kompetenzüberschneidungen, Mehrfachzuständigkeiten oder gar fehlende Zuständigkeiten auszuschließen, um zu vermeiden, dass sich Mitarbeiter bei der Erfüllung der Pflichten auf ihre Kollegen verlassen und sich dadurch für unzuständig halten.[881] *Bock* sieht in diesem Zusammenhang einen „Organisationsplan mit Verantwortungsebenungen (funktional, konkrete Person [Name]; schriftliche Festlegung von Arbeitsplatzbeschreibungen, Kompetenzen, Verantwortlichkeiten, Weisungsbefugnisse, Kontrolle, Berichtslinien)"[882] als erforderlich an. In diesem Zusammenhang erfüllt nach Ansicht des Kammergerichts der Unternehmensinhaber nur dann seine Pflicht nach § 130 OWiG, wenn er die von ihm nicht wahrnehmbaren Aufsichtsmaßnahmen lückenlos verteilt.[883] Sollten Zuständigkeiten also nicht eindeutig verteilt sein, stellt dies einen den Inhaber treffenden Organisationsmangel dar.[884] Denn Unklarheiten haben die Unwirksamkeit der Delegation zur Folge, so dass die Pflichten weiterhin bei der Unternehmensleitung verbleiben.[885] Abhängig von der Größe eines Unternehmens kann nach Ansicht der Rechtsprechung auch die Pflicht zur Einrichtung einer Revisionsabteilung bestehen, um die von § 130 OWiG verlangte Überwachung sicherzustellen.[886] Hätte der Inhaber also die betriebsbezogene Zuwiderhandlung durch eine sachgerechte

---

879 So *Rieder/Falge* in: Görling/Inderst/Bannenberg, S. 14.

880 KG, Beschl. vom 26.07.1997, Az.: 2 Ss 182/97 – 5 Ws (B) 424/97, 2 Ss; OLG Düsseldorf, wistra 1992, S. 355; OLG Düsseldorf, wistra 1999, S. 115; Meier-Greve, BB 2009, S. 2555 (2556); *Schmidt-Husson* in: Hdb. Haftungsvermeidung, S. 126; *Hauschka* in: Hdb. Haftungsvermeidung, S. 17, 21; *Pelz* in: Hdb. Haftungsvermeidung, S. 108; *Vetter* in: Wecker/van Laak, S. 46.

881 OLG Düsseldorf, wistra 1999, S. 115; Hauschka, NJW 2004, S. 257 (259 f.); *Schmid/Fridrich* in: Hdb. Wirtschaftsstrafrecht, § 30, Rn. 151.

882 So Bock, ZIS 2009, S. 68 (77). Ebenfalls in diese Richtung *Pelz* in: Hdb. Haftungsvermeidung, S. 111.

883 KG, Beschl. vom 26.07.1997, Az.: 2 Ss 182/97 – 5 Ws (B) 424/97, 2 Ss.

884 Siehe dazu etwa BGH wistra 1989, 109; OLG Düsseldorf wistra 1999, S. 115; *Gürtler* in: Göhler, § 130, Rn. 14.

885 Meier-Greve, BB 2009, S. 2555 (2556).

886 BGH wistra 1982, 34.

Organisation verhindern oder wesentlich erschweren können, verletzt dies § 130 OWiG.[887]

Allerdings gilt es zu beachten, dass nicht alle Aufgaben und Pflichten delegiert werden können. Dies gilt insbesondere für wesentliche Aufgaben und ressortübergreifende Entscheidungen, die die Unternehmensleitung als Gesamtorgan von Gesetzes wegen wahrzunehmen hat und sie *als Ganzes betrifft*.[888] Davon ausgehend ist es offensichtlich, dass die Unternehmensleitung ihre Leitungsaufgabe nicht auf ein einzelnes Mitglied übertragen kann.[889] Aus der zentralen Aufgabe der Unternehmensleitung, das Unternehmen den gesetzlichen Vorschriften gemäß zu organisieren, lässt sich ferner entnehmen, dass Corporate Compliance Teil der Organisationspflicht ist und damit dem Leitungsbegriff nach § 76 Abs. 1 AktG unterfällt.[890] Somit kann auch nicht die Gesamtverantwortung für die Compliance horizontal vollumfänglich delegiert werden.[891] Denn Entscheidungen über die Organisation eines Unternehmens trifft die Unternehmensleitung im Ganzen.[892] Ferner ist eine Delegation unzulässig bei den Führungsaufgaben der *Unternehmensplanung*, *-strukturierung* und *-kontrolle* sowie bei der Besetzung von Führungsstellen.[893]

Das *Korrelat einer Delegation* sind nach Ansicht des BGH stets Auswahl-, Instruktions- und Überwachungspflichten[894]: So müssen die Delegierten in einem ersten Schritt stets bezogen auf ihren Verantwortungsbereich und die Anforderungen an die Position in Anbetracht der jeweiligen fachlichen Befähigung und persönlichen Eignung ausgewählt werden.[895] Anschließend sind sie in ihrem Bereich und den ihnen dort obliegenden Aufgaben gründlich einzuweisen sowie

887 *Schmid/Fridrich* in: Hdb. Wirtschaftsstrafrecht, § 30, Rn. 150 f.

888 *Mertens/Cahn* in: KK-AktG; § 77, Rn. 17; *Wiesner* in: Münch Hdb. GesR IV, § 19, Rn. 13; Hoffmann-Becking, ZGR 1998, S. 497 (508).

889 Dies ergibt sich schon aus § 76 Abs. 1 AktG.

890 *Eisele* in: Hdb. Bankrecht, § 109, Rn. 99. In Bezug auf die USA siehe die Entscheidung des Delaware Chancery Court, vgl. 698 A.2d 959, 970; 911 A.2d und 906 A.2d 27.

891 Hauschka, NJW 2004, S. 257 (259); Kiethe, GmbHR 2007, S. 393 (397).

892 So auch Lebherz, S. 318; *Hauschka* in: Hdb. Haftungsvermeidung, S. 17; *Lampert* in: Hdb. Haftungsvermeidung, S. 167. Zu weiteren der Unternehmensleitung gesetzlich zugewiesenen Leitungsaufgaben vgl. die Aufzählungen bei *Kort* in: Hopt/Wiedemann, § 77, Rn. 31 ff.; *Bürgers/Israel* in: Bürgers/Körber, § 76, Rn. 9; Fleischer, NZG 2003, S. 449 (450).

893 So *Weber* in: Hölters, § 77, Rn. 31; Hüffer, § 77, Rn. 18, 29; *Spindler* in: MüKo-AktG, § 77, Rn. 62; Hegnon, CCZ 2009, S. 57 (58).

894 BGHZ 127, 336; Bock, ZIS 2009, S. 68 (77); Meier-Greve, BB 2009, S. 2555 (2556).

895 Zu den Grundsätzen einer sorgfältigen Auswahl vgl. den Gliederungspunkt ab S. 118.

regelmäßig entsprechend ihrem Kenntnisstand fortzubilden.[896] Hat der Delegierte seine Tätigkeit im Unternehmen aufgenommen, trifft den Delegierenden schließlich die Pflicht, die ordnungsgemäße Wahrnehmung der übernommenen Aufgaben und Pflichten zu überwachen.[897]

Die Aufsichtsmaßnahme der „sachgerechten Organisation" teilt sich daher mindestens in zwei Ebenen auf, die es gilt sorgfältig auseinander zu halten: Zu differenzieren ist dabei zwischen einer *horizontalen normativen Abschichtung von Verantwortungsbereichen* (innerhalb einer Hierarchieebene) und einer *vertikalen normativen Abschichtung von Verantwortungsbereichen* (auf eine nachgeordnete Hierarchieebene).[898] Dabei ist die Unternehmensorganisation so aufzubauen, dass die obere Hierarchieebene die untere überwacht, um dadurch eine vollständige Überwachungskette sicherzustellen.[899] Zwar bleibt das Haftungsrisiko aufgrund der lediglich internen Delegation für das Unternehmen praktisch das gleiche, allerdings werden durch dieses System die Unternehmensleiter deutlich entlastet.[900]

a) Horizontale normative Abschichtung von Verantwortungsbereichen

Die Praxis weicht von den genannten Grundsätzen der All- und Gesamtzuständigkeit üblicherweise ab,[901] da diese nach allgemeiner Ansicht nicht zwingend sind.[902] Regelmäßig werden die Angelegenheiten des Unternehmens zwischen den Mitgliedern der Unternehmensleitung horizontal delegiert.[903] Zum einen ist die normative Abschichtung von Verantwortungsbereichen erforderlich, weil sich die zahlreichen von der Unternehmensleitung zu treffenden Maßnahmen nicht von allen Mitgliedern gemeinschaftlich wahrnehmen lassen;[904] zum anderem ist sie notwendig, weil es in der Praxis vermutlich nur wenige Unternehmensleiter gibt, die über eine umfassende Fachkenntnis über alle Aufgaben und Pflichten verfügen, die im Unternehmen alltäglich anfallen.[905] Eine derartige Bandbreite an Wissen kann von ihnen auch nicht

896 OLG Düsseldorf, wistra 1991, S. 38; *Rieder/Falge* in: Görling/Inderst/Bannenberg, S. 15; Hegnon, CCZ 2009, S. 57 (58). Vgl. dazu ausführlich den Gliederungspunkt ab S. 175.

897 Dies ist in § 130 Abs. 1 S. 2 OWiG gesetzlich geregelt.

898 Bock, ZIS 2009, S. 68 (77); Liese, BB 2008, S. 17 (22).

899 *Pelz* in: Hdb. Haftungsvermeidung, S. 111; Kiethe, GmbHR 2007, S. 393 (398).

900 Kiethe, GmbHR 2007, S. 393 (398).

901 Schmidt-Husson in: Hdb. Haftungsvermeidung, S. 117; *Kort* in: Hopt/Wiedemann, § 77, Rn. 7, 20; *Seibt* in: Schmidt/Lutter, § 77, Rn. 7.

902 *Spindler* in: MüKo-AktG, § 77, Rn. 8; *Mertens/Cahn* in: KK-AktG, § 77, Rn. 10; Hegnon, CCZ 2009, S. 57.

903 *Schmidt-Husson* in: Hdb. Haftungsvermeidung, S. 119.

904 *Weber* in: Hölters, § 77, Rn. 27; Kiethe, GmbHR 2007, S. 393 (398).

905 *Rieder/Falge* in: Görling/Inderst/Bannenberg, S. 12.

abverlangt werden. Daher ist es den Mitgliedern der Unternehmensleitung gestattet bzw. zwingt die moderne Unternehmenspraxis diese dazu, bestimmte Aufgaben an jene Mitglieder horizontal zu übertragen, die für das jeweilige Ressort die größte Expertise besitzen.

Es besteht zwar keine Pflicht zur *Ressortbildung*, der Unternehmensleitung steht diese Möglichkeit aber offen, wenn sie aus den vorgenannten Gründen die Zuständigkeit für gewisse Bereiche nicht mehr als Gesamtorgan übernehmen will oder kann.[906] Dabei gilt es die Organisation des Unternehmens so zu gestalten, dass alle Pflichten sektoral aufgeteilt werden[907]: In der Unternehmenspraxis finden sich häufig Ressortaufteilungen wie beispielsweise Personal, Produktion, Entwicklung, Forschung, Marketing, Vertrieb und Finanzen.[908] Wenn es zu einer solchen Ressortbildung kommt, sollte die Zuständigkeitsverteilung mittels Satzung oder Geschäftsordnung schriftlich dokumentiert werden, um in Haftungsfragen Beweiserleichterungen zur Hand zu haben.[909] Dieses Formerfordernis ist etwa für eine Aktiengesellschaft ausdrücklich in § 77 Abs. 1 S. 2 AktG geregelt[910] und für die GmbH allgemein anerkannt.[911]

Abhängig von der sachlichen und personellen Größe eines Unternehmens, wird zunehmend auch das *Ressort „Compliance"* vorgeschlagen und in der Praxis gebildet.[912] Die Festlegung der Verantwortlichkeit für ein solches Compliance-Ressort innerhalb der mehrköpfigen Unternehmensleitung ist die erste erforderliche Maßnahme hinsichtlich der Ausgestaltung einer sachgerechten Organisation im Sinne des § 130 OWiG als Bestandteil eines Compliance-Systems.[913] Als wesentlicher Bestandteil eines Compliance-Systems hat auch der US-Gesetzgeber die Organisation verstanden: Gem. § 8 B 2.1. (b) (2) (B) USSG müssen die Führungskräfte des Unternehmens sicherstellen, dass

---

906 Bock, S. 680; Leuering/Dornhegge, NZG 2010, S. 13 (14).

907 Bock, ZIS 2009, S. 68 (77).

908 Dies ist in Großunternehmen üblich und zulässig: vgl. *Schmid/Fridrich* in: Hdb. Wirtschaftsstrafrecht, § 30, Rn. 29.

909 Hauschka, AG 2004, S. 461 (464).

910 Für das Schriftformerfordernis bei einer horizontalen Delegation: Hüffer, § 77, Rn. 9, 21; *Fleischer* in: Spindler/Stilz, § 77, Rn. 57; Hauschka, AG 2004, S. 461 (467). Ferner beinhaltet Ziff. 4.2.1. DCGK die Empfehlung für eine Aktiengesellschaft, eine Geschäftsordnung für den mehrköpfigen Vorstand zu erlassen.

911 *Schmidt* in: Ensthaler/Füller/Schmidt, § 37, Rn. 13; *Lenz* in: Michalski, § 37, Rn. 30 ff.

912 *Hauschka* in: Hdb. Haftungsvermeidung, S. 17.

913 Kiethe, GmbHR, S. 393 (397), Bürkle, BB 2005, S. 565; Hauschka, NJW 2004, S. 257 (259); *Lampert* in: Hdb. Haftungsvermeidung, S. 168; *Pauthner-Seidel/Stephan* in: Hdb. Haftungsvermeidung, S. 653.

das Unternehmen ein effektives Compliance-System besitzt. Es sind hierfür Führungskräfte auszuwählen, denen eine Gesamtverantwortung für das Compliance-System zukommt.[914]

Durch Bildung eines Compliance-Ressorts und der Zuständigkeitsverteilung, wird zum einen sichergestellt, dass die Verantwortung für die Compliance festgelegt und deren Gedanke bereits innerhalb der Unternehmensleitung fest verankert wird.[915] Zum anderen wird damit gewährleistet, dass bei der Unternehmensleitung alle erforderlichen Informationen, die bei der Ausgestaltung bzw. Optimierung des Compliance-Systems zweckdienlich genutzt werden können.[916] Um diesen Organisationsanforderungen gerecht zu werden, sollte die Unternehmensleitung ein funktionierendes Informations- und Aufsichtssystem einrichten.[917]

Die Bildung von Ressorts innerhalb der Unternehmensleitung bewirkt bei den einzelnen Mitgliedern der Unternehmensleitung eine „gespaltene Pflichtenstellung“[918]:

(1) Zum einen trägt das jeweilige Mitglied der Unternehmensleitung für das ihm zugewiesene Ressort die volle *Handlungsverantwortung*, die im Schrifttum als *Ressortverantwortung* bezeichnet wird.[919]
(2) Zum anderen trifft das jeweilige Mitglied gegenüber den anderen Ressortinhabern und den Entwicklungen in deren Bereichen eine Überwachungsverantwortung, die als *Restverantwortung* etikettiert wird.[920] Diese Restverantwortung besteht, weil sich die Mitglieder der Unternehmensleitung durch die Delegation nicht ihrer Verantwortung entziehen können; dies ist gerade die Aussage des Grundsatzes der Gesamtverantwortung.[921] Durch die Delegation wird vielmehr die unmittelbare Handlungsverantwortung in

---

914 Vgl. § 8 B 2.1. (b) (2) (B) USSG: „High-level personnel of the organization shall ensure that the organization has an effective compliance and ethics program, as described in this guideline. Specific individual(s) within high- level personnel shall be assigned overall responsibility for the compliance and ethics program.“
915 AKEIÜ, DB 2010, S. 1509 (1512); Kiethe, GmbHR 2007, S. 393 (397).
916 AKEIÜ, DB 2010, S. 1509 (1511).
917 *Schmidt-Husson* in: Hdb. Haftungsvermeidung, S. 126; *Kort* in: Hopt/Wiedemann, § 77, Rn. 35; *Seibt* in: Schmidt/Lutter, § 77, Rn. 18.
918 *Vetter* in: Wecker/van Laak, S. 45; *Fleischer* in: Spindler/Stilz, § 77, Rn. 47 („Zweiteilung der Geschäftsführung“).
919 *Landwehrmann* in: Heidel, § 93, Rn. 14; Kiethe, GmbHR 2007, S. 393 (399). Somit hat das für Compliance zuständige Ressort die Hauptverantwortung für das Compliance-System, so *Bürkle* in: Hdb. Haftungsvermeidung, S. 142.
920 BGHZ 133, 370; *Oltmanns* in: Heidel, § 93, Rn. 14; *Schmidt* in: Ensthaler/Füller/Schmidt, § 37, Rn. 14; Kiethe, GmbHR 2007, S. 393 (399).
921 *Schmidt-Husson* in: Hdb. Haftungsvermeidung, S. 120 f.

eine undelegierbare Überwachungsverantwortung der übrigen Mitglieder gegenüber dem jeweiligen Ressortinhaber *modifiziert.*[922]

Allerdings sind die Anforderungen an die Überwachung gegenüber den anderen Ressortinhabern nicht zu hoch anzusiedeln.[923] Es gilt einen angemessenen Mittelweg zwischen Vertrauen und Misstrauen innerhalb der Unternehmensleitung zu finden, der sich aus unternehmens-, aufgaben- und personenspezifischen Gegebenheiten zusammensetzt.[924] Von besonderer Relevanz für das *Vertrauens- und Misstrauensmanagement*[925] sind unter anderem die Bedeutung der jeweiligen Geschäftsführungshandlung, Fachkunde, Berufserfahrung, vergangene Aufgabenbewältigung und erwiesene Zuverlässigkeit.[926] Im Grundsatz dürfen sich Mitglieder der Unternehmensleitung gegenseitig darauf verlassen, dass die anderen Ressortinhaber den ihnen zugewiesenen Aufgaben und Pflichten innerhalb ihres Ressorts ordnungsgemäß nachkommen und ihre Stellung im Unternehmen nicht zur Straftatenbegehung ausnutzen.[927] Es gilt insoweit der *Vertrauensgrundsatz* – auch bei der Wahrnehmung der Compliance.[928] Daneben ist der Gestaltungsspielraum des jeweiligen Ressortinhabers über sein Ressort durch die übrigen Mitglieder der Unternehmensleitung zu respektieren. Dennoch fordern einige Vertreter des Schrifttums die Pflicht zu einer stichprobenartigen Überwachung der anderen Ressortinhaber.[929] Diese Forderung ist aber entschieden abzulehnen, da ein „Hineinregieren" ohne besonderen Anlass zu vermeiden ist.[930] Zumal nicht erwartet werden kann, dass sich die anderen Mitglieder der Unternehmensleitung intensiv mit den Aufgaben und Pflichten fremder Ressorts vertraut machen können – sei es aus fachlichen und / oder zeitlichen Gründen.[931] Eine restriktive Handhabung der Aufsichtspflicht wäre daher kontraproduktiv, da sie dem Sinn und Zweck der unternehmensinternen Aufgabenverteilung auf gleichberechtigter Ebene zuwiderlaufen würde. Dies stellt auch die Rechtsprechung fest, wonach im

---

922 Bock, S. 680; Moosmayer, S. 15 f.; *Schmidt-Husson* in: Hdb. Haftungsvermeidung, S. 121; *Kort* in: Hopt/Wiedemann, § 77, Rn. 36.

923 *Fleischer* in: Spindler/Stilz, § 77, Rn. 55; Hüffer, § 77, Rn. 15.

924 *Weber* in: Hölters, § 77, Rn. 36.

925 Vgl. *Schmidt-Husson* in: Hdb. Haftungsvermeidung, S. 122 f.; *Weber* in: Hölters, § 77, Rn. 36.

926 *Fleischer* in: Spindler/Stilz, § 77, Rn. 51; ders., NZG 2003, S. 449 (453 f.).

927 Bock, S. 685; *Hopt* in: Hopt/Wiedemann, § 93, Rn. 62.

928 Bock, S. 684; *Weber* in: Hölters, § 77, Rn. 36; Leuering/Dornhegge, NZG 2010, S. 13 (15); Turiaux/Knigge, DB 2004, S. 2199 (2206).

929 So etwa: Kiethe, GmbHR 2007, S. 393 (397); Hauschka, NJW 2004, S. 257 (259); *ders.* in: Hdb. Haftungsvermeidung, S. 17.

930 *Fleischer* in: Spindler/Stilz, § 77, Rn. 48, 55; ders., NZG 2003, S. 449 (452); *Spindler* in: Hdb. Vorstandshaftung, § 15, Rn. 83.

931 Bock, S. 684, 686.

Rahmen der Überwachung die Eigenverantwortung der Mitarbeiter zu beachten ist, da überzogene, von zu starkem Misstrauen geprägte Aufsichtsmaßnahmen gegenteilige Wirkungen haben können.[932]

Im Zusammenhang mit der Restverantwortung leitet die Rechtsprechung und das Schrifttum aus dieser zwei weitere Verpflichtungen der anderen Ressortinhaber gegenüber einem fremden Ressort ab: die *Informationspflicht* (1) und die *Interventionspflicht* (2):

(1) Damit sämtliche Mitglieder ihrer Aufsichtspflicht gegenüber den fremden Ressorts gerecht werden, trifft sie die Pflicht zur gegenseitigen Information: Jedes Mitglied der Unternehmensleitung hat die anderen Ressortinhabern über den wesentlichen Gang der Geschäfte zu unterrichten, wenn diese Auskunft darüber verlangen (sog. Informationspflicht).[933] Hinsichtlich der jeweiligen Berichterstattung haben sie anschließend eine Recht- und Zweckmäßigkeitskontrolle vorzunehmen.[934] Eine Informationspflicht der jeweiligen Mitglieder über Angelegenheiten aus dem eigenen Ressort gegenüber den unzuständigen Mitgliedern der Unternehmensleitung gewährleistet, dass in den Sitzungen des Organs eine angemessene Risikobewertung vorgenommen werden kann. Dies wird als *Prinzip der gegenseitigen Überwachung* bezeichnet.[935]

(2) Sollten den informationseinholenden übrigen Mitgliedern der Unternehmensleitung bei dieser Recht- und Zweckmäßigkeitskontrolle Unstimmigkeiten bei der Geschäftstätigkeit des jeweiligen Mitglieds auffallen oder Zweifel aufkommen, ist diesen nachzugehen und bei gegebenem Anlass aufgrund von (drohenden) Unregelmäßigkeiten gegen diese zu intervenieren (sog. Interventionspflicht).[936] Dabei besteht insbesondere dann eine Interventionspflicht, wenn besondere Situationen dies für erforderlich machen.[937] Dies ist der Fall bei Risikosituationen oder existenzbedrohenden Umständen wie beispielsweise bei finanziellen Krisen, wenn Ressortinhaber wiederholt ihre Aufgaben nicht erfüllen oder bei der Wiederholung von Schadensfällen.[938]

---

932 BGH wistra 1986, 222; zustimmend *Gürtler* in: Göhler, § 130, Rn. 12.

933 Turiaux/Knigge, DB 2004, S. 2199 (2203).

934 Fleischer, NZG 2003, S. 449 (453); Hoffmann-Becking, ZGR 1998, S. 497 (512).

935 *Fleischer* in: Spindler/Stilz, § 77, Rn. 49; *Weber* in: Hölters, § 77, Rn. 31; Hüffer, § 77, Rn. 15; Bock, S. 688; *Wiesner* in: Münch Hdb. GesR IV, § 22, Rn. 16.

936 BGHZ 133, 370; *Raum* in: Hdb. Steuerstrafrecht, S. 267 f.; Bock, S. 688; *Weber* in: Hölters, § 77, Rn. 34; Turiaux/Knigge, DB 2004, S. 2199 (2203).

937 BGHZ 133, 370; Bock, S. 690 ff.; *Wiesner* in: Münch Hdb. GesR IV, § 19, Rn. 17; *Hauschka* in: Hdb. Haftungsvermeidung, S. 17.

938 BGHZ 133, 170; *Weber* in: Hölters, § 77, Rn. 96; *Wiesner* in: Münch Hdb. GesR IV, § 22, Rn. 15; *Schmidt-Husson* in: Hdb. Haftungsvermeidung, S. 126; Kiethe, GmbHR 2007, S. 393 (397); Hauschka, NJW 2004, S. 257 (259).

Diese zahlreichen Pflichten, die die jeweiligen Mitglieder der Unternehmensleitung treffen, implizieren jedoch nicht die uneingeschränkte Zurechnung von Fehlverhalten eines Ressortinhabers auf die übrigen Mitglieder der Unternehmensleitung.[939] *Zivilrechtlich* haften sie nach § 93 Abs. 2 AktG bzw. § 43 Abs. 2 GmbHG nur dann, wenn ihnen ein eigenes Verschulden nachgewiesen werden kann.[940] Ein Schuldvorwurf ist kraft der Gesamtverantwortung dann gegeben, wenn für das nicht zuständige Mitglied der Unternehmensleitung „Anhaltspunkte dafür bestanden, dass die Erfüllung der der Gesellschaft obliegenden Aufgaben durch den zuständigen Geschäftsführer nicht mehr gewährleistet ist“[941]. Denn bei hinreichenden Verdachtsmomenten für Pflichtverletzungen trifft das ressortfremde Mitglied der Unternehmensleitung eine *Handlungspflicht.*[942] Fehlen allerdings solche Anhaltspunkte und sind die unzuständigen Mitglieder ihren Informationspflichten nachgekommen, trifft sie nicht der Vorwurf der Pflichtverletzung und damit die Haftung nach § 93 Abs. 2 AktG bzw. § 43 Abs. 2 GmbHG.[943]

Fraglich ist, ob eine derartige Anwendung dieser Grundsätze auch auf das Straf- und Ordnungswidrigkeitenrecht übertragen werden kann. Im Grundsatz knüpft die *strafrechtliche Verantwortlichkeit* des jeweiligen Ressortinhabers an die Verletzung von Pflichten an, die sich für ihn aus den ihm zugewiesenen und eigenverantwortlich zu betreuenden Ressort ergeben.[944] Die Pflichtenstellung beschränkt sich also grundsätzlich auf den eigenen Verantwortungsbereich.[945] Gleichwohl wird die strafrechtliche Verantwortlichkeit im Falle der horizontalen Delegation durch die gesellschaftsrechtlichen Grundsätze der Generalverantwortung und Allzuständigkeit ergänzt. In der sog. *„Lederspray-Entscheidung“*[946] nahm der BGH zur strafrechtlichen Verantwortlichkeit bei einer mehrköpfigen Unternehmensleitung Stellung: Nach Ansicht des Gerichts bleibt „im Prinzip eine Aufteilung der Geschäftsbereiche unter mehreren Geschäftsführern einer GmbH ohne Einfluss auf die

---

939 *Schmidt-Husson* in: Hdb. Haftungsvermeidung, S. 121.

940 *Wiesner* in: MünchHdb-GesR IV, § 26, Rn. 10; *Fleischer* in: Spindler/Stilz, § 93, Rn. 98; *Hopt* in: Hopt/Wiedemann, § 93, Rn. 61.

941 So BGHZ 133, 370.

942 *Bürgers/Israel* in: Bürgers/Körber, § 93, Rn. 21; *Krieger/Sailer-Coceani* in: Schmidt/Lutter, § 93, Rn. 27; *Hopt* in: Hopt/Wiedemann, § 93, Rn. 62; Hauschka, NJW 2004, S. 257 (259).

943 So *Krieger/Sailer-Coceani* in: Schmidt/Lutter, § 93, Rn. 27; a.A. VG Frankfurt, WM 2005, S. 2360.

944 BGHSt 37, 106; Schmidt-Salzer, NJW 1990, S. 2966 (2969); ders., NJW 1996, S. 1 (4).

945 *Schünemann* in: LK, 12. Auflage, § 14, Rn. 53; Schmidt-Salzer, NJW 1988, S. 1937 (1940); Roxin, § 27, Rn. 124 f.; *Wessing* in: Volk, § 4, Rn. 145.

946 BGHSt 37, 106.

Verantwortung jedes einzelnen für die Geschäftsführung insgesamt. [...] Der Grundsatz der Generalverantwortung und Allzuständigkeit der Geschäftsleitung greift zumindest da ein, wo – wie etwa in Krisen- und Ausnahmesituation – aus besonderem Anlass das Unternehmen als Ganzes betroffen ist; dann ist die Geschäftsleitung insgesamt zum Handeln berufen"[947]. Dies ist kritisch zu sehen, weil das Gericht strafrechtliche Vorgaben aufgestellt hat und der BGH in Zivilsachen die Ansicht des BGH in Strafsachen aber noch dahingehend verschärft hat, dass sich die Mitglieder der Unternehmensleitung durch interne Aufgabenverteilungen ihrer strafrechtlichen Verantwortlichkeit nicht vollständig entziehen, diese wohl aber wesentlich einschränken können.[948] Nach Meinung des BGH in Zivilsachen sollen den ressortfremden Mitgliedern der Unternehmensleitung kraft ihrer Gesamtverantwortung daher gewisse Überwachungspflichten im Gegensatz zu Handlungspflichten verbleiben, die sie zum Eingreifen verpflichten.[949] Aufgrund dieser Überwachungspflichten soll ein unzuständiges Mitglied der Unternehmensleitung dann zum Eingreifen verpflichtet bzw. im Falle des Unterlassens strafrechtlich verantwortlich sein, wenn sich dem jeweiligen Mitglied die in Frage stehende Pflichtverletzung aufdrängen musste oder aufgrund besonderer Situationen (zum Beispiel früheres Fehlverhalten) Anhaltspunkte bestanden, „sich um die Angelegenheiten des anderen zu kümmern"[950].

Diese Einschränkung der strafrechtlichen Verantwortlichkeit im Rahmen einer horizontalen Delegation trägt im Wesentlichen dem Umstand Rechnung, dass zu restriktive Aufsichtspflichten der Eigenverantwortung und dem beschriebenen Entlastungseffekt durch eine Ressortbildung zuwiderlaufen würden.[951] *Schünemann* stellt diesbezüglich zutreffend fest, dass eine andere Ansicht „zu einer Kontrolle fachlich Kompetenter durch Inkompetente führen würde"[952]. Das Strafrecht darf insoweit nicht so einfach über eine zivilrechtlich zulässige sowie in der Praxis oftmals angewandte Ressortbildung

---

947 BGHSt 37, 106. Zustimmend: Schmidt-Salzer, NJW 1990, S. 2966 (2971); *Schmid/Fridrich* in: Hdb. Wirtschaftsstrafrecht, § 30, Rn. 27 f.; *Raum* in: Hdb. Steuerstrafrecht, S. 265; Fischer, § 13, Rn. 71. Gleichwohl hat es das Gericht offen gelassen, ob der Grundsatz der Gesamtverantwortung auch bei der Beurteilung der strafrechtlichen Verantwortlichkeit in vollem Umfang gilt, vgl. BGHSt 37, 106.

948 BGHZ 133, 370.

949 BGHZ 133, 370; Schmidt-Salzer, NJW 1990, S. 2966 (2970).

950 So *Perron* in: Sch/Sch, § 14, Rn. 19, der auf BGHZ 133, 370 verweist. So auch OLG Hamm, NJW 1971, S. 817; OLG Düsseldorf, NStZ-RR 2002, S. 178; *Marxen/Böse* in: NK-StGB, § 14, Rn. 44; Demuth/Schneider, BB 1970, S. 642 (644); *Schünemann* in: LK, 12. Auflage, § 14, Rn. 53.

951 *Perron* in: Sch/Sch, § 14, Rn. 19.

952 So *Schünemann* in: LK, 12. Auflage, § 14, Rn. 53.

hinwegsehen und dadurch eine grenzenlose Garantenverantwortlichkeit trotz fehlender Befehlsgewalt innerhalb der Ebene der Unternehmensleitung konstruieren.[953] Im Ergebnis ist eine strafrechtliche Verantwortlichkeit der unzuständigen Mitglieder ausnahmsweise nur dann anzunehmen, wenn das jeweilige Mitglied durch aktives Tun an der Straftat in anderen Ressorts mitwirkt, „das Unternehmen als Ganzes betroffen ist"[954] oder das Mitglied seiner Überwachungspflicht bei evidentem Fehlverhalten nicht nachkommt.

b) Vertikale normative Abschichtung von Verantwortungsbereichen

Für eine funktionsfähige und effektive Unternehmensführung ist es angesichts der zahlreichen Aufgaben und Pflichten des Unternehmensinhabers erforderlich, bestimmte Verantwortungsbereiche normativ von der Führungsebene auf nachgeordnete Ebenen abzuschichten.[955]

Zwar schweigt insbesondere das AktG und das GmbHG zur Übertragbarkeit von Pflichten auf nachgeordnete Unternehmensebenen, jedoch ist es allgemeine Ansicht, dass abgesehen von den nicht delegierbaren gesetzlich zugewiesenen sowie wesentlichen Leitungsaufgaben und ressortübergreifenden Entscheidungen[956], die Pflichten von den Mitgliedern der Unternehmensleitung nicht persönlich wahrgenommen werden müssen, sondern zur Erfüllung an untergeordnete Unternehmensmitarbeiter delegiert *werden* können.[957] So dürfen die Mitglieder der Unternehmensleitung etwa die in ihr Ressort fallenden *vorbereitenden und ausführenden Maßnahmen* auf nachgeordnete Mitarbeiter delegieren.[958] Insofern besteht kein Zweifel, dass unter den genannten Einschränkungen eine vertikale normative Abschichtung von Verantwortungsbereichen zulässig ist.[959]

Wurden die Aufgaben auf nachgeordnete Mitarbeiter übertragen, wird das jeweilige Mitglied der Unternehmensleitung zwar nicht von seinen Pflichten vollständig befreit, allerdings *modifiziert* sich wie bei der horizontalen

---

953 So auch *Schünemann* in: LK, 12. Auflage, § 14, Rn. 53.

954 BGHSt 37, 106.

955 So auch Bock, S. 602; 716; Hegnon, CCZ 2009, S. 57; Turiaux/Knigge, DB 2004, S. 2199 (2205).

956 Vgl. zu den Grenzen der Delegation den vorstehenden Gliederungspunkt ab S. 126.

957 *Wecker/Galla* in: Wecker/van Laak, S. 56. Siehe insoweit auch § 130 Abs. 1 S. 2 OWiG.

958 *Schmidt-Husson* in: Hdb. Haftungsvermeidung, S. 125; Turiaux/Knigge, DB 2004, S. 2199 (2204 f.).

959 BGHZ 133, 370; *Hopt* in: Hopt/Wiedemann, § 93, Rn. 55; Hüffer, § 76, Rn. 7; *Mertens/Cahn* in: KK-AktG, § 93, Rn. 77; *Fleischer* in: Hdb. Vorstandsrecht, § 1, Rn. 56; *ders.* in: Spindler/Stilz, § 93, Rn. 96; *Schmidt-Husson* in: Hdb. Haftungsvermeidung, S. 120; Bock, S. 602.

Delegation der konkrete Inhalt der Pflichtenstellung von einer Handlungs- in eine Überwachungspflicht der Delegierten hinsichtlich der ordnungsgemäßen Wahrnehmung der übernommenen Aufgaben und Pflichten.[960] Das jeweilige Mitglied der Unternehmensleitung ist in der Praxis allerdings häufig schon aus zeitlichen oder fachlichen Gründen mit der Überwachung der Personen überfordert, die seine übertragenen Pflichten wahrnehmen.[961] In diesem Zusammenhang muss es dem zuständigen Unternehmensleiter gestattet sein, diese Überwachung ebenfalls zu delegieren (sog. *Meta-Überwachung*)[962], indem er für diese Überwachung spezielle Aufsichtspersonen installiert, wie etwa einen *Compliance-Beauftragten.*[963] Diese Möglichkeit der sog. Meta-Überwachung lässt sich vor allem § 130 Abs. 1 S. 2 OWiG entnehmen, der die Bestellung von Aufsichtspersonen unterhalb der Unternehmensleitung gestattet, gleichwohl aber deren sorgfältige Auswahl und Überwachung verlangt. Daraus ergibt sich, dass sich die Unternehmensleitung gerade nicht darauf beschränken kann, eine Person mit der Wahrnehmung der Überwachung zu betrauen. Wie bei der horizontalen Delegation ist eine vollständige Delegation der Pflichten der Unternehmensleitung nicht möglich, so dass dem Mitglied der Unternehmensleitung trotz der Delegation die *Oberaufsicht* verbleibt.[964]

Die Zulässigkeit einer derartigen Delegation sieht auch das USSG vor: In § 8 B 2.1. (b) (2) (C) USSG heißt es, dass bestimmten Personen innerhalb des Unternehmens die tägliche unternehmerische Verantwortung für das Compliance-System übertragen werden soll.[965]

Ist schließlich der mit der Wahrnehmung der Überwachungsaufgabe Betraute sorgfältig ausgewählt, gründlich eingewiesen und mit den notwendigen Ressourcen und Kompetenzen ausgestattet worden, beschränkt sich die

---

960 So BGHZ 127, 336; *Fleischer* in: Spindler/Stilz, § 93, Rn. 100 ff; Bock, S. 602 f.

961 Bock, S. 604; *Schmidt-Husson* in: Hdb. Haftungsvermeidung, S. 129.

962 *Schmidt-Husson* in: Hdb. Haftungsvermeidung, S. 125; Meier-Greve, DB 2009, S. 2555 (2556); Bock, S. 704.

963 Hüffer, § 76, Rn. 11 ff.; *Mertens/Cahn* in: KK-AktG, § 93, Rn. 77; *Hauschka* in: Hdb. Haftungsvermeidung, S. 18; Liese, BB 2008, S. 17 (22); Kiethe, GmbHR 2007, S. 393 (397). Zu den Aufgaben, dem Anforderungsprofil und den Haftungsrisiken eines Compliance Beauftragten siehe den Gliederungspunkt ab S. 143.

964 BayOblG, NJW 2002, S. 766 („Der Unternehmer kann sich seiner Überwachungspflicht gemäß § 130 Abs. 1 OWiG nicht dadurch vollständig entziehen, dass er in seinem Betrieb eine Aufsichtsperson mit der Überwachung der Beschäftigten beauftragt"); *Fleischer* in: Spindler/Stilz, § 93, Rn. 111; ders., AG 2003, S. 291 (295); *Gürtler* in: Göhler, § 130, Rn. 15; *Hauschka* in: Hdb. Haftungsvermeidung, S. 18.

965 Vgl. § 8 B 2.1. (b) (2) (C) USSG: „Specific individual(s) within the organiszation shall be delegated day-to-day operational responsibility for the compliance and ethics program".

Pflicht des jeweiligen Mitglieds der Unternehmensleitung auf die *Aufsicht der Überwachungsperson.*[966] Die Überwachungspersonen sind regelmäßig dahingehend zu kontrollieren, ob sie den ihnen übertragenen Aufgaben ordnungsgemäß nachkommen.[967] In diesem Zusammenhang kommen mangels gesetzlicher Ausführungen Fragen in Bezug auf die Häufigkeit solcher Kontrollen auf.[968]

Besitzt das jeweilige Mitglied der Unternehmensleitung die erforderliche Fachkenntnis für diese Aufsicht, kann es in eigener Person die Oberaufsicht wahrnehmen. Mangelt es ihm hingegen an der notwendigen Kenntnis, stellt *Hegnon* zu Recht die Frage, wie in diesem Fall der „fachkundig Überlegene" zu beaufsichtigen ist.[969] Bei einer fehlenden oder unzureichenden Kenntnis verlangt das Bayerische Oberlandesgericht, dass das Mitglied der Unternehmensleitung „sich zur Erfüllung seiner Überwachungspflicht entweder die für die Überwachungsaufgabe erforderlichen Kenntnisse verschafft, um seiner Pflicht selbst nachkommen zu können, oder ein innerbetriebliches Kontrollsystem organisiert, das es extern, etwa durch einen Steuerberater oder Wirtschaftsprüfer, überwachen lässt"[970].

Im Ergebnis fordert *Hegnon* richtigerweise vom Unternehmensleiter, „dass er die im Zusammenhang mit der Erfüllung einer Pflicht vorliegende Problemlage (Ausgangssituation, Ziele, Risiken) und die Problemlösung nebst deren Alternativen nachvollziehen kann, um die notwendigen Weisungen zu beschließen sowie anschließende Kontrollen beurteilen zu können. Dabei muss der Geschäftsleiter die ihm dargebotenen Informationen kritisch hinterfragen, auf auch für Laien erkennbare Widersprüche überprüfen und schließlich als schlüssig einstufen. Dies alles muss nur bis zu der Detailtiefe erfolgen, bis zu der ein gebildeter Laie überhaupt fähig ist, einen Sachverhalt zu durchdringen"[971].

---

966 Bock, S. 704; *Bürgers/Israel* in: Bürgers/Körber, § 93, Rn. 5; Hüffer, § 93, Rn. 11 ff.; *Pelz* in: Hdb. Haftungsvermeidung, S. 109. Eine die Unternehmensleiter treffende Verletzung der Organisationspflicht als eine Aufsichtspflicht im Sinne des § 130 Abs. 1 OWiG soll nach Ansicht des Kammergerichts in diesem Zusammenhang vorliegen, „wenn die Überwachungsperson erkennbar überfordert ist, die Einhaltung der gesetzlichen Bestimmungen, auf die sich die ihm übertragenen Aufsichtspflichten erstrecken, ausreichend zu beachten", vgl. KG, Beschl. vom 26.07.1997, Az.: 2 Ss 182/97 – 5 Ws (B) 424/97, 2 Ss.

967 BGHZ 127, 336; *Fleischer* in: Spindler/Stilz, § 93, Rn. 105.

968 Siehe dazu ausführlich den Gliederungspunkt ab S. 188.

969 Hegnon, CCZ 2009, S. 57 (59).

970 So BayObLG, NJW 2002, S. 766. Zustimmend *Pelz* in: Hdb. Haftungsvermeidung, S. 109.

971 So Hegnon, CCZ 2009, S. 57 (59).

Insofern entsteht eine Überwachungskette mit einer unmittelbaren Handlungsverantwortung auf der untersten Unternehmensebene, einer Aufsichtspflicht auf der mittleren und einer Oberaufsichts- sowie Kontrollpflicht auf der obersten Unternehmensebene.[972]

Insgesamt dürfen die der Unternehmensleitung verbleibenden Pflichten allerdings nicht überspannt werden, da andernfalls das nach § 130 Abs. 1 S. 2 OWiG bestehende Delegationsrecht ausgeschlossen wird[973] und nach allgemeiner Ansicht auch im Rahmen der vertikalen Delegation der Vertrauensgrundsatz wechselseitig gilt.[974] Zum einen kann sich der Delegierte grundsätzlich auf eine sach- und fachgerechte Anweisung durch den Delegierenden verlassen; zum anderen darf der Delegierende wiederum auf eine ordnungsgemäße Aufgabenwahrnehmung der Delegierten vertrauen.[975] Ergänzt wird dieses wechselseitige Vertrauen durch eine Informationspflicht des Delegierten gegenüber dem Delegierenden im Falle von betriebsbezogenen Gefährdungssituationen.[976] Ferner würde es dem normalen Arbeitsablauf in einem Wirtschaftsunternehmen zuwiderlaufen, wenn zum einen der Delegierte jede Anweisung kritisch zu prüfen hätte und zum anderen der Delegierende jede Delegation sorgfältig absichern müsste.[977] Auch hier wird der Vertrauensgrundsatz dort begrenzt, wo es für den Delegierenden konkrete Anhaltspunkte für Fehlverhalten der Untergebenen gibt, die ihn zum Intervenieren verpflichten. Insgesamt sollte der Grundsatz gelten, „je zuverlässiger ein Mitarbeiter ist, desto weniger ist er zu beaufsichtigen“.

Auch bei der vertikalen Delegation gilt hinsichtlich der *zivilrechtlichen Haftung*, dass die delegierenden Mitglieder der Unternehmensleitung gem. § 93 Abs. 2 AktG bzw. § 43 Abs. 2 GmbHG nur für eigenes Verschulden

---

972 So Bock, S. 604; *Pelz* in: Hdb. Haftungsvermeidung, S. 111; Kiethe, GmbHR 2007, S. 393 (397); Gößwein/Hohmann, BB 2011, S. 963 (965). Dieses System spiegelt auch § 130 Abs. 1 S. 2 OWiG wieder.

973 *Gürtler* in: Göhler, § 130, Rn. 15; OLG Düsseldorf, wistra 1999, S. 115; Bock, S. 712; Hüffer, § 77, Rn. 15.

974 Bock, S. 707; Hegnon, CCZ 2009, S. 57 (58); Meier-Greve, BB 2009, S. 2555 (2556); Kraatz, JR 2009, S. 182; *Fleischer* in: Spindler/Stilz, § 93, Rn. 109; Gößwein/Hohmann, BB 2011, S. 963 (965); a.A. Bosch, S. 386 ff.; *Pelz* in: Hdb. Haftungsvermeidung, S. 114, die der Ansicht sind, dass im Falle der vertikalen Delegation das Misstrauen Vorrang habe.

975 *Sternberg-Lieben/Schuster* in: Sch/Sch, § 15, Rn. 222 f.; Hegnon, CCZ 2009, S. 57 (58); Turiaux/Knigge, DB 2004, S. 2199 (2206). Dazu gehört auch das Vertrauen gegenüber der Überwachungsperson, so *Schmidt-Husson* in: Hdb. Haftungsvermeidung, S. 130.

976 So Bock, S. 707.

977 Bock, S. 707.

haften.[978] Eine eigene Pflichtverletzung stellt es dar, wenn ein Mitglied der Unternehmensleitung eine Leitungsaufgabe delegiert, zu deren Erfüllung er selbst verpflichtet ist.[979] Ebenfalls ist es als Pflichtverletzung zu würdigen, wenn ein Mitglied der Unternehmensleitung nachgeordnete Unternehmensmitarbeiter bei der Aufgabenzuweisung nicht sorgfältig auswählt, einweist und überwacht.[980] Insoweit haftet das Mitglied der Unternehmensleitung, wenn es die organisatorischen Vorkehrungen nicht dafür schafft, dass die Pflichten durch die nachgeordneten Mitarbeiter erfüllt werden können.[981] Zudem wird es als eine Pflichtverletzung angesehen, wenn die Verantwortung zu tief nach unten verlagert wird,[982] die bestellte Überwachungsperson erkennbar überfordert ist,[983] oder wenn Anhaltspunkten für Rechtsverstöße von nachgeordneten Mitarbeitern nicht nachgegangen wird.[984]

Auch im Rahmen der vertikalen Delegation stellt sich die Frage der *strafrechtlichen Verantwortlichkeit* des Delegierenden. Die vertikale Delegation von Pflichten und Aufgaben betrifft im Wesentlichen die Rechtsfigur der *Geschäftsherrenhaftung*.[985] Ferner wird in derartigen Konstellationen die vom BGH erstmals im Jahre 1962 entwickelte Rechtsfigur der sog. *mittelbaren Täterschaft kraft Organisationsherrschaft* in Erwägung gezogen.[986] Die maßgebliche Fortentwicklung dieser Rechtsfigur erfolgte durch die sog. *„Mauerschützen-Fälle"*, in denen der BGH die jeweiligen Hintermänner als Täter erachtete und dies bejahte, „wenn der Hintermann durch Organisationsstrukturen bestimmte Rahmenbedingungen ausnutzt, innerhalb derer sein Tatbeitrag regelhafte Abläufe auslöst" (sog. *„Machtapparat"*).[987] Diese „Rahmenbedingungen" mit „regelhaften Abläufen" kommen nach Auffassung des

978 *Landwehrmann* in: Heidel, § 93, Rn. 74; *Hopt* in: Hopt/Wiedemann, § 93, Rn. 55.

979 *Fleischer* in: Spindler/Stilz, § 93, Rn. 99; a.A. BGHZ 13, 61, der in diesem Fall auf § 278 BGB zurückgreift.

980 BGHZ 127, 336; *Hopt* in: Hopt/Wiedemann, § 93, Rn. 59; Fleischer, AG 2003, S. 291 (292 ff.).

981 OLG Hamm, wistra 2003, S. 469.

982 BGHSt 27, 196; *Gürtler* in: Göhler, § 130, Rn. 14; *Pelz* in: Hdb. Haftungsvermeidung, S. 111.

983 KG, Beschl. vom 26.07.1997, Az.: 2 Ss 182/97 – 5 Ws (B) 424/97, 2 Ss.; *Gürtler* in: Göhler, § 130, Rn. 14; Hauschka, AG 2004, S. 461 (467).

984 BGH GmbHR 1985, 143; BGHZ 133, 370; OLG Köln, NZG 2001, S. 135; *Bürgers/Israel* in: Bürgers/Körber, § 93, Rn. 21; Turiaux/Knigge, DB 2004, S. 2199 (2205); *Gürtler* in: Göhler, § 130, Rn. 11.

985 Vgl. zum Streitstand und zur Entscheidung den Gliederungspunkt S. 47.

986 BGHSt 18, 87.

987 Zum Ganzen: BGHSt 40, 218.

BGH vor allem bei „staatlichen, unternehmerischen oder geschäftsähnlichen Organisationsstrukturen und bei Befehlshierarchien in Betracht“[988].

Diese Rechtsfigur wurde nachhaltig von *Roxin* weiterentwickelt und verbreitet, der meint, dass in solchen Machtapparaten, anders als bei einer Anstiftung, der Tatbeitrag des *„Schreibtischtäters“*[989] als mittelbare Täter trotz uneingeschränkt tatbestandsmäßig handelndem Tatmittler automatisch zu der vom „Schreibtischtäter“ erstrebten Tatbestandsverwirklichung führen würde. Denn der Einfluss des Schreibtischtäters sei ein anderer als bei der Anstiftung, da dessen Anweisung zur Tatbegehung eine endgültige Entscheidung sei und gerade nicht von einer Entscheidung des unmittelbar Tatausführenden abhänge.[990] Dieser Automatismus sei nach Ansicht von *Roxin* aber nur deshalb zu bejahen, weil die organisationsbedingte Austauschbarkeit und unbegrenzte Ersetzbarkeit des Tatmittlers (*„Fungibilität“*[991]) dem Hintermann die entsprechende Tatherrschaft verleihe und der Tatmittler daher nur ein „auswechselbares Rädchen im Getriebe des Machtapparats “[992] sei. Damit von eben dieser Austauschbarkeit gesprochen werden kann, sei des Weiteren als ein notwendiges Kriterium für die Annahme einer mittelbaren Täterschaft kraft Organisationsherrschaft erforderlich, dass der jeweilige Machtapparat sich nicht an das geltende Recht gebunden fühlt, er also *„rechtsgelöst“* handelt.[993]

Zwar wendete der BGH die Rechtsfigur zunächst auf staatliche Machtapparte an, verwies aber in seiner ursprünglichen Entscheidung zu den „Mauerschützen-Fällen“ ohne sachliche Begründung darauf, dass diese Figur auch auf das *„Problem der Verantwortlichkeit beim Betrieb wirtschaftlicher Unternehmen“* übertragen werden kann.[994] Auch die seit *BGHSt 40, 218* ergangenen Entscheidungen des BGH ließen eine Begründung für die Annahme dieser Täterschaftsform und die Übertragbarkeit dieser Konstruktion auf die Wirtschaftswelt vermissen.[995] Vielmehr unterstellte das Gericht, dass diese Täterschaftsform auch bei Unternehmensleitern sowie Wirtschaftsunternehmen allgemein anerkannt wird und bediente sich hierbei zur Begründung nicht den als maßgeblich angesehenen Kriterien der *„Fungibilität“* oder *„Rechtsgelöstheit“*, sondern verwies stets pauschal auf die Entscheidungen, die im Kontext

---

988 So BGHSt 40, 218.
989 So Roxin, § 25, Rn. 107; ders., GA 1963, S. 193 ff.
990 Roxin, § 25, Rn. 107.
991 Roxin, § 25, Rn. 107.
992 So Roxin, § 25, Rn. 107; BGHSt 40, 218.
993 Roxin, § 25, Rn. 130.
994 BGHSt 40, 218.
995 Vgl. etwa: BGHSt 37, 106 (sog. „Lederspray-Fall“); BGHSt 43, 219 (sog. „Abfallbeseitigungs-Fall“).

staatlicher Machtapparate ergingen.[996] Diese Rechtsprechungspraxis wurde von großen Teilen des Schrifttums zu Recht stark kritisiert[997]: Der Umstand, dass sich der Arbeitnehmer mittlerweile im modernen Wirtschaftsleben zu einem eigenständigen und selbstverantwortlichen Mitarbeiter entwickelt hat[998], spricht gegen eine Werkzeugstellung und eine uneingeschränkte Austauschbarkeit.[999] Auch hinkt der Vergleich zwischen staatlichen Machtapparten und mafiaähnlichen Strukturen einerseits und modernen Wirtschaftsunternehmen andererseits: Denn streng hierarchisch organisierte Unternehmen werden zu Zeiten der Delegation und Dezentralisation nicht dem modernen Bild von Wirtschaftsunternehmen gerecht. Es gibt nicht mehr den „allmächtigen" Unternehmensleiter, vielmehr existieren in einem Großunternehmen zahlreiche Spezialabteilungen, die außerordentliches Fachwissen besitzen. Dies erschwert die uneingeschränkte Austauschbarkeit erheblich. Darüber hinaus ist für die Begründung einer Täterschaft kraft Organisationsherrschaft erforderlich, dass sich der Machtapparat als Ganzes von den Normen des Rechts gelöst hat.[1000] Allerdings handelt ein Wirtschaftsunternehmen nicht dauerhaft losgelöst vom Recht wie etwa kriminelle Organisationen. Vielmehr kommt in der Deliktsbegehung regelmäßig eine einmalige und eine eigenverantwortliche Entscheidung des jeweilig handelnden Mitarbeiters zum Ausdruck.[1001] Angesichts dieser Zweifel stehen der Übertragung der Rechtsfigur der mittelbaren Täterschaft kraft Organisationsherrschaft auf Wirtschaftsunternehmen erhebliche Einwände entgegen.

---

996 Vgl. etwa: BGH NStZ 2004, 457; NStZ 2008, 89. Eine Übersicht bietet insoweit Rübenstahl, HRRS 2003, S. 210 (210 f.).

997 Kritisch insoweit u.a.: Roxin, § 25, Rn. 129 ff.; *Joecks* in: MüKo-StGB, § 25, Rn. 147 ff.; *Achenbach* in: HWSt, Rn. 30; *Heine/Weißer* in: Sch/Sch, § 25, Rn. 26 f.; Rotsch, NStZ 1998, S. 491 (493 ff.); differenzierend: *Schünemann* in: LK, 12. Auflage, § 25, Rn. 130 ff.; der Rechtsprechungspraxis des BGH folgend: *Schmid/Fridrich* in: Hdb. Wirtschaftsstrafrecht, § 30, Rn. 9, nach dessen Ansicht sich die Mitarbeiter in ein „System einspannen lassen, in welchem auf Grund wirtschaftlicher Betätigung Straftaten verübt werden"; *Knauer* in: Volk, § 3, Rn. 23, der auch bei Wirtschaftsunternehmen „davon ausgeht, dass ähnliche Strukturmerkmale wie in einer „Unrechtsorganisation vorliegen können [...] Sollte sich einmal einer der Angestellten weigern, ist doch auch im Wirtschaftsunternehmen zumeist ein anderer zur Umsetzung bereit, liege seine Motivation [...] in einer Angst um den Arbeitsplatz".

998 Schürmann, S. 113; Bock, S. 330.

999 So auch *Heine/Weißer* in: Sch/Sch, § 25, Rn. 26 f.

1000 Roxin, § 25, Rn. 130; *Heine/Weißer* in: Sch/Sch, § 25, Rn. 26 f.

1001 Heine, S. 122.

3. Die Compliance-Abteilung im Unternehmen

Es gehört zwar zum Aufgabenbereich vieler Abteilungen im Unternehmen für die Einhaltung der für das Unternehmen geltenden Ge- und Verbote Sorge zu tragen: etwa die Rechtsabteilung, das Risikomanagement oder die Revisionsabteilung.[1002] Dennoch ist es ab einer bestimmten Unternehmensgröße durchaus sinnvoll, die Aufsicht im Sinne des § 130 OWiG in Gestalt einer Compliance-Abteilung im Unternehmen zu institutionalisieren.[1003] Die Implementierung ist in Erwägung zu ziehen, weil mit zunehmender Größe auch die Anzahl der beauftragten Aufsichtspersonen steigt, die sich letztendlich zu einer besonderen Aufsichtsabteilung gruppieren.[1004]

Eine ausdrückliche Pflicht zur Einrichtung einer Compliance-Abteilung findet sich ausschließlich in § 33 Abs. 1 S. 2 Nr. 1 WpHG. Dem Gesetzeswortlaut lässt sich zwar entnehmen, dass die Compliance-Abteilung in einem (Wertpapierdienstleistungs-)Unternehmen unabhängig sein sollte, allerdings nicht, wo sie in einem Unternehmen zu positionieren ist.

a) Die Standortbestimmung einer Compliance-Abteilung im Unternehmen

Compliance beinhaltet in einem Unternehmen vielfältige Aufgaben und tangiert verschiedene Bereiche, weshalb Unternehmen eine Compliance-Abteilung an unterschiedlichen Stellen im Unternehmen integrieren und diverse Modelle existieren[1005]:

- Das Modell einer unabhängigen Compliance-Abteilung mit einem Compliance-Beauftragten an deren Spitze, der direkt der Unternehmensleitung unterstellt ist und dem ressortverantwortlichen Mitglied der Unternehmensleitung direkt berichtet.
- Das Modell einer Compliance-Abteilung als ein Teil der Rechtsabteilung.
- Das Modell einer Compliance-Abteilung als ein Teil der Revisionsabteilung, aufgrund häufiger Schnittstellen zwischen den Aufgaben einer Compliance-Abteilung und der Revisionsabteilung.

1002 Bock, ZIS 2009, S. 68 (79).

1003 So auch Bussmann/Matschke, CCZ 2009, S. 132 (137); Bock, ZIS 2009, S. 68 (79); Lebherz, S. 320.

1004 Bock, S. 744; Bohnert, OWiG, § 130, Rn. 20; OLG Köln, wistra 1994, S. 315. Zudem dient sie dem Schutz zivil-, verwaltungs- und strafrechtlicher Sanktionen gegenüber dem Unternehmen und deren Leitung.

1005 Zu den einzelnen Modellen: Cauers/Haas/Jakob/Kremer/Schartmann/Welp, DB 2008, S. 2717 (2717 f.); AKEIÜ, DB 2010, S. 1509 (1516); Moosmayer, S. 33 ff.; *ders.* in: Hdb. Criminal Compliance, S. 204 f.; *Inderst* in: Görling/Inderst/Bannenberg, S. 98 ff.; Bissels/Lützeler, BB 2012, S. 189; Lebherz, S. 320 f.; 325 f.; *Bürkle* in: Hdb. Haftungsvermeidung, S. 152 ff.

- Das Modell eines Compliance-Komitees, das sich aus den Leitern der Abteilungen Personal, Recht, Finanzen und interne Revision zusammensetzt.

Nach einer Studie von PWC ist die Compliance überwiegend Bestandteil der Rechtsabteilung (55 %), gefolgt von der Revisionsabteilung (35 %) und der Finanzabteilung (29 %). Hingegen hatten nur 29 % der befragten Unternehmen eine eigenständige Compliance-Abteilung eingerichtet.[1006]

Wenngleich die Implementierung einer eigenständigen Compliance-Abteilung mit höheren Kosten, zusätzlichem Personal und möglichen Kompetenzüberschneidungen mit anderen Abteilungen verbunden ist und sich die Standortbestimmung nach den unternehmensindividuellen Verhältnissen bemisst, sprechen die Vorteile für das Modell einer unabhängigen Compliance-Abteilung, die direkt dem für Compliance zuständigen Mitglied der Unternehmensleitung unterstellt ist.[1007] Dies hat den Vorteil, dass die Compliance-Abteilung ihre Aufgaben frei von anderen Pflichten und geschäftspolitischen Überlegungen wahrnehmen und auf ihre Rechtskonformität hin überprüfen kann.[1008] Denn eine Integration der Compliance in andere Abteilungen hat zur Folge, dass diese Abteilungen aufgrund fehlender Unabhängigkeit das integrierte Compliance-System nicht überwachen können.[1009] Zudem könnte die Compliance bei einer Integration in andere Abteilungen an Durchsetzungskraft im Alltagsgeschäft verlieren.[1010] Richtigerweise sieht *Bock* diesbezüglich die „persönliche (Bestellung auf unbestimmte Zeit, Unkündbarkeit und Unversetzbarkeit) und sachliche Unabhängigkeit (Weisungsunabhängigkeit)“ als erforderlich an, damit die Mitarbeiter – vor allem der Compliance-Beauftrage – „ihre Aufgaben ohne Karrieredruck und ohne Existenzängste“

1006 PWC, 2010, S. 22.

1007 So auch Moosmayer, S. 34; Cauers/Haas/Jakob/Kremer/Schartmann/Welp, DB 2008, S. 2717 (2718); *Hauschka* in: Hdb. Haftungsvermeidung, S. 18; *Lampert* in: Hdb. Haftungsvermeidung, S. 169; Dann/Mengel, NJW 2010, S. 3265 (3266); a.A. Lösler, NZG 2005, S. 104 (107). So auch die Vorstellung in den USA, vgl. etwa Copeland, 5 Drake Journal of Agricultural Law 2000, S. 305 (335).

1008 Lösler, NZG 2005, S. 104 (108); Cauers/Haas/Jakob/Kremer/Schartmann/Welp, DB 2008, S. 2717 (2718); Lebherz, S. 326; Bock, S. 753. Nach *Inderst* in: Görling/Inderst/Bannenberg, S. 98 wird darüber hinaus die Bedeutung, Wertschätzung und Sichtbarkeit der Compliance-Abteilung hervorgehoben, wenn sie direkt an die Unternehmensleitung angebunden ist. Vgl. auch Rundschreiben 4/2010 (WA) (MaComp) der BaFin vom 14.06.2011, BT 1.1.1. („Bedeutung der Compliance-Funktion soll sich an ihrer Stellung in der Unternehmensorganisation widerspiegeln“).

1009 So Cauers/Haas/Jakob/Kremer/Schartmann/Welp, DB 2008, S. 2717 (2718); Bissels/Lützeler, BB 2012, S. 189; *Bürkle* in: Hdb. Haftungsvermeidung, S. 154

1010 So Bock, S. 753.

wahrnehmen können.[1011] Letztendlich ist der Aussage von *Krieger/Günther* zuzustimmen, dass nur durch eine „Trennung von „Überwachenden“ und „Überwachten“ Konflikten vorgebeugt werden kann“[1012].

Dennoch ist aus Gründen der Effektivität von Compliance trotz der erforderlichen Unabhängigkeit eine Koordination mit den übrigen unternehmensinternen Beauftragten unabdingbar und mit dem übergeordneten für das Compliance-Ressort zuständigen Mitglieds der Unternehmensleitung aufgrund dessen Oberaufsicht gar geboten.[1013] Die Compliance-Abteilung muss derart in das Geschäft des Unternehmens integriert sein, dass frühzeitig Compliance-Risiken identifiziert und die erforderlichen Maßnahmen ergriffen werden können.[1014]

Zudem hat das für das Ressort Compliance zuständige Mitglied der Unternehmensleitung eine Compliance Abteilung mit den nötigen sachlichen und persönlichen Ressourcen sowie mit ausreichendem Budget auszustatten, damit diese die ihr übertragenen Aufgaben auch tatsächlich wahrnehmen kann.[1015] § 8 B 2.1. (b) (2) (C) USSG sieht ebenfalls vor, dass die für die Compliance-Verantwortlichen zur Erfüllung ihrer Aufgaben mit ausreichenden Ressourcen und Befugnissen sowie einem direkten Berichtsweg zum Führungsgremium auszustatten sind.[1016]

Eine Compliance-Abteilung muss dabei von einer Person mit persönlicher Eignung und fachlicher Befähigung geführt und mit einer ausreichenden Anzahl an qualifizierten Mitarbeitern besetzt werden.[1017] Wieviele Mitarbeiter hierfür erforderlich sind, lässt sich dieser Rechtsprechung nicht zweifelsfrei entnehmen. Der BGH stellte lediglich in negativer Hinsicht fest, dass eine vierköpfige Revisionsabteilung bei einem Unternehmen mit insgesamt fünftausend Mitarbeitern nicht ausreichend sei.[1018] Die Staatsanwaltschaft München I erachtete die personelle Ausstattung der Compliance-Abteilung

1011 So Bock, ZIS 2009, S. 68 (80); ders., Criminal Compliance, S. 758.

1012 So Krieger/Günther, ZRFC 2011, S. 149 (150).

1013 *Bürkle* in: Hdb. Haftungsvermeidung, S. 152; ders., BB 2005, S. 565; Kiethe, GmbHR 2007, S. 393 (397); Bock, S. 753, 759; Moosmayer, S. 34.

1014 Vgl. Moosmayer, S. 35; Lösler, NZG 2005, S. 104 (105).

1015 Lösler, NZG 2005, S. 104 (107); Moosmayer, AnwBl 2010, S. 634; Fecker/Kinzl, CCZ 2010, S. 13 (17).

1016 Vgl. § 8 B 2.1. (b) (2) (C) USSG: „To carry out such operational responsibility, such individual(s) shall be given adequate resources, appropriate authority, and direct access to the governing authority or an appropriate subgroup of the governing authority“.

1017 *Koller* in: Assmann/Schneider, § 33, Rn. 4. Vgl. zum Anforderungsprofil an den Compliance-Beauftragten den Gliederungspunkt ab S. 150.

1018 BGH wistra 1982, 34.

von Siemens mit sechs Mitarbeitern als unzureichend.[1019] Aus diesen Beispielen lässt sich aber entnehmen, dass eine allgemeingültige Festlegung der erforderlichen Anzahl von Compliance-Mitarbeitern nicht möglich ist. Die Compliance Abteilung muss aber aufgrund ihrer Mitarbeiteranzahl in der Lage sein, die nach § 130 OWiG erforderliche Überwachung zu gewährleisten.[1020] Das erforderliche Maß ist daher auch in diesem Fall vor allem von der Größe des Unternehmens, dem Umfang der Compliance-Aufgaben und dem Ergebnis der Risikoanalyse abhängig.

b) Der Compliance-Beauftragte

Um die Effektivität einer Compliance-Abteilung zu gewährleisten, setzt ihre Ausgestaltung auf einer weiteren Ebene der *unternehmensinternen Aufsichtskette* die Benennung einer speziellen Überwachungsperson voraus – den Leiter der Compliance-Abteilung (sog. *Chief Compliance Officer*). Dieser entspricht insoweit in seiner Funktion der gemäß § 130 Abs. 1 S. 2 OWiG vom Unternehmensinhaber bestellten *„Aufsichtsperson"*.

Da Compliance in Großunternehmen zu zahlreichen Aufgaben verpflichtet und Spezialwissen abverlangt, die unmöglich von einer Person bewerkstelligt werden können, besteht eine Compliance-Abteilung regelmäßig aus mehreren Mitarbeitern, die als sog. *Compliance-Beauftragte* (sog. *Compliance Officer*) bezeichnet werden.[1021] Innerhalb dieser Compliance-Abteilung kann sich wegen der Komplexität von Compliance der Leiter der Compliance-Abteilung ebenfalls dem Mittel der vertikalen normativen Abschichtung von Verantwortungsbereichen bedienen und Aufgaben einzelnen Compliance Beauftragten übertragen.[1022] Ein Vergleich zu den US-amerikanischen Regelungen der USSG zeigt, dass auch der US-Gesetzgeber es gemäß § 8 B 2.1. (b) (2) (C) USSG als ein notwendiges Merkmal eines Compliance-Systems erachtet, einer bestimmten Person innerhalb des Unternehmens die tägliche unternehmerische Verantwortung für das Compliance-System zu übertragen.[1023]

1019 Vgl. Staatsanwaltschaft München I, Beschl. vom 03.12.2008, S. 9.

1020 So *Rogall* in: KK-OWiG, § 130, Rn. 56.

1021 So auch Kiethe, GmbHR 2007, S. 393 (397); *Inderst* in: Görling/Inderst/Bannenberg, S. 86; *Hauschka* in: Hauschka, S. 21; *Bürkle* in: Hdb. Haftungsvermeidung, S. 144.

1022 Vgl. dazu den Gliederungspunkt ab S. 144.

1023 Vgl. § 8 B 2.1. (b) (2) (C) USSG: „Specific individual(s) within the organization shall be delegated day-to-day operational responsibility for the compliance and ethics program". Auch wenn die USSG den Begriff Compliance Officer nicht verwenden, ist dieser mit der genannten Aufgabenzuweisung gemeint, so Hopson/Koehler, CCZ 2008, S. 208 (209).

Speziell in internationalen Wirtschaftsunternehmen wird zunehmend eine personelle Zuständigkeit für Compliance in Person eines Compliance-Beauftragten bestimmt: Nach einer Studie von PWC haben mehr als die Hälfte der in der Studie befragten Unternehmen einen Compliance-Beauftragten installiert,[1024] obwohl keine allgemeingültige, sondern nur eine spezialgesetzliche Pflicht für Wertpapierdienstleistungsunternehmen zur Bestimmung eines Compliance-Beauftragten besteht. Ausschließlich § 33 Abs. 1 S. 2 Nr. 1 WpHG i.V.m. § 12 Abs. 4 WpDVerOV beinhaltet für Wertpapierdienstleistungsunternehmen explizit die Verpflichtung, *„einen Compliance-Beauftragten zu benennen, der für die Compliance-Funktion sowie die Berichte an die Geschäftsleitung und das Aufsichtsorgan nach § 33 Abs. 1 Satz 2 Nr. 5 des Wertpapierhandelsgesetzes verantwortlich ist"*. Allerdings mangelt es selbst dieser nur für Wertpapierdienstleistungsunternehmen geltenden Vorschrift an detaillierten Vorgaben aus denen sich Compliance-Aufgaben eines Compliance-Beauftragten und den damit verbundenen Anforderungen an Profil und notwendiger Expertise entnehmen lassen; dies gilt insoweit erst recht für Compliance-Beauftragte anderer Unternehmen außerhalb der Finanzwirtschaft.

aa) Die Aufgaben eines Compliance-Beauftragten

Positioniert man einen Compliance-Beauftragten – wie hier favorisiert – direkt unter die Unternehmensleitung, kommt ihm aufgrund seiner Schnittstelle eine Schlüsselrolle bei der Durchsetzung von Compliance-Maßnahmen bis hin zu einem Compliance-System zu.[1025] Denn er ist erster Ansprechpartner sowie Berichterstatter für die Unternehmensleitung und zugleich Vertrauensperson sämtlicher Mitarbeiter bei Compliance Fragen.[1026]

Die Aufgaben eines Compliance-Beauftragten bemessen sich regelmäßig nach den unternehmensspezifischen Compliance-Risiken, die sich aus der vorab durchgeführten Risikoanalyse ergeben.[1027] Zwar bleibt die Unternehmensleitung auf oberster Ebene für Compliance verantwortlich (vgl. Grundsatz der Gesamtverantwortung), jedoch kann nach der Benennung eines Compliance-Beauftragten durch das für Compliance zuständige Mitglied der Unternehmensleitung dieser damit beauftragt werden, ein Konzept für die Ausgestaltung eines Compliance-Systems zu erarbeiten, das dem Ergebnis

---

1024 Vgl. PWC, 2010, S. 22.

1025 Kraft/Winkler, CCZ 2009, S. 29 (31); Gößwein/Hohmann, BB 2011, S. 963 (966); *Koller* in: Assmann/Schneider, § 33, Rn. 4; Wilhelm, S. 130 ff.

1026 AKEIÜ, DB 2010, S. 1509 (1516); Michalke, AnwBl 2010, S. 666 (670).

1027 Moosmayer, S. 38 f.; ders., AnwBl 2010, S. 634 (635); Michalke, AnwBl 2010, S. 666 (669).

der Risikoanalyse gerecht wird.[1028] Dieses Konzept hat er anschließend der Unternehmensleitung zu präsentieren. Es sollte beinhalten, wie mit organisatorischen Maßnahmen gewährleistet wird, dass sich das Unternehmen, seine Organisationsmitglieder und sämtliche Mitarbeiter rechtskonform verhalten. Sofern die Unternehmensleitung dem Konzept zugestimmt hat, resultieren für einen Compliance-Beauftragten daraus verschiedene Aufgaben im Zusammenhang mit dem Compliance-System: Im Schrifttum werden bis zu zehn Aufgaben diskutiert[1029], die einen Compliance-Beauftragten treffen können – diese sind im Einzelnen:

(1) Implementierung und Weiterentwicklung eines Compliance-Systems

Mit der Zustimmung der Unternehmensleitung für ein bestimmtes Organisationskonzept ist ein Compliance-Beauftragter für Aufbau, Leitung und Weiterentwicklung eines adäquaten und effektiven Compliance-Systems zuständig.[1030] Die *Implementierung* eines Compliance-Systems ist stets mit Blick auf die konkreten Unternehmensverhältnisse durchzuführen. Denn die für den Compliance-Bereich Verantwortlichen müssen nur tatsächlich oder rechtlich mögliche, erforderliche und zumutbare Maßnahmen ergreifen.[1031] Die Ausgestaltung eines *„Best Practice"*-Compliance-Systems ist daher aus mehreren Gründen nicht erforderlich und auch nicht sinnvoll: Zum einen verlangt etwa § 93 Abs. 1 S. 1 AktG im Kontext von Aktiengesellschaften lediglich die Sorgfalt eines „ordentlichen und gewissenhaften" Geschäftsleiters, somit gerade nicht den „ordentlichsten" und „gewissenhaftesten" Geschäftsleiter. Zum anderen wird bei der Bestimmung der Sorgfaltspflicht ein objektiver Maßstab als Richtlinie herangezogen, der gerade nicht den allerhöchsten, sondern lediglich den üblichen und angemessenen, Anforderungen genügen muss. *Bürkle* spricht daher zutreffend von einem *„Good Practice"*-Compliance-System, das ein Geschäftsleiter schuldet.[1032]

Unter *Weiterentwicklung* eines Compliance-Systems versteht das Schrifttum die Aufgabe eines Compliance-Beauftragten das implementierte Compliance-System dauerhaft zu überprüfen und zu optimieren, um bestehende

1028 Fecker/Kinzl, CCZ 2010, S. 13 (16).

1029 *Bürkle* in: Corporate Compliance, S. 145. Die Compliance Aufgaben lassen sich vor allem aus den einzelnen Compliance Funktionen ableiten, vgl. dazu den Gliederungspunkt ab S. 23. Als Leitlinie für die Aufgaben siehe insoweit auch das Rundschreiben 4/2010 (WA) (MaComp) der BaFin vom 14.06.2011, BT 1.2. Zu den typischen Aufgaben eines Compliance Beauftragten in den USA, die sich im Kern mit denen in Deutschland decken, siehe *Bennett/Greydon* in: Kapplan/Murphy, § 9, S. 44 ff.

1030 Moosmayer, S. 38 f.; Dann/Mengel, NJW 2010, S. 3265 (3266).

1031 Bock, ZIS 2009, S. 68 (74); Fleischer, AG 2003, S. 291 (300).

1032 *Bürkle* in: Hdb. Haftungsvermeidung, S. 144.

Lücken zu schließen und es an neue Gegebenheiten oder Entwicklungen anzupassen.[1033] Auch die vom 01.11.2010 reformierten USSG gehen gemäß § 8 B 2.1. (b) (2) (7) USSG in diese Richtung, wonach nach Aufdeckung eines Fehlverhaltens umgehend auf dieses zu reagieren sei und Maßnahmen eingeleitet werden müssen, um gleichgelagertes Verhalten zukünftig zu vermeiden. Angemessene Maßnahmen seien – anders als in Deutschland – insoweit die Wiedergutmachung des verursachten Schadens, eine Selbstanzeige gegenüber oder Kooperation mit Behörden sowie eine sofortige Verbesserung des Compliance-Systems, um die Effektivität des Compliance-Systems zu gewährleisten. Letzteres könne auch den Einsatz externer Berater umfassen.[1034]

(2) Berichterstattungspflicht gegenüber der Unternehmensleitung

Ein Compliance-Beauftragter hat regelmäßig und bei schwerwiegenden Verstößen ad hoc über compliance-relevante Vorkommnisse mittels einer direkten Berichtslinie an die Unternehmensleitung zu berichten.[1035] Bei einer horizontalen Aufgabenverteilung ist es ausreichend, wenn an das für den Bereich Compliance zuständige Mitglied der Unternehmensleitung berichtet wird. Dadurch kann die Unternehmensleitung mithilfe der Berichterstattung ihrer Überwachungspflicht nachkommen, die Korrelat einer vertikalen Delegation ist. Erforderlich ist daher immer ein direkter Berichtsweg eines Compliance-Beauftragten an die Unternehmensleitung.[1036] Das Erfordernis einer

---

1033 Moosmayer, AnwBl 2010, S. 634 (635); Lebherz, S. 321; Schneider, ZIP 2003, S. 645 (649 f.); Krieger/Günther, ZRFC 2011, S. 149 (151).

1034 Commentary 6 to § 8 B 2.1 (b) (2) (7) USSG: „First, the organization should respond appropriately to the criminal conduct. The organization should take reasonable steps, as warranted under the circumstances, to remedy the harm resulting from the criminal conduct. These steps may include, where appropriate, providing restitution to identifiable victims, as well as other forms of remediation. Other reasonable steps to respond appropriately to the criminal conduct may include self-reporting and cooperation with authorities. Second, the organization should act appropriately to prevent further similar criminal conduct, including assessing the compliance and ethics program and making modifications necessary to ensure the program is effective."

1035 *Bürkle* in: Hdb. Haftungsvermeidung, S. 145; *Koller* in: Assmann/Schneider, § 33, Rn. 4; Juhnke, ZRFC 2011, S. 172 (174); Rodewald/Unger, BB 2007, S. 1629 (1632); *Moosmayer* in: Hdb. Criminal Compliance, S. 207. Anhaltspunkte bezüglich der Häufigkeit lässt sich § 33 Abs. 1 S. 2 Nr. 5 WpHG entnehmen, wonach sicherzustellen ist, „dass die Geschäftsleitung und das Aufsichtsorgan in angemessenen Zeitabständen, zumindest einmal jährlich, Berichte der mit der Compliance-Funktion betrauten Mitarbeiter über die Angemessenheit und Wirksamkeit der Grundsätze, Mittel und Verfahren nach Nr. 1 erhalten [...]".

1036 Moosmayer, AnwBl 2010, S. 634.

Berichterstattung sehen auch die USSG in § 8 B 2.1. (b) (2) (C) USSG vor, wonach ein Compliance-Beauftragter regelmäßig den Führungskräften und dem Führungsgremium hinsichtlich der Effektivität des Compliance-Systems berichten soll.[1037]

Die Frage des „Ob" und „Wie" ein Compliance-Verstoß sanktioniert wird, gehört demgegenüber nicht zum Aufgabenbereich eines Compliance-Beauftragten, er kann lediglich der Unternehmensleitung zivil- und arbeitsrechtliche Konsequenzen vorschlagen.[1038] Die abschließende Entscheidung für die Durchsetzung dieser Maßnahmen obliegt aber der Unternehmensleitung. Insoweit kommt einem Compliance-Beauftragten keine selbständige Ahndungsmöglichkeit zu.[1039]: Zum einen würde eine derartige Kompetenz das Vertrauensverhältnis der Mitarbeiter zum Compliance-Beauftragten und damit die Wirksamkeit des Compliance-Systems wesentlich einschränken; zum anderen sind Personalentscheidungen Aufgaben der Personalabteilung und der Unternehmensabteilung.[1040]

(3) Unterstützung und Beratung der Unternehmensleitung

Die Zuständigkeit eines Compliance-Beauftragten dehnt sich auch auf die Unterstützung und Beratung der Unternehmensleitung zu allen aufkommenden Compliance-Fragen aus,[1041] wie etwa zur Implementierung weiterer organisatorischer Präventionsmaßnahmen, zum Inhalt und zu Modifikationen der Unternehmensrichtlinien sowie zu Geschäftsbeziehungen mit Geschäftspartnern.[1042] Ebenso wichtig sind in diesem Zusammenhang regelmäßige Treffen eines Compliance-Beauftragten mit der Unternehmensleitung, um

---

1037 Vgl. § 8 B 2.1. (b) (2) (C) USSG: „Individual(s) within operational responsibility shall report periodically to high-level personnel and as appropriate, to the governing authority, or an appropriate subgroup of the governing authority, on the effectiveness of the compliance and ethics program".

1038 So auch Juhnke, ZRFC 2011, S. 172 (175).

1039 *Bürkle* in: Hdb. Haftungsvermeidung, S. 146 („er entscheidet nicht selbst über das „Ob" und „Wie" eventueller Sanktionen"); Lösler, NZG 2005, S. 104 (108); Rönnau/Schneider, ZIP 2010, S. 53 (57); Lebherz, S. 325; Favoccia/Richter, AG 2010, S. 135 (136); Kraft/Winkler, CCZ 2009, S. 29 (31); Juhnke, ZRFC 2011, S. 172 (175). Rodewald/Unger, BB 2007, S. 1629 (1632) nennen eine Entscheidungsbefugnis eines Compliance-Beauftragten sogar als „abwegig"; a.A. Moosmayer, AnwBl. 2010, S. 634 (635), der sich für Durchgriffsrechte des Compliance-Beauftragten hinsichtlich der Verfolgung und Ahndung von Compliance-Verstößen ausspricht.

1040 So auch Lebherz, S. 325; Rodewald/Unger, BB 2007, S. 1629 (1632); Kraft/Winkler, CCZ 2009, S. 29 (31).

1041 Kraft/Winkler, CCZ 2009, S. 29 (31).

1042 Moosmayer, AnwBl 2010, S. 634 (635); *Meyer/Paetzel/Will* in: KK-WpHG, § 33, Rn. 121 f.

sich über den Stand eines Compliance-Systems, neuer Compliance-Risiken und diesbezüglicher Präventionsmaßnahmen auszutauschen.[1043]

(4) Implementierung von Unternehmensrichtlinien

Ein Compliance-Beauftragter ist zudem für die Erstellung, Implementierung, Weiterentwicklung und hinreichenden Bekanntmachung von angemessenen, verständlichen und effektiven Unternehmensrichtlinien verantwortlich,[1044] die die gesetzlichen Anforderungen auf die konkreten Unternehmensverhältnisse spezifizieren.[1045]

(5) Schulung der Mitarbeiter

Ein Aufgabenschwerpunkt eines Compliance-Beauftragten besteht in der regelmäßigen Schulung und Information der Mitarbeiter.[1046] Dazu hat er praxisnahes und verständliches Schulungsmaterial zu erstellen.[1047] Die Schulung ist immer spezifisch auf die jeweils zu schulenden Mitarbeiter auszurichten.[1048] Der Inhalt hat daher die Aufgaben, Pflichten, Unternehmensbereiche und Positionen der jeweiligen Mitarbeiter zu berücksichtigen. Dadurch sollen Führungskräfte und sonstige Mitarbeiter in Bezug auf die Compliance-Risiken in ihrem Verantwortungsbereich sensibilisiert werden. Sie müssen die Rechtsvorschriften und unternehmensinternen Regelungen verstehen, welche Handlungen eine Rechtsverletzung darstellen könnten und welche Maßnahmen sie zu veranlassen haben.[1049]

(6) Einrichtung einer Beratungs- bzw. Hinweisgeberstelle

Da ein Compliance-Beauftragter als vertraulicher Ansprechpartner für sämtliche Mitarbeiter bereit stehen soll, wenn diese compliance-relevante Fragen haben, über rechtskonformes Verhalten unsicher sind (zum Beispiel

---

1043 Moosmayer, S. 38 f.; Rodewald/Unger, BB 2007, S. 1629 (1631).

1044 *Meyer/Paetzel/Will* in: KK-WpHG, § 33, Rn. 121. Vgl. dazu ausführlich den Gliederungspunkt ab S. 179.

1045 Moosmayer, AnwBl 2010, S. 634 (635); Lebherz, S. 321; Juhnke, ZRFC 2011, S. 172 (173); Gößwein/Hohmann, BB 2011, S. 963 (966); Schneider, ZIP 2003, S. 645 (650). Zum Inhalt solcher Regelungen siehe insoweit den Gliederungspunkt ab S. 180.

1046 Dann/Mengel, NJW 2010, S. 3265 (3266); *Meyer/Paetzel/Will* in: KK-WpHG, § 33, Rn. 123; *Koller* in: Assmann/Schneider, § 33, Rn. 4. Die Schulungen werden aber in der Regel nicht durch einen Compliance Beauftragten durchgeführt, sondern durch andere qualifizierte Mitarbeiter der Compliance-Abteilung, der Rechtsabteilung oder durch vom Unternehmen beauftragte Rechtsanwälte.

1047 Schneider, ZIP 2003, S. 645 (649).

1048 Juhnke, ZRFC 2011, S. 172 (173).

1049 Rodewald/Unger, BB 2007, S. 1629 (1630).

die Annahme von Geschenken oder Einladungen von Kunden) oder Compliance-Verstöße beobachtet würden bzw. davon Kenntnis haben, „*kann*“ eine telefonische Hotline sog. Whistleblowing-Helpline[1050] oder ein Compliance-Helpdesk[1051] bzw. ein Whistleblowing-System[1052] unternehmensintern aber auch unternehmensextern[1053] für die Beratung als auch für die Entgegennahme solcher Hinweise implementiert werden.[1054] Die Compliance-Abteilung kann daher als unternehmensinterne Hinweisstelle innerhalb eines Whistleblowing-Systems agieren.[1055]

(7) Durchführung von Kontrollen

Zuständig ist ein Compliance-Beauftragter auch für die Durchführung und Koordination regelmäßiger Kontrollen zur Überwachung der Umsetzung und Einhaltung der Compliance-Maßnahmen sowie der unternehmensinternen Richtlinien und zur Früherkennung von Unregelmäßigkeiten.[1056] Dies geht einher mit der Zuständigkeit für das Whistleblowing-System, mit dem ein Compliance Beauftragter Hinweise auf Fehlverhalten entgegennimmt.[1057] Diesen Hinweisen hat ein Compliance-Beauftragter selbst nachzugehen; zumindest aber hat er sich in die unternehmensinternen Untersuchungen einzubinden bzw. diese zu koordinieren.[1058]

(8) Entwicklung eines Konzepts für den Krisenfall

Es ist die Aufgabe eines Compliance-Beauftragten für die Unternehmensleitung ein Konzept für den Krisenfall zu entwickeln, das sich mit angemessenen Prozessabläufen und arbeitsrechtlichen Konsequenzen im Falle eines (behördlichen) Verdachts und nach (behördlicher) Aufdeckung von Fehlverhalten befasst.[1059] Das Konzept sollte speziell vorsehen, dass Fehlverhalten

---

1050 So *Bürkle* in: Hdb. Haftungsvermeidung, S. 146; *Meyer/Paetzel/Will* in: KK-WpHG, § 33, Rn. 125.

1051 Schneider, ZIP 2003, S. 645 (650); *Hauschka* in: Hdb. Haftungsvermeidung, S. 21; Juhnke, ZRFC 2011, S. 172 (173).

1052 Vgl. zum Whistleblowing den Gliederungspunkt ab S. 209.

1053 In der Regel werden damit externe Rechtsanwälte beauftragt.

1054 *Meyer/Paetzel/Will* in: KK-WpHG, § 33, Rn. 124 f.; *Koller* in: Assmann/Schneider, § 33, Rn. 4.

1055 Bock, S. 748.

1056 Moosmayer, S. 38 f.; Dann/Mengel, NJW 2010, S. 3265 (3266).

1057 *Bürkle* in: Hdb. Haftungsvermeidung, S. 147; Lebherz, S. 322; Gößwein/Hohmann, BB 2011, S. 963 (966).

1058 Zum Vorgehen Rodewald/Unger, BB 2007, S. 1629 (1634); Moosmayer, S. 38 f.; ders., AnwBl 2010, S. 634 (635); Lebherz, S. 322.

1059 Moosmayer, S. 38 f.; Bock, ZIS 2009, S. 68 (79); Dann/Mengel, NJW 2010, S. 3265 (3266). Zum Ablauf des Krisenmanagements siehe Bock, S. 748 f.

zivil- und arbeitsrechtliche Maßnahmen zur Folge haben[1060], um zu erreichen, dass Compliance im Unternehmen ernst genommen und praktiziert wird. Diese zivil- und arbeitsrechtlichen Konsequenzen müssen auch gegenüber der Unternehmensleitung im Falle eines Fehlverhaltens angewendet werden. Denn mit ihrem Bekenntnis zur Compliance (sog. Mission Statement)[1061] steht und fällt das Compliance-System im Unternehmen.[1062]

(9) Aufgaben gegenüber Unternehmensexternen

Einem Compliance-Beauftragten treffen aber auch Aufgaben gegenüber Unternehmensexternen: So fungiert er als Ansprechpartner für staatliche Behörden, Berater und gegebenenfalls für Medienstellen in allen compliance-relevanten Fragen.[1063] Dadurch haben die genannten Stellen und Personen einen Ansprechpartner im Unternehmen, da dieser durch sein Informationsmanagement über die relevanten Informationen verfügt und diese – stets nach Abstimmung mit der Unternehmensleitung – sofort weiterleiten kann. Dies hat den Vorteil, dass Compliance im Unternehmen sofort wieder sichergestellt wird und – sollte es tatsächlich einmal zu einem Compliance-Verstoß gekommen sein – sich die Kooperationsbereitschaft mit den staatlichen Behörden bei einem ordnungswidrigkeitenrechtlichen Verfahren durchaus mildernd auswirken kann, wenn es um die Bemessung der Geldbuße geht.[1064]

(10) Dokumentation

Ein Compliance Beauftragter sollte alle Compliance-Maßnahmen, Prozessabläufe und Vorkommnisse dokumentieren, vor allem um in Haftungsfragen gegebenenfalls den Entlastungsbeweis für das Unternehmen, seine Organisationsmitglieder, sämtliche Mitarbeiter und für ihn selbst führen zu können.[1065] Die Dokumentation muss dabei so umfassend sein, dass ein Compliance-Beauftragter damit den Beweis erbringen kann, seine Aufgaben pflichtgemäß erfüllt zu haben.[1066]

1060 Schneider, ZIP 2003, S. 645 (649) fordert gar eine „zero tolerance policy“.

1061 *Inderst* in: Görling/Inderst/Bannenberg, S. 84.

1062 Siehe dazu den Gliederungspunkt ab S. 180.

1063 *Bürkle* in: Hdb. Haftungsvermeidung, S. 146; Lebherz, S. 322 f.; *Meyer/Paetzel/Will* in: KK-WpHG, § 33, Rn. 130; Bock, ZIS 2009, S. 68 (79).

1064 Staatsanwaltschaft München I, Beschl. v. 3.12.2008, S. 12 („Zugunsten der Siemens AG konnte erheblich mildernd berücksichtigt werden, dass sie während den Ermittlungen in außergewöhnlich großem Umfang mit den Ermittlungsbehörden kooperiert und ihnen jede Unterstützung bei der Aufklärung der Vorwürfe gewährt hat“).

1065 *Bürkle* in: Hdb. Haftungsvermeidung, S. 145; Juhnke, ZRFC 2011, S. 172 (174); Dann/Mengel, NJW 2010, S. 3265 (3268).

1066 Fecker/Kinzl, CCZ 2010, S. 13 (18).

bb) Anforderungsprofil eines Compliance-Beauftragten

Anhand der Aufgaben eines Compliance-Beauftragten wird im Schrifttum dessen Anforderungsprofil diskutiert, aus dem sich der Maßstab in Bezug auf dessen Qualifikation und persönlicher Eignung ergeben soll. Die Vorstellungen zum Anforderungsprofil eines Compliance-Beauftragten zeigen vor allem eins: Uneinheitlichkeit. Das uneinheitliche Bild eines Compliance-Beauftragten kommt aber nicht von ungefähr, da sowohl die konkret zu bewältigenden Aufgaben als auch das Anforderungsprofil sich stets nach der unternehmensspezifischen Risikoanalyse bemessen, so dass es regelmäßig – wenn vielleicht auch nur geringfügig – von Unternehmen zu Unternehmen Abweichungen hinsichtlich dieser Anforderungen geben muss. Es existiert daher keine einheitlich definierte Rechtsfigur bzw. ein feststehendes Berufsbild des Compliance Beauftragten.[1067] Genauso wenig wie es *„das"* Compliance-System nicht geben kann, gibt es somit *„den"* Compliance-Beauftragten.[1068] Die Darstellung des Anforderungsprofils an einen Compliance-Beauftragten kann daher nur verallgemeinernd erfolgen und als grobe Leitlinie dienen.

Im Schrifttum wird vorgeschlagen, dass ein Compliance-Beauftragter eine Führungspersönlichkeit sein sollte, die sich durch Eigenschaften wie Überzeugungs- und Durchsetzungskraft, Organisationsfähigkeit, Konfliktfähigkeit, Kommunikationsfähigkeit, Verhandlungsgeschick, analytische Fähigkeiten, Belastbarkeit, Integrität, Neutralität, Sozialkompetenz und Vertrauenswürdigkeit auszeichnet.[1069] Er sollte zu vorausschauendem und zukunftsorientierten Handeln in der Lage sein. Nur so soll es ihm möglich sein, Compliance-Risiken frühzeitig zu identifizieren, sie richtig einzuschätzen und schließlich zu bewältigen.[1070] Auch muss er den Mut haben, die durch die Unternehmensleitung in Auftrag gegebenen Veränderungen in Gestalt eines Compliance-Systems im Unternehmen durchzusetzen und in seinen Entscheidungen standfest zu bleiben.[1071]

1067 Insoweit: Fecker/Kinzl, CCZ 2010, S. 13 (15).

1068 So Fecker/Kinzl, CCZ 2010, S. 13 (15); Moosmayer, AnwBl 2010, S. 634 (635); Michalke, AnwBl 2010, S. 666 (668); Rönnau/Schneider, ZIP 2010, S. 53. Insofern auch das Ergebnis in den USA, vgl. *Bennett/Greydon* in: Kapplan/Murphy, § 9, S. 35.

1069 *Bürkle* in: Hdb. Haftungsvermeidung, S. 149; *Inderst* in: Görling/Inderst/Bannenberg, S. 86 f.; Moosmayer, S. 38 f.; ders., AnwBl 2010, S. 634 (635 f.); Juhnke, ZRFC 2011, S. 172 (178).

1070 *Inderst* in: Görling/Inderst/Bannenberg, S. 87.

1071 Insofern auch *Inderst* in: Görling/Inderst/Bannenberg, S. 87.

In Bezug auf die Sachkunde eines Compliance-Beauftragten wird im Schrifttum diskutiert, ob es erforderlich ist, dass der zu benennende Compliance-Beauftragte eine rechtswissenschaftliche Ausbildung genossen hat.[1072] Grundsätzlich ist ein gewisser juristischer Sachverstand für die Ausübung des Berufs erforderlich, da ein Compliance-Beauftragter die für das Unternehmen relevanten Rechtsvorschriften nicht nur kennen, sondern vor allem auch anwenden können muss, weil er sich überwiegend mit den Rechtsfolgen implementierter organisatorischer Maßnahmen befasst.[1073] Hinsichtlich der Compliance bedarf es speziell einer detaillierten Fachkenntnis in den Bereichen Gesellschafts-, Ordnungswidrigkeiten- und Strafrecht.[1074] Die Anforderungen an die notwendige Rechtskenntnis sind umso höher, wenn das Unternehmen den Anwendungsbereichen von Gesetzen wie etwa den USSG, dem FCPA oder dem UK Bribery Act unterfallen.[1075] Ein rechtswissenschaftliches Verständnis erscheint des Weiteren sinnvoll, da ein Compliance-Beauftragter die juristischen Aufgaben der unternehmensinternen Untersuchung zu bewältigen und bei den anschließenden arbeitsrechtlichen Konsequenzen der Unternehmensleitung Vorschläge zu unterbreiten hat.[1076]

Damit aber Compliance effektiv implementiert und fortentwickelt werden kann, sollte ein Compliance-Beauftragter zugleich einen Überblick über das Unternehmen und die damit verbundenen Geschäftsstrukturen und Prozesse haben.[1077] Von ihm sind insoweit neben einem rechtswissenschaftlichen auch ein betriebswirtschaftliches Verständnis sowie unternehmerische Fähigkeiten zu verlangen, um kurz- und langfristige compliance-relevante Entwicklungen im Unternehmen zu erkennen und zu bewerten.[1078] Insofern wird von ihm ein abgeschlossenes Hochschulstudium in Rechts- oder Wirtschaftswissenschaften als auch (langjährige) Berufserfahrung verlangt, um eine genaue Übersicht über die betroffenen und verwandten Märkte zu haben.[1079] Welche Anforderungen an die juristische und betriebswirtschaftliche Fachkenntnis konkret zu stellen sind, hängt jedoch auch maßgeblich von der jeweiligen

1072 Statt vieler Moosmayer, AnwBl 2010, S. 634 (636).

1073 Insoweit auch Moosmayer, S. 38 f.; ders., AnwBl 2010, S. 634 (635 f.); *ders.* in: Hdb. Criminal Compliance, S. 210; *Inderst* in: Görling/Inderst/Bannenberg, S. 88; Juhnke, ZRFC 2011, S. 172 (177).

1074 So Moosmayer, AnwBl 2010, S. 634 (636).

1075 *Bürkle* in: Hdb. Haftungsvermeidung, S. 148; Juhnke, ZRFC 2011, S. 172 (177).

1076 Moosmayer, AnwBl 2010, S. 634 (635). Als ein Indiz für die Anforderungen der notwendigen Kenntnisse siehe insoweit auch das Rundschreiben 4/2010 (WA) (MaComp) der BaFin vom 14.06.2011, BT 1.1.2.

1077 *Inderst* in: Görling/Inderst/Bannenberg, S. 87; Moosmayer, S. 38 f.

1078 AKEIÜ, DB 2010, S. 1509 (1517); *Inderst* in: Görling/Inderst/Bannenberg, S. 88.

1079 *Hauschka* in: Hdb. Haftungsvermeidung, S. 18; *Bürkle* in: Hdb. Haftungsvermeidung, S. 149; Moosmayer, AnwBl 2010, S. 634 (635 f.).

Branche und der daraus resultierenden Vielfalt und dem Gewicht der konkret einzuhaltenden Vorschriften sowie dem hierfür erforderlichen rechtlichem Fachwissen ab.[1080]

Da sich eine Compliance-Abteilung – bei Großunternehmen üblich und notwendig[1081] – aus mehreren Personen zusammensetzt, sollte sie im Ergebnis aus Juristen und Wirtschaftswissenschaftlern sowie aus erfahrenen und neu eingestellten Mitarbeitern bestehen, um einerseits „Betriebsblindheit" und andererseits vorübergehende Unternehmensunkenntnis zu vermeiden.[1082] Hierbei sollten Compliance-Beauftragte wegen der Komplexität der Aufgabenbereiche von Compliance sowie den zahlreichen Aufgaben und Pflichten nur hauptamtlich tätig sein.[1083]

cc) Rechte des Compliance-Beauftragten

Gem. § 106 GewO ist die Unternehmensleitung gegenüber einem Compliance-Beauftragten weisungsbefugt. Einem Compliance-Beauftragten wiederum kommen – wie bereits dargestellt – keine Weisungs- und Anordnungsbefugnisse bei festgestellten Compliance-Verstößen zu,[1084] weshalb er im Wesentlichen eine Informationsfunktion im Unternehmen wahrnimmt, da er die Aufgabe hat, in regelmäßigen Abständen der Unternehmensleitung über den Status des Compliance-Systems, neuen Compliance-Risiken und -Verfahren zur Vermeidung und Reduzierung zu berichten. Er soll nur Compliance-Verstöße verhindern oder aufdecken, so dass er mit den notwendigen Rechten ausgestattet werden muss, um die nötigen Informationen zu erlangen. Unter Beachtung von arbeitsrechtlichen Datenschutzvorgaben sind ihm hierfür *uneingeschränkte Zutritts-, Auskunfts- und Einsichtsrechte* in alle Unternehmensabteilungen, Geschäftsangelegenheiten und den internen Informationssystemen zu gewähren.[1085]

1080 *Bennett/Graydon* in: Kapplan/Murphy, § 9, S. 35.

1081 Dann/Mengel, NJW 2010, S. 3265 (3266).

1082 So *Bürkle* in: Hdb. Haftungsvermeidung, S. 149. So auch das favorisierte Modell in den USA, siehe *Bennett/Greydon* in: Kapplan/Murphy, § 9, S. 35.

1083 Dazu Moosmayer, AnwBl 2010, S. 634.

1084 Lösler, WM 2008, S. 1098 (1104); a.A. Veil, WM 2008, S. 1093 (1097).

1085 Demgegenüber soll ausweislich des Rundschreibens 4/2010 (WA) (MaComp) der BaFin vom 14.06.2011, BT 1.1.2. „den Mitarbeitern der Compliance-Funktion Zugang zu allen für ihre Tätigkeit relevanten Informationen gewährt werden. Ihnen soll ein uneingeschränktes Auskunfts-, Einsichts- und Zugangsrecht zu sämtlichen Räumlichkeiten und Unterlagen, Aufzeichnungen, Tonbandaufnahmen, IT-Systemen sowie weiteren Informationen, die für die Ermittlung relevanter Sachverhalte erforderlich sind, gewährt werden." Lösler, NZG 2004, S. 104 (108); Rönnau/Schneider, ZIP 2010, S. 53 (57); Krieger/Günther, ZRFC 2011, S. 149 (151). Siehe insoweit auch § 12 Abs. 4 S. 3 WpDVerOV.

Damit ein Compliance-Beauftragter seine Aufgaben frei von anderen Pflichten und geschäftspolitischen Überlegungen wahrnehmen und auf ihre Rechtskonformität hin überprüfen kann, erfordert die Tätigkeit eines Compliance-Beauftragten zwingend seine *persönliche (1), organisatorische (2) und finanzielle Unabhängigkeit (3).*[1086]

(1) Ein Compliance-Beauftragter sollte auf unbestimmte Zeit bestellt werden, damit er nicht persönliche Konsequenzen im Falle unbeliebter Entscheidungen befürchten muss oder nicht durch Kündigungsdrohungen Einfluss auf ihn ausgeübt werden kann.[1087]
(2) Ein Compliance-Beauftragter darf nicht gleichzeitig mit Aufgaben des Tagesgeschäfts betraut werden, die zu Interessenskonflikten mit der Wahrnehmung seiner Compliance-Verantwortlichkeit und seiner Unabhängigkeit führen könnten.[1088]
(3) Die Vergütung muss derart bemessen sein, dass sie zum einen geeignet ist, Compliance-Mitarbeiter im Unternehmen zu halten bzw. neu einzustellen; zum anderen darf sie keine Anreize beinhalten, die sich mit den Compliance-Regelwerken überschneiden können[1089]; beispielsweise wenn die Vergütung vom wirtschaftlichen Erfolg des Unternehmens abhängig gemacht wird.[1090]

Die Weisungsunabhängigkeit eines Compliance-Beauftragten soll nach überwiegender Ansicht jedoch bei der Unternehmensleitung enden[1091]: *Bürkle* führt diesbezüglich zutreffend aus, dass die organisatorische Weisungsunabhängigkeit aufgrund der einem Compliance-Beauftragten „weiterhin übergeordneten Unternehmensleiter nicht gegen eine fortbestehende fachliche Weisungsgebundenheit gegenüber der Unternehmensleitung auf der Grundlage des arbeitsrechtlichen Direktionsrechts“ spricht.[1092] Gestützt wird dies durch

---

1086 Bock, ZIS 2009, S. 68 (80); ähnlich Rönnau/Schneider, ZIP 2010, S. 53 (57).

1087 Bock, ZIS 2009, S. 68 (80). Ähnlich das Rundschreiben 4/2010 (WA) (MaComp) der BaFin vom 14.06.2011, BT 1.1.1. („Zur Wahrung der Unabhängigkeit wird eine Ernennung des Compliance-Beauftragten für einen Zeitraum von mindestens 24 Monaten empfohlen.[...] sowie zusätzlich die Vereinbarung einer 12-monatigen Kündigungsfrist seitens des Arbeitgebers.“).

1088 Illing/Umnuß, CCZ 2009, S. 1 (3); Bock, S. 758.

1089 *Bürkle* in: Hdb. Haftungsvermeidung, S. 147; Illing/Umnuß, CCZ 2009, S. 1 (3). Insofern auch § 12 Abs. 4 S. 4 WpDVerOV.

1090 Krieger/Günther, ZRFC 2011, S. 149 (152); Lösler, WM 2008, S. 1098 (1103). In diese Richtung das Rundschreiben 4/2010 (WA) (MaComp) der BaFin vom 14.06.2011, BT 1.1.1. („Die Vergütung der Mitarbeiter der Compliance-Funktion darf grundsätzlich nicht von der Tätigkeit derjenigen Mitarbeiter abhängen, die sie überwachen. Eine erfolgsbezogene Vergütung kann dennoch im Einzelfall zulässig sein, soweit sie keine Interessenskonflikte begründet.“).

1091 Rönnau/Schneider, ZIP 2010, S. 53 (57).

1092 *Bürkle* in: Hdb. Haftungsvermeidung, S. 147.

das Rundschreiben 4/2010 (WA) (MaComp) der BaFin vom 14.06.2011, wonach ein Compliance-Beauftragter im Rahmen seiner Aufgabenerfüllung fachlich gegenüber der Unternehmensleitung gebunden ist.[1093] Nur mithilfe der Weisungsbefugnis gegenüber einem Compliance-Beauftragten können die Unternehmensleiter ihrer Leitungsaufgabe nachkommen, da primär ihnen die Verantwortung über das rechtskonforme Verhalten des Unternehmens obliegt.[1094] Ein Compliance-Beauftragter unterstützt die Unternehmensleitung bei der Sicherstellung der Rechtskonformität, aber er übernimmt sie nicht von dieser vollständig.[1095] Insoweit kann die Unternehmensleitung die Wahrnehmung der Compliance-Aufgaben jederzeit wieder an sich ziehen, es soll insoweit ein sog. „*Kassationsrecht*"[1096] der Unternehmensleitung bestehen.[1097]

Diese bestehende Weisungsgebundenheit gegenüber der Unternehmensleitung ist auch bedeutsam für die Beurteilung einer strafrechtlichen Garantenpflicht eines Compliance-Beauftragten.[1098] Mangelt es nämlich einem Compliance-Beauftragten an Anordnungs- und Weisungsbefugnissen, ist es die originäre Aufgabe des für den Bereich Compliance zuständigen Mitglieds der Unternehmensleitung, den identifizierten Compliance-Verstoß zu unterbinden.[1099] Aus der Sicht der Unternehmensleitung würde eine vertraglich vereinbarte Weisungsfreiheit und Entscheidungsbefugnis eines Compliance-Beauftragten zu einer Haftungsentlastung der Unternehmensleitung führen, da bei wirksamer Delegation einen Compliance-Beauftragten anstelle der Unternehmensleitung möglicherweise Garantenpflichten treffen.[1100] Dieser Blickwinkel steht aber im Widerspruch zu der der Unternehmensleitung gesetzlich zugewiesenen Leitungsaufgabe, der üblichen Unternehmenspraxis und der Aufgabe eines Compliance-Beauftragten, Fehlverhalten lediglich aufzudecken.[1101] *Bürkle* stellt hierbei zutreffend fest, dass einem Compliance-Beauftragten gerade keine Weisungsfreiheit zukommen kann, „wenn Unternehmensleiter durch organisatorische Vorkehrungen für ein

---

1093 Siehe insoweit auch das Rundschreiben 4/2010 (WA) (MaComp) der BaFin vom 14.06.2011, BT 1.1.1.

1094 Lösler, WM 2008, S. 1098 (1103). In diese Richtung auch Bock, S. 758.

1095 So auch Moosmayer, S. 38 f.

1096 So Lösler, WM 2007, S. 677 (679); Lösler, WM 2008, S. 1098 (1104).

1097 Zustimmend Rönnau/Schneider, ZIP 2010, S. 53 (57).

1098 So *Bürkle* in: Hdb. Haftungsvermeidung, S. 147; Krieger/Günther, NZA 2010, S. 367 (370); Lackhoff/Schulz, CCZ 2010, S. 81 (86).

1099 Lackhoff/Schulz, CCZ 2010, 81 (86).

1100 Fecker/Kinzl, CCZ 2010, S. 13 (16) schlagen zur Haftungsentlastung der Unternehmensleitung insoweit ein beschränktes Weisungsrecht des Compliance-Beauftragten in Bezug auf seine Abteilung vor. Ähnlich Krieger/Günther, ZRFC 2011, S. 149 (151).

1101 Lackhoff/Schulz, CCZ 2010, S. 81 (86).

rechtskonformes Verhalten des von ihnen geführten Unternehmens sorgen sollen und dafür persönlich haften müssen“[1102].

dd) Pflicht und / oder Recht zur Meldung von Gesetzesverstößen?

In Anbetracht dessen einem Compliance-Beauftragten nur Weisungs- und Anordnungsbefugnisse zustehen und sich seine Pflicht auf die Informationssammlung und -weiterleitung beschränkt, stellt sich die Frage, ob einem Compliance-Beauftragten eine *Pflicht* oder jedenfalls ein *Recht* zur *internen* und / oder *externen* Meldung von Gesetzesverstößen zukommt.

Die *interne Mitteilung* von Gesetzesverstößen wird von der Unternehmensleitung als wesentlicher Teil ihrer Organisations- und Legalitätspflicht erwünscht und sogar gefordert, um die Effektivität eines Compliance-Systems zu gewährleisten. Die gegenwärtig in der Praxis erprobten Compliance-Systeme sehen bereits bei ihrer Implementierung eine sog. *Eskaltionsroutine* vor, die darstellt, wem ein Compliance-Beauftragter Gesetzesverstöße zu melden hat. Im Allgemeinen sehen diese Systeme bei Rechtsverstößen von Arbeitnehmern, die unter der Unternehmensleitung angesiedelt sind, ab dem Compliance-Beauftragten eine dreigliedrige Berichtslinie vor:

(1) Hat ein Compliance-Beauftragter von einem Mitarbeiter Informationen über einen Compliance-Verstoß erhalten, muss dieser die Informationen an das für das Compliance-Ressort zuständige Mitglied der Unternehmensleitung weiterleiten.[1103]
(2) Bleibt das zuständige Mitglied der Unternehmensleitung nach der Informationserlangung wegen Selbstbetroffenheit oder Ermessensfehlgebrauch untätig, muss ein Compliance-Beauftragter den Kontakt zu den übrigen Mitgliedern der Unternehmensleitung oder direkt zum Vorstandsvorsitzenden aufnehmen.[1104]
(3) Erst wenn das gesamte Organ untätig bleibt oder dieses in seiner Gesamtheit von dem Vorfall betroffen ist, obliegt es einem Compliance-Beauftragten das Aufsichtsorgan (etwa Aufsichtsrat, Beirat, Gesellschafter) wegen dessen Kontrollfunktion (z.B. § 111 AktG) und Compliance Aufgaben (z.B. 5.3.2 DCGK) zu informieren.[1105]

1102 *Bürkle* in: Hdb. Haftungsvermeidung, S. 147.

1103 Darunter versteht man das Recht die übergeordnete Unternehmensebene zu kontaktieren. Rönnau/Schneider, ZIP 2010, S. 53 (59); Lösler, NZG 2005, S. 104 (108); ders., WM 2007, S. 677 (679). Bei schwerwiegenden Verstößen erstarkt das Recht gar zu einer Eskalationspflicht, vgl. Favoccia/Richter, AG 2010, S. 137 (139).

1104 A.A. Rübenstahl, NZG 2009, S. 1341 (1343), der keine Meldepflicht an den Vorstandsvorsitzenden sieht.

1105 Bürkle, CCZ 2010, S. 4 (9); Fecker/Kinzl, CCZ 2010, S. 13 (17); Rodewald/Unger, BB 2007, S. 1629 (1632); Lebherz, S. 329; Lösler, WM 2007, S. 677 (678).

Eine besondere Problematik bei der Funktion eines Compliance-Beauftragten besteht darin, inwieweit ihn eine *externe Meldepflicht* oder ein *externes Melderecht* gegenüber staatlichen Behörden trifft, sofern die internen Berichtswege ausgeschöpft sind. Fruchten die internen Mittel bis hin zum Aufsichtsrat nicht, so besteht nach allgemeiner Ansicht *keine Pflicht* eines Compliance-Beauftragten, den Compliance-Verstoß staatlichen Behörden zu melden.[1106] Denn abgesehen von den gesetzlich geregelten Anzeigepflichten wie § 138 Abs. 1 StGB oder § 10 WpHG gibt es keine explizite Regelungen für einen Compliance-Beauftragten oder ähnlich gesetzlich beauftragten Aufsichtspersonen, die eine derartige *Melde-* bzw. *Anzeigepflicht* gegenüber staatlichen Behörden begründen.[1107] Eine Anzeigepflicht ist darüber hinaus zu verneinen, weil ein Compliance-Beauftragter gerade nicht als verlängerter Arm der staatlichen Behörden tätig, sondern ausschließlich im privaten Interesse des Unternehmens aktiv ist. Es ist nicht seine Aufgabe den Sachverhalt durch Ermittlungen jeder Art zu erforschen; dazu sind die Staatsanwaltschaft und die Beamten des Polizeidienstes von Gesetzes wegen verpflichtet.[1108] Gegen eine externe Meldepflicht spricht zudem, dass ein Compliance-Beauftragter mit der Informationsweiterleitung an das (zuständige) Mitglied der Unternehmensleitung und gegebenenfalls an den Aufsichtsrat seiner Verpflichtung nachgekommen ist, wohingegen gerade ab dem Zeitpunkt der Informationserlangung die Unternehmensleitung nun dafür die Verantwortung trägt, ihrer Legalitätspflicht nachzukommen.

Zwar ist demzufolge ein Compliance-Beauftragter nicht verpflichtet Compliance-Verstöße externen Stellen zu melden, dies sagt aber nichts über sein *Recht zur Meldung von Gesetzesverstößen* gegenüber staatlichen Behörden aus. So besteht ein Recht zur Anzeige, wenn dies ausdrücklich geregelt ist wie etwa in § 17 Abs. 2 ArbSchG oder § 84 Abs. 1 BetrVG. Dort wo es aber keine gesetzliche Grundlage gibt, steht ein solches in Art. 2 Abs. 1 GG und dem Rechtsstaatsprinzip verankerten Rechts zur Anzeige gegenüber Ermittlungsbehörden allerdings der arbeitsvertraglichen Rücksichtnahmepflicht nach § 611 i.V.m. §§ 242, 241 Abs. 2 BGB gegenüber, die den Arbeitnehmer

---

Zur Meldung an den Aufsichtsrat: Moosmayer, AnwBl 2010, S. 634; Favoccia/Richter, AG 2010, S. 137 (140); Rönnau/Schneider, ZIP 2010, S. 53 (59 f.); Juhnke, ZRFC 2011, S. 172 (176 f.); BGH NJW 2009, 3173 spricht von der „gegenüber der Unternehmensleitung übernommenen Pflicht, Rechtsverstöße [...] zu unterbinden".

1106 So auch *Bürkle* in: Hdb. Haftungsvermeidung, S. 147.

1107 So auch zutreffend Lösler, WM 2007, S. 677 (678); *Koller* in: Assmann/Schneider, § 33, Rn. 4; Lebherz, S. 324; Fecker/Kinzl, CCZ 2010, S. 13 (18); Bürkle, CCZ 2010, S. 4 (10); Rodewald/Unger, BB 2007, S. 1629 (1634).

1108 Vgl. §§ 160 Abs. 1 i.V.m. 161 Abs. 1 S. 1 StPO. So auch *Bürkle* in: Hdb. Haftungsvermeidung, S. 147; Lebherz, S. 330; Favoccia/Richter, AG 2010, S. 137 (141).

gegenüber seinem Arbeitgeber grundsätzlich trifft.[1109] Ausgehend von § 241 Abs. 2 BGB und der Rechtsprechung des BAG obliegen einem Arbeitnehmer die arbeitsvertraglichen Nebenpflichten, die geschäftlichen Interessen seines Arbeitgebers zu wahren und Schäden an dessen Rechtsgütern abzuwenden.[1110] Ergänzt werden diese Pflichten mit dem Verbot Geschäfts- oder Betriebsgeheimnisse an Außenstehende mitzuteilen (vgl. § 17 UWG).[1111] Eine Verletzung dieser Pflichten kann dem Arbeitgeber als Ausfluss der in Art. 12 GG eingeräumten Unternehmensfreiheit Ansprüche auf Schadensersatz begründen oder ihm das Recht zur Kündigung des Arbeitnehmers geben.[1112]

Die sowohl dem Arbeitgeber als auch dem Arbeitnehmer eingeräumten Grundrechte setzte das BAG ins Verhältnis und stellte in einer Entscheidung im Jahr 2003 den Grundsatz auf, dass ein Arbeitnehmer zunächst versuchen sollte, unternehmensintern mittels der Eskalationsroutine für Abhilfe zu sorgen, wenn er die Compliance-Verstöße nicht selbst beheben kann. Weiter führte das BAG aber aus, dass dieser innerbetrieblichen Klärung nicht regelmäßig Vorrang einzuräumen ist; vielmehr ist eine externe Meldung des Arbeitnehmers dann zulässig, wenn

- *„er Kenntnis von Straftaten erhält, durch deren Nichtanzeige er sich selbst einer Strafverfolgung aussetzen würde,*
- *es sich um schwerwiegende Straftaten oder vom Arbeitgeber selbst begangenen Straftaten handelt oder*
- *Abhilfe berechtigterweise nicht zu erwarten ist.*“[1113]

Bleibt der Arbeitgeber trotz des Hinweises auf die gesetzeswidrige Praxis im Unternehmen untätig, besteht keine weitere arbeitsvertragliche Rücksichtnahmepflicht des Arbeitnehmers, so dass er den Vorfall externen Stellen melden kann.[1114] Da ein Compliance-Beauftragter primär auch Arbeitnehmer ist, ist vor dem Hintergrund der dargestellten BAG-Rechtsprechung[1115] auch der Compliance-Beauftragte zur Erstattung von Strafanzeigen berechtigt.[1116]

1109 BAG NZA 2004, 427; NZA 2003, 483; Schuster/Darsow, NZA 2005, S. 273 (276).

1110 BAG NZA 2004, 427; NZA 2003, 483; NJW 1970, 1861; LAG Hessen, AE 2008, S. 201; Wisskirchen/Jordan/Bissels, DB 2005, S. 2190 (2193); Mengel/Hagemeister, BB 2007, S. 1386 (1389); Schuster/Darsow, NZA 2005, S. 273 (276); Lebherz, S. 340.

1111 Vgl. ausführlich dazu Pelchrzim, CCZ 2009, S. 25 ff.

1112 Favoccia/Richter, AG 2010, S. 137 (142).

1113 BAG NZA 2004, 427.

1114 BAG NZA 2004, 427.

1115 BAG NZA 2004, 427; BAG vom 07.12.2006 – 2 AZR 400705, AP Nr. 55 zu § 1 KSchG 1969.

1116 So zutreffend: Favoccia/Richter, AG 2010, S. 137 (143).

ee) Sonderfall: Ein Compliance-Beauftragter als strafrechtlicher Garant im Sinne des § 13 StGB und Verantwortlicher nach §§ 130 i.V.m. 9 Abs. 2 S. 1 Nr. 2 OWiG

Anhand der vorgenannten Aufzählung der Aufgaben eines Compliance-Beauftragten wurde deutlich, dass dessen Kernaufgabe in der Aufdeckung von Fehlverhalten im Unternehmen besteht. Diese Aufgabe birgt jedoch seit einem in jüngerer Vergangenheit ergangen Urteil des BGH gleichzeitig Strafbarkeitsrisiken: Der BGH hat mit der Berliner Stadtreinigungs-Entscheidung („BSR"-Entscheidung) vom 17.07.2009[1117] für große Aufmerksamkeit und Verunsicherung gesorgt. Das Gericht hat auf einen Punkt aufmerksam gemacht, der bislang in der Rechtsprechung überhaupt nicht und im Schrifttum nur vereinzelt erörtert wurde[1118]: die Strafbarkeit eines Compliance-Beauftragten als Garant und damit als möglicher Unterlassungstäter bzw. -gehilfe. Trotz dessen der Angeklagte im Rahmen der BSR-Entscheidung kein Compliance-Beauftragter war, nahm der BGH erstmals *obiter dictu* zur Frage der strafrechtlichen Verantwortung eines Compliance-Beauftragten Stellung.

(1) Zum Sachverhalt: Die BSR-Entscheidung des BGH vom 17.07.2009

Der Angeklagte war bei der BSR als Leiter der Rechtsabteilung sowie zeitweise der Innenrevision tätig und hatte die hoheitliche Aufgabe, die Reinigung der Verkehrswege mit Anschluss- und Benutzungszwang für die Eigentümer der Anliegergrundstücke durchzuführen.

Für die Gebührenbemessung galten das Äquivalenz- und Kostendeckungsprinzip als öffentlich-rechtliche Grundsätze der Gebührenabrechnung[1119], die von einer Projektgruppe namens „Tarifkalkulation", der auch der Angeklagte angehörte, festgesetzt wurden. Aufgrund eines Versehens unterlief dieser ein Fehler bei der Gebührenabrechnung zu Lasten der im hoheitlichen Bereich der BSR liegenden Anliegergrundstücke. Entgegen den genannten öffentlich-rechtlichen Grundsätzen wurden neben den rechtmäßig in Rechnung gestellten Kosten für die Straßenreinigung der Anliegergrundstücke, auch rechtswidrig die Kosten für die anliegerfreien Straßen in die Rechnung der Anlieger mit einbezogen. Sämtliche Kosten hätte nach der Gesetzeslage aber das Land Berlin tragen müssen. Zwar wurde der Berechnungsfehler erkannt, jedoch wurde er durch die nachfolgende Tarifkommission nicht korrigiert. Stattdessen blieb der Angeklagte im Wissen um den Fehler untätig und unterließ

1117 BGH NJW 2009, 3173; vgl. auch Wybitul, BB 2009, S. 2590; Thiel von Herff, BB 2009, S. 1985; Lackhoff/Schulz, CCZ 2010, S. 81; Bürkle, CCZ 2010, S. 4; Held, CCZ 2009, S. 231; Ransiek, AG 2010, S. 147; zu den zivilrechtlichen Aspekten: Favoccia/Richter, AG 2010, S. 137.

1118 Zum Beispiel: Kraft/Winkler, CCZ 2009, S. 29 ff.

1119 Berndt, StV 2009, S. 687; Campos Nave/Vogel, BB 2009, S. 2546.

es, die Leitungsorgane der BSR über den Fehler zu informieren. In der Folge wurde der Berechnungsfehler in die nächste Tarifperiode übertragen und den Anliegern erneut rechtswidrig überhöhte Entgelte für die Straßenreinigung in Höhe von insgesamt 23 Mio. Euro in Rechnung gestellt.

Das LG Berlin verurteilte den Angeklagten wegen Beihilfe zum Betrug durch Unterlassen gem. §§ 263, 13, 27 StGB. Der 5. Strafsenat des BGH bestätigte die Verurteilung des Angeklagten und stützte sich in seiner Begründung vornehmlich auf dessen Garantenpflichten.[1120]

(2) Zu den zentralen Aussagen des BGH in der BSR-Entscheidung

In dem entschiedenen Fall nahm der BGH entsprechend den Ausführungen des LG Berlin bei dem Leiter der Rechtsabteilung und Innenrevision eine Garantenpflicht (zum Schutz gegenüber den Eigentümern der Anliegergrundstücke) an.[1121] Dabei ging der Senat nicht gemäß der von der Funktionenlehre[1122] vorgenommenen Unterteilung zwischen Beschützer- oder Überwachergarantenstellung bei der Feststellung der Garantenpflicht aus, sondern führte dazu aus, dass dieser Differenzierung „kein wesentliches Gewicht zukomme, weil die Überwachungspflicht gerade dem Schutz bestimmter Rechtsgüter dient und umgekehrt ein Schutz ohne Überwachung des zu schützenden Objekts kaum denkbar ist". Auf der Grundlage dieser Ausführungen setzte sich der 5. Strafsenat zunächst mit einer *Garantenpflicht aus vorangegangenem pflichtwidrigen Gefährdungsverhalten (Ingerenz)* auseinander,[1123] verneinte aber letztendlich eine derartige Garantenstellung, da der Berechnungsfehler in der Tarifperiode 1999/2000 keine naheliegende Gefahr für eine automatische Fortsetzung des Berechnungsfehlers in der nächsten Tarifperiode begründe und die „ausschließliche Verantwortlichkeit der neuen Tarifkommission der Annahme einer Garantenstellung aus Ingerenz" entgegenstehe.

Deshalb wendete sich der Senat einer *Garantenpflicht kraft tatsächlicher Übernahme eines Pflichtenkreises* zu. Eine derartige Übernahme von Pflichten könne nach Auffassung des BGH auch durch Dienstvertrag erfolgen. Bezugnehmend auf die Beauftragten-Rechtsprechung sind nach Ansicht des Senats für die Entstehung einer Garantenpflicht zwei Kriterien erforderlich:

1120 Zum Vorstehenden: BGH NJW 2009, 3173.

1121 Die Verteidigung und der Generalbundesanwalt verfolgten die Auffassung, „dass die Einstandspflicht bei solchen Positionen auf die Vermögensinteressen des eigenen Unternehmens beschränkt sei und nicht auch die Unterbindung von Straftaten aus dem Unternehmen zu Lasten Dritter umfasse", vgl. BGH NJW 2009, 3173 (Rn. 25 ff.).

1122 Vgl. dazu den Gliederungspunkt ab S. 59.

1123 Zum Begriff der Ingerenz: Fischer, § 13, Rn. 47; *Stree/Bosch* in: Sch/Sch, § 13, Rn. 32 f.

die tatsächliche Übernahme der Pflicht sowie ein besonderes Vertrauensverhältnis „das den Übertragenden gerade dazu veranlasst, dem Verpflichteten besondere Schutzpflichten zu überantworten“. Die Garantenstellung sei nach Meinung des BGH insoweit dadurch zu begründen, „dass denjenigen, dem Obhutspflichten für eine bestimmte Gefahrenquelle übertragen sind, dann auch eine Sonderverantwortlichkeit für die Integrität des von ihm übernommenen Verantwortungsbereichs trifft“. Entscheidend für die Bestimmung des Inhalts und Umfangs der Garantenpflicht sei der konkrete Pflichtenkreis, „den der Verantwortliche übernommen hat“. Dabei sei maßgeblich, ob der Beauftragte die Pflicht habe, lediglich „unternehmensinterne Prozesse zu optimieren und gegen das Unternehmen gerichtete Pflichtverstöße aufzudecken und zukünftig zu verhindern“, oder er darüber hinaus dazu beauftragt sei, „auch vom Unternehmen ausgehende Rechtsverstöße zu beanstanden und zu unterbinden“.

Nach Ansicht des Senats bestehen allerdings grundsätzliche Zweifel, einem Leiter der Rechtsabteilung und Innenrevision eine derart weitgehende Garantenpflicht aufzubürden, wonach er „auch vom Unternehmen ausgehende Rechtsverstöße zu beanstanden und zu unterbinden hat“. Im entschiedenen Fall besteht nach der Auffassung des Senats insoweit jedoch die Besonderheit, dass es sich bei der BSR um eine Anstalt des öffentlichen Rechts handelt. Daraus folgerte der Senat, dass die BSR als eine Anstalt des öffentlichen Rechts gegenüber den Anliegern zum rechtmäßigen Gesetzesvollzug der Straßenreinigung verpflichtet sei, der „auch eine gesetzmäßige Abrechnung der angefallenen Kosten“ umfasse. Daraus ergebe sich für den Leiter der Rechtsabteilung und Innenrevision eine entsprechende Garantenpflicht, die Eigentümer der Anliegergrundstücke „vor betrügerisch überhöhten Gebühren zu beschützen“. Die Übernahme der Garantenpflicht sei dabei vor dem Hintergrund seines Dienstpostens und seiner bisherigen Funktion für die BSR zu sehen: Dort hatte er als „Tarifrechtsexperte“ und als das „juristische Gewissen“ der BSR gegolten. Angesichts dieser Beschreibung hatte er gerade die Pflicht, gegenüber den Leitungsorganen Berechnungsfehler bei der Tarifkalkulation zu melden, um so „die Erhebung betrügerischer Reinigungsentgelte zu verhindern“[1124].

In der Folge kam der BGH zum Ergebnis, dass das pflichtwidrige Unterlassen des Leiters der Rechtsabteilung und der Innenrevision dazu führte, dass ihm der „Erfolg, den er hätte verhindern sollen, strafrechtlich zugerechnet wird“[1125]. Insofern bestätigte der 5. Strafsenat entsprechend der Ausführungen

1124 Zum Ganzen und den einzelnen Zitaten: BGH NJW 2009, 3173 (Rn. 21 ff.).
1125 BGH NJW 2009, 3173 (Rn. 30).

des LG Berlin[1126] eine Beihilfe durch Unterlassen zum Betrug des Vorstandsmitglieds[1127] nach §§ 263, 13, 27 StGB.

(3) Zur Rezeption der BSR-Entscheidung in Theorie und Praxis

Die BSR-Entscheidung des BGH ist auf Tatbestandsebene nicht dogmatisch sauber begründet: So vertrat bereits die Verteidigung und der Generalbundesanwalt die zutreffende Auffassung, dass die Einstandspflicht bei solchen Positionen, wie sie der Leiter der Rechtsabteilung und Innenrevision bekleidete, ausschließlich auf die Vermögensinteressen des eigenen Unternehmens beschränkt ist und nicht auch die Unterbindung von Straftaten aus dem Unternehmen zu Lasten Dritter umfasst, weshalb die Annahme einer Garantenpflicht zum Schutz der Anlieger völlig fehlgeht.[1128] Völlig losgelöst von einer sachlichen Begründung bewertete das Gericht des Weiteren das Verhalten des Vorstandsmitglieds als Betrug in mittelbarer Täterschaft gemäß §§ 263, 25 Abs. 1 2. Alt. StGB und jenes des Angeklagten als Beihilfe durch Unterlassen gem. §§ 263, 13, 27 StGB. Der Senat legte aber weder dar, ob er sich zur Begründung der mittelbaren Täterschaft der Konstruktion der mittelbaren Täterschaft kraft Organisationsherrschaft bediente, noch setzte er sich nicht einmal im Ansatz mit der schwierigen Abgrenzungsfrage der Täterschaft und Beihilfe durch Unterlassen auseinander.

In Theorie und Praxis stieß es zudem auf Unverständnis, warum der Strafsenat den Fall einer Verurteilung eines Mitglieds einer öffentlich-rechtlichen Anstalt dazu nutzte, um zur Garantenstellung eines Compliance-Beauftragten in Wirtschaftsunternehmen Stellung zu beziehen. Denn in Anbetracht dessen der Angeklagte in dem entschiedenen Fall nicht Compliance-Beauftragter war, konnte die Äußerung des Senats zur strafrechtlichen Verantwortung eines Compliance-Beauftragten nur in Gestalt eines obiter dictums erfolgen, das heißt nicht innerhalb der tragenden Gründe der Entscheidung.[1129] Dies bedeutet also, dass der Senat keine verbindlichen Feststellungen zu dessen Verantwortlichkeit getroffen hat.[1130]

Der Anlass für dieses obiter dictum war die Konkretisierung und die Bestimmung der Reichweite der Garantenpflichten des angeklagten Leiters der

1126 Vgl. Urteil des LG Berlin (Wirtschaftsstrafkammer) vom 03.03.2008 – (514) 3 Wi Js 1361/02 KLs (9/04).

1127 Der 5. Strafsenat des BGH bewertete das Verhalten des Vorstandsmitglieds als Betrug in mittelbarer Täterschaft gemäß §§ 263, 25 Abs. 1 2. Alt. StGB, vgl. BGH NJW 2009, 2900.

1128 Vgl. BGH NJW 2009, 3173 (Rn. 25 ff.).

1129 Michalke, AnwBl 2010, S. 666; Geiger, CCZ 2011, S. 170.

1130 So Michalke, AnwBl 2010, S. 666 („erste und wichtigste Erkenntnis aus dieser Entscheidung“).

Rechtsabteilung und Innenrevision; speziell, ob ihn die Pflicht trifft, „Straftaten aus dem Unternehmen zu Lasten Dritter zu unterbinden“[1131]. Im Zusammenhang mit den Erläuterungen des vom Angeklagten übernommenen Pflichtenkreises sowie den sich daraus etwaig ergebenden Garantenpflichten wendet sich der Strafsenat der „neuerdings“ so bezeichneten Berufsposition des Compliance-Beauftragten zu und führt diesbezüglich aus:

> *„Eine solche, neuerdings in Großunternehmen als „Compliance“ bezeichnete Ausrichtung, wird im Wirtschaftsleben mittlerweile dadurch umgesetzt, dass so genannte „Compliance Officers“ geschaffen werden.* [...] *Deren Aufgabengebiet ist die Verhinderung von Rechtsverstößen, insbesondere auch von Straftaten, die aus dem Unternehmen heraus begangen werden und diesem erhebliche Nachteile durch Haftungsrisiken oder Ansehensverlust bringen können.* [...] *Derartige Beauftragte wird regelmäßig strafrechtlich eine Garantenpflicht im Sinne des § 13 Abs. 1 StGB treffen, solche im Zusammenhang mit der Tätigkeit des Unternehmens stehende Straftaten von Unternehmensangehörigen zu verhindern. Dies ist die notwendige Kehrseite ihrer gegenüber der Unternehmensleitung übernommenen Pflicht, Rechtsverstöße und insbesondere Straftaten zu unterbinden* [...].“[1132]

Dieser zwar nicht entscheidungstragenden Passage lässt sich entnehmen, dass der BGH die Tendenz hat, aus den Aufgaben und Funktionen der Compliance eine allgemeine Handlungspflicht zur Verhinderung von Straftaten aus dem Unternehmen zu Lasten Dritter abzuleiten. Diese Ausführungen des Senats zur Compliance wurden im Schrifttum zum Teil erheblich kritisiert.[1133] Zudem führten sie innerhalb kürzester Zeit zu großer Verunsicherung in der Compliance-Praxis. Die Kritik bezog sich zutreffender Weise vorwiegend darauf, dass die Ausführungen des Strafsenats in dieser Allgemeinheit nicht haltbar seien, ohne sich vorab detailliert mit der Figur des Compliance-Beauftragten zu befassen.[1134] Denn es existiert mangels allgemeingültiger gesetzlicher Vorgaben keine

---

1131 BGH NJW 2009, 3173 (Rn. 28).

1132 So BGH NJW 2009, 3173 (Rn. 27).

1133 Zur Resonanz auf die BSR-Entscheidung siehe etwa: Berndt, StV 2009, S. 687 ff.; Campos Nave/Vogel, BB 2009, S. 2546 ff.; Rübenstahl, NZG 2009, S. 1341 ff.; Wybitul, BB 2009, S. 2590 ff.; Bürkle, CCZ 2010, S. 4 ff.; Dann/Mengel, NJW 2010, S. 3265 ff.; Deutscher, WM 2010, S. 1387 ff.; Favoccia/Richter, AG 2010, S. 137 ff.; Fecker/Kinzl, CCZ 2010, S. 13 ff.; Lackhoff/Schulz, CCZ 2010, S. 81 ff.; Michalke, AnwBl 2010, S. 666 ff.; Moosbacher/Dierlamm, NStZ 2010, S. 268 ff.; Ransiek, AG 2010, S. 147 ff.; Rönnau/Schneider, ZIP 2010, S. 53 ff.; Geiger, CCZ 2011, S. 170 ff.; Mittelsdorf, ZIS 2011, S. 123 ff.; Schneider/Gottschaldt, ZIS 2011, S. 573 ff.; Wolf, BB 2011, S. 1353; schon vorab zur Entscheidung des BGH vom 17.07.2009: Kraft/Winkler, CCZ 2009, S. 29 ff.

1134 Geiger, CCZ 2011, S. 170; Wilhelm, S. 136.

einheitlich definierte Rechtsfigur des Compliance-Beauftragten.[1135] In diesem Zusammenhang wird im Schrifttum zu Recht vorgebracht, dass die Ausgestaltung eines Compliance-Systems gerade im Ermessen der Unternehmensleitung liegt und sich stets an den Ergebnissen der unternehmensspezifischen Risikoanalyse zu orientieren hat, weshalb es auch nicht *„das"* Compliance-System und damit verbunden *„den"* Compliance-Beauftragten geben kann.[1136] In der Konsequenz führt *Michalke* daher zutreffend aus: „Wenn es [...] an einheitlichen und verbindlichen Vorgaben über das Ob und Wie von Compliance fehlt, kann auch keine für alle Fälle gleichermaßen gültige Aussage dazu getroffen werden, welche Pflichten ein mit der Aufgabenstellung Compliance betrauter Mitarbeiter eines Unternehmens wem gegenüber zu erfüllen hat, und was es zur Folge hat, wenn er seinen Pflichten nicht nachkommt"[1137].

Dies erkennt auch der Senat an, wenn er ausführt, „dass es auf die Zielrichtung der Beauftragung ankommt, ob sich die Pflichtenstellung des Beauftragten allein darin erschöpft, die unternehmensinternen Prozesse zu optimieren und gegen das Unternehmen gerichtete Pflichtverstöße aufzudecken und zukünftig zu verhindern oder ob der Beauftragte weitergehende Pflichten dergestalt hat, dass er auch vom Unternehmen ausgehende Rechtsverstöße zu beanstanden und zu unterbinden"[1138] hat. Im Schrifttum wird daher zutreffend geschlussfolgert, dass der Senat sich letzten Endes in seiner Entscheidung widerspricht: Denn wenn es auf die unternehmensspezifische Aufgabenzuweisung ankommt, kann durch den Senat keinesfalls die pauschale Behauptung aufgestellt werden, dass Compliance „regelmäßig" die Pflicht beinhaltet, Rechtsverstöße und insbesondere „Straftaten aus dem Unternehmen zu Lasten Dritter zu unterbinden („notwendige Kehrseite")".[1139]

Insoweit ist dieses obiter dictum des 5. Strafsenats zur strafrechtlichen Verantwortlichkeit des Compliance-Beauftragten jedenfalls in dieser Allgemeinheit nicht haltbar,[1140] weshalb die Ausführungen des Senats zu den Garantenpflichten eines Compliance-Beauftragten zu analysieren sind. Ausgangspunkt für die Analyse ist die Differenzierung der Garantenpflichten und die Einordnung dahingehend, aus welchen Pflichten sich eine Garantenstellung des Compliance-Beauftragten möglicherweise ergeben könnte.

1135 Insoweit Fecker/Kinzl, CCZ 2010, S. 13 (15), Wilhelm, S. 137.

1136 So Fecker/Kinzl, CCZ 2010, S. 13 (15); Moosmayer, AnwBl 2010, S. 634 (635); Michalke, AnwBl 2010, S. 666 (668); Rönnau/Schneider, ZIP 2010, S. 53; Bürkle, CCZ 2010, S. 4 (5); Lackhoff/Schulz, CCZ 2010, S. 81 (86).

1137 So Michalke, AnwBl 2010, S. 666 (668).

1138 BGH NJW 2009, 3173 (Rn. 26).

1139 So auch Michalke, AnwBl 2010, S. 666 (668). Ähnlich Deutscher, WM 2010, S. 1387 (1391), den die Folgerung des Senats „angesichts des völlig ungeregelten und noch relativ konturlosen Berufsbildes" nicht überzeugt.

1140 So im Ergebnis auch Geiger, CCZ 2011, S. 170 (171) und Wilhelm, S. 136 f.

Ausgehend von der durch die Funktionenlehre vorgenommenen Unterteilung in Beschützer- und Überwachergarantenstellung, die der BGH in seiner Entscheidung nicht vornahm, kommen für die Ermittlung einer möglichen Garantenpflicht zur Verhinderung von aus dem Unternehmen heraus begangenen Straftaten die Fallgruppen der Überwachergarantenstellung in Betracht[1141], die im Allgemeinen Sicherungspflichten gegenüber jedermann aufgrund ihrer Verantwortlichkeit für bestimmte Gefahrenquellen zum Gegenstand haben.[1142] Zu einem ähnlichen Ergebnis kommt auch *Mittelsdorf,* da sich nach ihrer Ansicht eine mögliche Garantenpflicht eines Compliance-Beauftragten „nicht aus einer Schutzpflicht für einen unbegrenzten Kreis von Dritten, sondern aus einer Beherrschung einer betrieblichen Gefahrenquelle gegenüber all denjenigen, die in Kontakt zu dieser Gefahr treten“[1143], ergeben könne. Für die Beurteilung einer möglichen Garantenpflicht eines Compliance-Beauftragten sind daher speziell die Fallgruppen der „*Verantwortlichkeit für das Verhalten Dritter*“ sowie der „*Herrschaft über bestimmte Gefahrenquellen (Verkehrssicherungspflicht)*“ von Interesse.[1144]

(aa) Garantenpflicht eines Compliance-Beauftragten aufgrund seiner Verantwortlichkeit für das Verhalten von Unternehmensmitarbeitern?

Eine Garantenpflicht aufgrund der Verantwortlichkeit für das Verhalten Dritter besteht, wenn jemand verpflichtet ist, sie derart zu kontrollieren, dass sie anderen keinen Schaden zufügen.[1145] Eine Ausprägung dieser Fallgruppe ist die sog. strafrechtliche Geschäftsherrenhaftung. Im Rahmen dieser Lehre ist es umstritten, ob und in welchem Ausmaß eine Garantenpflicht der Unternehmensleitung vorliegt, wenn durch einen Mitarbeiter aus dem Unternehmen heraus Straftaten begangen werden.[1146]

Ein überwiegender Teil des Schrifttums vertritt dabei die Ansicht, dass sich die strafrechtliche Verantwortlichkeit für das Verhalten von Unternehmensmitarbeitern im Wesentlichen aus der Befehls- und Organisationsgewalt des Unternehmensleiters über seine Mitarbeiter, seines Informationsvorsprungs, der Herrschaft über den Grund des Erfolges, dem Mittel der Unternehmensgewalt und der Gehorsamspflicht der Mitarbeiter ableitet.[1147] Aufgrund seiner Befehlsgewalt habe der Unternehmensleiter die Pflicht und die Möglichkeit, durch Weisungen und Kontrollen unternehmensbezogene Straftaten der

1141 Deutscher, WM 2010, S. 1387 (1390).
1142 Kraft/Winkler, CCZ 2009, S. 29 (30).
1143 So Mittelsdorf, ZIS 2011, S. 123 (127).
1144 So auch Geiger, CCZ 2011, S. 170 (172).
1145 Otto, S. 182.
1146 Zum Streitstand siehe insoweit den Gliederungspunkt ab S. 164.
1147 Schünemann, ZStW 96 (1984), S. 287 (318); *Rengier* in: KK-OWiG, § 8, Rn. 48.

Mitarbeiter zu unterbinden und für die Nichtverwirklichung dieser einzustehen.[1148] Im Ergebnis ist nach dieser Ansicht die Unterlassungsverantwortlichkeit der Unternehmensleitung die Kehrseite zur rechtlich gewährten Freiheit, eine für andere Personen oder Rechtsgüter potentiell gefährliche wirtschaftliche Tätigkeit durchführen zu dürfen.[1149]

Diese Meinung findet sich auch in der BSR-Entscheidung des BGH zur Begründung der Garantenpflicht von Compliance-Beauftragten wieder: Denn das Gericht führt hierzu aus, dass die Verhinderung von aus dem Unternehmen heraus begangenen Rechtsverstößen und insbesondere Straftaten „die notwendige Kehrseite ihrer gegenüber der Unternehmensleitung übernommenen Pflicht“[1150] darstelle. Ohne den Begriff der Geschäftsherrenhaftung zu verwenden, überträgt der BGH letztlich die nach der überwiegend im Schrifttum vertretenen Ansicht bestehende Pflicht der Unternehmensleitung zur Verhinderung von Straftaten ihrer Mitarbeiter auf die Figur des Compliance-Beauftragten.[1151] Dem ersten Anschein nach könnten diese Ausführungen des Senats so zu verstehen sein, dass im Ergebnis einem Compliance-Beauftragten originär die strafbewehrte Pflicht aufgebürdet wird, Rechtsverstößen und insbesondere Straftaten aus dem Unternehmen nachzugehen und diese selbst mittels Weisungen gegenüber den betreffenden Mitarbeitern zu unterbinden.[1152]

Dies kann aber nicht überzeugen: denn vergegenwärtigt man sich die genannten Kriterien wie etwa „Befehlsgewalt“ und „Mittel der Unternehmensgewalt“, mit deren Hilfe die überwiegende Ansicht im Schrifttum die Garantenpflicht des Unternehmensleiters für Straftaten seiner Mitarbeiter begründet, können diese nicht im Stile des BGH auf die Figur des Compliance-Beauftragten so einfach übertragen werden.[1153]

Ausgehend von der bereits dargestellten Befugnisausstattung stehen einem Compliance-Beauftragten im Gegensatz zur Unternehmensleitung üblicherweise keine eigenständigen Anordnungs- und Weisungsrechte zu.[1154] Wie erläutert, kann ein Compliance-Beauftragter durchaus ein Vorschlagsrecht hinsichtlich einzelner Sanktionsmaßnahmen haben.[1155] Die Entscheidungsbefugnis über zivil- und arbeitsrechtliche Maßnahmen obliegt aber der Unternehmensleitung.

1148 Roxin, § 32, Rn. 137.
1149 *Wohlers* in: NK-StGB, § 13, RN. 53; Rogall, ZStW 98 (1986), S. 573 (616 ff.); Schünemann, ZStW 96 (1984), S. 287 (318).
1150 BGH NJW 2009, 3173 (Rn. 27).
1151 So die zutreffende Feststellung von Deutscher, WM 2010, S. 1387 (1390).
1152 So die Einschätzung von Favoccia/Richter, AG 2010, S. 137 (138).
1153 Insoweit auch Berndt, StV 2009, S. 687 (691).
1154 Vgl. dazu den Gliederungspunkt ab S. 143.
1155 So auch Juhnke, ZRFC 2011, S. 172 (175).

Stattdessen sind maßgebliche Aufgaben eines Compliance-Beauftragten die regelmäßige Kontrolle zur Überwachung der Umsetzung und Einhaltung der Compliance-Maßnahmen sowie die Berichterstattung gegenüber der Unternehmensleitung.[1156] Hierfür werden ihm aber lediglich Zutritts-, Auskunfts- und Einsichtsrechte in alle Unternehmensabteilungen, Geschäftsangelegenheiten und den internen Informationssystemen gewährt.[1157] *Geiger* führt daher zutreffend aus, dass es einem Compliance-Beauftragten an der „disziplinarischen Gewalt über die Mitarbeiter des Unternehmens" und damit „an dem für die Lehre der Geschäftsherrenhaftung konstitutiven Merkmal der „Herrschaft über Untergebene" bzw. an der „Befehlsgewalt von Leitungspersonen" fehlt.[1158] Ihm fehlen also die Mittel, um aus dem Unternehmen heraus begangene Straftaten zu Lasten Dritter zu verhindern.[1159]

An diesem Ergebnis ändert auch nichts die Berichterstattungspflicht eines Compliance-Beauftragten gegenüber dem für den Bereich Compliance zuständigen Mitglied der Unternehmensleitung, weil eine „Berichtspflicht kein Weisungsrecht gegenüber einem Mitarbeiter begründet"[1160].

Folgerichtig ist zu statuieren, dass im Gegensatz zu den Ausführungen des BGH, die Lehre der Geschäftsherrenhaftung nicht dergestalt auf die Figur des Compliance-Beauftragten übertragen werden kann, dass er originär für den Bereich Compliance strafbewehrt pflichtig ist.[1161] *Rübenstahl* hat zudem zutreffend darauf hingewiesen, dass die Ausführungen des BGH als „praxisfern, verkürzt und daher unzutreffend"[1162] sind.

(bb) Garantenpflicht eines Compliance-Beauftragten durch die freiwillige Übernahme der Verkehrssicherungspflicht?

Der BGH und das Schrifttum diskutieren jedoch darüber, ob einem Compliance-Beauftragten eine Garantenpflicht aufgrund der Herrschaft über bestimmte

---

1156 *Bürkle* in: Hdb. Haftungsvermeidung, S. 145; Moosmayer, AnwBl 2010, S. 634 (635); Rodewald/Unger, BB 2007, S. 1629 (1632); Bock, ZIS 2009, S. 68 (79).

1157 Lebherz, S. 323 f.; Lösler, NZG 2004, S. 104 (108); *Inderst* in: Görling/Inderst/Bannenberg, S. 92; Bock, ZIS 2009, S. 68 (80); Rönnau/Schneider, ZIP 2010, S. 53 (57); Fecker/Kinzl, CCZ 2010, S. 13 (16); Krieger/Günther, ZRFC 2011, S. 149 (151).

1158 So Geiger, CCZ 2011, S. 170 (172). Ähnlich: Berndt, StV 2009, S. 687 (691); Deutscher, WM 2010, S. 1387 (1390); Schneider/Gottschaldt, ZIS 2011, S. 573 (574).

1159 So auch Ransiek, AG 2010, S. 147 (150) und Wilhelm, S. 138.

1160 So Schneider/Gottschaldt, ZIS 2011, S. 573 (574). In diese Richtung auch: Wolf, BB 2011, S. 1353 (1359).

1161 In diesem Sinne Kraft/Winkler, CCZ 2009, S. 29 (31). Zustimmend: Lackhoff/Schulz, CCZ 2010, S. 81 (86).

1162 Rübenstahl, NZG 2009, S. 1341 (1342).

Gefahrenquellen trifft, „die auf dem Zustand von Sachen, Anlagen oder Einrichtungen in einem bestimmten sozialen Herrschaftsbereich beruhen"[1163]. Dabei wird in Rechtsprechung und Schrifttum vorgebracht, dass diese Überwachungs- und Sicherungspflichten auch durch Dritte freiwillig etwa mittels einer arbeitsvertraglichen Vereinbarung übernommen werden können.[1164] Maßgeblich für die Begründung einer Garantenpflicht ist aber nicht die vertragliche Verpflichtung, sondern vielmehr die tatsächliche Übernahme des Pflichtenkreises.[1165] Ferner ist die Übernahme nur möglich, wenn der Übergebende selbst garantenpflichtig ist.[1166] Da die Unternehmensleitung durch die vertikale Delegation der Compliance-Aufgabe nicht ihre originäre Verantwortung auf einen Compliance-Beauftragten übertragen kann, verbleibt ihr die Oberaufsicht., weshalb einem Compliance-Beauftragten auch keine *originäre* Garantenpflicht aufgrund seiner Verantwortlichkeit für das Verhalten von Unternehmensmitarbeitern trifft.[1167]

Voraussetzung für die Begründung einer *sekundären* Garantenpflicht entsprechend dieser Fallgruppe wäre also, dass die Unternehmensleitung entsprechende Garantenpflichten hat. Um aber zu vermeiden, dass eine vom Gesetzgeber nicht vorgesehene strafrechtliche Verantwortung eines Compliance-Beauftragten über den Umweg des unechten Unterlassungsdelikts eingeführt wird und die strafrechtliche Verantwortlichkeit eines Compliance-Beauftragten erheblich ausgeweitet wird,[1168] müssen – wie bereits dargestellt[1169] – über den jeweiligen Geschäftsbetrieb hinaus besondere Umstände für die Begründung einer Garantenpflicht der Unternehmensleitung hinzutreten. Eine Beschränkung der Garantenstellung auf besondere Betriebe, betriebstypische Gefährdungen oder betriebsspezifische Organisationsrisiken erscheint vor diesem Hintergrund angemessen.[1170] Nur in diesem Rahmen ist eine Garantenpflicht der Unternehmensleitung möglich und eine freiwillige Übernahme durch einen Compliance-Beauftragten aufgrund einer vertraglichen Vereinbarung „grundsätzlich" denkbar.[1171]

1163 So Wessels/Beulke/Satzger, S. 313; BGHSt 43, 82.

1164 So BGH NJW 2009, 3173 (Rn. 25); Schneider/Gottschaldt, ZIS 2011, S. 573 (575); Lackhoff/Schulz, CCZ 2010, S. 81 (82).

1165 BGH NJW 2009, 3173 (Rn. 24); Fischer, § 13, Rn. 36 f.

1166 Fischer, § 13, Rn. 36 f.; Mosbacher/Dierlamm, NStZ 2010, S. 268 (269).

1167 So BayOblG, NJW 2002, S. 766.

1168 *Jescheck* in: LK, 11. Auflage, §13, Rn. 45; zustimmend: Campos Nave/Vogel, BB 2009, S. 2546 (2549) und Berndt, StV 2009, S. 687 (689).

1169 Siehe hierzu den Gliederungspunkt ab S. 38.

1170 In diese Richtung Otto, Jura 1998, S. 409 (411); Bosch, S. 224; Mosbacher/Dierlamm, NStZ 2010, S. 268 (269).

1171 So auch Mosbacher/Dierlamm, NStZ 2010, S. 268 (269); Campos Nave/Vogel, BB 2009, S. 2546 (2549); Rübenstahl, NZG 2009, S. 1341 (1343); Bürkle, CCZ 2010, S. 4 (6); Lackhoff/Schulz, CCZ 2010, S. 81 (86).

Insoweit nehmen auch zahlreiche Autoren eine Garantenstellung kraft tatsächlicher Übernahme der Pflichten an[1172] und diskutieren lediglich über den Umfang der Garantenpflicht, wobei sie sich hierzu regelmäßig auf den Pflichtenkreis der in Spezialgesetzen vorgeschriebenen Betriebs- oder Unternehmensbeauftragten stützen.[1173] Auch der BGH bezieht sich in der BSR-Entscheidung auf die Beauftragten-Rechtsprechung.[1174]

Bevor aber Gedanken über den Umfang der Garantenpflicht und Vergleich zur Beauftragten-Rechtsprechung anzustellen sind, muss zunächst einmal der Frage nachgegangen werden, ob überhaupt die Garantenpflicht kraft faktischer Übernahme bei der Funktion eines Compliance-Beauftragten besteht. Denn die tatsächliche Übernahme von Verkehrssicherungspflichten (aufgrund vertraglicher Vereinbarung) verlangt „tatsächliche Umstände, die eine Verpflichtung zur Gewähr gerade für das geschützte Rechtsgut begründen"[1175]. Erforderlich ist insoweit ein Vertrauensverhältnis.[1176] Der Anknüpfungspunkt für eine strafrechtliche Verantwortlichkeit ergibt sich daraus, „dass Außenstehende auf Gefahrenquellen in fremden Herrschaftsbereichen nicht einwirken dürfen und sich infolgedessen darauf verlassen müssen, dass derjenige, dem die Verfügungsgewalt und die Verantwortung innerhalb des eigenen Herrschaftsbereichs obliegt, die daraus herrührenden Gefahren unter Kontrolle hält und wirksame Sicherheitsvorkehrungen gegen eine Schädigung seiner Mitmenschen trifft"[1177]. Versteht man Vertrauen als die subjektive Auffassung der Rechtmäßigkeit von Handlungen, mangelt es bereits an dieser Stelle an der Begründung der Garantenpflicht eines Compliance-Beauftragten kraft tatsächlicher Übernahme von Verkehrssicherungspflichten. Denn Außenstehende haben im Regelfall gar keine Kenntnis darüber, dass das jeweilige Unternehmen einen Compliance-Beauftragten installiert hat.[1178] Insofern kann

---

1172 Erstmalig: Kraft/Winkler, CCZ 2009, S. 29 (32). Zustimmend: Schneider/Gottschaldt, ZIS 2011, S. 573 (575); Wybitul, BB 2009, S. 2590 (2592); ders., BB 2009, S. 2263 f.; Thiel von Herff, BB 2009, S. 1985; Bürkle, CCZ 2010, S. 4 (7); Lackhoff/Schulz, CCZ 2010, S. 81 (86); Rönnau/Schneider, ZIP 2010, S. 53 (58).

1173 Beispielsweise der Immissionsschutzbeauftragte gem. §§ 53 ff. BImSchG, der Gewässerschutzbeauftragte gem. §§ 21 ff. WHG, der Strahlenschutzbeauftragte gem. §§ 31 ff. StrahlenschutzVO, den Datenschutzbeauftragte gem. § 4 f Bundesdatenschutzgesetz (BDSG) oder der Geldwäschebeauftragte gem. § 9 GwG.

1174 BGH NJW 2009, 3173 (Rn. 24).

1175 So Fischer, § 13, Rn. 36.

1176 BGH NJW 2009, 3173 (Rn. 25); Deutscher, WM 2010, S. 1387 (1390); Michalke, AnwBl 2010, S. 666 (667); Bürkle, CCZ 2010, S. 4 (5); Lackhoff/Schulz, CCZ 2010, S. 81 (82).

1177 So Wessels/Beulke/Satzger, S. 313 f.; ähnlich Otto, S. 179 f.

1178 So auch Geiger, CCZ 2011, S. 170 (172).

auch kein „besonderes Vertrauensverhältnis“[1179] zwischen einem Compliance-Beauftragten und einem Außenstehenden aufgebaut werden.[1180]

Doch auch die Vergleiche zur Beauftragten-Rechtsprechung sind dogmatisch falsch: Zwar hat die Rechtsprechung im Falle des Gewässerschutzbeauftragten eine Garantenstellung angenommen, da er in dem verhandelten Fall „seinen Kontroll-, Informations- und Initiativpflichten nicht nachgekommen ist, obwohl ihm das möglich und zumutbar war“[1181]. Allerdings ist ein Betriebs- oder Unternehmensbeauftragter mit einem Compliance-Beauftragten nicht vergleichbar.[1182] Zum einen besteht für Betriebs- oder Unternehmensbeauftragte ein gesetzlicher Bestellungszwang im Gegensatz zum Compliance-Beauftragten, dessen Implementierung im Ermessen der Unternehmensleitung liegt[1183]; zum anderen ist der Pflichtenkreis eines Betriebs- oder Unternehmensbeauftragten durch den Gesetzgeber explizit auf Allgemeinwohlbelange ausgerichtet.[1184] *Campos Nave/Vogel* weisen daher zutreffend darauf hin, „dass der Betriebsbeauftragte als verlängerter Arm der Behörden spezifische betriebliche Gefahrenquellen überwacht, von denen nach Auffassung des Gesetzgebers erhöhte Risiken für Rechtsgüter der Allgemeinheit oder Dritter ausgehen. Der Gesetzgeber hat diese Gefahrenbereiche klar definiert. [...] es erscheint vertretbar, gesetzlich vorgeschriebene Betriebsbeauftragte strafrechtlich für die ordnungsgemäße Kontrolle der ihnen zur Überwachung anvertrauten Gefahrenquellen haften zu lassen“[1185].

Selbst in § 33 Abs. 1 S. 2 Nr. 5 WpHG i.V.m. § 12 Abs. 4 WpDVerOV ist das Aufgabengebiet eines Compliance-Beauftragten nicht beschrieben, so dass es auch keine einheitlich definierte Rechtsfigur bzw. ein feststehendes Berufsbild eines Compliance-Beauftragten gibt.[1186] Vielmehr hängt der Pflichtenstatus von

---

1179 BGH NJW 2009, 3173 (Rn. 25); Fischer, § 13, Rn. 36.

1180 So zutreffend Geiger, CCZ 2011, S. 170 (172). Ähnlich Campos Nave/Vogel, BB 2009, S. 2546 (2548).

1181 OLG Frankfurt, NJW 1987, S. 2753. Darauf beziehend: Campos Nave/Vogel, BB 2009, S. 2546 (2548). Auch Kraft/Winkler, CCZ 2009, S. 29 (32), die aber Bedenken hinsichtlich einer Garantenpflicht des Gewässerschutzbeauftragten wegen der fehlenden Entscheidungs- und Anordnungsbefugnisse haben.

1182 Mittelsdorf, ZIS 2011, S. 123 (127); Deutscher, WM 2010, S. 1387 (1391).

1183 Wolf, BB 2011, S. 1353 (1356); Lackhoff/Schulz, CCZ 2010, S. 81 (86).

1184 So Wolf, BB 2011, S. 1353 (1356); Geiger, CCZ 2011, S. 170 (173), wonach „die gesetzliche Ausgestaltung der Verantwortlichkeiten der Betriebsbeauftragten in aller Regel drittschützenden Charakter hat“.

1185 So Campos Nave/Vogel, BB 2009, S. 2546 (2548).

1186 Fecker/Kinzl, CCZ 2010, S. 13 (15); Bürkle, CCZ 2010, S. 4 (5); Lackhoff/Schulz, CCZ 2010, S. 81 (86). Ferner wird er im Interesse des Unternehmens und deren Leitung tätig und richtet sich mit seinem Pflichtenkreis nicht auf Allgemeinwohlbelange aus, so Wolf, BB 2011, S. 1353 (1356).

unternehmensspezifischen Verhältnissen und den Ergebnissen der Risikoanalyse ab. Verlangt aber Art. 103 Abs. 2 GG für die Strafbarkeit durch aktives Tun, dass die Strafbarkeit zum Zeitpunkt ihrer Begehung bestimmt war, muss dies aus Gründen der Rechtssicherheit erst recht für die Generalklausel des § 13 StGB gelten.[1187] Eine Garantenpflicht kann erst dann in Betracht kommen, wenn die Aufgaben und Pflichten gesetzlich hinreichend und ausdrücklich geregelt sind.[1188] *Wolf* führt diesbezüglich zutreffend aus, dass „erst wenn in dem hinreichend bestimmten Aufgabenbereich – wie bei den gesetzlich vorgeschriebenen Betriebsbeauftragten – konkrete Handlungspflichten und -möglich-keiten definiert sind, ein Unterlassen dieser Aktivitäten strafrechtlich einem aktiven Tun gleichgestellt werden kann"[1189].

Insofern kann das obiter dictum des BGH hinsichtlich einer sekundären bzw. abgeleiteten Garantenpflichten eines Compliance-Beauftragten kraft tatsächlicher Übernahme von Überwachungs- und Sicherungspflichten nicht überzeugen. Insgesamt resultiert daher auch aus der tatsächlichen Übernahme von Verkehrssicherungspflichten keine Garantenpflicht eines Compliance-Beauftragten.[1190]

(cc) Rechtspolitische Einordnung

Betrachtet man die BSR-Entscheidungen anhand der Rezeption in Praxis und Wirtschaft sowie den hier getroffenen Ergebnissen zur Garantenpflicht eines Compliance-Beauftragten, liegt zumindest die Vermutung nahe, dass der BGH sich zu diesem obiter dictum auch dadurch veranlasst sah, um die oftmals kritisierte „organisierte Unverantwortlichkeit"[1191] im Unternehmen durch Einbeziehung eines Compliance-Beauftragten in die strafrechtliche Verantwortlichkeit zu vermeiden. Die Befürchtungen einer organisierten Unverantwortlichkeit sind allerdings unbegründet, da die Letztverantwortung und die Oberaufsicht über die Compliance bei der Unternehmensleitung verbleibt.[1192] Kommt diese ihren Auswahl-, Instruktions- und Überwachungspflichten nicht nach, haftet sie zivilrechtlich und gegebenenfalls wegen ihrer Gesamtverantwortung auch strafrechtlich. Die Annahme einer organisierten Unverantwortlichkeit erfolgt auch vor dem Hintergrund zu Unrecht, weil die einzelnen

1187 Vgl. dazu auch Berndt, StV 2009, S. 687 (691).
1188 So Wolf, BB 2011, S. 1353 (1359). Ähnlich Berndt, StV 2009, S. 687 (691).
1189 Wolf, BB 2011, S. 1353 (1359).
1190 So auch Geiger, CCZ 2011, S. 170 (172).
1191 Schünemann, wistra 1982, S. 41 (42); Otto, Jura 1998, S. 409; Rönnau/Schneider, ZIP 2010, S. 53 (58).
1192 Der BSR-Entscheidung lässt sich leider nicht entnehmen, ob die Verantwortung der Unternehmensleitung aber weiterhin fortbesteht, insoweit zutreffend Moosmayer, S. 42 f.

Aufgaben und Pflichten eines Compliance-Beauftragten üblicherweise im Arbeitsvertrag definiert werden. Befolgt er die Aufgaben und Pflichten nicht, stellt dies eine Verletzung seiner arbeitsvertraglichen Pflichten gegenüber dem Arbeitgeber dar. Dies kann zu Schadensersatzansprüchen des Arbeitgebers gegen einen Compliance-Beauftragten gem. §§ 280 Abs. 1, 611 BGB führen.[1193] Da der Arbeitsvertrag eines Compliance-Beauftragten keine Schutzwirkung zu Gunsten Dritter entfaltet, sind lediglich deliktsrechtliche Ansprüche nach §§ 823 Abs. 2, 830, 840 BGB möglich, wenn ein Compliance-Beauftragter gegen ein dem Schutz des Unternehmens dienendes Gesetz verstößt.[1194]

Die Verletzung der vertraglichen Pflichten haben also zunächst vertragliche und deliktische Konsequenzen zur Folge. Dies bedeutet aber nicht zugleich, dass die arbeitsvertraglich bestimmte Straftatenverhinderungspflicht „regelmäßig" auch eine strafrechtliche Garantenpflicht gegenüber einer unbegrenzten Anzahl von Außenstehenden auslöst.[1195] Denn vor dem Hintergrund des Strafrechts als Ultima ratio sind strafrechtliche Sanktionsmaßnahmen nur dann gerechtfertigt, „wenn das Zivilrecht allein einen wirksamen Rechtsgüterschutz nicht ausreichend gewährleisten kann, die Pönalisierung des Verhaltens also erforderlich ist"[1196]. Dies ist aber gerade nicht der Fall, weil einem Compliance-Beauftragten bei Verletzung seiner vertraglichen Pflichten arbeitsrechtliche Konsequenzen sowie zivilrechtliche Schadenersatzansprüche gegenüber dem Arbeitgeber und gegebenenfalls Dritten drohen. Alleine anhand dieser Folgen wird er in der Regel gehalten sein, seinen Aufgaben und Pflichten ordnungsgemäß nachzukommen. Im Ergebnis ist die strafrechtliche Garantenpflicht eines Compliance-Beauftragten damit nicht im Sinne des BGH die „notwendige Kehrseite" seiner gegenüber der Unternehmensleitung vertraglich übernommenen Pflicht.[1197]

Anlässlich des obiter dictums des BGH in der BSR-Entscheidung erscheint es durchaus möglich, dass die Rechtsprechung in Zukunft von einer strafrechtlichen Verantwortlichkeit eines Compliance-Beauftragten ausgehen wird.[1198] Um zu vermeiden, dass die Schließung dieser scheinbaren Strafbarkeitslücke[1199]

1193 Weitergehend dazu: Favoccia/Richter, AG 2010, S. 137 (144).

1194 Siehe Favoccia/Richter, AG 2010, S. 137 (144 f.); Wolf, BB 2011, S. 1353 (1359); Lackhoff/Schulz, CCZ 2010, S. 81 (87); Bock, S. 760.

1195 So zutreffend: Campos Nave/Vogel, BB 2009, S. 2546 (2547); Wolf, BB 2011, S. 1353 (1359). Diese Frage aufwerfend Ransiek, AG 2010, S. 147 (148); Otto, Jura 1998, S. 409 (413).

1196 So Campos Nave/Vogel, BB 2009, S. 2546 (2547); Favoccia/Richter, AG 2010, S. 137 (144).

1197 So zutreffend: Campos Nave/Vogel, BB 2009, S. 2546 (2547).

1198 Wybitul, BB 2009, S. 2590 (2593).

1199 Fecker/Kinzl, CCZ 2010, S. 12 (15) sind der Ansicht, dass der BGH eine Lücke schließen will, die daraus resultiert, dass die Unternehmensleitung nach wirksamer

auf dem Rücken von Unternehmensleitung und Compliance-Beauftragten ausgefochten wird, sollten die Adressaten dieser Entscheidung und des obiter dictums – also Unternehmensleitung und Compliance-Beauftragter – selbst die Initiative ergreifen und sich vor weitreichenden Haftungsrisiken absichern. Problematisch ist hierbei aber, dass Unternehmensleitung auf der einen und Compliance-Beauftragter auf der anderen Seite unterschiedliche Interessen diesbezüglich verfolgen: So wird für die Funktion eines Compliance-Beauftragten vorgeschlagen, dass die Anwärter für eine solche Berufsposition vor der Übernahme einer solchen Funktion[1200] insbesondere darauf bedacht sein sollten, auf klare und restriktive Reglungen in den arbeitsvertraglichen Vereinbarungen hinzuwirken.[1201] Speziell wird vorgebracht, dass Aufgaben, Befugnisse und Zuständigkeitsbereiche im Vertrag und in der zugrundeliegenden Stellenbeschreibung eindeutig festgelegt und präzise definiert werden sollen,[1202] weshalb Compliance-Beauftragte natürlich ein Interesse daran haben, dass sie nicht zur Verhinderung sämtlicher Rechtsverstöße allzuständig sind.[1203] Es gilt daher zu beachten, dass der Aufgabenbereich derart restriktiv eingegrenzt werden sollte, dass er sich stets an dem Möglichen und Zumutbaren orientiert.[1204] Mit Blick auf das obiter dictum fordern Autoren, dass im Vertrag ferner festgehalten wird, dass der Pflichtenstatus eines Compliance-Beauftragten nur gegenüber dem Unternehmen gelten soll, aber nicht Schutzpflichten gegenüber Außenstehenden umfasst.[1205] Dies soll die Gefahr der Annahme eine Garantenpflicht im Sinne des § 13 StGB bei Rechtsverstößen und insbesondere Straftaten zu Lasten Dritter verringern. Andere Meinungen im Schrifttum fordern zudem eine detaillierte Festlegung, wie ein Compliance-Beauftragter bei erkannten Compliance-Verstößen effektiv vorzugehen hat, speziell im Hinblick auf die Berichtswege. In diesem Zusammenhang verlangen Vertreter des

vertikaler Delegation nur noch für ein Überwachungsverschulden haftet und der Compliance-Beauftragte aufgrund fehlender Garantenpflicht nicht strafrechtlich verantwortlich ist.

1200 Auch bestehende Verträge sollten nachträglich zusammen mit dem Arbeitgeber angepasst werden.

1201 Ausführlich dazu: Fecker/Kinzl, CCZ 2010, S. 12 (16 ff.); Wybitul, BB 2009, S. 2590 (2592 f.). Ferner Deutscher, WM 2010, S. 1387 (1392).

1202 Wybitul, BB 2009, S. 2590 (2592); Schneider/Gottschaldt, ZIS 2011, S. 573 (577); Wolf, BB 2011, S. 1353 (1360); Deutscher, WM 2010, S. 1387 (1392); Michalke, AnwBl 2010, S. 666 (669); a.A. Krieger/Günther, NZA 2010, S. 367 (370), die eine „Generalklausel" vorschlagen.

1203 Beispiele benennen etwa Kraft/Winkler, CCZ 2010, S. 29 (33). In diesem Sinne auch Campos Nave/Vogel, BB 2009, S. 2546 (2549); Deutscher, WM 2010, S. 1387 (1392).

1204 So Michalke, AnwBl 2010, S. 666 (669).

1205 Campos Nave/Vogel, BB 2009, S. 2546 (2548).

Schrifttums schließlich, dass ein Vertrag auch beinhalten sollte, ob die Überwachungspflichten eines Compliance-Beauftragten nur gegenüber nachgeordneten Mitarbeitern gelten oder auch die Unternehmensleitung Gegenstand der Überwachung ist.[1206]

Demgegenüber verfolgt eine Unternehmensleitung das Interesse sich mittels einer Delegation von Verantwortungsbereichen auf einen Compliance-Beauftragten von der Haftung zu entlasten, weshalb im Schrifttum als Handlungsempfehlung für die Unternehmensleitung vorgeschlagen wird, einen Compliance-Beauftragten mit erforderlichen Sonderkompetenzen wie Weisungs- und Anordnungsbefugnis auszustatten.[1207]

Insgesamt zeigt sich also, wie wichtig die Ausgestaltung des Arbeitsvertrages eines Compliance-Beauftragten ist, können sich doch die Haftungsrisiken erheblich zugunsten oder zu Lasten des einen oder anderen verschieben. Im „Amt" befindliche Compliance-Beauftragte sollten daher ihre Arbeitsverträge auf Strafbarkeitsrisiken hin überprüfen und alle Tätigkeiten detailliert dokumentieren.

ff) Ordnungswidrigkeitenrechtliche Risiken eines Compliance-Beauftragten

Möglicherweise bestehen beim Compliance-Beauftragten auch ordnungswirdigkeitenrechtliche Risiken. Dies wäre dann der Fall, wenn für einen Compliance-Beauftragten Aufsichtspflichten im Sinne des § 130 OWiG bestehen. Eigentlicher Normadressat des § 130 OWiG ist der Unternehmensinhaber; da der Adressatenkreis des § 130 OWiG aber mit der Norm § 9 OWiG erweitert wurde, werden haftungsrechtliche Risiken aus dem Zusammenspiel dieser Vorschriften gerade für aufsichtspflichtige Personen wie einem Compliance-Beauftragten diskutiert.[1208] Grund für diese Diskussion ist die Frage der Anwendbarkeit des § 9 Abs. 2 S. 1 Nr. 2 OWiG auf das Berufsbild eines Compliance-Beauftragten. Über diese Vorschrift ist § 130 OWiG auf solche Personen anzuwenden, die vom Unternehmensinhaber „ausdrücklich beauftragt sind, in eigener Verantwortung Aufgaben wahrzunehmen, die dem Inhaber des Betriebes obliegen". Die Norm verlangt von dem Beauftragten vor allem eine *eigenverantwortliche Aufgabenwahrnehmung*. Diese ist dann zu bejahen, wenn der Beauftragte die Befugnis hat, ohne vorherige Abstimmung mit dem Inhaber selbständig die erforderlichen Aufsichtsmaßnahmen zu ergreifen, um die ihm übertragenen Pflichten erfüllen zu können. Er müsste also in seiner Abteilung fachlich weisungsfrei und mit Anordnungskompetenzen ausgestattet sein.[1209] Für eine Subsumtion eines Compliance-Beauftragten

---

1206 Schneider/Gottschaldt, ZIS 2011, S. 573 (577).

1207 Wybitul, BB 2009, S. 2590 (2592); Wolf, BB 2011, S. 1353 (1359).

1208 Vgl. etwa Kraft/Winkler, CCZ 2009, S. 29 (32); Dann, ZRFC 2011, S. 155 (158 f.).

1209 *Perron* in: Sch/Sch, § 14, Rn. 35; Kraft/Winkler, CCZ 2009, S. 29 (32).

unter § 9 Abs. 2 S. 1 Nr. 2 OWiG ist demnach von wesentlicher Bedeutung, inwiefern er nicht an Weisungen des Inhabers gebunden und mit eigenen Entscheidungsbefugnissen ausgestattet ist.

Ob diese Voraussetzungen beim Berufsbild eines Compliance-Beauftragten vorliegen ist fraglich. Legt man die an anderer Stelle[1210] bereits erörterten Befugnisse eines Compliance-Beauftragten wie sie in der Praxis häufig vorkommen hier zugrunde, ist ein Compliance-Beauftragter zwar oftmals persönlich, organisatorisch und finanziell unabhängig, gleichwohl ändert dies nichts an seiner fachlichen Weisungsgebundenheit gegenüber dem Inhaber. Denn ein Compliance-Beauftragter nimmt gegenüber dem Inhaber lediglich eine beratende und zuarbeitende Funktion ein.[1211] Auch mangelt es ihm regelmäßig an Entscheidungsbefugnissen, da nicht er, sondern der Inhaber oder die Personalabteilung über das „Ob" und „Wie" eventueller Sanktionen" entscheidet.[1212] Ausgehend von den Befugnissen eines Compliance-Beauftragten in der gegenwärtigen Unternehmenspraxis, ist ein Compliance-Beauftragter also kein Normadressat gem. § 130 Abs. 1 i.V.m. § 9 Abs. 2 S. 1 Nr. 2 OWiG.[1213]

Insgesamt besteht damit keine Aufsichtspflicht eines Compliance-Beauftragten nach § 130 Abs. 1 OWiG und damit kein haftungsrechtliches Risiko eines Compliance-Beauftragten wegen einer Aufsichtspflichtverletzung nach § 130 OWiG.

III. Angemessene Instruktion und Schulung des Personals

Für die Effektivität eines Compliance-Systems ist es entscheidend, dass die mit der Ausgestaltung eines Systems zusammenhängenden organisatorischen Maßnahmen und relevanten Regelungen innerhalb des Unternehmens hinreichend kommuniziert und von den Mitarbeitern verstanden werden.[1214] Zu den erforderlichen Aufsichtsmaßnahmen eines Unternehmensinhabers im Sinne des § 130 OWiG gehört insoweit auch, dass Mitarbeiter zur Vermeidung von Verletzung straf- und ordnungswidrigkeitenrechtlicher Vorschriften angemessen zu instruieren und zu schulen sind.[1215]

1210 Vgl. dazu ausführlich den Gliederungspunkt ab S. 143.

1211 Kraft/Winkler, CCZ 2009, S. 29 (32).

1212 *Bürkle* in: Hdb. Haftungsvermeidung, S. 146; Lösler, NZG 2005, S. 104 (108).

1213 So auch Kraft/Winkler, CCZ 2009, S. 29 (32). A. A. Dann, ZRFC 2011, S. 155 (158 f.).

1214 So auch Bussmann/Matschke, CCZ 2009, S. 132 (134); Hopson/Koehler, CCZ 2008, S. 208 (210).

1215 Siehe insoweit auch KG, Beschl. vom 26.07.1997, Az.: 2 Ss 182/97 – 5 Ws (B) 424/97, 2 Ss; KG, wistra 1999, S. 357; OLG Düsseldorf, wistra 1991, S. 38; *Rogall*

1. *Regelmäßige Schulungen der Unternehmensmitarbeiter*

Rechtsverletzungen in Unternehmen werden in der Regel nicht vorsätzlich, sondern fahrlässig begangen; insbesondere, weil die betroffenen Personen unzureichende Kenntnis über die rechtlichen Vorgaben haben oder unzureichend in Bezug auf Risikosituationen sensibilisiert sind und von ihnen in stark regulierten Bereichen auch nicht erwartet werden kann, dass sie sämtliche Vorgaben kennen.[1216] Damit die Unternehmensmitarbeiter die notwendige Kenntnis und Sensibilität erlangen, bedarf es einer angemessenen Schulung der Unternehmensmitarbeiter. Auch der US-Gesetzgeber erachtet eine regelmäßige Schulung als wesentliches Merkmal eines Compliance-Systems: So sieht § 8 B 2.1. (b) (4) (A) USSG vor, dass das Unternehmen, angemessene Schritte unternehmen soll, um regelmäßig und in geeigneter Weise seine Verhaltensstandards und Richtlinien und andere Aspekte des Compliance-Systems zu kommunizieren, indem es wirksame Schulungsprogramme durchführt und den Mitarbeitern bezüglich ihrer Positionen und Verantwortungsbereiche sonstige Informationen vermittelt.[1217] Die Leitlinien des UK Bribery Acts erachten ebenfalls die Kommunikation und Schulung von Compliance als grundlegende Compliance-Maßnahme: So muss das Unternehmen nach dem Principle 5 („*Communication (including training)*“) der Leitlinien sicherstellen, „dass die Antikorruptionsmaßnahmen und die entsprechenden Richtlinien im ganzen Unternehmen verstanden und hierzu Schulungen entsprechend dem Unternehmensrisiko durchgeführt werden“[1218].

Im Allgemeinen gilt es zu beachten, dass die Schulung der Unternehmensmitarbeiter eine Daueraufgabe ist[1219]: Geschuldet werden fortlaufende Schulungsmaßnahmen, um die Mitarbeiter auf den neuesten Stand zu halten.[1220] Auch der US-Gesetzgeber erachtet entsprechend § 8 B 2.1. (b) (4) (A) USSG eine fortlaufende Kommunikation und Schulung für notwendig.[1221] Eine

---

in: KK-OWiG, § 130, Rn. 59 f.; *Gürtler* in: Göhler, § 130, Rn. 11; Bock, S. 636; Liese, BB 2008, S. 17 (22).

1216 Bussmann/Matschke, CCZ 2009, S. 132 (134).

1217 Vgl. § 8 B 2.1. (b) (4) (A) USSG: „The organization shall take reasonable steps to communicate periodically and in a practical manner its standards and procedures, and other aspects of the compliance and ethics program, to the individuals referred to in subparagraph (B) by conducting effective training programs and otherwise disseminating information appropriate to such individuals' respective roles and responsibilities.“

1218 Vgl. Leitlinien UK Bribery Act, S. 29.

1219 So zutreffend: *Rieder/Falge* in: Görling/Inderst/Bannenberg, S. 27.

1220 Bussmann/Matschke, CCZ 2009, S. 132 (135); *Spindler* in: Hdb. Vorstandshaftung, § 15, Rn. 111.

1221 Vgl. § 8 B 2.1. (b) (4) (A) USSG: „The organization shall take reasonable steps to communicate periodically [...].“

allgemeingültige Angabe hinsichtlich Dauer und Frequenz der Schulungen ist jedoch nicht möglich.[1222] Im Grundsatz hat die erforderliche Unterrichtungsdichte umso höher zu sein, je geringer die (Vor-)Kenntnisse der Mitarbeiter sind und je höher das Gefährdungspotential der jeweiligen Tätigkeit ist.[1223] Weitere Umstände können sich aus Gesetzesänderungen, neuer Rechtsprechung, der Komplexität der einzuhaltenden Vorschriften und der Wiederholung von Rechtsverstößen in dem betreffenden Unternehmen ergeben.[1224]

Die Instruktionen und Schulungen haben sich an alle Unternehmensmitarbeiter zu richten,[1225] das heißt Führungskräfte, leitende Angestellte[1226] und sämtliche Arbeitnehmer[1227] sind davon umfasst.[1228] Die Teilnehmer der Schulungen stimmen insoweit mit den Regelungen der USSG überein: Nach § 8 B 2.1. (b) (4) (B) USSG haben sich die Schulungen an Mitglieder des Führungsgremiums, Führungskräfte, Personen mit besonderer Verantwortung, die Unternehmensmitarbeiter und wenn erforderlich, an Vertreter des Unternehmens zu richten.[1229] Die Schulung ist immer zielgerichtet auf die jeweils zu schulenden Mitarbeiter auszurichten.[1230] Der Inhalt hat daher die spezifischen Aufgaben und Pflichten, den Unternehmensbereich und die Position der jeweiligen Mitarbeiter zu berücksichtigen.[1231] Dadurch soll das Bewusstsein der Unternehmensmitarbeiter in Bezug auf die Compliance-Risiken in ihrem Verantwortungsbereich geschärft werden.[1232]

1222 *Inderst* in: Görling/Inderst/Bannenberg, S. 114 fordert insoweit halbjährlich bzw. bei Bedarf und Branche auch häufiger einer Grundsatzschulung zu Compliance.

1223 *Schmid/Fridrich* in: Hdb. Wirtschaftsstrafrecht, § 30, Rn. 146; Bock, S. 641; *Spindler* in: Hdb. Vorstandshaftung, § 15, Rn. 111; *Gürtler* in: Göhler, § 130, Rn. 12.

1224 Lelley, S. 63; *Spindler* in: Hdb. Vorstandshaftung, § 15, Rn. 111.

1225 Moosmayer, S. 53 f. Insofern auch die Empfehlung in den USA: *Mazur* in: Kapplan/Murphy, § 12, S. 5 ff.

1226 Vgl. § 5 Abs. 3 und 4 BetrVG.

1227 Vgl. § 5 ArbGG.

1228 *Rieder/Falge* in: Görling/Inderst/Bannenberg, S. 26. Einfachheitshalber sollen die genannten Positionen im Folgenden als Unternehmensmitarbeiter bzw. verkürzt als Mitarbeiter bezeichnet werden.

1229 Vgl. § 8 B 2.1. (b) (4) (B) USSG: „The individuals referred to in subparagraph (A) are the members of the governing authority, high-level personnel, substantial authority personnel, the organization's employees, and, as appropriate, the organization's agents".

1230 Hopson/Koehler, CCZ 2008, S. 208 (210); Juhnke, ZRFC 2011, S. 172 (173).

1231 *Rieder/Falge* in: Görling/Inderst/Bannenberg, S. 26; *Inderst* in: Görling/Inderst/Bannenberg, S. 114: *Gürtler* in: Göhler, § 130, Rn. 12.

1232 *Lampert* in: Hdb. Haftungsvermeidung, S. 172.

a) Qualifiziertes Personal für die Schulungen

Grundsätzlich gehört es zum Pflichtenkreis des Unternehmensinhabers selbst für eine angemessene Schulung der nachgeordneten Unternehmensmitarbeiter zu sorgen.[1233] Verfügt er dabei über die für die Schulung erforderliche Expertise, kann er sie zweifelsfrei in eigener Person durchführen. Mangelt es ihm an erforderlichen Fachkenntnissen, muss er „sich zur Erfüllung seiner Überwachungspflicht die für die Überwachungsaufgabe erforderlichen Kenntnisse verschaffen, um seiner Pflicht selbst nachkommen zu können"[1234]. Auch kann der Inhaber extern spezialisierte Berater beauftragten und / oder sich von diesen beraten lassen.[1235] Dabei wird vom Inhaber allerdings gefordert, „dass der Geschäftsleiter die ihm dargebotenen Informationen kritisch hinterfragen, auf auch für Laien erkennbare Widersprüche überprüfen und schließlich als schlüssig einstufen muss. Dies alles muss nur bis zu der Detailtiefe erfolgen, bis zu der ein gebildeter Laie überhaupt fähig ist, einen Sachverhalt zu durchdringen"[1236]. Erst auf dieser Grundlage kann er dann die nachgeordneten Unternehmensmitarbeiter schulen.

Ab einer gewissen Unternehmensgröße besteht für den Inhaber die Möglichkeit, die Durchführung der Schulungsmaßnahmen auf sorgfältig ausgewählte Unternehmensmitarbeiter[1237] vertikal zu delegieren. In Bezug auf die Schulungen über die relevanten gesetzlichen und unternehmensinternen Ge- und Verbote bietet sich als Lehrpersonal ein Compliance-Beauftragter an.[1238] Die Schulungen müssen dabei aber nicht zwingend durch einen Compliance-Beauftragten durchgeführt, sondern können auch an andere qualifizierte Mitarbeiter einer Compliance-Abteilung wiederum delegiert werden.[1239] Da die Erläuterungen über die rechtlichen Rahmenbedingungen einen wesentlichen Bestandteil der Schulungen ausmachen, beauftragen Unternehmen oftmals externe Rechtsanwälte damit, regelmäßig die Schulungen abzuhalten.[1240] Um die essentielle Bedeutung von Compliance für das Unternehmen zu vergegenwärtigen, wird aus psychologischer Sicht vorgeschlagen, dass führende

1233 Bock, S. 638.

1234 BayObLG, NJW 2002, S. 766. Zustimmend: *Pelz* in: Hdb. Haftungsvermeidung, S. 109.

1235 Moosmayer, S. 53 f.

1236 So Hegnon, CCZ 2009, S. 57 (59).

1237 Zum grundsätzlichen Anforderungsprofil des Lehrpersonals vgl. den Gliederungspunkt ab S. 143. Mit diesem Anforderungsprofil ist aber nicht abschließend dargestellt, inwieweit sich wiederum das Lehrpersonal fortbilden oder pädagogisch qualifiziert sein muss; diese Fragen zutreffend aufwerfend: Bock, S. 639.

1238 Zum Vorstehenden: Bock, S. 638 f.

1239 *Bürkle* in: Hdb. Haftungsvermeidung, S. 146.

1240 Vgl. Moosmayer, S. 53 f.

Mitarbeiter des Compliance-Bereichs zumindest die ersten Schulungen durchführen und hierbei auf den Wert von Compliance explizit hinweisen sollen.[1241]

b) Inhalt und Form der Schulungen

Ein wesentlicher Kern der Aufsichtspflicht zur angemessenen Instruktion und Schulung ist, dass das Lehrpersonal die Unternehmensmitarbeiter über die Einhaltung der rechtlichen Ge- und Verbote unterrichtet, die bei ihrer Tätigkeit von Relevanz sind.[1242] Die bloße Wiedergabe des Gesetzeswortlauts oder behördlicher Richtlinien sowie allgemeine Belehrungen soll nach Ansicht des Kammergerichts nicht ausreichend sein, da dies nicht gewährleistet, dass die Unternehmensmitarbeiter sich rechtmäßig und richtig verhalten.[1243] Vielmehr wird gefordert, dass etwa mit Hilfe von Praxisbeispielen über typische Rechtsverletzungen und Risikosituationen aufgeklärt wird, mit denen sich die Mitarbeiter im alltäglichen Geschäftsleben konfrontiert sehen.[1244] Dabei sollen den Mitarbeitern praktische Hilfestellungen aufgezeigt werden, wie sie bei Risikomomenten und Hinweisen auf Rechtsverstöße vorzugehen haben.[1245] Ziel ist es, mögliche Grauzonen bei Verrichtung der Arbeit der Mitarbeiter zu minimieren und sie im Hinblick auf Risiko- und Konfliktsituationen zu sensibilisieren.[1246] Auch eventuell bestehende Fehlvorstellungen über die Rechtslage sollen dadurch korrigiert werden. Damit die Mitarbeiter sich in Eilfällen schnell und richtig rechtlich beraten lassen können, *kann* für die Mitarbeiter eine zentrale Anlaufstelle im Unternehmen eingerichtet werden.[1247] Für die Unterstützung und Beratung in solchen Zweifelsfragen und Situationen wird im Schrifttum die Installation eines telefonisch oder per E-Mail erreichbaren Compliance-Helpdesk[1248] bzw. ein Whistleblowing-System[1249] diskutiert.[1250]

Auch der US-Gesetzgeber erachtet ein derartiges System als wesentliche Compliance-Maßnahme, denn in § 8 B 2.1. (b) (5) (C) USSG heißt es, dass

1241 So Hopson/Koehler, CCZ 2008, S. 208 (211); Bock, S. 639; *Lampert* in: Hdb. Haftungsvermeidung, S. 172.

1242 Vgl. *Rogall* in: KK-OWiG, § 130, Rn. 59 f.; Schneider, ZIP 2003, S. 645 (650).

1243 KG, Beschl. vom 31.10.2001, Az.: 5 Ws (B) 784/00; Bussmann/Matschke, CCZ 2009, S. 132 (135); *Rieder/Falge* in: Görling/Inderst/Bannenberg, S. 26.

1244 Hopson/Koehler, CCZ 2008, S. 208 (210).

1245 *Beste* in: Görling/Inderst/Bannenberg, S. 134.

1246 *Beste* in: Görling/Inderst/Bannenberg, S. 134; Hopson/Koehler, CCZ 2008, S. 208 (210).

1247 Moosmayer, S. 53 f.

1248 Schneider, ZIP 2003, S. 645 (650).

1249 Vgl. zum Whistleblowing ausführlich den Gliederungspunkt ab S. 209.

1250 *Meyer/Paetzel/Will* in: KK-WpHG, § 33, Rn. 124 f.; *Koller* in: Assmann/Schneider, § 33, Rn. 4; Moosmayer, S. 53 f.; *Lampert* in: Hdb. Haftungsvermeidung, S. 173.

das Unternehmen ein System einrichten und bekanntmachen soll, innerhalb dessen Mitarbeiter des Unternehmens anonym und vertraulich vermeintliche oder tatsächliche kriminelle Verhalten melden können, ohne persönliche Konsequenzen zu befürchten.[1251]

Im Rahmen der angemessenen Instruktion und Schulung der Unternehmensmitarbeiter ist darauf zu achten, dass diese unmissverständlich darauf hingewiesen werden, dass die Befolgung der Rechtsnormen auch dann Vorrang hat, wenn ihre Verletzung kurzweilig im Interesse des Unternehmens liegen würde. Denn auch wenn aus Unternehmenssicht günstige Motive durch den betreffenden Mitarbeiter verfolgt werden, kann die Verletzung des Rechts und ihre Aufdeckung weitreichende (haftungsrechtliche) Folgen für das Unternehmen und deren Leitung haben. Ziel muss es sein, bei den Mitarbeitern ein Verständnis der „Compliance als Selbstverständlichkeit" zu schaffen.[1252]

Im Schrifttum wird ferner vorgeschlagen, dass die Unternehmensmitarbeiter über ihre spezifischen Tätigkeiten und den damit verbundenen Aufgaben, Befugnissen und Abläufen im Unternehmen zu unterrichten sind. Dadurch soll ihnen vermittelt werden, für welchen Bereich im Unternehmen sie verantwortlich sind.[1253] Durch die Schulungen zu den Pflichten und Aufgaben im Unternehmen, sollen Abstimmungsfehler zwischen Mitarbeitern und Unternehmensbereichen durch unmissverständliche Informationen vermieden werden.[1254]

Damit gewährleistet ist, dass die Schulungen von den Unternehmensmitarbeitern auch ernst genommen werden, sind die Schulungen als Pflichtveranstaltungen auszugestalten.[1255] Ferner sind regelmäßige Tests durchzuführen, um den Lernerfolg der Mitarbeiter feststellen zu können.[1256] Dies stellt zugleich einen dokumentierten Nachweis dar, inwieweit die Instruktionen und Schulungen bei den Mitarbeitern angekommen sind und von ihnen tatsächlich auch verstanden wurden.[1257] Vor allem die Dokumentation über die

---

1251 Vgl. § 8 B 2.1. (b) (5) (C) USSG: „The organization shall take reasonable steps to have and publicize a system, which may include mechanisms that allow for anonymity or confidentiality, whereby the organization's employees and agents may report or seek guidance regarding potential or actual criminal conduct without fear of retaliation."

1252 Vgl. Hopson/Koehler, CCZ 2008, S. 208 (210); *Inderst* in: Görling/Inderst/Bannenberg, S. 114.

1253 *Gürtler* in: Göhler, § 130, Rn. 12; Lelley, S. 63.

1254 Bock, S. 642.

1255 So zutreffend: Bock, S. 641.

1256 *Rieder/Falge* in: Görling/Inderst/Bannenberg, S. 26 f. So auch die Empfehlung in den USA, siehe *Mazur* in: Kapplan/Murphy, § 12, S. 21 ff.

1257 Lelley, S. 23 f.; *Inderst* in: Görling/Inderst/Bannenberg, S. 115.

Schulungen ist wichtig, um Nachweise gegenüber externen Behörden vorbringen zu können.[1258]

In Bezug auf die Form der Schulungen wird im Schrifttum eine Mischung aus schriftlichem und mündlichem Unterricht als Idealfall diskutiert.[1259] Dabei kann das schriftliche Schulungsmaterial in Mitarbeiterhandbüchern, Broschüren, Rundschreiben, Intranet oder zusammengefasst durch Aushänge und Merkblätter dargestellt werden, wohingegen das bloße Austeilen dieses Materials nach allgemeiner Ansicht keinesfalls ausreichend sein soll.[1260]

Eine rein schriftliche Schulung birgt aber stets das Risiko, dass sich die Mitarbeiter überhaupt nicht mit dem Lernmaterial befassen. Daher wird im Schrifttum die Kombination mit mündlichem Unterricht vorgebracht,[1261] wie etwa Klassenunterricht, Präsentationen, Vorträge, Lehrgänge, Workshops oder Seminare.[1262] Diese haben den Vorteil, dass Fragen der Mitarbeiter vom Lehrpersonal sofort beantwortet werden können, der Lerneffekt dadurch am größten ist, sie flexibler zu gestalten sind und die Möglichkeit zur Diskussion besteht.[1263]

Ergänzend zu diesen beiden Schulungsformen bieten sich als Schulungsmaterial elektronische Medien wie computer- bzw. webbasierte Schulungsprogramme (sog. *E-Learning*[1264]) an.[1265] Derartige E-Learnings haben den Vorteil, dass sie in ihrer Vorbereitung nicht derart logistisch aufwendig sind und von Mitarbeitern an deren Arbeitsplatz durchgeführt werden können.[1266]

2. *Ausgestaltung und Implementierung von Unternehmensrichtlinien*

Im Schrifttum wird vorgeschlagen, dass im Idealfall der auf das Unternehmen maßgeschneiderte Inhalt der Schulungen in eine Aufstellung von Unternehmensrichtlinien mündet. Einzelne Vertreter des Schrifttums verstehen Unternehmensrichtlinien daher als Teil der Aufsichts- bzw. Instruktionspflicht im

1258 *Inderst* in: Görling/Inderst/Bannenberg, Compliance, S. 115.
1259 Zu Methoden in den USA: *Mazur* in: Kapplan/Murphy, § 12, S. 28 ff.
1260 *Rieder/Falge* in: Görling/Inderst/Bannenberg, S. 26.
1261 So auch Lelley, S. 63.
1262 *Rieder/Falge* in: Görling/Inderst/Bannenberg, S. 26.
1263 Moosmayer, S. 53 f.; *Inderst* in: Görling/Inderst/Bannenberg, S. 115.
1264 Lelley, S. 63. Vgl. zum E-Learning ausführlich: Hastenrath, CCZ 2014, S. 132 ff.
1265 Bock, S. 671 f.
1266 Moosmayer, S. 53 f. Nach der Kommentierung des UK Bribery Acts soll die Schulung ausgehend von dem Unternehmensrisiko in Form von Klassenkursen, Seminaren, E-learning oder anderer internetbasierter Lernprogramme erfolgen. Stets muss aber die Schulung auf den jeweiligen Mitarbeiter und auf dessen unternehmensspezifisches Risiko ausgerichtet sein. Auch sollten regelmäßig Tests durchgeführt werden, um die Effektivität der Schulungen zu gewährleisten, vgl. Leitlinien UK Bribery Act, S. 30.

Sinne des § 130 OWiG bzw. als eine Compliance-Maßnahme.[1267] Vor diesem Hintergrund wird vorgeschlagen, dass im Anschluss an Schulungen die Unternehmensrichtlinien ausgehändigt oder ins unternehmenseigene Intranet gestellt werden und alle Rechtsvorschriften und -ordnungen berücksichtigen, die für das jeweilige Unternehmen von Bedeutung sind.[1268]

Einen allgemeingültigen Begriff für Unternehmensrichtlinien gibt es nicht.[1269] Im Schrifttum versteht man unter Unternehmensrichtlinien überwiegend die Zusammenfassung von (gesetzlichen) Verhaltensvorgaben, allgemeinen Leitgedanken und Grundsätzen, praxisnahen Orientierungshilfen für Konfliktfälle und Selbstverpflichtungen des Unternehmens.[1270] Der US-amerikanische Ursprung[1271] solcher Richtlinien zeigt sich teilweise allein schon an den unterschiedlichen Bezeichnungen, die Unternehmen heutzutage hierfür verwenden: Am gängigsten sind etwa *„Code of Conduct"*, *„Business Conduct Guidelines"*, *„Corporate Principles"*, *„Code of Ethics"*, *„Compliance-Standard"*, aber auch einfach *„Compliance-Richtlinien"*, *„Verhaltenskodex"*, *„Ethikrichtlinien"* oder *„Unternehmensrichtlinien"*.[1272] Sie alle eint, dass den Unternehmensmitarbeitern verdeutlicht werden soll, dass das Unternehmen Rechtsverletzungen in jeglicher Form konsequent ablehnt. Unternehmensrichtlinien beinhalten dementsprechend eindeutige und verbindliche Handlungs- und Verhaltensanweisungen, um Unternehmensmitarbeiter im Umgang mit typischen Risikosituationen zu sensibilisieren und ihnen praxisgerechte und verständliche Orientierungshilfen an die Hand zu geben.[1273] Dadurch sollen Mitarbeiter genau verstehen, welche Handlungen geboten und verboten sind.[1274] Auch nach Ansicht des US-Gesetzgebers sind Unternehmensrichtlinien wesentlicher Inhalt eines Compliance-Systems: So beinhaltet § 8 B

1267 *Lampert* in: Hdb. Haftungsvermeidung, S. 172; Bock, ZIS 2009, S. 68 (77); Liese, BB 2008, S. 17 (22). So auch die Ansicht in den USA, vgl. Copeland, 5 Drake Journal of Agricultural Law 2000, S. 305 (335): „The corporate code of conduct serves as the foundation upon which a company builds its ethics and compliance program."

1268 *Hugger/Simon* in: Wieland/Steinmeyer/Grüninger, S. 510; Schneider, ZIP 2003, S. 645 (649).

1269 Siehe zu den Definitionen Schneider, S. 19.

1270 Ähnlich Fahrig, S. 25.

1271 *Inderst* in: Görling/Inderst/Bannenberg, S. 104.

1272 Mengel/Hagemeister, BB 2007, S. 1386; Fahrig, S. 25; Bock, S. 657. Die Unternehmensrichtlinien beinhalten dabei teilweise Regelungen, die bereits in Betriebs- oder Arbeitsordnungen aufzufinden waren. Im weiteren Verlauf wird der Begriff der „Unternehmensrichtlinien" verwendet als Umschreibung der unternehmensspezifischen Verhaltensvorgaben.

1273 *Inderst* in: Görling/Inderst/Bannenberg, S. 105; *Lampert* in: Hdb. Haftungsvermeidung, S. 170; Moosmayer, S. 49 f.

1274 Hopson/Koehler, CCZ 2008, S. 208 (209).

2.1. (b) (1) USSG die Regelung, dass ein Unternehmen Verhaltensstandards und Richtlinien zu entwickeln hat, die kriminelles Verhalten vermeiden und aufdecken.[1275]

a) Inhalt von Unternehmensrichtlinien

Üblicherweise gliedern sich Unternehmensrichtlinien – wie sie in der Praxis bestehen – in drei Teile: dem Bekenntnis der Unternehmensleitung zur Rechtstreue, gefolgt von der Auflistung der Handlungs- und Verhaltensanweisungen und der Androhung von Sanktionen bei Nichtbeachtung der Unternehmensrichtlinien.[1276]

Im Schrifttum wird vorgeschlagen, dass zu Beginn einer Unternehmensrichtlinie das nach innen und außen gerichtete unmissverständliche, ernsthafte und glaubwürdige *Bekenntnis der Unternehmensleitung zu Rechtstreue und moralischen Prinzipien* stehen sollte (*Mission Statement oder Compliance Commitment*)[1277]. Das Bekenntnis ist ein Aufruf zur Einhaltung der Gesetze, Richtlinien und Verträge sowie eine Erörterung der rechtlichen Konsequenzen bei deren Verletzung.[1278] Damit Compliance im Unternehmen fest verankert wird, sollten auch der Gedanke und die Funktionen von Compliance beginnend bei der Unternehmensspitze glaubwürdig vermittelt werden (*Tone from the Top*)[1279]. Denn die Vorbildfunktion der Unternehmensleitung beeinflusst das Mitarbeiterverhalten in erheblichem Maße: Hält sich bereits die Unternehmensleitung nicht an das selbstauferlegte Bekenntnis, so schwindet auch die Motivation der Mitarbeiter diesem nachzukommen. Das Compliance-System kann daher nur

---

1275 Vgl. § 8 B 2.1. (b) (1) USSG: „The organization shall establish standards and procedures to prevent and detect criminal conduct."

1276 Ähnlich: *Maschmann* in: Hdb. Korruptionsprävention, S. 112; Wilhelm, S. 107 ff.

1277 *Hauschka* in: Hdb. Haftungsvermeidung, S. 20; ders., DB 2006, S. 1143 (1145). Vgl. die Auflistung von moralischen Prinzipien und Standards bei Bock, S. 662.

1278 Zu Beispielen für sog. Mission Statement siehe *Inderst* in: Görling/Inderst/Bannenberg, S. 84. Auch die Leitlinien des UK Bribery Acts erachten ein Commitment der Unternehmensleitung als eine wesentliche Compliance-Maßnahme. So schreibt Principle 2 („*Top-level commitment*") der Leitlinien vor, „dass die Leitung eines Unternehmens dazu verpflichtet ist, Korruption von Personen zu verhindern, die mit dem Unternehmen verbunden sind. Dabei hat die Unternehmensleitung eine Unternehmenskultur zu fördern, in der Korruption zu keiner Zeit akzeptiert wird.", vgl. Leitlinien UK Bribery Act, S. 23.

1279 Moosmayer, S. 47 f., geht noch weiter und verlangt zusätzlich die Vermittlung von Compliance von nachgeordneten Unternehmensebenen (*Tone from the Middle*).

wirksam sein, wenn die Unternehmensleitung ihr Bekenntnis tatsächlich ernst nimmt und lebt.[1280]

An das Bekenntnis zur Rechtstreue schließen sich in der Regel mal konkret, mal abstrakt gehaltene *Handlungs- und Verhaltensanweisungen* an.[1281] Es kann nicht allgemeingültig beantwortet werden, wie konkret oder abstrakt die Anweisungen ausgestaltet werden sollten.[1282] Klar sein sollte, dass nicht alle erdenklichen Ge- und Verbote darzustellen sind. Zu detaillierte Informationen schaffen eine Regelungsflut, die die Mitarbeiter regelmäßig überfordern, überstrapazieren oder von diesen erst gar nicht gelesen werden.[1283] Insofern sind detaillierte Richtlinien nicht praktikabel, da sie nur schwer verständlich sind und nur begrenzt verarbeitet werden können.[1284] Ein konkretes Beispiel sind etwa die teilweise zu weitgehenden Richtlinien von „Wal Mart" und „Honeywell", wonach etwa private Beziehungen / Liebesbeziehungen unter Mitarbeitern verboten wurden.[1285]

Ein „Regelungs-Dschungel" findet sich auch oftmals, wenn es um Verhaltensvorgaben zum Umgang mit Geschenken, Einladungen oder Spenden geht.[1286] Zahlreiche Unternehmen haben im Rahmen ihrer Unternehmensrichtlinien in diesem Bereich für jedes Szenario eine Verhaltensanweisung parat: Diese befassen sich mit der Geschenkannahme bis zu einer bestimmten Wertgrenze (ca. 30–50 €) oder mit Einladungen zu Veranstaltungen und Essen in einer gewissen Häufigkeit pro Jahr (zum Beispiel zwei Mal pro Jahr).[1287] Mit einer Überreglementierung der Verhaltensanweisungen intensivieren sich aber die Fragen der Unternehmensmitarbeiter an einen Compliance-Beauftragten, führen zu dessen Überlastung und damit zur Ineffektivität eines Compliance-Systems.[1288] Stattdessen muss das Ziel von

---

1280 So zutreffend: Moosmayer, S. 47 f.

1281 Fahrig, Einführung eines Verhaltenskodexes und das Whistleblowing, S. 27.

1282 Welytok, S. 141 („one code doesn't fit all companies").

1283 So auch Wiederholt/Walter, BB 2011, S. 968 (971); Hopson/Koehler, CCZ 2008, S. 208 (209).

1284 Bock, Criminal Compliance, S. 654.

1285 So Bock, S. 661. Siehe dazu auch die Entscheidung des LAG Düsseldorf, ZIP 2006, S. 436. Zur Gliederung der Unternehmensrichtlinie von Honeywell siehe Fahrig, Einführung eines Verhaltenskodexes und das Whistleblowing, S. 26 f. Ferner dazu Schlieker, S. 95 ff.

1286 Dies grundsätzlich anmerkend: Marschlich, CCZ 2010, S. 110 ff.; Moosmayer, S. 49 f.

1287 Siehe dazu Marschlich, CCZ 2010, S. 110 (111); Hauschka, ZIP 2004, S. 877 (880). Der BGH hat bisher keine allgemeingültige Wertgrenze festgesetzt, siehe BGH NStZ 1998, 194.

1288 Beispielsweise Fragen wie: Stellt die in der Unternehmensrichtlinie genannte Wertgrenze für Geschenkannahmen den Brutto- oder Nettowert dar? Wie oft darf man

Unternehmensrichtlinien sein, die Eigenverantwortung der Mitarbeiter und deren Vertrauen zu stärken, indem ihnen die Entscheidung übertragen und bei ihnen das Bewusstsein über die Angemessenheit von Zuwendungen geschärft wird.[1289] Als Ansatzpunkt könnte das im Rahmen der §§ 299 ff. StGB oftmals verwendete Kriterium der „Sozialadäquanz" dienen.[1290] Sozialübliche Vorteile in diesem Sinne sind Leistungen, die der Höflichkeit und üblichen (rechtmäßigen) Geschäftspraxis entsprechen und von der Allgemeinheit gebilligt werden.[1291] Danach darf nicht der Eindruck entstehen, dass Unternehmensentscheidungen sachwidrig beeinflusst wurden oder zu einem „Gefühl der Verpflichtung" führen.[1292]

Grundsätzlich wird in Theorie und Praxis vorgeschlagen, dass die Unternehmensrichtlinien nicht zu sehr ins Detail gehen. Andererseits ist vor zu unbestimmten Richtlinien zu warnen: In diesem Fall müssten die Mitarbeiter als juristische Laien die Unternehmensrichtlinien selbst ergänzen, mit der Gefahr einer Falschauslegung.[1293] Dies kann als unzureichende Instruktion gewertet werden und hinsichtlich der Haftung auf die Unternehmensleitung zurückfallen.[1294]

Im Ergebnis sollte sich der Detaillierungsgrad an der unternehmensspezifischen Risikoanalyse bemessen.[1295] Die Unternehmensrichtlinien sollten daher auf unternehmenstypische Risiken und Handlungssituationen hinweisen, die im Alltagsgeschäft regelmäßig auftauchen, um die Mitarbeiter für gewisse Gefahrenmomente zu sensibilisieren.[1296] Maßgeblich sind speziell Art, Größe und Geschäftstätigkeit des Unternehmens sowie die Branche.[1297] Obwohl

---

eingeladen werden? Muss man bei der Annahme dieser konkreten Geschenke arbeitsrechtliche Konsequenzen befürchten?, Marschlich, CCZ 2010, S. 110 (111).

1289 Moosmayer, S. 70 f. führt insoweit Fragen und Kriterien auf, die für Mitarbeiter bei der Entscheidungsfindung hinsichtlich der Zulässigkeit von Zuwendungen nützlich sein können.

1290 BGHSt 31, 256; *Heine/Eisele* in: Sch/Sch, § 299, Rn. 20; Fischer, § 331, Rn. 25.

1291 *Heine/Eisele* in: Sch/Sch, § 299, Rn. 20; Fischer, § 331, Rn. 25.

1292 *Inderst* in: Görling/Inderst/Bannenberg, S. 664.

1293 Bock, S. 655; Bussmann/Matschke, CCZ 2009, S. 132 (135 f.).

1294 Vgl. etwa KG, Beschl. vom 26.07.1997, Az.: 2 Ss 182/97 – 5 Ws (B) 424/97, 2 Ss.

1295 So auch Moosmayer, S. 49 f. Es kann daher nicht „*die*" Unternehmensrichtlinien geben, die Allgemeingültigkeit besitzen. Ebenso ist davor zu warnen, die von Kanzleien abstrakt ausgearbeiteten Unternehmensrichtlinien „von der Stange zu kaufen".

1296 Insoweit auch *Maschmann* in: Hdb. Korruptionsprävention, S. 112.

1297 *Lampert* in: Hdb. Haftungsvermeidung, S. 170; Wiederholt/Walter, BB 2011, S. 968 (971).

die Unternehmensrichtlinien bezüglich ihres Inhalts stark variieren können, befassen sie sich in der Regel mit folgenden Verhaltensvorgaben[1298]:

- Umgang mit Mitarbeitern, Geschäftspartnern und Behörden
- Umgang mit Geschenken, Spenden, Sponsoringmaßnahmen und sonstigen Zuwendungen ohne Gegenleistung im Rahmen der Geschäftstätigkeit
- Umgang mit Interessenskonflikten
- Umgang mit Unternehmenseigentum
- Verschwiegenheitserklärung über alle Betriebs- und Geschäftsgeheimnisse
- Informationen zum Compliance-System und zum Compliance-Beauftragten als Ansprechpartner für compliance-relevante Fragen
- Verhalten bei unternehmensinternen Untersuchungen
- Vorgaben zu Anzeigepflichten der Mitarbeiter bei Compliance-Verstößen (sog. Whistleblower[1299]-Klausel)
- Androhen von Sanktionen (sog. Sanktionsklausel)

Mithilfe der Unternehmensrichtlinien wollen die Unternehmensleiter das Risiko von (unentdeckten) Rechtsverletzungen so gering wie möglich halten. Daher werden Mitarbeiter in manchen Unternehmensrichtlinien zur Anzeige von eigenen Rechtsverstößen oder solchen anderer Mitarbeiter angehalten oder gar verpflichtet (sog. *Whistleblower-Klausel*).[1300] Im Hinblick auf solche Whistleblower-Klauseln stellt sich die Frage, ob den Mitarbeitern eine Pflicht zur Anzeige jedes Verstoßes auferlegt werden kann.

Das BAG folgert aus der arbeitsvertraglichen Rücksichtnahmepflicht des Arbeitnehmers nach § 611 i.V.m. §§ 242, 241 Abs. 2 BGB gegenüber dem Arbeitgeber lediglich die Pflicht zur Anzeige von Fehlverhalten anderer Mitarbeiter, nicht aber von eigenen Rechtsverletzungen, wenn das Fehlverhalten im Zusammenhang mit der Arbeitsleistung des Arbeitnehmers steht, eine Aufsichtspflicht gegenüber dem jeweiligen Mitarbeiter besteht oder es sich um eine schwerwiegende Straftat bzw. Pflichtverletzung handelt.[1301]

1298 Siehe zu typischen Klauseln: Mengel, S. 40 ff.; *Maschmann* in: Hdb. Korruptionsprävention, S. 112 ff.; Schuster/Darsow, NZA 2005, S. 273 (274 ff.); *Beste* in: Görling/Inderst/Bannenberg, S. 131 ff.; Lelley, S. 52; Zum regelmäßigen Inhalt von Unternehmensrichtlinien in den USA, vgl. Welytok, S. 142; Copeland, 5 Drake Journal of Agricultural Law 2000, S. 305 (336).

1299 Zum Begriff und zu den Arten des Whistleblowings siehe den Gliederungspunkt ab S. 209.

1300 Vgl. zu Klauselbeispielen Mengel, S. 66 f.; Schuster/Darsow, NZA 2005, S. 273 (276). Ferner zu solchen Verpflichtungen: Fahrig, S. 28 f.; Wisskirchen/Jordan/Bissels, DB 2005, S. 2190 (2192 f.).

1301 BAG NZA 2004, 427; Mahnhold, NZA 2008, S. 737 (739); Mengel/Ullrich, NZA 2006, S. 240 (243).

Regelt man eine derartige Anzeigepflicht der Mitarbeiter, bedarf es aber gleichzeitig Schutzvorkehrungen und Einschränkungen. Problematisch ist hierbei aber, dass den Mitarbeitern als Hinweisgeber in Deutschland bisher kein gesetzlicher Schutz zukommt.[1302] Entscheidend ist insofern, dass Hinweise nicht zu arbeitsrechtlichen Konsequenzen des Mitarbeiters entsprechend dem Verbot des widersprüchlichen Verhaltens nach § 242 BGB führen dürfen.[1303] Denn die Arbeitnehmer handeln genauso, wie es das Unternehmen von ihnen fordert.[1304] Daher ist in den sog. Whistleblower-Klauseln zugleich der Schutz des Hinweisgebers zu regeln.[1305] Zudem sollten von der Anzeigepflicht Bagatelldelikte ausgenommen werden, da eine Ausdehnung der Pflicht auf jeden geringfügen Verstoß unverhältnismäßig wäre und das Whistleblowing-System überlasten würde.[1306] Die Anzeigepflicht sollte nur für solche Rechtsverletzungen gelten, die einen erheblichen Schaden oder sonstigen erheblichen Nachteil für das Unternehmen oder einen (drohenden) Personenschaden zur Folge haben können.[1307]

Bei der Implementierung solcher Whistleblower-Klauseln ist zu beachten, dass der Betriebsrat nach § 87 Abs. 1 Nr. 1 BetrVG zu beteiligen ist, sobald die Mitarbeiter in den Unternehmensrichtlinien zur Anzeige verpflichtet werden, da die „Ordnung des Betriebs“ Regelungsgegenstand ist und somit der Mitbestimmung unterliegt.[1308]

Im Schrifttum wird zudem vorgebracht, dass Unternehmensrichtlinien nur dann effektiv seien, wenn Verstöße dagegen nicht ohne Folgen bleiben würden,[1309] weshalb Unternehmensrichtlinien das Androhen von Sanktionen beinhalten sollten, die für den Fall der Nichtbeachtung der Richtlinien von den Mitarbeitern zu erwarten sind (sog. *Sanktionsklausel*).[1310] Die Sanktionsklausel soll den Mitarbeitern und gegebenenfalls Behörden verdeutlichen, dass die Unternehmensleitung die Vorgaben in den Unternehmensrichtlinien

---

1302 Siehe hierzu den Gliederungspunkt ab S. 209.

1303 So zutreffend: Mengel, S. 67 f.; Wisskirchen/Jordan/Bissels, DB 2005, S. 2190 (2193).

1304 Schneider, S. 86.

1305 Problematisch ist aber in diesem Zusammenhang, dass der Arbeitgeber nicht auf das Recht zur außerordentlichen Kündigung verzichten kann, siehe *Weidenkaff* in: Palandt, § 626, Rn. 2.

1306 So zutreffend: Mengel, S. 67; Mengel/Hagemeister, BB 2007, S. 1386 (1389).

1307 Mengel/Hagemeister, BB 2007, S. 1386 (1389); *Mengel* in: Hdb. Haftungsvermeidung, S. 311.

1308 BAG NZA 2008, 1248.

1309 Mengel, S. 68.

1310 Vgl. zu Klauselbeispielen: Schuster/Darsow, NZA 2005, S. 273 (276 f.). So auch die Vorstellung in den USA, vgl. Copeland, 5 Drake Journal of Agricultural Law 2000, S. 305 (343).

ernst meint, ihre Einhaltung im absoluten Unternehmensinteresse liegt und ihre Missachtung zu angemessenen Sanktionen führt.[1311] Die angedrohten Sanktionen können dabei arbeits- und zivilrechtlicher, aber auch strafrechtlicher Art in Gestalt der Androhung einer Anzeigenerstattung sein.[1312]

Werden hingegen Rechtsverletzungen folgenlos durch die Unternehmensleitung hingenommen, stellt dies die Unternehmensleitung, ihr Bekenntnis zur Rechtstreue und die Verbindlichkeit der Unternehmensrichtlinie in Frage.[1313] Hierdurch wäre wiederum insgesamt die Effektivität des Compliance-Systems gefährdet.[1314]

b) Implementierung von Unternehmensrichtlinien

aa) Grundlegendes

Damit die Unternehmensrichtlinien unternehmensweit für alle Mitarbeiter verbindlich sind, bedürfen sie der rechtswirksamen Einführung. Die Mitarbeiter können auf drei verschiedene Arten zur Einhaltung der Unternehmensrichtlinien verpflichtet werden, die ein unterschiedliches Maß an Mitwirkung der Mitarbeiter bedürfen[1315]: durch eine individualarbeitsvertragliche Vereinbarung, durch das Direktionsrecht der Unternehmensleitung nach §§ 106 GewO, 315 BGB oder durch Betriebsvereinbarung.[1316]

Unabhängig von der Art der Einführung wird zu Beweiszecken vorgeschlagen, dass der Empfang der Unternehmensrichtlinien durch jeden Mitarbeiter schriftlich bestätigt werden soll.[1317] Die Unternehmensrichtlinien sollten den Mitarbeitern hinreichend bekannt gemacht und durch Schulungen vermittelt werden. Insbesondere wird im Schrifttum verlangt, dass die Richtlinien

---

1311 Bussmann/Matschke, CCZ 2009, S. 132 (136); *Inderst* in: Görling/Inderst/Bannenberg, S. 107.

1312 *Maschmann* in: Hdb. Korruptionsprävention, S. 114.

1313 Vgl. Hauschka, DB 2006, S. 1143 (1145).

1314 Lebherz, S. 343.

1315 *Mengel* in: Hdb. Haftungsvermeidung, S. 308; *Hugger/Simon* in: Wieland/Steinmeyer/Grüninger, S. 510 f.

1316 Zu den einzelnen Erfordernissen, speziell ob es der Mitwirkung des Betriebsrats nach § 87 Abs. 1 Nr. 1 BetrVG bedarf, sowie die Grenzen der Implementierung im Hinblick auf die Grundrechte der Mitarbeiter, siehe insoweit *Mengel* in: Hdb. Haftungsvermeidung, S. 308 ff.; Mengel/Hagemeister, BB 2007, S. 1386 (1387 ff.); Lelley, S. 55 ff.

1317 Siehe insoweit ein Muster bei *Maschmann* in: Hdb. Korruptionsprävention, S. 115. Weigert sich der Arbeitnehmer zur Unterzeichnung der Richtlinien, berechtigt dies den Arbeitgeber nicht, ohne Fortzahlung der Bezüge den Arbeitnehmer freizustellen, so LAG Hessen, CCZ 2012, 80.

jederzeit in schriftlicher bzw. elektronischer Form für die Unternehmensmitarbeiter verfügbar und einsehbar sind.[1318]

bb) Gesetzliche Pflicht zur Implementierung von Unternehmensrichtlinien?

Fraglich ist, ob es eine allgemeine gesetzliche Pflicht zur Einführung von Unternehmensrichtlinien gibt. Diese Verpflichtung könnte sich aus deutschen, aber auch US-amerikanischen Regelungen ergeben, die auf deutsche Unternehmen Anwendung finden.

Erste Anhaltspunkte für eine gesetzliche Pflicht *aufgrund deutscher Regelungen* lassen sich der Vorschrift des § 33 Abs. 1 S. 2 Nr. 1 WpHG entnehmen, die von Wertpapierdienstleistungsunternehmen verlangt, „angemessene Grundsätze aufzustellen". In Zusammenhang mit dieser Regelung sind Wertpapierdienstleistungsunternehmen darüber hinaus nach § 14 Abs. 3 WpDVerOV dazu verpflichtet, *„Grundsätze und Organisationsanweisungen im Zusammenhang mit Geschäften oder Dienstleistungen, die zur Erfüllung der Pflichten des Abschnitts 6 des Wertpapierhandelsgesetzes gegenüber Kunden erforderlich sind,* [...], *aufzuzeichnen"*.

Zwar lassen sich aus diesen Normen Verpflichtungen zur Implementierung ableiten, jedoch handelt es sich bei den genannten Regelungen um Spezialvorschriften. Sie können daher nicht als Grundlage einer allgemeinen Verpflichtung zur Implementierung von Unternehmensrichtlinien dienen.[1319]

Der Deutsche Corporate Governance Kodex (DCGK) beinhaltet auch nur eine mittelbare Empfehlung an den Vorstand, Unternehmensrichtlinien einzuführen, wenn er nach 4.1.3. des DCGK vom Vorstand verlangt, auch für die „Einhaltung der unternehmensinternen Richtlinien zu sorgen". Aus dem DCGK kann allerdings keine Rechtspflicht zur Einführung von Unternehmensrichtlinien abgeleitet werden, da ihm kein Gesetzesrang zukommt.[1320]

Insgesamt besteht nach den deutschen Regelungen keine allgemeine Pflicht zur Implementierung von Unternehmensrichtlinien.[1321]

Demgegenüber beinhalten aber *US-amerikanische Regelungen* eine Verpflichtung zur Implementierung von Unternehmensrichtlinien für deutsche Unternehmen. Insoweit gelten Besonderheiten für Unternehmen, deren Wertpapiere an einer US-Börse notiert sind und nach Sec. 13 (a) und 15 (d) des SEA 1934 dem Anwendungsbereich des Sarbanes Oxley Act (SOA)

1318 Moosmayer, S. 49 f.; *Hugger/Simon* in: Wieland/Steinmeyer/Grüninger, S. 511; Bock, S. 664.

1319 Fahrig, Einführung eines Verhaltenskodexes und das Whistleblowing, S. 38.

1320 Vgl. *Ringleb* in: Ringleb/Kremer/Lutter/Werder, Vorbem. Rn. 53 ff.

1321 So auch im Ergebnis: Lelley, S. 53.

unterliegen.[1322] Wegen diesem weiten Anwendungsbereich ergibt sich eine Verpflichtung zur Einführung von Unternehmensrichtlinien aus dem SOA: So verlangt die Regelung der Sec. 406 SOA von den Unternehmen der SEC mitzuteilen, ob sie einen Ethikkodex unter anderem für *„Senior Financial Officer"* und *„Principal Financial Officer"* eingeführt haben.[1323] Sollte kein „code of ethics" für diese Führungskräfte erlassen worden sein, ist dies ausdrücklich zu begründen.[1324] Es besteht somit keine allgemeine Verpflichtung gegenüber allen Mitarbeitern.[1325]

Was der Terminus *„code of ethics"* in dieser Regelung bedeutet und welchen Inhalt er aufweisen muss, definiert sowohl die Sec. 406 (c) SOA selbst als auch die genannte Final Rule der SEC.[1326] Danach werden unter „code of ethics" Standards verstanden, die vernünftigerweise notwendig sind, um folgende Anforderungen zu erreichen[1327]:

- ein redliches und unternehmensethisches Verhalten, einschließlich des ethischen Umgangs mit tatsächlichen oder scheinbaren Interessenskonflikten zwischen persönlichen und beruflichen Interessen;
- vollständige, gerechte, präzise, rechtzeitige und verständliche Bekanntmachung in den regelmäßig einzureichenden Geschäftsberichten und
- Einhaltung der geltenden Rechtsvorschriften und Regelungen.[1328]

1322 Vgl. Sarbanes-Oxley Act of 2002, Pub. L. No. 107–204, 116 Stat. 745 (2002) (codified as amended at 15 U.S.C. §§ 7201–7266).

1323 Durch die SEC Final Rule, Release Nos. 33–8177 wurde die Regelung um die „Principal Executive Officer" erweitert, abrufbar unter: https://www.sec.gov/rules/final/33-8177.htm [20.07.2016]. Vgl. Sec 406 (a) SOA: „Code of Ethics Disclosure. – The Commission shall issue rules to require each issuer, together with periodic reports required pursuant to section 13(a) or 15(d) of the Securities Exchange Act of 1934, to disclose whether or not, the reason therefore, such issuer has adopted a code of ethics for senior financial officers, applicable to its principal financial officer and comptroller or principal accounting officer, or persons performing similar functions."

1324 Vgl. Sec. 406 (a) SOA. Dazu auch: Lander, S. 65.

1325 Fahrig, Einführung eines Verhaltenskodexes und das Whistleblowing, S. 41.

1326 Vgl. SEC Final Rule, Release Nos. 33–8177 vom 24.01.2003.

1327 *Maschmann* in: Hdb. Korruptionsprävention, S. 175; Gruson/Kubicek, AG 2003, S. 293 (400).

1328 Vgl. Sec. 406 (c) SOA: „Definition. – In this section, the term „code of ethics" means such standards as are reasonably necessary to promote –
(1) honest and ethical conduct, including the ethical handling of actual or apparent conflicts of interest between personal and professional relationships;
(2) full, fair, accurate, timely, and understandable disclosure in the periodic reports required to be filed by the issuer; and
(3) compliance with applicable governmental rules and regulations."

Insoweit besteht für Unternehmen, deren Wertpapiere an einer US-Börse notiert sind oder diese anderweitig in den USA öffentlich anbieten, nach Sec. 406 SOA eine Verpflichtung zur Implementierung von Unternehmensrichtlinien – zumindest für bestimmte Führungskräfte.[1329] Über den SOA hinaus sind im Hinblick auf die Verpflichtung zur Einführung von Unternehmensrichtlinien die USSG zu beachten. Auch wenn die dortigen Compliance-Vorgaben des US-Gesetzgebers nur als Anreiz zur Implementierung von Compliance-Maßnahmen angesehen werden, sieht § 8 B 2.1. (b) (1) USSG vor, dass ein Unternehmen Verhaltensstandards und Richtlinien zu entwickeln hat, die kriminelles Verhalten vermeiden und aufdecken.[1330] Es handelt sich also um einen der sieben Punkte, die ein effektives Compliance-System mindestens beinhalten muss, um in den Genuss einer Reduzierung der zu verhängenden Strafe zu kommen.

Im Ergebnis ist hinsichtlich der Pflicht zur Einführung von Unternehmensrichtlinien festzustellen, dass abgesehen von Unternehmen, die aufgrund einer Spezialvorschrift oder ihrer US-Börsennotierung zur Einführung von Unternehmensrichtlinien verpflichtet sind, keine allgemeine gesetzliche Pflicht zur Implementierung von Unternehmensrichtlinien besteht.[1331] Gleichwohl wird der Unternehmensinhaber seiner Aufsichtspflicht nach § 130 OWiG eher nachkommen, wenn er Unternehmensrichtlinien implementiert, da diese für ihn ein nützliches Mittel sind, die einzelnen Aufgaben und Pflichten der Mitarbeiter näher zu bestimmen und für den Fall eines ordnungswidrigkeitenrechtlichen Verfahrens den wichtigen Nachweis erbringen, die Unternehmensmitarbeiter angemessen instruiert zu haben. In Anbetracht dessen ist die Einführung von Unternehmensrichtlinien nicht explizit dem § 130 OWiG zu entnehmen, dennoch sind diese stark verbreitet: So besitzen nach einer Studie von Pricewaterhouse Coopers alle in den USA börsennotierten Unternehmen Unternehmensrichtlinien, während andere auswärtig börsennotierte Unternehmen (83 %) langsam aber sicher aufschließen.[1332] Die Unternehmen erhoffen sich durch die in den Unternehmensrichtlinien gestellten Verhaltensvorgaben das Verhalten der Mitarbeiter zu beeinflussen und sie von straf- und bußgelbbewehrten Zuwiderhandlungen bestenfalls abzuhalten. Letztlich ist daher zu statuieren, dass eine Aufsichtspflichtverletzung im Sinne des § 130 OWiG dann nicht vorliegt, wenn sich der Vorwurf nur auf die unterlassene

---

1329 Gruson/Kubicek, AG 2003, S. 393 (400 f.); Wolf, DStR 2006, S. 1995 (1997); Fahrig, S. 41 f.

1330 Vgl. § 8 B 2.1. (b) (1) USSG: „The organization shall establish standards and procedures to prevent and detect criminal conduct."

1331 So auch *Maschmann* in: Hdb. Korruptionsprävention, S. 112.

1332 PWC, 2010, S. 14. Zur Entwicklung: vgl. Bussmann/Matschke, wistra 2008, S. 88 (95).

Implementierung von Unternehmensrichtlinien stützt, da dies § 130 OWiG gerade nicht vorschreibt.

IV. Ausreichende Kontrolle und Überwachung des Personals

Notwendiges Korrelat einer angemessenen Instruktion und Schulung des Personals ist die Pflicht zur Überwachung der Umsetzung und Einhaltung der Compliance-Maßnahmen sowie der gesetzlich vorgeschriebenen und unternehmensspezifisch auferlegten Compliance-Pflichten.[1333] Denn auch jedes noch so gute Compliance-System läuft ins Leere, wenn die Einhaltung dieser Pflichten nicht regelmäßig kontrolliert wird.[1334] Daher ist eine Überwachung der Einhaltung dieser Pflichten im Sinne des § 130 OWiG unerlässlich, da nach Ansicht der Rechtsprechung das Unterlassen jeglicher Überwachung einen Verstoß gegen die Aufsichtspflicht nach § 130 OWiG darstellt.[1335] Fraglich ist aber, welche Anforderungen an eine Überwachungspflicht hinsichtlich Überwachungsintensität und -frequenz zu stellen und welche Maßnahmen hierfür zulässig sind.

1. *Allgemeine Anforderungen an die Überwachungspflicht nach § 130 OWiG*

Zur Erfüllung der Aufsichtspflicht nach § 130 OWiG ist es nicht ausreichend, dass der Unternehmensinhaber gelegentlich die Mitarbeiter kontrolliert, die Unternehmensvorgänge beobachtet und sonst nach dem Rechten sieht.[1336] Vielmehr sind nach Ansicht der Rechtsprechung *regelmäßige, unvorhersehbare, stichprobenartige Kontrollen* innerhalb angemessener Zeiträume erforderlich.[1337] Die Kontrollen müssen derart wahrgenommen werden, dass

---

1333 Moosmayer, S. 102; ders., AnwBl 2010, S. 634 (635); Dann/Mengel, NJW 2010, S. 3265 (3266); Lebherz, S. 322.

1334 So auch Bock, S. 719.

1335 BayOblG, NJW 2002, S. 766; *Schmid/Fridrich* in: Hdb. Wirtschaftsstrafrecht, § 30, Rn. 150 f. Auch die Leitlinien des UK Bribery Acts erachten die Überwachung der implementierten Compliance Maßnahmen als ein wesentliches Element eines Compliance Systems: So schreibt Principle 6 („*Monitoring and review*") den Unternehmen vor, sicherzustellen, „dass die implementierten Antikorruptionsmaßnahmen überwacht und wenn notwendig verbessert werden", vgl. Leitlinien UK Bribery Act, S. 31.

1336 BGHSt 9, 319; 25, 158; *Gürtler* in: Göhler, § 130, Rn. 12; *Rogall* in: KK-OWiG, § 130, Rn. 62 f.

1337 BGH wistra 1982, 34; NStZ 1986, 34; OLG Köln, wistra 1994, S. 315; *Hauschka* in: Hdb. Haftungsvermeidung, S. 21; *Pelz* in: Hdb. Haftungsvermeidung, S. 109; *Hugger/Simon* in: Wieland/Steinmeyer/Grüninger, S. 512; Bock, ZIS 2008, S. 68 (78).

den Mitarbeitern zu jeder Zeit das Risiko vor Augen gehalten wird, dass Compliance-Verstöße entdeckt werden und zu ernsthaften Konsequenzen führen.[1338] Insofern müssen die Überwachungsmaßnahmen so effektiv sein, dass sie geeignet sind, mit großer Wahrscheinlichkeit Compliance-Verstöße aufzudecken.[1339] Sind stichprobenartige Kontrollen nicht ausreichend, um diese Wirkung zu erzielen oder Compliance-Verstöße aufzudecken, bedarf es weitergehender geeigneter Überwachungsmaßnahmen wie etwa überraschende, umfassende Geschäftsprüfungen.[1340]

Zuständig für die Durchführung solcher Kontrollen sind speziell dazu beauftragte Aufsichtspersonen wie etwa ein Compliance-Beauftragter. Jedoch erstreckt sich die Überwachungspflicht gem. § 130 Abs. 1 S. 2 OWiG auch auf diese Aufsichtspersonen, da der Unternehmensleitung trotz der vertikalen Delegation die Oberaufsicht obliegt.[1341]

Die Frage nach der *Häufigkeit* der erforderlichen Aufsichtsmaßnahmen lässt sich nicht pauschal beantworten[1342]: Maßgeblich ist nach der Rechtsprechung und Teilen des Schrifttums die Beschäftigungsdauer im Unternehmen, die Qualifikation des einzelnen Mitarbeiters sowie dessen Stellung im Unternehmen.[1343] So seien neue Mitarbeiter anfänglich intensiv zu kontrollieren, um dadurch deren Bereitschaft und Einstellung zu einem zukünftig rechtmäßigen Verhalten einschätzen zu können,[1344] wohingegen sich die Überwachungsintensität bei langjährigen, qualifizierten und zuverlässigen Mitarbeitern regelmäßig verringern würde.[1345] Diese Ansicht verkennt aber das durch empirische Untersuchungen ermittelte Profil von Wirtschaftsstraftätern: So ergaben kriminologische Untersuchungen, allerdings auf Befragung der Unternehmen basierend, dass Wirtschaftsstraftäter überwiegend um die 40 Jahre alt und

---

1338 BGH NStZ 1986, 34; OLG Köln, wistra 1994, S. 315.

1339 BayOblG, NJW 2002, S. 766; Bock, S. 720.

1340 BGH NStZ 1986, 34; OLG Köln, wistra 1994, S. 315; Meier-Greve, BB 2009, S. 2555 (2556); Fleischer, AG 2003, S. 291 (294).

1341 BayOblG, NJW 2002, S. 766; *Fleischer* in: Spindler/Stilz, § 93, Rn. 111; ders., AG 2003, S. 291 (295); *Gürtler* in: Göhler, § 130, Rn. 15; *Hauschka* in: Hdb. Haftungsvermeidung, S. 18.

1342 Teilweise wird ein halbjährlicher Turnus als erforderlich gehalten, andere erachten mindestens monatliche Kontrollen für notwendig, zum Ganzen siehe *Pelz* in: Hdb. Haftungsvermeidung, S. 110.

1343 So etwa OLG Düsseldorf, WuW/E DE-R 1893–1901; BayObLG, NJW 2002, S. 766; *Gürtler* in: Göhler, § 130, Rn. 12; Hegnon, CCZ 2009, S. 57 (61 f.); Fleischer, AG 2003, S. 291 (293).

1344 BayObLG, NJW 2002, S. 766; *Rogall* in: KK-OWiG, § 130, Rn. 62 f.; *Spindler* in: Hdb. Vorstandshaftung, § 15, Rn. 113; Fleischer, AG 2003, S. 291 (293).

1345 OLG Hamm, MDR 1978, S. 598; *Spindler* in: Hdb. Vorstandshaftung, § 15, Rn. 113; Fleischer, AG 2003, S. 291 (293); *Gürtler* in: Göhler, § 130, Rn. 12.

durchschnittlich seit etwa zehn Jahren (45 %) in dem jeweiligen Unternehmen beschäftigt sind.[1346] Ferner entstammen 29 % der Wirtschaftsstraftäter dem Topmanagement und 28 % dem mittleren Management.[1347] Ein Beleg für diese Befunde sind die Wirtschaftsstrafverfahren der Vergangenheit: *Bussmann/Matschke* stellen in diesen Zusammenhang zutreffend fest, dass der Fall Siemens gerade zeigte, dass auch langjährige und zuverlässige Mitarbeiter einer regelmäßigen Überwachung bedürfen.[1348] So besaßen die Angeklagten bereits mehrjährige Berufserfahrung und nutzten diese Zeit, um Schwachstellen im Unternehmen ausfindig zu machen, um dadurch möglichst unentdeckt Wirtschaftsstraftaten begehen zu können.[1349] Denn es handelte sich bei den Beschuldigten und Angeklagten um solche, die dem Unternehmen Siemens bereits seit längerer Zeit angehörten. Maßgeblich sollte daher der Grundsatz sein: Je zuverlässiger sich ein Mitarbeiter im Beschäftigungsverhältnis zeigt, desto weniger ist dieser zu beaufsichtigen, deshalb ist auch der Ansicht von *Bussmann/Matschke* nicht zu folgen, die eine „Gleichmäßigkeit von Kontrollen" im Unternehmen vorschlagen – unabhängig von Beschäftigungsdauer, Qualifikation und Stellung der Mitarbeiter.[1350]

Da aus Gründen des Betriebsklimas und der hohen Kosten eine ständige und lückenlose Überwachung vom Unternehmensinhaber bzw. Compliance-Beauftragten nicht abverlangt werden kann, finden die Anforderungen an die Überwachungsmaßnahmen im Sinne des § 130 OWiG ihre Grenze stets in dem Merkmal der *Zumutbarkeit*.[1351] Andernfalls können überzogene, von zu starkem Misstrauen geprägte Aufsichtsmaßnahmen im Unternehmen gegenteilige Wirkungen haben.[1352]

Zur Überwachungspflicht gehört aber auch, dass der Unternehmensinhaber bei Verdacht auf Compliance-Verstöße unverzüglich und in rechtlich zulässiger Weise *Ermittlungen* aufnimmt.[1353] Werden dem zuständigen Unternehmensleiter bzw. einem Compliance-Beauftragten Informationen

---

1346 PWC, 2009, S. 43. Die Befunde zusammenfassend: Schwind, S. 455 f.; Bussmann/Matschke, CCZ 2009, S. 132 (135).

1347 PWC, 2009, S. 43; zur Studie zuvor: Bussmann/Matschke, CCZ 2009, S. 132 (135).

1348 So Bussmann/Matschke, CCZ 2009, S. 132 (135).

1349 So Bussmann/Salvenmoser, NStZ 2006, S. 203 (207); Bussmann/Matschke, CCZ 2009, S. 132 (135).

1350 Bussmann/Matschke, CCZ 2009, S. 132 (135).

1351 So auch § 8 B 2.1. (b) (4) (A) USSG, § 8 B 2.1. (b) (5) USSG, § 8 B 2.1. (b) (6) USSG, § 8 B 2.1. (b) (7) USSG: „The organization shall take reasonable steps [...]".

1352 BGH wistra 1986, 222; zustimmend: *Gürtler* in: Göhler, § 130, Rn. 12.

1353 OLG Frankfurt, wistra 1985, S. 38; BGH GmbHR 1985, 143; Fleischer, AG 2003, S. 291 (294); *Inderst* in: Görling/Inderst/Bannenberger, S. 28.

über Compliance-Verstöße weitergeleitet, sind *unternehmensinterne Untersuchungen* (sog. *Internal Investigations*) unabdingbar. Darunter versteht man Untersuchungen und Ermittlungen, die der Aufklärung von Compliance-Verstößen dienen sollen.[1354] Gleichzeitig verfolgen sie das Ziel, das Compliance-System bezüglich der festgestellten Systemschwachstellen zu verbessern, um ähnliches Fehlverhalten in Zukunft zu vermeiden.[1355] Rechtsvergleichend sieht auch § 8 B 2.1. (b) (7) USSG vor, dass das Unternehmen nach Aufdeckung von kriminellem Verhalten angemessene Schritte zu unternehmen hat, um auf dieses Verhalten zu reagieren und ähnliches Verhalten zukünftig zu vermeiden, einschließlich notwendiger Anpassungen eines Compliance-Systems.[1356] Bei den unternehmensinternen Untersuchungen handelt es sich um ein in den USA bereits weit verbreitetes Instrument.[1357] Der Grund hierfür findet sich in § 8 C 2.5. (g) USSG: Diese Regelung sieht eine Strafmilderung vor, wenn das Unternehmen die Compliance-Verstöße selbst aufgeklärt, sich bei den Behörden angezeigt (*self-reporting*) oder sich mit diesen zur Zusammenarbeit (*cooperation*) bereit erklärt hat.

2. *Spannungsfeld Compliance und Datenschutz*

Wesentlicher Bestandteil einer unternehmensinternen Untersuchung ist die Ermittlung eines umfassenden und belastbar zusammengetragenen Sachverhalts – dient der Sachverhalt doch als Grundlage und Vorbereitung von möglichen zivil- und arbeitsrechtlichen Maßnahmen.[1358] Zur Aufklärung des Sachverhalts hat der Unternehmensinhaber bei Hinweisen auf Compliance-Verstöße im Unternehmen rechtlich zulässige interne Ermittlungsmaßnahmen einzuleiten.[1359] Zwar sollte es eine Selbstverständlichkeit sein, dass nur zulässige Ermittlungsmaßnahmen ergriffen werden, die jüngsten Datenschutzskandale deutscher Großunternehmen zeigen allerdings ein anderes Bild. Denn bei diesen Unternehmen ging das Verständnis für die rechtlichen Grenzen der Ermittlungsmaßnahmen verloren. Dies hängt zum einen damit zusammen, dass Unternehmen den zunehmenden Druck verspüren, den steigenden Compliance-Anforderungen gerecht zu werden, zum anderen, dass Unternehmen

---

1354 Zum Vorstehenden: Mengel, S. 110; Lelley, S. 190; Vogt, NJOZ 2009, S. 4206.

1355 Rosen, S. 15; Wagner, CCZ 2009, S. 8 (10).

1356 Vgl. § 8 B 2.1. (b) (7) USSG: „After criminal conduct has been detected, the organization shall take reasonable steps to respond appropriately to the criminal conduct and to prevent further similar criminal conduct, including making any necessary modifications to the organization's compliance and ethics program".

1357 Vgl. dazu Wybitul, BB 2009, S. 606 ff.

1358 Mengel, S. 110.

1359 Moosmayer, S. 102 f. So auch die allgemeine Ansicht in den USA, vgl. dazu *Valukas/Stauffer* in: Kapplan/Murphy, § 15, S. 4.

sich in Deutschland zahlreicher offener Fragen ausgesetzt sehen, wenn es um die Ermittlung unternehmensbezogener Rechtsverletzungen geht. Regelmäßig kommt die Frage auf, inwieweit Ermittlungsmaßnahmen zulässig sind, um Beweise im Rahmen von Compliance-Maßnahmen zu sichern, etwa zur Feststellung der Rechtsverletzung, des Täters oder des Schadens.[1360] Doch mangels eindeutiger gesetzlicher Vorgaben, vor allem im Bereich des Beschäftigtendatenschutzes, herrscht über die Zulässigkeit einzelner Ermittlungsmaßnahmen in der Praxis erhebliche Unsicherheit.[1361]

a) Verfassungsrechtlicher Rahmen und Datenschutz

In dem Moment, in dem ein Unternehmensinhaber bzw. Compliance-Beauftragter seiner Aufsichtspflicht nach § 130 OWiG durch Ermittlungen von Mitarbeitern nachkommen möchte, kollidieren zwei Grundrechtspositionen: Auf der einen Seite das *Aufklärungsinteresse* des Arbeitgebers, das insbesondere durch die *Unternehmensorganisationsfreiheit* und das *Direktionsrecht* nach Art. 9 Abs. 1, 12 Abs. 1 und 14 Abs. 1 GG gerechtfertigt ist; auf der anderen Seite hat der Arbeitgeber als Grenzen der Aufsichtsmaßnahmen das sich aus Art. 2 Abs. 1 i.V.m. Art. 1 Abs. 1 GG ergebende *allgemeine Persönlichkeitsrecht* des Arbeitnehmers zu beachten.[1362] Darüber hinaus erlangen auf der Seite des Arbeitnehmers im Rahmen von unternehmensinternen Untersuchungen Rechte wie die Berufsausübungsfreiheit nach Art. 12 GG sowie das Brief-, Post- und Fernmeldegeheimnis nach Art. 10 GG Bedeutung. Vornehmlich kollidiert eine Datenschutz Compliance aber mit dem Persönlichkeitsrecht in seiner Ausgestaltung des *Rechts auf informationelle Selbstbestimmung*, das „die Befugnis des Einzelnen, grundsätzlich selbst über die Preisgabe und Verwendung seiner persönlichen Daten zu bestimmen, beinhaltet".[1363]

Diese gegensätzlichen Grundrechtspositionen versucht das BDSG mittels verschiedener datenschutzrechtlicher Schutzprinzipien in einen verfassungsmäßigen Ausgleich zu bringen: den Verhältnismäßigkeitsgrundsatz (1), den datenschutzrechtlichen Zweckbindungsgrundsatz (2), den datenschutzrechtlichen Erlaubnisvorbehalt (3) und die Grundsätze der Datenvermeidung bzw. Datensparsamkeit (4).[1364]

Übergeordnet zu diesen Prinzipien beinhaltet § 1 Abs. 1 BDSG die Regelung, dass „der Zweck des Gesetzes ist, Mitarbeiter davor zu schützen, dass sie durch den Umgang mit personenbezogenen Daten nicht in ihrem

---

1360 Klengel/Mückenberger, CCZ 2009, S. 81.

1361 Moosmayer, S. 102 f.

1362 *Gola/Klug/Körffer* in: Gola/Schomerus, § 1, Rn. 6; Simitis, § 1, Rn. 23, 29 ff. Zu verfassungsrechtlichen Schranken: Schlieker, S. 151 ff.

1363 BVerfGE 65, 1.

1364 Simitis, § 1, Rn. 23.

Persönlichkeitsrecht verletzt werden." Zwar können Eingriffe in das allgemeine Persönlichkeitsrecht des Mitarbeiters durch schutzwürdige Interessen des Arbeitgebers gerechtfertigt sein, jedoch ist stets im Rahmen einer umfassenden, objektiv nachvollziehbaren Interessen- und Güterabwägung zu klären, ob der Eingriff überhaupt durch überwiegende Interessen des Arbeitgebers gerechtfertigt ist.[1365]

(1) Maßgeblich bei der Abwägung ist der Verhältnismäßigkeitsgrundsatz: Dabei ist eine Ermittlungsmaßnahme verhältnismäßig, wenn sie zur Erreichung des im BDSG vorgegebenen Zwecks geeignet sowie erforderlich ist und zu einem angemessenen Ausgleich zwischen den Interessen des Arbeitgebers und dem Persönlichkeitsrecht des Arbeitnehmers führt.[1366]
(2) Zu Beginn jeder Verhältnismäßigkeitsprüfung einer Ermittlungsmaßnahme muss der Arbeitgeber angeben, zu welchem Zweck diese dient. Dies ergibt sich aus dem sog. *datenschutzrechtlichen Zweckbindungsgrundsatz*, wonach Daten nur für Zwecke verwendet werden dürfen, für die sie ursprünglich rechtmäßig erhoben worden sind (vgl. § 28 Abs. 1 S. 2 BDSG). Eine über den konkreten Zweck hinausgehende Verwendung der Daten ist nur unter Vorliegen der gesetzlichen Voraussetzungen zulässig (vgl. § 28 Abs. 2 BDSG).
(3) Bei dem vorzunehmenden Interessenausgleich ist auch der Grundsatz des § 4 Abs. 1 BDSG zu berücksichtigen, wonach jede Erhebung, Verarbeitung oder Nutzung von personenbezogenen Daten einer gesetzlichen Erlaubnis oder Einwilligung des Betroffenen bedarf. Das heißt, dass jede einzelne Ermittlungsmaßnahme auf einem gesetzlichen Erlaubnistatbestand (etwa aus dem BDSG) oder einer Einwilligungserklärung des Betroffenen basieren muss.
(4) Zusätzlich ist bei der Verhältnismäßigkeitsprüfung die Vorschrift des § 3a BDSG zu beachten, wonach bei jeder Ermittlungsmaßnahme die *Grundsätze der Datenvermeidung und Datensparsamkeit* gelten.[1367] Danach sind „*die Erhebung, Verarbeitung und Nutzung personenbezogener Daten und die Auswahl und Gestaltung von Datenverarbeitungssystemen an dem Ziel auszurichten, so wenig personenbezogene Daten wie möglich zu erheben, zu verarbeiten oder zu nutzen*". Weiter führt die Vorschrift in § 3a S. 2 BDSG aus, dass „*insbesondere personenbezogene Daten zu anonymisieren oder zu pseudonymisieren sind, soweit dies nach dem Verwendungszweck möglich ist und keinen im Verhältnis zu dem angestrebten Schutzzweck unverhältnismäßigen Aufwand erfordert*".

1365 BVerfGE 65, 1; 120, 378; BAG NZA 2000, 418; Simitis, § 1, Rn. 86.
1366 BVerfG, NJW 2006, 1939; Simitis, § 1, Rn. 106.
1367 Wybitul, Hdb. Datenschutz im Unternehmen, S. 229.

Insgesamt sind daher zum einen so wenig Daten wie nur möglich zu erheben, verarbeiten und nutzen, zum anderen so viel wie nötig, um Compliance im gesamten Unternehmen sicherzustellen.[1368]

In dem Spannungsfeld zwischen Aufklärungsinteresse des Arbeitgebers und dem allgemeinen Persönlichkeitsrecht des Arbeitnehmers bewegt sich der Compliance-Beauftragte: Denn verhindert er einerseits pflichtwidrig unternehmensbezogene Rechtsverletzungen nicht, droht ihm anlässlich des obiter dictums des BGH vom 17.07.2009 eine strafrechtliche Verantwortung; andererseits bestehen für ihn Strafbarkeitsrisiken bei rechtswidriger Überschreitung der datenschutzrechtlichen Grenzen. Ein Compliance-Beauftragter läuft damit Gefahr, sich durch sein Tun oder Unterlassen strafbar zu machen.[1369]

b) Die Novelle des Beschäftigtendatenschutzes vom 01.09.2009

Um den Interessensausgleich zwischen den beiden Grundrechtspositionen sicherzustellen und dieses Spannungsfeld zu entschärfen, wurde mit Wirkung vom 01.09.2009[1370] für den Umgang mit Beschäftigtendaten im Arbeitsverhältnis die Regelung des § 32 BDSG in das BDSG aufgenommen. Die Novelle war eine Reaktion des Gesetzgebers auf zahlreiche Datenschutzskandale in deutschen Großunternehmen, welche eine Verschärfung des Beschäftigtendatenschutzes zur Folge hatte.[1371] Insbesondere sollte mit Einführung § 32 BDSG der Überwachung von Mitarbeitern strengeren Anforderungen unterliegen, weshalb die Vorschrift seit der Novelle die entscheidende Erlaubnisnorm für unternehmensinterne Untersuchungen und Compliance ist.[1372]

§ 32 Abs. 1 S. 1 BDSG regelt die Datenerhebung, -verarbeitung und -nutzung für Zwecke des Beschäftigungsverhältnisses. Danach dürfen

> *„personenbezogene Daten eines Beschäftigten für Zwecke des Beschäftigungsverhältnisses nur dann erhoben, verarbeitet oder genutzt werden, wenn dies für die Entscheidung über die Begründung eines Beschäftigungsverhältnisses oder nach Begründung des Beschäftigungsverhältnisses für dessen Durchführung oder Beendigung erforderlich ist"*.

Von dieser Reglung erfasst sind etwa Maßnahmen zur Kontrolle der Arbeitsleistung bzw. der Zuverlässigkeit eines Beschäftigten oder Fragen zur

---

1368 So Wybitul, Hdb. Datenschutz im Unternehmen, S. 15, 230.

1369 Diese Konfliktsituation deutet sich auch im Arbeitsrecht an: ArbG Berlin, CCZ 2010, S. 158.

1370 BT-Drucks. 16/13657.

1371 Vgl. Wybitul, BB 2009, S. 1582 ff.

1372 Siehe zum Konkurrenzverhältnis von § 28 und § 32 BDSG: *Grimm* in: Tschöpe, S. 2746; *Seifert* in: Simitis, § 32, Rn. 16 ff.; *Gola/Klug/Körffer* in: Gola/Schomerus, BDSG, § 32, Rn. 1 f.; Wybitul, Hdb. Datenschutz im Unternehmen, S. 310.

Qualifikation des Mitarbeiters.[1373] § 32 BDSG findet dabei Anwendung auf alle Beschäftigten (vgl. zum Begriff § 3 Abs. 11 BDSG) und nicht nur auf Arbeitnehmer.

Entscheidendes aber auch unbestimmtes Kriterium des § 32 Abs. 1 S. 1 BDSG ist jenes der *„Erforderlichkeit"*.[1374] Es verwundert, dass die Vorschrift keine Vorgaben darüber beinhaltet, welche Maßnahmen erforderlich sind und welche nicht. Ausgehend von der Gesetzesbegründung entspricht § 32 Abs. 1 S. 1 BDSG allerdings den „bisher von der Rechtsprechung aus dem verfassungsrechtlich geschützten allgemeinen Persönlichkeitsrecht abgeleiteten Grundsätzen zum Datenschutz im Beschäftigungsverhältnis"[1375]. Maßstab für die Erforderlichkeit sind daher die bereits entwickelten Kriterien des BAG und Bundesverfassungsgerichts zum Beschäftigtendatenschutz.[1376] Nach dieser Rechtsprechung ist der Umgang mit Mitarbeiterdaten erforderlich, „wenn die berechtigten Interessen des Arbeitgebers auf andere Weise nicht oder nicht angemessen gewahrt werden können".[1377] Auch wenn der Wortlaut des § 32 Abs. 1 S. 1 BDSG selbst keine Interessenabwägung vorschreibt, ist eine solche vorzunehmen, alles andere würde dem Zweck des § 1 Abs. 1 BDSG zuwiderlaufen.[1378] Entscheidend ist demnach, dass die Ermittlungsmaßnahme angemessen ist, was der Fall ist, wenn bei der Zweckverfolgung das Persönlichkeitsrecht des Arbeitnehmers ausreichend berücksichtigt wird.[1379] Anhand dieser Grundsätze lässt sich somit auch der Umgang mit § 32 BDSG bewältigen.[1380]

Ein sensibler Bereich anlässlich der jüngsten Datenschutzskandale ist die (repressive) *Aufdeckung von Straftaten*. In diesem Zusammenhang regelt § 32 Abs. 1 S. 2 BDSG die Zulässigkeit hinsichtlich der Datenerhebung, -verarbeitung und -nutzung zum Zweck der Aufdeckung von konkret vermuteter Straftaten, die im Zusammenhang mit dem Beschäftigungsverhältnis stehen. Danach dürfen

> *„zur Aufdeckung von Straftaten personenbezogene Daten eines Beschäftigten nur dann erhoben, verarbeitet oder genutzt werden, wenn zu dokumentierende tatsächliche Anhaltspunkte den Verdacht begründen, dass der Betroffene im Beschäftigungsverhältnis eine Straftat begangen hat, die Erhebung, Verarbeitung*

1373 Wybitul, Hdb. Datenschutz im Unternehmen, S. 311; ders., BB 2010, S. 1085.
1374 Campos Nave/Baumbach, NWB 2010, S. 911 (913); *Seifert* in: Simitis, § 32, Rn. 9.
1375 So BT-Drucks. 16/13657, S. 21.
1376 Wybitul, BB 2010, S. 1085 (1086).
1377 So zusammenfassend: Wybitul, BB 2009, S. 1582 (1583).
1378 So zutreffend: Wybitul, Hdb. Datenschutz im Unternehmen, S. 311.
1379 Wybitul, BB 2009, S. 1085 (1086).
1380 Ausführlich dazu: Wybitul, BB 2009, S. 1085 (1086 f.).

oder Nutzung zur Aufdeckung erforderlich ist und das schutzwürdige Interesse des Beschäftigten an dem Ausschluss der Erhebung, Verarbeitung oder Nutzung nicht überwiegt, insbesondere Art und Ausmaß im Hinblick auf den Anlass nicht unverhältnismäßig sind".

Der Wortlaut zeigt schon, dass § 32 Abs. 1 S. 2 BDSG noch strengere Anforderungen als § 32 Abs. 1 S. 1 BDSG beinhaltet[1381]: Es müssen *tatsächliche, vom Arbeitgeber dokumentierte Anhaltspunkte* vorliegen, die „den Verdacht begründen", dass der Beschäftigte eine unternehmensbezogene „Straftat begangen hat".[1382] Abzugrenzen von der Aufdeckung bereits begangener Straftaten sind präventive Maßnahmen (1) und Ordnungswidrigkeiten (2):

(1) Die *Verhinderung von Straftaten*, wie etwa Maßnahmen der präventiven Compliance, können gerade nicht auf § 32 Abs. 1 S. 2 BDSG gestützt werden, weil abstrakte Verdachtsmomente nicht ausreichend sind.[1383] Nach der Gesetzesbegründung sollen „Maßnahmen, die zur Verhinderung von Straftaten oder sonstigen Rechtsverstößen dienen", aber unter die allgemeine Regelung des § 32 Abs. 1 S. 1 BDSG fallen.[1384] Dies bedeutet, dass präventive Maßnahmen damit dem gegenüber § 32 Abs. 1 S. 2 BDSG weniger strengen Rechtfertigungsmaßstab der bloßen Erforderlichkeit unterliegen.[1385] In der Gesetzesbegründung heißt es dazu, dass § 32 Abs. 1 BDSG „den bisher aus der Rechtsprechung aus dem verfassungsrechtlich geschützten allgemeinen Persönlichkeitsrecht abgeleiteten allgemeinen Grundsätzen zum Datenschutz im Beschäftigungsverhältnis entspricht"[1386]. Doch diese Aussage geht fehl, da ein „gläserner Mitarbeiter" und permanentes Ausspähen des Arbeitnehmers durch den Arbeitgeber weder dem Rechtsstaatsprinzip entspricht – insbesondere in seinen Ausprägung der Rechtssicherheit und Vorhersehbarkeit – noch mit der Menschenwürde und dem Persönlichkeitsrecht vereinbar ist. Indem der Gesetzgeber aber Präventionsmaßnahmen unter § 32 Abs. 1 S. 1 BDSG fasst, verkennt er, dass „präventive Maßnahmen" im Grunde genommen alles sein können, wodurch der Willkür Tür und Tor geöffnet wird. Denn mit einer potentiellen Rechtfertigung eines Arbeitgebers, die Einhaltung von Compliance-Anforderungen kontrollieren zu müssen, ist es der Arbeitgeber selbst und nicht der Gesetzgeber, der die *Erforderlichkeit* und die Anforderung der *Verhältnismäßigkeit im engeren Sinne* definiert.

1381 Wybitul, Hdb. Datenschutz im Unternehmen, S. 312; ders., BB 2009, S. 1582 (1583).

1382 Vgl. die Diskussion zum Verdachtsgrad bei *Seifert* in: Simitis, § 32, Rn. 104.

1383 *Grimm* in: Tschöpe, S. 2747.

1384 BT-Drucks. 16/13657. Sich darauf beziehend Wybitul, Hdb. Datenschutz im Unternehmen, S. 312 und Thüsing, S. 39.

1385 So *Grimm* in: Tschöpe, S. 2747; Wybitul, BB 2010, S. 1085.

1386 BT-Drucks. 16/13657.

(2) § 32 Abs. 1 S. 2 BDSG verlangt zudem den *Verdacht*, dass die vom Betroffenen begangene *Straftat* einen Zusammenhang zum Beschäftigungsverhältnis aufweist. Fraglich ist in diesem Kontext aber, ob auch Ordnungswidrigkeiten von § 32 Abs. 1 S. 2 BDSG erfasst werden. Teilweise wird dies unter Verweis auf den Wortlaut des § 130 OWiG, der ausdrücklich auch die Verhinderung von Ordnungswidrigkeiten verlangt sowie auf die hohen Geldbußen, die gegenüber Unternehmen und ihren Inhabern bei bestimmten Pflichtverletzungen nach dem OWiG auferlegt werden können, bejaht.[1387] Gegen diese Ansicht spricht aber der eindeutige Wortlaut des § 32 Abs. 1 S. 2 BDSG, in dem Ordnungswidrigkeiten gerade nicht genannt werden.[1388] Der Gesetzgeber wollte daher Ordnungswidrigkeiten gerade nicht von § 32 Abs. 1 S. 2 BDSG erfasst wissen. Dies verdeutlicht auch der Klarstellungsbedarf, den die Bundesregierung mit dem in der 17. Legislaturperiode von ihr eingebrachten *„Entwurf eines Gesetzes zur Regelung des Beschäftigtendatenschutzes“* hatte: Nach dem Entwurf durfte der Arbeitgeber zur Aufdeckung von Straftaten Daten der Beschäftigten im Beschäftigungsverhältnis verarbeiten und nutzen. In der Begründung wird in diesem Zusammenhang explizit erwähnt, dass hierunter auch die Begehung einer Ordnungswidrigkeit fallen kann.[1389] Eine derartige Begründung der Bundesregierung fehlt gerade im gegenwärtigen Gesetz bzw. dessen Entwurf, so dass im Wege eines Umkehrschlusses aus dieser Begründung folgt, dass von § 32 Abs. 1 S. 2 BDSG gerade keine Ordnungswidrigkeiten umfasst werden.

Des Weiteren muss nach § 32 Abs. 1 S. 2 BDSG die Erhebung, Verarbeitung und Nutzung der Daten zur Aufdeckung der Straftaten *erforderlich* sein und es dürfen *keine überwiegenden, schutzwürdigen Interessen des Beschäftigten entgegenstehen.*[1390] Speziell dürfen hierbei Art und Ausmaß der Erhebung, Verarbeitung und Nutzung der Daten im Hinblick auf die Art und Schwere der in Rede stehenden Straftat zum einen und der Intensität zum anderen nicht unverhältnismäßig sein.[1391] Es ist daher stets zu prüfen, ob die einzelnen Ermittlungsmaßnahmen zur Aufdeckung der Straftat geeignet, erforderlich und angemessen sind.

1387 So *Hugger/Simon* in: Wieland/Steinmeyer/Grüninger, S. 508. *Grimm* in: Tschöpe, S. 2747 ist der Ansicht, dass die Aufdeckung von Ordnungswidrigkeiten dem Anwendungsbereich von § 32 Abs. 1 S. 1 BDSG unterfällt.

1388 So auch Wybitul, Hdb. Datenschutz im Unternehmen, S. 111. Ähnlich *Seifert* in: Simitis, § 32, Rn. 103, der die Ansicht vertritt, dass der Anwendungsbereich des § 32 Abs. 1 S. 2 BDSG nur in engen Grenzen eröffnet ist.

1389 BT-Drucks. 17/4230, S. 18.

1390 BT-Drucks. 16/13657, S. 21.

1391 Wybitul, Hdb. Datenschutz im Unternehmen, S. 312.

Aufgrund dieser zahlreichen unbestimmten Rechtsbegriffe und dem verschärfenden Erfordernis eines konkreten Verdachts, stehen Unternehmen vor der schwierigen Aufgabe, geeignete Ermittlungsmethoden zu entwickeln.[1392] Die eigentliche Intention des Gesetzgebers mit der Novelle des Beschäftigtendatenschutzes vom 01.09.2009, den Umgang mit Mitarbeiterdaten verständlicher zu regeln, ist misslungen, da weiterhin viele Fragen offen sind.[1393]

c) Rechtpolitische Perspektiven

Aufgrund von anhaltender Kritik gegenüber der gegenwärtigen Regelung zum Beschäftigtendatenschutz – insbesondere wegen der Verwendung zahlreicher unbestimmter Rechtsbegriffe – wurde in der 17. Legislaturperiode über einen neuen Entwurf zum Beschäftigtendatenschutz debattiert, mit dem Ergebnis, dass die Bundesregierung dem Bundesrat am 05.11.2010 den *„Entwurf eines Gesetzes zur Regelung des Beschäftigtendatenschutzes"* zur Stellungnahme vorgelegt hat.[1394] Grund für die Novellierung war, „Beschäftigte an ihrem Arbeitsplatz vor Bespitzelungen zu schützen und den Arbeitgebern verlässliche Grundlagen für die Durchführung von Compliance-Anforderungen und für den Kampf gegen die Korruption an die Hand zu geben".[1395] Dabei sollte der bisher geltende § 32 BDSG in verschiedene Vorschriften (§§ 32a – 32l BDSG) aufgegliedert werden, die die Datenerhebung vor der Begründung des Beschäftigungsverhältnisses sowie im Beschäftigungsverhältnis regeln. Im Einzelnen regeln die Vorschriften:

- die Erhebung von Daten vor der Begründung eines Beschäftigungsverhältnisses etwa durch Internetrecherche oder ärztliche Untersuchungen,
- den automatisierten Datenabgleich von Beschäftigten zur Aufdeckung von schwerwiegenden Pflichtverletzungen
- die Beobachtung nicht öffentlich zugänglicher Betriebsstätten mit optisch-elektronischen Einrichtungen
- Ortungssysteme und biometrische Verfahren sowie
- die Nutzung von Telekommunikationsdiensten.[1396]

Der Entwurf fiel jedoch der erheblichen Kritik zum Opfer, weshalb die Bundesregierung am 26.02.2013 das Gesetzesvorhaben vorläufig unterbrach. Insbesondere wurde von Teilen der Sachverständigen im Rahmen der Sachverständigenanhörung als Hauptkritikpunkt bemängelt, dass mit dem

---

1392 So die Feststellung von Wybitul, BB 2009, S. 1582 (1584); Campos Nave/Baumbach, NWB 2010, S. 911.

1393 Wybitul, BB 2010, S. 1085.

1394 Vgl. BR-Drucks. 535/10; BT-Drucks. 17/4230.

1395 Vgl. BR-Drucks. 535/10, S. 1.

1396 BT-Drucks. 17/4230.

vorgelegten Regierungsentwurf die Forderung nach einem gesetzlich statuierten, detaillierten und interessengerechten Datenschutz am Arbeitsplatz nur ungenügend umgesetzt wurde. In diesem Kontext wurde vorgebracht, dass es dem Gesetzesentwurf an klaren Beschränkungen hinsichtlich der Datenverarbeitung von Beschäftigtendaten und dem Schutz des Persönlichkeitsrechts der Arbeitnehmer fehle, stattdessen sah der Entwurf das Interesse der Unternehmen an der Sicherstellung der Compliance-Anforderungen vorrangig gegenüber dem Datenschutz: So blieb der Entwurf hinter der Entscheidung des BAG zur Videoüberwachung aus dem Jahr 2008 zurück, indem er einerseits auf die hierzu vom BAG entwickelten Voraussetzungen einer nur situationsbedingten und zeitweiligen Überwachung verzichtet, andererseits die Handlungsmöglichkeiten des Arbeitgebers massiv erweiterte. Weiterhin wurde an dem Entwurf kritisiert, dass das Fragerecht des Arbeitgebers in der Bewerbungsphase und der Umgang mit ärztlichen Untersuchungen erheblich erweitert statt eingeschränkt wurden. Bisher umstrittene Ermittlungsmethoden wie der automatisierte Datenabgleich sowie die heimliche Datenerhebung und Datenverarbeitung zum Zwecke von repressiven und präventiven Maßnahmen wurden zum Nachteil des Arbeitnehmers gestattet. Zudem versäumte es der Gesetzgeber mit dem Entwurf die Datenverarbeitung im Falle der Gestattung bzw. Billigung der privaten Nutzung von Telekommunikationsdiensten gesetzlich zu regeln, obwohl es diesbezüglich eindeutige rechtswissenschaftliche und rechtspolitische Forderungen gab.[1397] Dies gilt sowohl für die Privatnutzung des E-Mail-Accounts als auch für Telefongespräche. Der Gesetzgeber deutete lediglich in der Gesetzesbegründung an, dass bei der Gestattung bzw. Billigung der Privatnutzung das Fernmeldegeheimnis gem. § 88 Telekommunikationsgesetz (TKG) Anwendung findet, da der Arbeitgeber als Dienstanbieter im Sinne des § 3 Nr. 6 TKG anzusehen sei.[1398] Wünschenswert wäre aber eine klare gesetzliche Regelung der Privatnutzung von Telekommunikationsdiensten.[1399] Schließlich wurde auf Regelungen zu Verfahren und Sanktionen (Verwertungsverbote, Schadensersatzansprüche, etc.) bei Datenschutzverstößen gänzlich verzichtet.

Insgesamt erschien es für die Kritiker, als würde der Entwurf Maßnahmen, die in den einzelnen vergangenen Datenschutzskandalen noch Thema waren, unter dem Deckmantel von Compliance und Korruptionsbekämpfung einen Freibrief erteilen, wohingegen Vorschläge zum verbesserten Schutz des

---

1397 So die zutreffende Feststellung von Kort, MMR 2011, S. 294; Heinson/Sörup/Wybitul, CR 2010, S. 751 (757).

1398 BT-Drucks. 17/4230, S. 43.

1399 Dies kritisieren Heinson/Sörup/Wybitul, CR 2010, S. 751 (757); Beckschulze/Natzel, BB 2010, S. 2368 (2374); *Grimm* in: Tschöpe, S. 2778.

Persönlichkeitsrechts des Beschäftigten nicht aufgegriffen wurden. Zu kritisieren ist auch das zu formale Verständnis des Gesetzgebers zur Regelung des Beschäftigtendatenschutzes. Anhand dieses Entwurfs wurde eindeutig sichtbar, dass der Gesetzgeber vornehmlich nur Praktiken gesetzlich regeln und legalisieren wollte, die Gegenstand der vergangenen Datenschutzskandale waren. Demgegenüber waren ihm die inhaltlichen Kriterien der Datenschutzvorschriften nicht von Bedeutung, wodurch Datenschutz „zur leeren Hülse" wird.

Gegenwärtig wird im aktuellen Koalitionsvertrag von CDU, CSU und SPD für die 18. Legislaturperiode („Deutschlands Zukunft gestalten") angekündigt den Beschäftigtendatenschutz gesetzlich zu regeln. Es bleibt also abzuwarten, inwieweit Regelungen und Kritik zum Gesetzesentwurf aus der 17. Legislaturperiode für einen neuen Gesetzesentwurf übernommen werden.

3. *Zur Zulässigkeit einzelner Ermittlungsmaßnahmen bei Verdacht von Compliance-Verstößen*

Bei der Kenntnisnahme von Compliance-Verstößen durch (unternehmensinterne) Hinweise stellt sich für eine Unternehmensleitung und einen Compliance-Beauftragten regelmäßig die Frage nach Mitteln und Grenzen der Ermittlungsmaßnahmen. Drängt sich der Verdacht einer Straftat oder Ordnungswidrigkeit auf, fokussieren sich die Ermittlungen vor allem auf die Kommunikationswege der betroffenen Arbeitnehmer[1400]: In Betracht kommen vor allem die Kontrolle von Arbeitsplätzen, die Durchsicht von Akten, Unterlagen und E-Mails sowie die Audio- bzw. audiovisuelle Überwachung. Aufgrund der unbestimmten Rechtsbegriffe, die der zuvor dargestellte § 32 BDSG beinhaltet, ist eine allgemeine Darstellung der Zulässigkeitskriterien der einzelnen Ermittlungsmaßnahmen nur schwer möglich. Vorliegend sollen daher vor allem datenschutzrechtliche und strafrechtliche Gesichtspunkte bei durchzuführenden internen Ermittlungsmaßnahmen analysiert werden. Denn unzulässige Ermittlungsmaßnahmen können weitreichende (prozess-)rechtliche bis hin zu strafrechtlichen Risiken für das Unternehmen und deren Leitung zur Folge haben.[1401]

1400 Behling, BB 2010, S. 892.

1401 Klengel/Mückenberger, CCZ 2009, S. 81; *Görling* in: Görling/Inderst/Bannenberger, S. 461; Mengel/Ullrich, NZA 2006, S. 240.

aa) Allgemeine Kontrollen am Arbeitsplatz

Ohne technische Hilfsmittel durchgeführte allgemeine Kontrollen am Arbeitsplatz der Mitarbeiter werden als zulässig angesehen.[1402] Im Rahmen dieser allgemeinen Kontrollen soll es dem Arbeitgeber zustehen, am Arbeitsplatz der Arbeitnehmer vorbeizuschauen, die (pünktliche) Anwesenheit sowie deren Leistung und Verhalten zu kontrollieren. Die Kontrollen können auch unangekündigt und ohne konkreten Anlass erfolgen.[1403] Gleichwohl hat der Arbeitgeber bei diesen allgemeinen Kontrollen stets den Grundsatz der Verhältnismäßigkeit zu wahren. Vor allem dürfen Kontrollen nicht zur Benachteiligung führen, indem sie sich grundlos nur auf bestimmte Arbeitnehmer oder Gruppen beschränken.[1404] Schließlich besteht nach ständiger Rechtsprechung des BAG bei allgemeinen Kontrollen ohne technische Hilfsmittel kein Mitbestimmungsrecht des Betriebsrats nach § 87 Abs. 1 BetrVG.[1405]

bb) Kontrolle und Auswertung von Akten und Unterlagen

(1) Datenschutzrechtliche Grundlagen

Der Arbeitgeber darf dienstliche Akten und Unterlagen in Papierform des betroffenen Arbeitnehmers einsehen und herausverlangen, da es sich um dienstliche Dokumente handelt und der Arbeitnehmer diesbezüglich lediglich Besitzdiener ist. § 32 BDSG findet in diesem Zusammenhang keine Anwendung, da es sich bei den dienstlichen Akten und Unterlagen nicht um personenbezogene Daten im Sinne von § 3 Abs. 1 BDSG handelt.[1406]

Ein uneingeschränktes Zugriffsrecht des Arbeitgebers besteht auch hinsichtlich Akten und Unterlagen in elektronischer Form.[1407] Denn die materielle Form der Unterlagen hat keine Auswirkung darauf, dass es sich weiterhin um dienstliche Dokumente handelt.[1408] Allerdings sind in diesem Fall – sofern personenbezogene Daten Inhalt *elektronischer* dienstlicher Dateien sind – die Voraussetzungen des § 32 BDSG zu beachten, da elektronische Akten und

---

1402 Lelley, S. 156; *Maschmann* in: Hdb. Korruptionsprävention, S. 126; Klengel/Mückenberger, CCZ 2009, S. 81 (85).

1403 Zum Vorstehenden: *Maschmann* in: Hdb. Korruptionsprävention, S. 126.

1404 Vgl. § 241 Abs. 2 BGB und § 75 Abs. 1 BetrVG.

1405 BAG NZA 1994, 313; NZA 1997, 785.

1406 Zum Vorstehenden: Mengel/Ullrich, NZA 2006, S. 240 (241); *Görling* in: Görling/Inderst/Bannenberg, S. 463.

1407 Klengel/Mückenberger, CCZ 2009, S. 81 (85); Mengel/Ullrich, NZA 2006, S. 240 (241).

1408 Mengel/Ullrich, NZA 2006, S. 240 (241); *Görling* in: Görling/Inderst/Bannenberg, S. 464.

Unterlagen im Gegensatz zu Akten in Papierform mittels Datenverarbeitungssystemen ausgewertet werden können.[1409]

Demgegenüber bestehen für den Arbeitgeber grundsätzlich keine Zugriffsrechte, sofern der Arbeitnehmer private Akten und Unterlagen am Arbeitsplatz führt. Der Arbeitgeber hat die aus dem allgemeinen Persönlichkeitsrecht abzuleitenden Rechte des Arbeitnehmers auf Schutz seiner Privatsphäre und der informationellen Selbstbestimmung sowie das Briefgeheimnis zu berücksichtigen. Ausnahmsweise kann eine Kontrolle der privaten Akten und Unterlagen des betroffenen Arbeitnehmers aber zulässig sein, wenn der konkrete Verdacht einer schweren Pflichtverletzung besteht.[1410]

Ähnliches gilt für die Einsichtnahme in Personalakten: Diese beinhalten teilweise sensible personenbezogene Daten, die vom Arbeitgeber vertraulich behandelt werden müssen.[1411] Bedarf es zur Aufklärung von Straftaten des Zugriffs auf und der Einsichtnahme in Personalakten müssen die erwähnten Voraussetzungen des § 32 Abs. 1 S. 2 BDSG vorliegen – vor allem sind die Interessen des Arbeitnehmers gegen jene des Arbeitgebers abzuwägen. Geht es um die Aufklärung von Straftaten wird allerdings in der Regel das Aufklärungsinteresse des Arbeitgebers gegenüber dem Persönlichkeitsrecht des Arbeitnehmers überwiegen.[1412]

(2) Strafbarkeitsrisiken

Der Arbeitgeber erhält zahlreiche Informationen über seine Beschäftigten. Das macht ihn zum Dreh- und Angelpunkt bei intern und extern durchgeführten Ermittlungen. Gleichzeitig steht er aber auch in der Pflicht, die Daten seiner Beschäftigten zu schützen. Die jüngsten Datenschutzskandale zeigen allerdings, dass Arbeitgeber häufig ihre Stellung nutzten, um die bei ihnen angesammelten Daten zu eigenen unsachgemäßen Kontrollen zu missbrauchen, was strafrechtliche Folgen zur Konsequenz hatte.

Im Falle einer unsachgemäßen Kontrolle von Akten und Unterlagen kommt etwa eine Strafbarkeit nach § 202 StGB in Betracht: Denn öffnet oder verschafft sich der Arbeitgeber unter Anwendung technischer Hilfsmittel unbefugt Kenntnis von Schriftstücken des Arbeitnehmers wie etwa Briefe, Notizen oder Abrechnungen, verletzt er das Briefgeheimnis, was in § 202 StGB unter Strafe gestellt wird. Geschütztes Rechtsgut von § 202 StGB ist allerdings nur die Privatpost der Arbeitnehmer, nicht hingegen die Dienstpost.[1413]

1409 Mengel/Ullrich, NZA 2006, S. 240 (241).

1410 Zum Vorstehenden: Mengel/Ullrich, NZA 2006, S. 240 (241).

1411 *Görling* in: Görling/Inderst/Bannenberg, S. 463.

1412 *Görling* in: Görling/Inderst/Bannenberg, S. 464; Mengel/Ullrich, NZA 2006, S. 240 (242).

1413 Fischer, § 202, Rn. 2; *Maschmann* in: Hdb. Korruptionsprävention, S. 130.

Entnimmt der Arbeitgeber Akten oder Unterlagen des Arbeitnehmers aus einer verschlossenen Schreibtischschublade, einer verschlossenen Aktentasche oder einem sonstigen verschlossenen Behältnis, erfüllt dies den Tatbestand des § 202 Abs. 2 StGB.[1414]

Im Falle eines unbefugten Zugriffs auf Daten der Arbeitnehmer droht auch eine Strafbarkeit nach § 206 StGB. Bei der Vorschrift ist der Begriff des Unternehmens weit auszulegen und ist nicht nur auf Post- und Telekommunikationsunternehmen beschränkt.[1415] Er umfasst „jede Betätigung im geschäftlichen Verkehr, die nicht ausschließlich hoheitlich erfolgt oder auf eine private Tätigkeit beschränkt ist“[1416]. Maßgeblich ist, dass das Unternehmen geschäftsmäßig und nachhaltig handelt. Angelehnt an § 3 Nr. 10 TKG ist geschäftsmäßiges Erbringen ein „nachhaltiges Betreiben (der Beförderung von Postsendungen) oder Anbieten (von Telekommunikation) gegenüber Dritten mit oder ohne Gewinnerzielungsabsicht“[1417]. Das geschäftsmäßige Erbringen muss demnach nachhaltig erfolgen, das heißt auf eine gewisse Dauer angelegt sein.[1418] Als Tathandlung verlangt die Vorschrift ein unbefugtes Handeln des Täters, was der Fall ist, wenn der Betroffene nicht eingewilligt hat oder kein anderer Rechtfertigungsgrund gegeben ist.[1419] Eine Einwilligung ist jedoch nur dann wirksam, wenn es von allen an dem Telekommunikationsvorgang beteiligten Personen erteilt wird.[1420]

cc) Kontrolle und Auswertung von E-Mails

(1) Datenschutzrechtliche Grundlagen

In Anbetracht dessen in der modernen Geschäftswelt die Kommunikation überwiegend per E-Mail erfolgt, ist die Kontrolle und Auswertung von E-Mails in elektronischer Form bei unternehmensinternen Untersuchungen eine wichtige Informationsquelle hinsichtlich der Aufklärung möglicher Compliance-Verstöße. Sind die Voraussetzungen des § 32 Abs. 1 S. 2 BDSG grundsätzlich gegeben, stellt sich die Frage, ob es dem Arbeitgeber nur gestattet ist, die E-Mail-Verbindungs- und Nutzungsdaten (Datum, Uhrzeit, Datenvolumen und

---

1414 Fischer, § 202, Rn. 6.

1415 *Altenhain* in: MüKo-StGB, § 206, Rn. 11.

1416 OLG Karlsruhe, CR 2005, S. 288.

1417 *Altenhain* in: MüKo-StGB, § 206, Rn. 15.

1418 Dann/Gastell, NJW 2008, S. 2945 (2946).

1419 *Altenhain* in: MüKo-StGB, § 206, Rn. 56 ff. Zur Frage, ob allgemeine Rechtfertigungsgründe eingreifen siehe Dann/Gastell, NJW 2008, S. 2945 (2946); Fischer, § 206, Rn. 9.

1420 OLG Karlsruhe, CR 2005, S. 288.

Sendeadressen) oder auch die E-Mail-Inhalte einzusehen.[1421] Entscheidend ist hierbei, ob die Privatnutzung des betrieblichen E-Mail-Verkehrs erlaubt bzw. geduldet war oder nicht.[1422]

Erlaubt der Arbeitgeber ausschließlich die dienstliche Nutzung des betrieblichen E-Mail-Verkehrs, sind für den Zugriff auf dienstliche E-Mails die Maßstäbe zur Kontrolle elektronischer Akten anzuwenden[1423]: Danach hat der Arbeitgeber unstrittig das Recht, auf die Verbindungs- und Nutzungsdaten der dienstlichen E-Mails zuzugreifen.[1424] Zudem soll das Zugriffsrecht nach überwiegender Ansicht dem Arbeitgeber auch die Inhaltskontrolle von dienstlichen E-Mails gestatten.[1425] *Klengel/Mückenberger* führen in diesem Zusammenhang richtig aus, dass dienstliche „E-Mails Teil der Arbeitsleistung sind und als Äußerung des Unternehmens gelten bzw. an dieses adressiert sind und als Teil der Unternehmenskommunikation dem Unternehmen zustehen"[1426]. Zudem steht nach der überwiegenden Meinung eine dienstliche E-Mail angesichts der Schriftlichkeit dem Geschäftsbrief näher als dem gesprochenen Wort.[1427] Zudem wird die E-Mail rechtlich als Handelsbrief im Sinne des § 257 HGB erachtet.[1428] Würde man dem Arbeitgeber kein entsprechendes Zugriffsrecht gewähren, wäre er in seinem Kontrollrecht stark eingeschränkt, wenn die Geschäftskommunikation überwiegend oder sogar ausschließlich per E-Mail erledigt wird.[1429]

Die Zugriffs- und Auswertungsrechte richten sich nach dem erörterten § 32 BDSG[1430]: So muss die Kontrolle vor allem erforderlich und angemessen sein.

1421 *Görling* in: Görling/Inderst/Bannenberg, S. 464; Oberwetter, NZA 2008, S. 609 (611).

1422 *Seifert* in: Simitis, § 32, Rn. 90; Klengel/Mückenberger, CCZ 2009, S. 81 (83); *Görling* in: Görling/Inderst/Bannenberg, S. 464. Das Verbot muss nicht ausdrücklich durch den Arbeitgeber erklärt werden; ausreichend ist, wenn er es nicht ausdrücklich gestattet bzw. gebilligt hat, vgl. Dann/Gastell, NJW 2008, S. 2945 (2947).

1423 Dann/Zülch, ZRFC 2011, S. 267; Mengel/Ullrich, NZA 2006, S. 240 (242).

1424 Dann/Gastell, NJW 2008, S. 2945 (2947); Oberwetter, NZA 2008, S. 609 (611); Klengel/Mückenberger, CCZ 2009, S. 81 (83); Mengel/Ullrich, NZA 2006, S. 240 (242).

1425 *Seifert* in: Simitis, § 32, Rn. 91; Klengel/Mückenberger, CCZ 2009, S. 81 (83); *Görling* in: Görling/Inderst/Bannenberg, S. 465.

1426 Klengel/Mückenberger, CCZ 2009, S. 81 (83). So auch Oberwetter, NZA 2008, S. 609 (611).

1427 Dann/Gastell, NJW 2008, S. 2945 (2947). Zur gegenteiligen Ansicht: Balke/Müller, DB 1997, S. 326; Raffler/Hellich, NZA 1997, S. 863.

1428 Klengel/Mückenberger, CCZ 2009, S. 81 (83); Oberwetter, NZA 2008, S. 609 (611).

1429 Lelley, S. 165; *Gola/Klug/Körffer* in: Gola/Schomerus, § 32, Rn. 39.

1430 Wybitul, Hdb. Datenschutz im Unternehmen, S. 105.

Regelmäßig wird zu Gunsten des Arbeitgebers ein berechtigtes Aufklärungsinteresse zur Feststellung angenommen, ob der betreffende Arbeitnehmer den E-Mail-Account auch tatsächlich nur dienstlich nutzt.[1431]

Erlaubt bzw. billigt der Arbeitgeber demgegenüber auch die private Nutzung des betrieblichen E-Mail-Verkehrs, gelten nach überwiegender Ansicht für den Arbeitgeber die speziellen Vorschriften des Telekommunikationsgesetzes.[1432] Denn in diesem Fall tritt der Arbeitgeber gegenüber den Arbeitnehmern – mit oder ohne Wissen – als Anbieter für Telekommunikationsdienstleistungen gemäß § 3 Nr. 6, Nr. 10 TKG auf.[1433] Dies hat zur Folge, dass der Arbeitgeber als Telekommunikationsanbieter das Fernmeldegeheimnis nach § 88 TKG zu berücksichtigen hat.[1434] § 88 Abs. 2 TKG schreibt eine sehr genaue Zweckbindung zur Einsichtnahme in Daten vor. Personenbezogene Daten dürfen danach nur nach den strengen Voraussetzungen des TKG erhoben werden.[1435] Vor diesem Hintergrund darf der Arbeitgeber grundsätzlich keine inhaltliche Kontrolle der E-Mails vornehmen.[1436] Ausnahmsweise kann der Arbeitgeber den E-Mail-Verkehr des betroffenen Arbeitnehmers kontrollieren, wenn ein konkret, auf tatsächlichen Anhaltspunkten beruhender Verdacht der Begehung einer schweren Straftat besteht und die Kontrolle zur Aufklärung des Sachverhalts erforderlich ist.[1437] Folglich lassen sich unternehmensinterne Untersuchungen dementsprechend nicht generell, sondern nur im Einzelfall rechtfertigen.

Dennoch verbleiben trotz konkretem Verdacht Strafbarkeitsrisiken bei einer unzulässigen Kontrolle.[1438] In der Unternehmenspraxis muss sich der Arbeitgeber stets mit der schwierigen Situation befassen, die dienstliche von der privaten Nutzung abzugrenzen sowie dienstliche und private E-Mails zu erkennen. Um dieses Problem von vornherein zu vermeiden, empfehlen *Hugger/Simon*, den Arbeitnehmern die private Nutzung von E-Mail-Accounts vollständig nicht zu gestatten bzw. zu billigen. Dieses Verbot sollte durch den Arbeitgeber auch ausdrücklich kommuniziert und dokumentiert werden.[1439]

1431 *Seifert* in: Simitis, § 32, Rn. 91; Oberwetter, NZA 2008, S. 609 (610).

1432 Lelley, S. 162, 165.

1433 So *Maschmann* in: Hdb. Korruptionsprävention, S. 132; Behling, BB 2010, S. 892 (893). A.A. Wybitul, Hdb. Datenschutz im Unternehmen, S. 107 f.

1434 *Maschmann* in: Hdb. Korruptionsprävention, S. 132.

1435 *Görling* in: Görling/Inderst/Bannenberg, S. 465.

1436 Mengel/Ullrich, NZA 2006, S. 240 (242); Oberwetter, NZA 2008, S. 609 (611); Klengel/Mückenberger, CCZ 2009, S. 81 (84); *Seifert* in: Simitis, § 32, Rn. 91.

1437 *Hugger/Simon* in: Wieland/Steinmeyer/Grüninger, S. 518; *Görling* in: Görling/Inderst/Bannenberg, S. 465; Mengel/Ullrich, NZA 2006, S. 240 (242).

1438 Klengel/Mückenberger, CCZ 2009, S. 81 (84).

1439 So *Hugger/Simon* in: Wieland/Steinmeyer/Grüninger, S. 519.

(2) Strafbarkeitsrisiken

Auch bei der Kontrolle und Auswertung von E-Mails bestehen Strafbarkeitsrisiken, wenn der Arbeitgeber seine Zugriffsrechte auf E-Mail-Accounts der Arbeitnehmer missbraucht – so etwa nach § 206 StGB. Denn erlaubt bzw. billigt der Arbeitgeber auch die private Nutzung des betrieblichen E-Mail-Verkehrs, gelten für den Arbeitgeber die Vorschriften des TKG und damit auch die Regelung des § 206 StGB.[1440] Entscheidend für die Anwendung von § 206 StGB ist in diesem Zusammenhang, dass sich das Betreiben oder Anbieten von Post- und Telekommunikationsdiensten an Dritte richtet, was der Fall ist, wenn der Arbeitgeber den Arbeitnehmern die Privatnutzung erlaubt.[1441]

Hat der Arbeitgeber hingegen die Privatnutzung des E-Mail-Accounts verboten, finden die Vorschriften des TKG keine Anwendung, so dass bei unzulässigen Kontrollen des Arbeitgebers eine Strafbarkeit zumindest nach § 206 StGB nicht in Betracht kommt.[1442] Da in diesem Fall aber die Vorschriften des BDSG gelten, kann eine unbefugte Datenverarbeitung nach den §§ 44 Abs. 1, 43 Abs. 2 BDSG strafbewehrt sein.[1443]

Doch unabhängig von einer erlaubten Privatnutzung kommt bei einer unzulässigen Kontrolle von E-Mail-Accounts der Mitarbeiter eine Strafbarkeit wegen Ausspähens von Daten nach § 202a StGB in Betracht. Denn hier kommt es auf die Tätereigenschaft als Telekommunikationsanbieter nicht an.[1444] Sicherungen im Sinne von § 202a StGB sind Passwörter oder andere Datenverschlüsselungen.[1445] Die Vorschrift des § 202a StGB ist allerdings nur anwendbar, wenn die Daten nicht für den Täter bestimmt sind. Entscheidend ist damit die Zweckbestimmung des Berechtigten über die in Frage stehenden Daten.[1446]

dd) Telefonüberwachung

(1) Datenschutzrechtliche Grundlagen

Um ein strafbares oder sonstiges pflichtverletzendes Verhalten der Mitarbeiter nachzuweisen, ist oftmals ein Abhören oder Mithören von betrieblichen Gesprächen erforderlich. Fraglich ist allerdings, wo die Grenzen bei diesen Ermittlungsmethoden liegen und welche Regeln durch den Arbeitgeber zu beachten sind: Bei der Telefonüberwachung – einschließlich der Überwachung von Mobiltelefonen – sind die Grundsätze zur Kontrolle und Auswertung von

---

1440 Lelley, S. 167.
1441 *Altenhain* in: MüKo-StGB, § 206, Rn. 17.
1442 Lelley, S. 167.
1443 Dann/Gastell, NJW 2008, S. 2945 (2946).
1444 Lelley, S. 167.
1445 Fischer, § 202a, Rn. 9a.
1446 Fischer, § 202a, Rn. 7f.; Dann/Gastell, NJW 2008, S. 2945 (2947).

E-Mails und Internetnutzung maßgeblich.[1447] Dementsprechend ist auch hier entscheidend, ob die Privatnutzung des betrieblichen Telefons vom Arbeitgeber erlaubt bzw. geduldet war oder nicht.[1448]

Erlaubt der Arbeitgeber ausschließlich die dienstliche Nutzung des betrieblichen Telefons, ist die Erfassung und Kontrolle von Verbindungsdaten (Datum, Uhrzeit und angefallene Gebühren) zulässig.[1449] Sofern der Arbeitgeber aber die private Nutzung des betrieblichen Telefons erlaubt oder duldet, gelten die bereits genannten verschärften Voraussetzungen des TKG.[1450] Das hat zur Folge, dass vollständige Verbindungsdaten grundsätzlich nicht erhoben werden dürfen. Davon ist auch hier ausnahmsweise abzusehen, wenn ein konkreter auf tatsächlichen Anhaltspunkten beruhender Verdacht einer schweren Straftat vorliegt.[1451]

Fraglich ist, ob Telefongespräche der Arbeitnehmer durch den Arbeitgeber auch inhaltlich kontrolliert werden dürfen. Hierbei ist zu unterscheiden zwischen dem *heimlichen* und *reinen Mithören*: Unabhängig von dem Umstand einer privaten oder dienstlichen Telefonnutzung, ist das heimliche Abhören[1452] aufgrund einer Verletzung des aus dem allgemeinen Persönlichkeitsrecht abzuleitenden Rechts am eigenen Wort unzulässig und hat ein arbeitsrechtliches Verwertungsverbot zur Folge.[1453] Demgegenüber ist das reine Mithören nur dann zulässig, wenn der Gesprächspartner davon Kenntnis hat; er also dieser Maßnahme zustimmte.[1454] Das heimliche Mithören verletzt in der Regel das allgemeine Persönlichkeitsrecht des Gesprächspartners, was ein zivil- und arbeitsrechtliches Verwertungsverbot zur Folge hat.[1455]

Führt der Arbeitgeber ein System zur Telefonüberwachung ein, handelt es sich um eine mitbestimmungspflichtige Maßnahme im Sinne des § 87 Abs. 1 Nr. 6 BetrVG.

1447 Lelley, S. 170; *Görling* in: Görling/Inderst/Bannenberg, S. 466.

1448 Lelley, S. 170.

1449 *Hugger/Simon* in: Wieland/Steinmeyer/Grüninger, S. 517; Klengel/Mückenberger, CCZ 2009, S. 81 (84); *Görling* in: Görling/Inderst/Bannenberg, S. 466; Oberwetter, NZA 2008, S. 609 (611).

1450 *Seifert* in: Simitis, § 32, Rn. 88.

1451 Dann/Gastell, NJW 2008, S. 2945 (2948).

1452 Beim Abhören hat keiner der Gesprächspartner Kenntnis davon, dass ein Dritter zuhört, vgl. *Maschmann* in: Hdb. Korruptionsprävention, S. 129.

1453 So Klengel/Mückenberger, CCZ 2009, S. 81 (84); *Seifert* in: Simitis, § 32, Rn. 88; *Görling* in: Görling/Inderst/Bannenberger, S. 466.

1454 *Maschmann* in: Hdb. Korruptionsprävention, S. 129; *Hugger/Simon* in: Wieland/Steinmeyer/Grüninger, S. 517 f.; Dann/Gastell, NJW 2008, S. 2945 (2948).

1455 So Klengel/Mückenberger, CCZ 2009, S. 81 (84); Oberwetter, NZA 2008, S. 609 (611).

(2) Strafbarkeitsrisiken

Bei der Kontrolle der Telefonate bestehen ebenfalls Strafbarkeitsrisiken. Auch hier steht einer unzulässigen Kontrolle des Arbeitgebers die Vorschrift des § 206 StGB entgegen, so dass die vorigen Ausführungen zur Kontrolle und Auswertung von E-Mails entsprechend gelten.[1456]

Möchte der Arbeitgeber eine Straftat oder Ordnungswidrigkeit aufdecken, indem er „das nichtöffentlich gesprochene Wort eines anderen auf Tonträger aufnimmt oder eine so hergestellte Aufnahme gebraucht oder einem Dritten zugänglich macht", hat er die Vorschrift des § 201 StGB zu beachten. Geschütztes Rechtsgut des § 201 StGB ist das nichtöffentlich gesprochene Wort eines anderen.[1457] Nicht öffentlich ist das Wort, „wenn es nach dem Willen des Sprechers nicht für einen größeren, nach Zahl und Individualität unbestimmten oder nicht durch persönliche oder sachliche Beziehungen miteinander verbundenen Personenkreis bestimmt oder unmittelbar verstehbar ist"[1458]. Gleichwohl kann das gesprochene Wort an öffentlich zugänglichen Arbeitsplätzen vom Tatbestand des § 201 StGB erfasst sein.[1459] Gleichbedeutend wie bei § 206 StGB setzt § 201 StGB als Tathandlung ebenfalls ein unbefugtes Handeln des Täters voraus.[1460]

ee) Videoüberwachung

(1) Datenschutzrechtliche Grundlagen

Eine Videoüberwachung ermöglicht eine dauerhafte und gezielte Überwachung der Mitarbeiter. Sie setzt Mitarbeiter einem ständigen Überwachungsausdruck aus und schränkt sie aus dem aus dem allgemeinen Persönlichkeitsrecht abgeleiteten Recht am eigenen Bild erheblich ein.[1461] Aufgrund dieser Eingriffsintensität sind die Anforderungen hinsichtlich der Zulässigkeit hoch und das allgemeine Persönlichkeitsrecht der Mitarbeiter besonders schützenswert.[1462]

In diesem Kontext ist zwischen der Zulässigkeit der Videoüberwachung in *öffentlich zugänglichen* und *nicht öffentlich zugänglichen Räumen* zu differenzieren.

1456 Lelley, S. 170; Dann/Gastell, NJW 2008, S. 2945 (2947).

1457 *Kühl* in: Lackner/Kühl, § 201, Rn. 2; *Kargl* in: NK-StGB, § 201, Rn. 5.

1458 So *Kargl* in: NK-StGB, § 201, Rn. 8.

1459 Dann/Gastell, NJW 2008, S. 2945 (2947).

1460 *Kargl* in: NK-StGB, § 201, Rn. 22.

1461 BAG BB 2008, 2743; NZA 2004, 1278; Klengel/Mückenberger, CCZ 2009, S. 81 (85); Oberwetter, NZA 2008, S. 609 (610).

1462 BAG NZA 1988, 92; NZA 2003, 1193; *Maschmann* in: Hdb. Korruptionsprävention, S. 127.

Durch das Gesetz zur Änderung des Bundesdatenschutzgesetzes und anderer Gesetze vom 18.05.2001[1463] wurde Videoüberwachungen von Arbeitnehmern ausdrücklich in § 6b BDSG normiert und dieser Ermittlungsmaßnahme somit Grenzen gesetzt. Diese Regelung gilt allerdings nur für *öffentlich zugängliche Räume* (etwa Verkaufsräume, Bankfilialen oder Bahnsteige).[1464] „Öffentlich zugänglich ist ein Bereich nur dann, wenn der Raum entweder dem öffentlichen Verkehr gewidmet ist oder nach dem erkennbaren Willen des Berechtigten von jedermann genutzt oder betreten werden kann“[1465]. Zugleich können sich nur diejenigen Arbeitnehmer auf die Vorschrift des § 6 b BDSG stützen, deren öffentlich zugänglicher Arbeitsplatz Gegenstand der Überwachung ist.[1466]

Die Videoüberwachung ist nur zulässig, wenn einer der in § 6b Abs. 1 BDSG enumerativ aufgezählten Zwecke vorliegt, wobei zentrales Kriterium die Erforderlichkeit der Videoüberwachung ist. Das heißt, sie muss geeignet und zugleich mildestes Mittel sein, um den festgelegten Zweck zu erreichen. Ferner muss das Aufklärungsinteresse des Arbeitgebers das allgemeine Persönlichkeitsrecht des Arbeitnehmers eindeutig überwiegen, um einen Eingriff in das Persönlichkeitsrecht zu rechtfertigen.[1467] Dabei hat der Arbeitgeber speziell die aus dem allgemeinen Persönlichkeitsrecht abgeleiteten Rechte des Arbeitnehmers am gesprochenen Wort, am eigenen Bild und auf informationelle Selbstbestimmung zu beachten.[1468] Ein solches überwiegendes Interesse ist aber nicht schon dann gegeben, wenn der Arbeitgeber lediglich die Leistung von Mitarbeitern kontrollieren möchte.[1469] Allerdings kann die Aufklärung einer gegen das Unternehmen gerichteten Straftat oder der diesbezügliche Verdacht eine Videoüberwachung des verdächtigten Mitarbeiters rechtfertigen. Schließlich muss ein konkreter, auf tatsächlichen Anhaltspunkten beruhender personenunabhängiger Verdacht bestehen.[1470] Eine abstrakte Gefahr genügt nicht, insoweit sind die Anforderungen des § 32 Abs. 1 S. 2 BDSG für die Vorschrift maßgeblich.[1471]

1463 BGBl. I 1994, S. 904 ff.; BT-Drucks. 14/4329, S. 10.

1464 BT-Drucks. 14/4329, S. 38; Dann/Gastell, NJW 2008, S. 2945 (2948). Die Regelung des § 32 BDSG ist dazu lex generalis, *Seifert* in: Simitis, § 32, Rn. 79.

1465 So Oberwetter, NZA 2008, S. 609 (610).

1466 Oberwetter, NZA 2008, S. 609 (610).

1467 Oberwetter, NZA 2008, S. 609 (610); *Maschmann* in: Hdb. Korruptionsprävention, S. 127.

1468 BAG NZA 2004, 1278; BT-Drucks. 14/4329, S. 38.

1469 BAG NZA 2003, 1193; Dann/Gastell, NJW 2008, S. 2945 (2948).

1470 Zum Vorstehenden: *Maschmann* in: Hdb. Korruptionsprävention, S. 127.

1471 So *Seifert* in: Simitis, § 32, Rn. 79.

Eine Videoüberwachung in einem *nicht öffentlich zugänglichen Raum* kann demgegenüber nicht auf § 6b BDSG gestützt werden.[1472] Auch eine analoge Anwendung hat der Gesetzgeber nicht gestattet. Mangels gesetzlicher Regelung ist daher die bisherige Rechtssprechungspraxis maßgeblich[1473]: Eine heimliche Videoüberwachung eines Arbeitnehmers stellt grundsätzlich einen Eingriff in das allgemeine Persönlichkeitsrecht des betroffenen Arbeitnehmers dar.[1474] Sie ist nach der Rechtsprechung des BAG aber dann zulässig, „wenn der konkrete Verdacht einer strafbaren Handlung oder einer anderen schweren Verfehlung zu Lasten des Arbeitgebers besteht, weniger einschneidende Mittel zur Aufklärung des Verdachts ausgeschöpft sind, die verdeckte Videoüberwachung praktisch das einzig verbleibende Mittel der Aufklärung darstellt und insgesamt nicht unverhältnismäßig ist“[1475]. Zudem ist der Einsatz einer Videoüberwachung nach § 87 Abs. 1 Nr. 6 BetrVG mitbestimmungspflichtig, andernfalls besteht ein arbeitsgerichtliches Beweisverwertungsverbot.[1476] Sind hingegen die genannten Voraussetzungen erfüllt, unterliegen die durch die Videoüberwachung gewonnenen Beweise keinerlei Beweisverwertungsverboten.[1477]

Mangels richtungsweisender Rechtsprechung ist bisher fraglich, ob eine Verwertung des Videomaterials auch dann zulässig ist, wenn die heimliche Videoüberwachung in öffentlich zugänglichen Räumen durchgeführt wird.[1478] § 6b Abs. 2 BDSG schreibt ausdrücklich vor, dass die Überwachung „durch geeignete Maßnahmen erkennbar zu machen“ ist.[1479] Eine heimliche Videoüberwachung erscheint daher zumindest nach dem Wortlaut ausgeschlossen. Nach überwiegender Ansicht im Schrifttum dürfen die Beweismittel gleichwohl verwertet werden, wenn die genannten Kriterien für eine heimliche Videoüberwachung vorliegen.[1480]

Insgesamt zeigt sich aber, dass die Voraussetzungen für eine zulässige Videoüberwachung sehr hoch und nur auf einen bestimmten Compliance-Verstoß zu beschränken sind.

1472 So BAG NZA 2004, 1278; Dann/Gastell, NJW 2008, S. 2945 (2948). „Nicht öffentlich zugänglich sind Räume, die nur von einem bestimmten Personenkreis betreten werden dürfen“, BAG RDV 2005, 216; *Grimm* in: Tschöpe, S. 2771.

1473 Zum Vorstehenden: Dann/Gastell, NJW 2008, S. 2945 (2948).

1474 BAG NZA 2003, 1193.

1475 So BAG NZA 2003, 1193; NZA 2004, 1278.

1476 BAG NZA 2003, 1193; so Klengel/Mückenberger, CCZ 2009, S. 81 (85).

1477 BAG NZA 2004, 1278.

1478 Oberwetter, NZA 2008, S. 609 (610).

1479 Der Gesetzesentwurf spricht von „sichtbaren Hinweisschildern“, BT-Drucks. 14/4329, S. 38.

1480 Oberwetter, NZA 2008, S. 609 (610); *Görling* in: Görling/Inderst/Bannenberg, S. 466.

(2) Strafbarkeitsrisiken

Die heimliche Videoüberwachung der Arbeitnehmer wird als ein effektives Mittel angesehen, um verdächtige Arbeitnehmer zu überführen. Allerdings ist von dieser Methode zurückhaltend Gebrauch zu machen: So sind nach § 201a StGB Bildaufnahmen, die den höchstpersönlichen Lebensbereich von Arbeitnehmern zeigen, mit Strafe sanktioniert. Nicht erfasst von § 201a StGB sind allerdings Dienst- und Geschäftsräume, „die zumindest einer (beschränkten) Öffentlichkeit zugänglich sind".[1481] Die zweite Tatbestandshandlung (Übertragung der Bildaufnahmen) ist die bedeutsamere, weil sie die Überwachung der Arbeitnehmer durch Webcams oder Spycams umfasst, bei denen es nicht zu einer dauerhaften Speicherung der aufgenommenen Bilder kommt.[1482]

4. Überwachung mittels eines Hinweisgeber-Systems (sog. „Whistleblowing-System")

Eine in Wissenschaft und Praxis vorgeschlagene und erprobte Compliance-Maßnahme, die im Rahmen der Überwachungspflicht im Sinne des § 130 OWiG nicht explizit genannt wird und im Kontext dieser Vorschrift bisher nicht ausdrücklich thematisiert wurde, ist ein *unternehmensweites Meldesystem.*[1483] Ein derartiges Meldesystem ist ausgerichtet, das Wissen der Mitarbeiter dahingehend zu verwenden, um Fehlverhalten und Missstände im Unternehmen frühzeitig zu erkennen und anschließend aufzuklären, da es oftmals die Mitarbeiter sind, die einen besseren Überblick von Gesetzeswidrigkeiten oder Fehlverhalten im Unternehmen haben.[1484] Ohne deren Informationsweitergabe würde Fehlverhalten im Unternehmen häufig fortgesetzt werden und das Unternehmen weiteren Schaden davontragen sowie an Wettbewerbsfähigkeit und Reputation verlieren.[1485]

a) Begriff und Bedeutung von Whistleblowing

Ebenso wie der Begriff „Compliance" entstammt auch der Begriff „*Whistleblowing*" der angloamerikanischen Rechts- und Wirtschaftsterminologie.[1486] Er leitet sich vom englischen Ausdruck „*to blow a whistle on sb./sth.*" ab,

---

1481 *Kargl* in: NK-StGB, § 201a, Rn. 2.

1482 *Kühl* in: Lackner/Kühl, § 201a, Rn. 5.

1483 So auch Rau, S. 45; *Rieder/Falge* in: Görling/Inderst/Bannenberg, S. 27; Liese, BB 2008, S. 17 (22).

1484 *Inderst* in: Görling/Inderst/Bannenberg, S. 110.

1485 Eine Studie ergab, dass wirtschaftskriminelle Handlungen zu 40 % durch interne und zu 25 % durch externe Hinweise aufgedeckt wurden, PWC, 2009, S. 51.

1486 *de Boer* in: Görling/Inderst/Bannenberg, S. 696; Fahrig, NZA-Online 2011, S. 1.

was negativ besetzt mit „verpfeifen“ oder „jemanden auffliegen lassen“[1487], richtigerweise aber mit „Meldung eines rechtswidrigen Zustands“[1488] oder mit „grundrechtlich geschützten Informieren über Regelverstöße“[1489] ins Deutsche übersetzt wird.[1490] Der Begriff wurde aber überwiegend ohne Übersetzung in die deutsche Rechtssprache übertragen.[1491] Teilweise werden „*Whistleblower*“ in Deutschland auch als Hinweisgeber oder Informanten des Unternehmens und Whistleblowing-Systeme als Hinweisgeber- oder Meldesysteme bezeichnet (im Folgenden daher Hinweisgeber genannt).[1492] Die überwiegende deutsche und US-amerikanische Wissenschaft versteht unter Whistleblowing ein Verhalten, bei dem Mitarbeiter eines Unternehmens[1493] mittels eines speziellen Berichtsweges anonym oder namentlich Informationen an speziell hierfür eingerichtete interne oder externe Stellen über tatsächliche oder vermeintliche Verletzungen von gesetzlichen und unternehmensinternen Vorschriften durch andere Mitarbeiter weiterleiten.[1494]

b) Anzeigepflicht der Arbeitnehmer zur Meldung von Rechtverletzungen?

Whistleblowing wäre aus Sicht der Unternehmensleitung umso effektiver, wenn sie alle Mitarbeiter des Unternehmens mittels in den Unternehmensrichtlinien geregelter sog. *Whistleblower-Klauseln* zur Anzeige von Rechtsverletzungen verpflichten könnte.[1495] So gibt es bereits zahlreiche Unternehmen, die ihre Unternehmensrichtlinien und ihr Whistleblowing System derart verknüpfen, indem sie die Mitarbeiter zur Anzeige von Fehlverhalten verpflichten. Es stellt sich aber die Frage, ob Mitarbeiter dazu verpflichtet werden

---

1487 Siehe etwa Fahrig, NZA-Online 2011, S. 1; Schuster/Darsow, NZA 2005, S. 273 (276); Lebherz, S. 285; *de Boer* in: Görling/Inderst/Bannenberg, S. 696.

1488 *Maschmann* in: Hdb. Korruptionsprävention, S. 139.

1489 Wybitul, ZD-Aktuell 2012, 02794.

1490 Sänger, Whistleblowing, S. 23; Reufels/Deviard, CCZ 2009, S. 201; *Maschmann* in: Hdb. Korruptionsprävention, S. 139.

1491 Zur Historie des Begriffs: Sänger, Whistleblowing, S. 27 ff.; Groneberg, Whistleblowing, S. 75 ff.; Rau, S. 42 f.

1492 Rau, S. 41; Bürkle, DB 2004, S. 2158; Fahrig, NZA-Online 2011, S. 1.

1493 Hinweisgeber können aber auch Lieferanten oder Kunden sei, die über bestimme Berichtswege an die geeigneten Stellen des Unternehmens Informationen weiterleiten können, vgl. Rau, S. 42.

1494 Mahnhold, NZA 2008, S. 737; Reufels/Deviard, CCZ 2009, S. 201; Bürkle, DB 2004, S. 2158; *Maschmann* in: Hdb. Korruptionsprävention, S. 139. Zur Definition von Whistleblowing in den USA: Cavico, 45 South Texas Law Review 2004, S. 543 (548); Quigley, 52 Santa Clara Law Review 2012, S. 255 (256). Berndt/Hoppler, BB 2005, S. 2623 (2624) sprechen nur dann von Whistleblowing, wenn die Informationen extern an Dritte weitergeleitet werden.

1495 Abgesehen von der bereits gesetzlich vorgesehenen Verpflichtung nach § 138 StGB.

können, das Whistleblowing-System bei Kenntnis von Missständen nutzen zu müssen. Nach der Rechtsprechung des BAG trifft einen Arbeitnehmer gegenüber seinem Arbeitgeber grundsätzlich eine arbeitsvertragliche Rücksichtnahmepflicht nach § 611 i.V.m. §§ 242, 241 Abs. 2 BGB.[1496] Hieraus folgert die Rechtsprechung und das Schrifttum die Pflicht für einen Arbeitnehmer, Informationen über Rechtsverletzungen an unternehmensinterne Systeme weiterzuleiten.[1497] Dies betrifft allerdings nur die Pflicht zur Anzeige von Fehlverhalten anderer Mitarbeiter, sofern das Fehlverhalten im Zusammenhang mit der Arbeitsleistung des Arbeitnehmers steht, eine Aufsichtspflicht gegenüber dem jeweiligen Mitarbeiter besteht oder es sich um eine schwerwiegende Straftat bzw. Pflichtverletzung handelt.[1498] Demgegenüber ist sich die Rechtsprechung und das Schrifttum dahingehend einig, dass einem Arbeitnehmer nicht die Verpflichtung auferlegt werden kann, eigene Rechtsverletzungen anzuzeigen.[1499] Dieser Ansicht ist zuzustimmen, da alles andere im Widersprich zum „nemo tenetur"-Grundsatz stehen würde.

c) Ausgestaltung von Whistleblowing-Systemen

Ähnlich wie beim Compliance-System gibt es auch beim Whistleblowing-System nicht das „One-fits-all"-Modell.[1500] Vielmehr müssen die Systeme entsprechend den unternehmensspezifischen Compliance-Risiken konzipiert werden. Grob differenzieren lässt sich die Informationsweitergabe durch den Mitarbeiter in solche an interne (1) und externe Stellen (2)[1501]:

(1) Vom *internen Whistleblowing* spricht man, wenn sich der Hinweisgeber mit einem Hinweis an eine speziell hierfür eingerichtete Stelle im Unternehmen oder eine vom Unternehmen mit der Erfassung und Entgegennahme von Hinweisen beauftragte externe Stelle wendet.[1502] Maßgeblich ist, dass sich die

---

1496 BAG NZA 2004, 427; NZA 2003, 483; Schuster/Darsow, NZA 2005, S. 273 (276).

1497 BAG DB 2004, 878; Schuster/Darsow, NZA 2005, S. 273 (276).

1498 BAG NZA 2004, 427; Mahnhold, NZA 2008, S. 737 (739); Mengel/Ullrich, NZA 2006, S. 240 (243).

1499 Vgl. BGH ZIP 1989, 528; Mengel, S. 67; Mengel/Ullrich, NZA 2006, S. 240 (243); Schuster/Darsow, NZA 2005, S. 273 (276); Mahnhold, NZA 2008, S. 737.

1500 So auch Mahnhold, NZA 2008, S. 737.

1501 Berndt/Hoppler, BB 2005, S. 2623 (2625); Reufels/Deviard, CCZ 2009, S. 201 (208).

1502 Schulz, BB 2011, S. 629 (630); *Maschmann* in: Hdb. Korruptionsprävention, S. 139. So auch die Definition in den USA: Dworkin, 105 Michigan Law Review 2007, S. 1757 f.; Callahan/Dworkin/Fort/Schipani, 40 American Business Law Journal 2002, S. 177 (189 f.); Moy/Neilan/Blostein/Kelley, 1756 Practising Law Institute and Corporate Law 2009, S. 573.

jeweilige Stelle im Unternehmen befindet bzw. vom Unternehmen beauftragt wurde. Als unternehmensinterne Stelle wird ein Compliance-Beauftragter wegen seiner Vertrauenswürdigkeit und Unabhängigkeit vorgeschlagen, der die Informationen auf unterschiedlichen Meldewegen entgegennehmen kann[1503] – sei es per Brief, Telefonhotline, Fax, E-Mail, Intranet, Internet oder als Ombudsmann.[1504] Vermehrt wird von Unternehmen ein internetbasiertes System kombiniert mit einem Ombudsmann verwendet.[1505] So kann der Ombudsmann persönlich, vertraulich und neutral beraten, während das internetbasierte System die Anonymität sicherstellt.[1506] Zur Effektivität eines Whistleblowing-Systems muss das System allen Mitarbeitern des Unternehmens offen stehen. Einzugrenzen ist das System dahingehend, dass Hinweise ausschließlich zu tatsächlich oder vermeintlich begangenen Straftaten, Ordnungswidrigkeiten und sonstigen schwerwiegenden Pflichtverletzungen möglich sind – nicht aber für Meldungen, die sich auf das bloße Arbeitsverhalten anderer Mitarbeiter beziehen.[1507] Andernfalls würde das Whistleblowing-System mit Informationen überlastet und gleichzeitig Mitarbeiter wegen verschiedenster „Kleinigkeiten“ diskreditiert werden, wodurch sich das Maß an Denunziantentum erheblich ausweiten würde.

In Bezug auf diese Problematik ist es umso fraglicher, ob ein Whistleblowing-System auch *anonyme Hinweise* zulassen oder gar fördern sollte.[1508] Mit dieser Frage ist die Hauptkritik an anonymen Whistleblowing-Systemen in Deutschland angesprochen: So steht in diesem Zusammenhang oftmals nicht die Zivilcourage des einzelnen Mitarbeiters, Missstände oder Fehlverhalten im Unternehmen zu melden, im Vordergrund, sondern die Förderung von

1503 So auch Bürkle, DB 2004, S. 2158 (2160 f.); Lebherz, S. 285.

1504 *Hugger/Simon* in: Wieland/Steinmeyer/Grüninger, S. 513; Rau, S. 47. Reufels/Deviard, CCZ 2009, S. 201 (208 f.) geben einen kleinen Überblick für welche Whistleblowing Systeme sich einige deutsche Großunternehmen entschieden haben.

1505 Es handelt sich hierbei um eine Web-Portalsoftware namens Business Keeper Monitoring System (BKMS). Zu den Vor- und Nachteilen eines internetbasierten Systems siehe *de Boer* in: Görling/Inderst/Bannenberg, S. 701. Auch die Telefonhotline (62 %) wird nach einer Studie von PWC häufig von den Unternehmen verwendet, PWC, 2010, S. 32. So auch das favorisierte Modell in den USA, vgl. dazu Callahan/Dworkin/Fort/Schipani, 40 American Business Law Journal 2002, Fn. 187; *Wardell/Minor* in: Kapplan/Murphy, § 14, S. 32 ff.

1506 *de Boer* in: Görling/Inderst/Bannenberg, S. 318.

1507 So zutreffend *de Boer* in: Görling/Inderst/Bannenberg, S. 699.

1508 Diese Frage aufwerfend Mahnhold, NZA 2008, S. 737 (739). Diese Diskussion wurde auch in den USA geführt, vgl. dazu Hamilton/Trautmann, 2005, S. 632 f.

Missbrauch und Denunziantentum.[1509] Insbesondere ist Kern der Bedenken, wenn der Hinweisgeber durch einen absichtlich falschen Hinweis aufgrund seiner Anonymität nicht zur Verantwortung gezogen werden kann.[1510] Denn die Ermittlung von Vorwürfen und Beweisen wird erheblich erschwert, da der Hinweisgeber nicht mehr befragt werden kann und demgegenüber für den Verdächtigten drastische Konsequenzen wie Verdachtskündigung oder Reputationsschäden drohen.[1511] Auch kann der Verdächtigte sich in einem Gerichtsverfahren nicht gegen die unrechtmäßigen Anschuldigungen zur Wehr setzen. Daher sehen Vertreter des Schrifttums bei der Gestattung eines anonymen Whistleblowings die Gefahr, den „unerkannten und verantwortungslosen Spitzel" zu normalisieren und dem Denunziantentum freien Raum zu lassen.[1512]

Demgegenüber honorieren Fraktionen wie *DIE LINKE* aber die Tätigkeit von Hinweisgebern, indem Vertreter der Fraktion im Rahmen eines im Bundestag gestellten Antrags[1513] zur Einschätzung kamen, dass Hinweisgeber „der Gesellschaft mit ihrem Engagement und ihrer Zivilcourage wichtige Dienste leisten, denn sie enthüllen unter anderem Korruption, Steuerhinterziehung oder Verstöße gegen Gesetze und internationale Abkommen"[1514].

1509 Auf diese Gefahr hinweisend, ohne jedoch diese Kritik zu teilen: Rau, S. 46; Lebherz, S. 287. Zu verfassungsrechtlichen Fragen des Whistleblowings: Schlieker, S. 111 ff.

1510 Reufels/Deviard, CCZ 2009, S. 201 (204).

1511 Mahnhold, NZA 2008, S. 737 (740); Rau, S. 56; Schürrle/Fleck, CCZ 2011, S. 218 (220).

1512 Auf diese Gefahr weisen etwa Bürkle, DB 2004, S. 2158 (2161) und Berndt/Hoppler, BB 2005, S. 2622 ff. hin, ohne diese jedoch als begründet anzusehen. Auch wird diese Diskussion in den USA lebhaft geführt; mit der Argumentation, dass trotz Gewährung eines anonymen Whistleblowings nicht ausgeschlossen werden kann, dass die Identität des anonymen Hinweisgebers nicht auf andere Weise bekannt wird, vgl. etwa Callahan/Dworkin/Fort/Schipani, 40 American Business Law Journal 2002, Fn. 187; Dowling, 42 International Lawyer 2008, S. 1 ff.; ders.; 45 International Lawyer 2011, S. 903 ff.; Marchini, Pratt's Privacy and Data Security Law Journal 2006.05-11, S. 5 ff. Diese Diskussion hat sich mit der Einführung des Dodd-Frank Acts nochmals verschärft: Denn die Gestattung von Belohnungen und direkter Berichterstattung zur SEC sind in der US-Unternehmenspraxis heftig diskutiert worden, da die Sorgen über opportunistische Ansprüche und die Möglichkeiten bestehen, dass diese neuen Anreize die Wirkung haben könnten, das Compliance-System und das damit verbundene interne Meldeverfahren zu sabotieren, darauf hinweisend Greenberg, S. 1; Quigley, 52 Santa Clara Law Review 2012, S. 255 (268 f.)

1513 Antrag durch DIE Linke an die Bundesregierung eines Gesetzesentwurf zum wirksamen Schutz und zur Förderung der Tätigkeit von Hinweisgebern, BT-Drucks. 17/12577.

1514 Siehe BT-Drucks. 17/6492.

Daher gelangten die Vertreter dieser Fraktion zum Ergebnis, dass Whistleblowing wegen seines gesellschaftlichen Werts keinesfalls mit Denunziantentum gleichgesetzt werden kann.[1515] Letzten Endes wurde der Antrag der Fraktion durch den Bundestag aber mit der Begründung abgelehnt, dass Arbeitnehmer ausreichend durch Gesetze (etwa § 612a BGB) und höchstrichterlicher Rechtsprechung geschützt sind.[1516]

Ausgehend von diesen zwei Lagern bewegt sich Whistleblowing ohne Nennung der Identität also in einem *Spannungsfeld zwischen Zivilcourage und Denunziantentum*.[1517] Doch trotz der Kritik von Teilen des Schrifttums sprechen die besseren Argumente für die Möglichkeit einer anonymen Informationsweiterleitung[1518]: Der Umstand, dass ein Whistleblowing-System anonyme Mitteilungen ermöglicht und diese ebenso verfolgt werden, erzeugt ein höheres Entdeckungsrisiko hinsichtlich illegaler Verhaltensweisen und könnte damit der Abschreckung dienen. Es ermöglicht einen höheren Informationsgewinn sowie die Überprüfung von Systemmängeln des Compliance-Systems und vermeidet schließlich die für Arbeitgeber und Arbeitnehmer nachteiligen Folgen eines externen Whistleblowings.[1519] Dem Hinweisgeber kann auf zwei unterschiedliche Arten eine umfassende Anonymität zugesichert werden: Zum einen durch die Schaffung einer geeigneten Stelle im Unternehmen, die zur Entgegennahme von Hinweisen beauftragt wird – wie etwa ein Compliance-Beauftragter oder ein Ombudsmann. Diese Stellen sichern im Auftrag des Unternehmens Informantenschutz zu, anonymisieren die Aussagen des Hinweisgebers und leiten diese schließlich vertrauensvoll an die Unternehmensleitung weiter.[1520] Es wird in diesem Zusammenhang vorgeschlagen, einen Rechtsanwalt als Ombudsmann zu beauftragen, da dieser einer anwaltlichen Verschwiegenheitspflicht unterliegt.[1521] Zum anderen kann eine spezielle Websoftware die Anonymität des Hinweisgebers sicherstellen, indem es die Software dem Hinweisgeber überlässt, ob er überhaupt und zu welchem

1515 So BT-Drucks. 17/6492.

1516 Vgl. BT-Drucks. 17/12577.

1517 So Bürkle, DB 2004, S. 2158 (2161).

1518 Bürkle, DB 2004, S. 2158 (2161). In diese Richtung wohl auch BAG NZA 2004, 427.

1519 Zum Vorstehenden: Bürkle, DB 2004, S. 2158 (2161).

1520 *de Boer* in: Görling/Inderst/Bannenberger, S. 697. Zu den Aufgaben des Ombudsmanns siehe ausführlich Hild, AnwBl 2010, S. 641 ff.

1521 Vgl. § 43 Abs. 2 Bundesrechtsanwaltsordnung (BRAO) und § 203 Abs. 1 Nr. 3 StGB. *Beste* in: Görling/Inderst/Bannenberg, S. 143; *de Boer* in: Görling/Inderst/Bannenberg, S. 317.

Zeitpunkt er seine Identität offenbaren will bzw. der E-Mailverkehr über getrennte Server abläuft.[1522]

In Anbetracht dieser unklaren Rechtslage ist es nicht überraschend, dass Arbeitnehmer oftmals ihre Kenntnisse über Fehlverhalten von Mitarbeitern verschweigen.[1523] Für die Effektivität eines Compliance-System ist es aber von essentieller Bedeutung, dass die zuständigen Stellen im Unternehmen sämtliche Informationen der Mitarbeiter über Missstände erreichen, sei es anonym oder unter Nennung des Namens.[1524] Um diese Hemmschwelle der Arbeitnehmer zu senken, kann ein Whistleblowing-System geschaffen werden, das dem Hinweisgeber die Anonymität versichert, ohne jedoch die namentliche Informationsweitergabe vollends auszuschließen.[1525]

(2) Demgegenüber wird von *externem Whistleblowing* gesprochen, wenn sich der Hinweisgeber an externe Stellen wie etwa Strafverfolgungs- und Aufsichtsbehörden oder Medien wendet.[1526] Problematisch ist aber, ob der Mitarbeiter im Falle eines externen Whistleblowings seine arbeitsvertraglichen Nebenpflichten verletzt – vor allem die Rücksichtnahmepflicht nach §§ 242, 241 Abs. 2 BGB.[1527] Im Grundsatz geht das BAG von dem Erfordernis eines *vorherigen, erfolglosen unternehmensinternen Hinweises* aus, weshalb nur in engen Grenzen dem Mitarbeiter das Recht einer direkten externen Meldung zusteht.[1528]

Der Fall einer Berliner Altenpflegerin könnte aber die Rechtsprechungspraxis des BAG zum externen Whistleblowing beeinflussen: Grund ist ein aufsehenerregendes Urteil des Europäischen Gerichtshofs für Menschenrechte

---

1522 *de Boer* in: Görling/Inderst/Bannenberger, S. 697; Schürrle/Fleck, CCZ 2011, S. 218 (221).

1523 *de Boer* in: Görling/Inderst/Bannenberg, S. 697. Diese Furcht bestand auch in den USA vor Einführung des SOA („corporate code of silence"), weshalb es für den US-Gesetzgeber ein bedeutendes Anliegen war, Schutzvorschirften für Whistleblower gesetzlich zu regeln, vgl. Senate Report, No. 107–146, Calendar No. 366, 107th Congress, 2d Session, S. 5 (May 6, 2002). Dazu *Wardell/Minor* in: Kapplan/Murphy, § 14, S. 3.

1524 Callahan/Dworkin/Fort/Schipani, 40 American Business Law Journal 2002, Fn. 187.

1525 Bussmann/Matschke, wistra 2008, S. 88 (94).

1526 Schulz, BB 2011, S. 629 (630); *Maschmann* in: Hdb. Korruptionsprävention, S. 139; Sänger, Whistleblowing, S. 39; Klasen/Schaefer, BB 2012, S. 641 (643); Berndt/Hoppler, BB 2005, S. 2623 (2628).

1527 BAG NZA 2004, 427; Bürkle, DB 2004, S. 2158. Ist doch nach der Rechtsprechung des BAG der Arbeitgeber nach § 626 BGB dazu berechtigt, im Falle einer externen Anzeige des Arbeitnehmers diesen zu kündigen, BAG NJW 1961, 44.

1528 BAG NZA 2004, 427.

(EGMR) vom 21.07.2011[1529], mit dem der EGMR die Arbeitnehmerrechte bei externen Whistleblowing stärkte und sich zugleich gegen die Rechtsprechung der deutschen Arbeitsgerichte stellte.

In dem zugrunde liegenden Fall zeigte eine Altenpflegerin wegen gravierender Pflegemissstände im Pflegeheim ihren Arbeitgeber wegen Betrugs in einem besonders schweren Fall (§ 263 StGB) gegenüber den Pflegebedürftigen und deren Angehörigen an, nachdem die Geschäftsleitung trotz mehrerer Hinweise der Altenpflegerin nicht für entsprechende Abhilfe sorgte.[1530] Auf die folgende fristlose Kündigung erhob die Altenpflegerin Klage, die aber vor den deutschen Arbeitsgerichten erfolglos blieb: Sowohl das LAG Berlin[1531] als auch das BAG[1532] erachteten die Kündigung für wirksam, da sie in dem Verhalten der Altenpflegerin eine Verletzung arbeitsvertraglicher Treuepflichten gegenüber dem Arbeitgeber sahen.[1533]

Daraufhin legte die Altenpflegerin Beschwerde beim EGMR ein. Dieser hat der Rechtsprechung der deutschen Arbeitsgerichte folgende Argumentation entgegengehalten: Die Offenlegung von Missständen in Unternehmen („externes Whistleblowing") falle in den Anwendungsbereich der von Art. 10 Europäischen Menschenrechtskonvention (EMRK) geschützten Freiheit der Meinungsäußerung. Nach Ansicht des EGMR stellt es daher einen Eingriff in Art. 10 EMRK dar, wenn einem Arbeitnehmer durch die Offenlegung von Missständen gekündigt wird. Der Eingriff sei auch nicht gerechtfertigt: Der EGMR kam im Rahmen einer Abwägung der widerstreitenden Arbeitgeber- und Arbeitnehmerinteressen zum Ergebnis, dass „das öffentliche Interesse an Informationen über Mängel in einem staatlichen Unternehmen so wichtig ist, dass es gegenüber dem Interesse des Unternehmens am Schutz seines Rufes und seiner Geschäftsinteressen überwiege"[1534].

In Anbetracht der Entscheidung ist es gegenwärtig nicht absehbar, wie die deutschen Arbeitsgerichte und das Schrifttum diese Entscheidung aufnehmen oder wie Unternehmen ihrer Unternehmensrichtlinien dahingehend abändern. Es gilt aber anzumerken, dass die EGMR-Entscheidung keineswegs als Freibrief für ein externes Whistleblowing zu werten ist: Denn die Altenpflegerin

1529 EGMR, Urteil vom 21.07.2011 – 28274/08 [„Heinisch vs. BRD"] = ECHR 115 [2011]. Siehe dazu Momsen/Grützner/Oonk, ZIS 2011, S. 754 ff.

1530 EGMR, Urteil vom 21.07.2011 – 28274/08 [„Heinisch vs. BRD"] = ECHR 115 [2011].

1531 LAG Berlin, ArbuR 2007, S. 51.

1532 BAG vom 6.06.2007 – 4 AZN 487/06.

1533 Das ArbG Berlin hingegen erkannte die Kündigung als rechtswidrig an, vgl. ArbG Berlin vom 03.08.2005 – 39 Ca 4775/05. Das LAG hob diese Entscheidung jedoch auf.

1534 Zum Vorstehenden: EGMR, Urteil vom 21.07.2011 – 28274/08 [„Heinisch vs. BRD"] = ECHR 115 [2011].

hatte bei ihrem Vorgehen die vom BAG zum externen Whistleblowing aufgestellten Grundsätze eingehalten, indem sie sich zunächst um interne Abhilfe und damit um die Einhaltung der internen Berichtswege bemühte, bevor sie anschließend Strafanzeige gegen ihren Arbeitgeber erstattete. Auch wenn nun – zwar im Grundsatz zutreffend – argumentiert werden sollte, dass die deutschen Gerichte nicht an die Entscheidung des EGMR gebunden sind, sind die deutschen Gerichte nach Art. 20 Abs. 3 GG letzten Endes an Recht und Gesetz gebunden, so dass diese Entscheidung bei dem Erfordernis eines vorherigen unternehmensinternen Abhilfeversuchs durch die deutschen Gerichte bei ihrer Entscheidungsfindung Berücksichtigung finden muss.[1535]

Anlässlich dessen bleibt das Thema Whistleblowing in Deutschland mehr denn je sowohl aus Sicht der Arbeitnehmer als auch aus Sicht der Arbeitgeber hinsichtlich einer Kündigung unklar und risikoreich. Die bestehende Rechtsunsicherheit wird aber umso drastischer vergegenwärtigt man sich, dass in Deutschland bisher auch keine Schutzvorschriften existieren, die Hinweisgeber vor Vergeltungsmaßnahmen des Arbeitgebers schützen. Ein entsprechender Entwurf zur Neuregelung des § 612a BGB („*Anzeigerecht*") scheiterte im April 2008[1536]: So planten das Bundesministerium für Arbeit und Soziales in Abstimmung mit dem Bundesministerium für Ernährung, Landwirtschaft und Verbraucherschutz sowie dem Justizministerium nach Skandalen in der Lebensmittelindustrie erstmals eine „klare und eindeutige Regelung" im Bereich des Hinweisgeberschutzes zu schaffen. Der Entwurf sollte für den Fall Rechtssicherheit gewährleisten, wenn Hinweisgeber Informationen über Missstände intern bzw. extern weiterleiten.[1537] Der Entwurf des § 612a BGB sollte dabei Folgendes regulieren:

> *„(1) Ist ein Arbeitnehmer auf Grund konkreter Anhaltspunkte der Auffassung, dass im Betrieb oder bei einer betrieblichen Tätigkeit gesetzliche Pflichten verletzt werden, kann er sich an den Arbeitgeber oder eine zur innerbetrieblichen Klärung zuständige Stelle wenden und Abhilfe verlangen. Kommt der Arbeitgeber dem Verlangen nach Abhilfe nicht oder nicht ausreichend nach, hat der Arbeitnehmer das Recht, sich an eine zuständige außerbetriebliche Stelle zu wenden.*
> *(2) Ein vorheriges Verlangen nach Abhilfe ist nicht erforderlich, wenn dies dem Arbeitnehmer nicht zumutbar ist. Unzumutbar ist ein solches Verlangen stets, wenn der Arbeitnehmer aufgrund konkreter Anhaltspunkte der Auffassung ist, dass*

1535 Göpfert/Wiegandt, ZWH 2011, S. 19.

1536 BT-Ausschussdrucks. 16(10)849 vom 30.05.2008 zum „Vorschlag für eine gesetzliche Verankerung des Informantenschutzes für Arbeitnehmer im Bürgerlichen Gesetzbuch".

1537 Zum Vorstehenden: Begründung zur BT-Ausschussdrucks. 16(10)849.

1. aus dem Betrieb eine unmittelbare Gefahr für Leben oder Gesundheit von Menschen oder für die Umwelt droht,
2. der Arbeitgeber oder ein anderer Arbeitnehmer eine Straftat begangen hat,
3. eine Straftat geplant ist, durch deren Nichtanzeige er sich selbst der Strafverfolgung aussetzen würde,
4. eine innerbetriebliche Abhilfe nicht oder nicht ausreichend erfolgen wird."
(3) Von den Absätzen 1 und 2 kann nicht zuungunsten des Arbeitnehmers abgewichen werden.
(4) Beschwerderechte des Arbeitnehmers nach anderen Rechtsvorschriften und die Rechte der Arbeitnehmervertretungen bleiben unberührt."[1538]

Die geplante Regelung wurde kontrovers diskutiert, insbesondere dahingehend, inwieweit sie mit der bisherigen Rechtsprechung des BAG[1539] und BVerfG[1540] konform geht.[1541] Sie sollte nach der Gesetzesbegründung die „bisherige Rechtsprechung des BVerfG und des BAG auf eine klare und für die Arbeitnehmer und den Arbeitgeber verlässliche Rechtsgrundlage"[1542] stellen. Dem Entwurf wurde allerdings von Kritikern entgegengehalten, dass diese Regelung den Verhältnismäßigkeitsgrundsatz außer Acht lässt, da diese zur Anzeige jedweden Fehlverhaltens berechtigt.[1543] Richtigerweise sollten nur schwere Straftaten, bei denen sich der Arbeitnehmer wegen unterlassener Anzeige strafbar machen würde, sowie Straftaten des Arbeitgebers zu einer Anzeige berechtigen. Zudem ist an dem Entwurf zu kritisieren, dass der Arbeitnehmer von einer innerbetrieblichen Abhilfe absehen kann, wenn er der Ansicht ist, dass diese nicht oder nicht ausreichend erfolgen wird. Letztendlich beinhaltet der Entwurf auch keine Regelung zum Schutz des Hinweisgebers vor Vergeltungsmaßnahmen des Arbeitgebers. Diese Kritikpunkte unter anderem berücksichtigend wurde der Entwurf letztendlich abgelehnt.[1544]

1538 Vgl. BT-Ausschussdrucks. 16(10)849, abrufbar unter http://webarchiv.bundestag.de/ cgi/show.php?fileToLoad=1423&id=1134 [20.07.2016].

1539 BAG NZA 2004, 427.

1540 BVerfG NJW 2001, 3474.

1541 Statt vieler siehe die Stellungnahme der Bundesrechtsanwaltskammer zur beabsichtigten Regelung des Informationsschutzes für Arbeitnehmer in § 612a BGB, abrufbar unter http://webarchiv.bundestag.de/cgi/ show.php?fileToLoad=1423&id=1134 [20.07.2016].

1542 So die Begründung zur BT-Ausschussdrucks. 16(10)849.

1543 Rau, S. 50.

1544 Vgl. NJW-Spezial 2009, S. 180. Mittlerweile arbeiten die SPD und die Partei „Die Linke" jedoch wieder an entsprechenden Gesetzesentwürfen über mögliche Schutzvorschriften für Hinweisgeber, vgl. BT-Drucks. 17/8567; BT-Drucks. 17/6492.

d) *Gesetzliche Pflicht zur Einführung von Whistleblowing-Systemen*

Von der Frage der Möglichkeit der Implementierung eines Whistleblowing-Systems im Unternehmen ist die Frage der gesetzlichen Pflicht zur Implementierung eines solchen Systems, zu unterscheiden und – sofern diese Frage positiv beantwortet werden kann – die Frage, ob diese Regelungen Vorgaben zur Ausgestaltung solcher Systeme beinhalten. Von Relevanz für die Analyse dieser Fragestellungen sind hierbei deutsche Rechtsvorschriften aber auch US-Rechtsvorschriften – bei letzteren unter anderem auch wegen deren Bedeutung für Nicht-US-Unternehmen.

aa) Deutsche Regelungen

In Deutschland existiert bisher keine gesetzliche Pflicht für Unternehmen zur Einführung von Whistleblowing-Systemen.[1545] Weder ein nationales Gesetz noch der Deutsche Corporate Governance Kodex verpflichten Unternehmen zur Implementierung eines derartigen Systems. Auch aus einer Gesamtanalogie der Vorschriften der §§ 76, 91, 93 AktG sowie §§ 25a KWG, 33 WpHG, 64a VAG, 52a Abs. 2 BImSchG, 53 Abs. 2 KrW/AbfG und § 130 OWiG, die teilweise im Schrifttum zur Begründung einer Compliance-Pflicht verwendet werden, ergibt sich ebenfalls keine Pflicht für Unternehmen zur Einführung eines Whistleblowing-Systems.

Im Ergebnis sind Unternehmen in Deutschland mangels gesetzlicher Regelungen angehalten, selbst im Rahmen ihres Compliance-Systems das Whistleblowing-System ordnungsgemäß auszugestalten. Das System muss dabei Anreize schaffen, damit Missstände bestenfalls ausschließlich betriebsintern bearbeitet, aufgeklärt und behoben werden. Dies sollte möglichst derart erfolgen, dass den Mitarbeitern im Rahmen der Unternehmensrichtlinien und zusätzlichen Schulungen Prozesse und arbeitsrechtliche Grundlagen des Whistleblowings detailliert erklärt, Ansprechpartner klar benannt und Vertraulichkeit sowie Anonymität bei Informationsweitergabe gewährleistet werden. Dabei sollte die Verwendung des Whistleblowing-Systems, dessen Verfahren und der Umgang mit den eingehenden Informationen stets dokumentiert werden. Dies erleichtert Beweisfragen, wenn das System Gegenstand einer späteren gerichtlichen Überprüfung sein sollte – wie etwa im Fall von Siemens das Compliance-System.[1546]

Ferner muss das System sicherstellen, dass den Hinweisgebern nach Informationsweitergabe ein entsprechender Schutz zukommt, damit die Hinweisgeber nicht aus Angst vor Repressalien schweigen. Dadurch wird die

---

1545 Bussmann/Matschke, CCZ 2009, S. 132 (135).

1546 Vgl. Bußgeldbescheid der Staatsanwaltschaft München I, Beschl. vom 03.12.2008, S. 9 f.

berechtigte Forderung an den Gesetzgeber deutlich, umgehend gesetzliche Schutzvorschriften für diejenigen Personen auszuarbeiten und letztendlich auch zu statuieren, die auf Verletzungen von gesetzlichen und unternehmensinternen Vorschriften hinweisen; decken diese doch mittlerweile immer häufiger Missstände in Unternehmen auf.[1547] Gerade seit dem EGMR-Urteil[1548] ist eine eindeutige gesetzliche Vorschrift erforderlich, um Rechtsklarheit und Rechtssicherheit für Hinweisgeber in Deutschland zu schaffen.

bb) US-amerikanische Regelungen

In den USA ist Whistleblowing gleich an verschiedenen Stellen in US-Bundesgesetzen[1549] geregelt: Zum einen sind Whistleblowing-Systeme spätestens seit der Kodifizierung des SOA am 30.07.2002[1550] in US-börsennotierten Unternehmen eingeführt worden[1551]; zum anderen erfolgte eine verstärkte Implementierung von Whistleblowing Systemen aufgrund der Regelungen der USSG und der von ihnen ausgehenden Anreizwirkungen hinsichtlich einer Strafmaßreduzierung.[1552]

Die Implementierung von Whistleblowing-Systemen wird im SOA an verschiedenen Stellen verlangt: Sec. 301 (4) SOA („*Complaints*") verlangt vom Prüfungsausschuss („*Audit Committee*") jedes US-börsennotierten Unternehmens die Einrichtung eines Systems, das Hinweise zu fragwürdigen Buchhaltungs-, internen Buchhaltungskontroll- und Abschlussprüfungsvorgängen der Arbeitnehmer entgegenzunehmen und diese vertraulich („confidential")

1547 Siehe etwa die Auflistung zu Beispielen in der jüngeren Vergangenheit in der BT-Drucks. 17/6492 zur Bedeutung von Whistleblowing für die Gesellschaft oder BT-Drucks. 17/8657, S. 6 f.; sowie die genannte Studie von PWC siehe dazu PWC, 2009, S. 51.

1548 EGMR, Urteil vom 21.07.2011 – 28274/08 [„Heinisch vs. BRD"] = ECHR 115 [2011].

1549 Daneben wird das Whistleblowing und der Schutz des Hinweisgebers im Bereich der Privatwirtschaft in 14 US-Landesgesetzen geregelt, wobei acht davon anordnen, dass sich der Hinweisgeber zunächst intern um Abhilfe bemühen muss, vgl. dazu *Wardell/Minor* in: Kapplan/Murphy, § 14, S. 2 ff.

1550 Sarbanes-Oxley Act of 2002, Pub. L. No. 107–204, 116 Stat. 745 (2002) (codified as amended at 15 U.S.C. §§ 7201–7266). Siehe dazu den Gliederungspunkt Teil 1, A., I., 1., a), ff) ab S. 16.

1551 Dem Anwendungsbereich des SOA unterfallen nur US-Unternehmen und Nicht-US-Unternehmen, sofern das betreffende Unternehmen selbst oder das Mutterunternehmen an einer US-Börse notiert sind, vgl. Sec. 13 (a) und 15 (d) des SEA 1934.

1552 Reufels/Deviard, CCZ 2009, S. 201.

und anonym („*anonymous*") zu behandeln hat.[1553] Die Regelung verpflichtet die von diesem Gesetz betroffenen Unternehmen zur Einführung eines Systems zur vertraulichen und anonymen Anzeige von Missständen im eigenen Unternehmen. Das System soll sich allerdings nur auf Fehlverhalten im Bereich Rechnungslegung und Abschlussprüfung beziehen.[1554] Auffällig ist, dass die Vorschrift keine konkreten Vorgaben hinsichtlich der Implementierung und Ausgestaltung eines solchen Whistleblowing-Systems enthält. Ferner beinhaltet sie keine Anzeigepflicht. Die SEC hat diese offene Formulierung gezielt gewählt, um die Ausgestaltung der Systeme dem Ermessen der jeweiligen Audit Committees zu überlassen.[1555] Die Regelung will lediglich ausdrücklich sicherstellen, dass das System jedem Arbeitnehmer zur Verfügung steht und Hinweise auch anonym abgegeben werden können.[1556]

Des Weiteren ist die Vorschrift der Sec. 406 SOA zu nennen, die von US-börsennotierten Unternehmen (indirekt) die Einrichtung eines Whistleblowing-Systems verlangt. Indirekt insofern als Sec. 406 SOA von den Unternehmen verlangt, der SEC mitzuteilen, ob sie einen Ethikkodex für „*Senior Financial Officer*" und „*Principal Financial Officer*" eingeführt haben.[1557] Allerdings hat die SEC diese Vorschrift mittels einer Ausführungsverordnung konkretisiert.[1558] Ausgehend von der Definition der SEC zum Begriff des „*Code of Ethics*" soll dieser auch Whistleblowing zum Gegenstand haben.[1559] Insofern verlangt die SEC in einem Ethikkodex Vorschriften, die die Anzeige von Verletzungen gegen den Ethikkodex fördern („*promote*").[1560] Gleichlaufend zur vorgenannten Sec. 301 (4) SEC beinhaltet aber weder die Vorschrift selbst noch die Ausführungsverordnung der SEC Erläuterungen zur Errichtung und Durchführung eines solchen Whistleblowing-Systems.

1553 Vgl. Sec. 301 (4) SOA: „Each audit committee shall establish procedures for –
(A) the receipt, retention and treatment of complaints received by the issuer of concerns regarding accounting, internal accounting controls, or auditing matters; and
(B) the confidential, anonymous submission by employees of the issuer of concerns regarding questionable accounting or auditing matters".

1554 Vgl. Sec. 301 (4) SOA.

1555 Reufels/Deviard, CCZ 2009, S. 201 (202); Schürrle/Fleck, CCZ 2011, S. 218.

1556 Mahnhold, NZA 2008, S. 737 (740).

1557 Siehe Sec. 406 (a) SOA.

1558 Vgl. dazu Bainbridge, 2007, S. 176 f.

1559 Vgl. SEC Final Rule, Release Nos. 33–8177 vom 24.01.2003:
„ (1) Honest and ethical conduct [...]
(5) The prompt internal reporting to an appropriate person or persons identified in the code of violations of the code [...]".

1560 SEC Final Rule, Release Nos. 33–8177 vom 24.01.2003; Hamilton/Trautmann, 2005, S. 211; Mahnhold, NZA 2008, S. 737 (741).

Hingegen sollen im Gegensatz zur Sec. 301 (4) SOA nach Sec. 406 SOA i.V.m. der Ausführungsverordnung der SEC alle Verstöße gemeldet werden und nicht nur solche, die sich auf den Bereich der Rechnungslegung und Abschlussprüfung beziehen.[1561] Ferner ist im Rahmen von Sec. 406 SOA i.V.m. den Ausführungsbestimmungen der SEC nicht ausdrücklich die Möglichkeit von anonymen Hinweisen bestimmt.

Abseits der Regelungen des SOA beinhalten auch die USSG innerhalb § 8 B 2.1. USSG („Effective Compliance and Ethics Program") zu den wesentlichen Anforderungen eines effektiven Compliance-Systems Vorgaben, die sich mit der Einführung eines Whistleblowing-Systems befassen: So heißt es in § 8 B 2.1. (b) (5) (C) USSG, dass Unternehmen ein System einzurichten und bekanntzumachen haben, innerhalb dessen Arbeitnehmer des Unternehmens anonym und vertraulich vermeintliche oder tatsächliche kriminelle Verhalten melden können, ohne persönliche Konsequenzen zu befürchten.[1562]

Entsprechend den zuvor dargestellten Vorschriften des SOA beinhaltet § 8 B 2.1. (b) (5) (C) USSG ebenfalls keine konkreten Vorgaben zur Ausgestaltung eines Whistleblowing-Systems. Ferner regelt diese Vorschrift auch keine Anzeigepflicht. Im Gegensatz zu Sec. 301 (4) SOA wird allerdings nicht der Umgang mit den eingehenden Hinweisen gesetzlich vorgegeben. Gleichwohl wird den Arbeitnehmern die Möglichkeit von anonymen Hinweisen ausdrücklich gewährt; diese sollen sich gegensätzlich zu Sec. 406 SOA i.V.m. den Ausführungsbestimmungen der SEC aber nur auf strafbares Verhalten erstrecken.

Hinsichtlich der gesetzlichen Pflicht zur Einführung von Whistleblowing-Systemen ist zu resümieren, dass sich der US-Gesetzgeber im Gegensatz zum Deutschen diesbezüglich eindeutig positioniert hat und grundsätzlich eine entsprechende Pflicht in verschiedenen Gesetzen vorsieht; im Grundsatz nur insoweit, da die Verpflichtung zur Implementierung nur für US-börsennotierte Unternehmen gilt. Zudem überlässt der Gesetzgeber den Unternehmen einen Ermessensspielraum in Bezug auf die Ausgestaltung und Durchführung eines Whistleblowing-Systems. Im Anwendungsbereich der USSG ist die Einführung eines Whistleblowing-Systems freiwillig, um in den Genuss – bei Vorliegen der weiteren Compliance-Anforderungen – einer Strafmaßreduzierung zu kommen.

Ähnliches gilt in den USA auch für den Schutz des Hinweisgebers, der unternehmensintern über das Whistleblowing-System Missstände gemeldet oder Informationen darüber an Dritte wie etwa Behörden weitergeleitet

---

1561 Mahnhold, NZA 2008, S. 737 (741).

1562 Vgl. § 8 B 2.1. (b) (5) (C) USSG: „The organization shall take reasonable steps to have and publicize a system, which may include mechanisms that allow for anonymity or confidentiality, whereby the organization's employees and agents may report or seek guidance regarding potential or actual criminal conduct without fear of retaliation."

hat.[1563] In diesem Zusammenhang regelt Sec. 806 SOA („*Whistleblower Protection*")[1564] allgemeingültig den Schutz des Hinweisgebers[1565] eines US-börsennotierten Unternehmens vor Vergeltungsmaßnahmen des Arbeitgebers wie etwa Entlassung, Degradierung, Suspendierung, Bedrohung, Belästigung oder anderweitige Diskriminierungen.[1566] Wird der Hinweisgeber nach Informationsweitergabe dennoch benachteiligt, steht ihm ein Beschwerderecht zu.[1567] Hierzu muss er zunächst beim Secretary of Labor bzw. bei der inzwischen zuständigen OSHA innerhalb von 90 Tagen Beschwerde einreichen.[1568] Im Falle solcher Vergeltungsmaßnahmen kann der jeweilige Arbeitnehmer dadurch materiellen oder immateriellen Schadensersatz sowie bei einer Entlassung Wiedereinstellung in seine vorherige arbeitsvertragliche Position verlangen.[1569] Die OSHA hat im Anschluss 60 Tage Zeit, um eine

---

1563 Dazu ausführlich Bainbridge, 2007, S. 99 f.

1564 Sec. 806 SOA war ein Teil des Corporate and Criminal Fraud Accountability Act of 2002 (S. 2010) und wurde in den SOA entsprechend einer von Senator Patrick Leahy vorgeschlagenen Änderung untergebracht, vgl. US Congress, Report No. 107–146, Calendar No. 366, May 6, 2002; dazu auch Hamilton/Trautmann, 2005, S. 632; Hamilton/Trautmann, 2002, S. 85. Vgl. zur Gesetzgebungsgeschichte Delikat/Phillips, Corporate Whistleblowing, Appendix A. Zusammen mit den zuvor erläuterten „Whistleblower-Vorschriften" des SOA bilden diese Regelungen „the most systemic whistleblower protection framework enacted into federal law", vgl. Kohn/Kohn/Colapinto, S. xii.

1565 Ausdrücklich vom Schutzbereich der Sec. 806 SOA sind Arbeitnehmer (*employee*) erfasst, aber auch ehemalige Arbeitnehmer, Bewerber und Personen, deren Arbeitsverhältnis durch das Unternehmen tangiert werden kann, vgl. 29 CFR Part 1980.101.

1566 Vgl. Sec. 806 (a) SOA: „No company with a class of securities registered under section 12 of the Securities Exchange Act of 1934 (15 U.S.C. 78l), or that is required to file reports under section 15(d) of the Securities Exchange Act of 1934 (15 U.S.C. 78o(d)), or any officer, employee, contractor, subcontractor, or agent of such company, may discharge, demote, suspend, threaten, harass, or in any other manner discriminate against an employee in the terms and conditions of employment because of any lawful act done by the employee [...]". Bei dieser Regelung handelt es sich um allgemeingültige Schutzvorschriften für Hinweisgeber im Bereich der Privatwirtschaft. Demgegenüber regelt der Whistleblower Protection Act den Schutz von Hinweisgebern im Bereich des öffentlichen Dienstes, vgl. Whistleblower Protection Act of 1989, Publ. L. No. 101–12.

1567 Reufels/Deviard, CCZ 2009, S. 201 (202); Hamilton/Trautmann, 2005, S. 632.

1568 Bainbridge, 2007, S. 103; Lander, S. 98.

1569 Lander, S. 98. Neben dem zivilrechtlichen Schutz des Hinweisgebers droht dem Arbeitgeber nach Sec. 1107 SOA die Gefahr einer strafrechtlichen Verantwortlichkeit in Form von Geldstrafen bis zu 500.000 US Dollar und/oder Haftstrafen bis zu zehn Jahren, siehe dazu etwa 18 U.S.C. § 1513 (e).

Untersuchung durchzuführen.[1570] Unterbleibt eine finale Entscheidung des Secretary of Labor bzw. der OSHA, hat der Arbeitnehmer die Möglichkeit innerhalb von 180 Tagen nach Kenntnis der Benachteiligung Beschwerde gegen den Arbeitgeber beim zuständigen District Court einzulegen.[1571]

Doch vor allem seit dem Erlass des *Dodd-Frank Acts* (DFA)[1572] genießen Hinweisgeber einen noch umfassenderen Schutz vor Vergeltungsmaßnahmen[1573]: So gewährt das Gesetz auf der Grundlage von Sec. 922 des DFA die Regelung der Sec. 21F (h) (1) (B) SEA 1934 Hinweisgebern, die aufgrund ihrer Informationsweitergabe an die SEC durch den Arbeitgeber Benachteiligungen erfahren haben, ausdrücklich ein unmittelbares Klagerecht beim zuständigen District Court, ohne zuvor beim Secretary of Labor bzw. bei der Occupational Safety and Health Administration (OSHA) Beschwerde erheben zu müssen. Zudem sind nicht nur Arbeitnehmer US-börsennotierter Unternehmen vom Schutz des Gesetzes umfasst, sondern auch Arbeitnehmer von Tochterunternehmen US-börsennotierter Unternehmen. Sec. 21F (h) (1) (A) SEA 1934 regelt diesbezüglich, welche Handlungen des Hinweisgebers dem Schutz unterliegen: Zum einen die Informationsweiterleitung an die SEC entsprechend den Anforderungen dieser Section, zum anderen die Unterstützung bei Untersuchungen und gerichtlichen oder behördlichen Handlungen der SEC basierend auf den weitergeleiteten Informationen sowie schließlich Enthüllungen, die nach dem SOA, dem SEA 1934 oder einem anderen Gesetz erforderlich sind.[1574]

Abschließend bleibt in diesem Zusammenhang die Frage, ob die genannten Vorschriften des SOA zum Schutz der Hinweisgeber auch auf Arbeitnehmer

---

1570 Bainbridge, 2007, S. 104.

1571 Vgl. Sec. 806 (b) SOA: „A person who alleges discharge or other discrimination by any person in violation of subsection (a) may seek relief under subsection (c), by – (A) filing a complaint with the Secretary of Labor; or if the Secretary has not issued a final decision within 180 days of the filing of the complaint and there is no showing that such delay is due to the bad faith of the claimant, bringing an action at law or equity for de novo review in the appropriate district court of the United States, which shall have jurisdiction over such an action without regard to the amount in controversy".

1572 Pub. L. No. 111–203, 124 Stat. 1841 (2010).

1573 Schürrle/Fleck, CCZ 2011, 218 (219 f.).

1574 Vgl. Sec. 21F (h) (1) (A) SEA 1934:
„No employer may discharge, demote, suspend, threaten, harass, directly or indirectly, or in any other manner discriminate against, a whistleblower in the terms and conditions of employment because of any lawful act done by the whistleblower –
(i) in providing information to the Commission in accordance with this section;
(ii) in initiating, testifying in, or assisting in any investigation or judicial or administrative action of the Commission based upon or related to such information; or

Anwendung finden, die in US-börsennotierten Unternehmen oder deren Tochterunternehmen außerhalb der USA beschäftigt sind.[1575] Im Grundsatz gilt die Vermutung, dass US-Gesetze nur territoriale Wirkung haben.[1576] Im Lichte der Entscheidungen *O'Mahony vs. Accenture Ltd.*[1577] und *Canero vs. Boston Scientific Corp.*[1578] befassten sich US-Gerichte trotz der genannten Vermutung mit der Frage der exterritorialen Anwendung der SOA-Schutzvorschriften: Carnero war ein Mitarbeiter eines lateinamerikanischen Unternehmens, dessen Mutterunternehmen (Boston Scientific Corp.) in den USA an der Börse notiert war. Carnero erhob gegen das Mutterunternehmen Klage auf Wiedereinstellung, das ihm zuvor wegen eines Hinweises auf Fehlverhalten des lateinamerikanischen Tochterunternehmens gekündigt hatte. Jedoch verneinte der US Court of Appeals eine exterritoriale Wirkung der Sec. 806 SOA mit Verweis auf die Vermutung, wonach US-Gesetze eine exterritoriale Geltung gerade nicht statuieren. Vor diesem Hintergrund wies das US-Gericht letztendlich die Klage ab.[1579] In der aktuellsten Entscheidung *O'Mahony vs. Accenture Ltd.* erklärte das Gericht demgegenüber den SOA im Grundsatz für Arbeitnehmer anwendbar, die außerhalb der USA arbeiten und signifikante Kontakte zu US-Unternehmen haben.[1580] Der Umstand, dass der Arbeitnehmer im Ausland beschäftigt ist, sei nach Ansicht des Gerichts kein Ausschlusskriterium hinsichtlich der Anwendbarkeit der SOA-Schutzvorschriften.[1581] In Bezug auf den Fall O'Mahony stellte das Gericht „drei bedeutende Unterschiede" (*„three notable factual differences"*)[1582] zur „Carnero-Entscheidung" fest[1583]: (1) O'Mahony war im Gegensatz zu Carnero bei einem US-Tochterunternehmen angestellt

---

(iii) in making disclosures that are required or protected under the Sarbanes Oxley Act of 2002 [...], the Securities Exchange Act of 1934 [...], and any other law, rule, or regulation subject to the jurisdiction of the Commission".

1575 Zu dieser Fragestellung siehe Reufels/Deviard, CCZ 2009, S. 201 (202 f.). Zur Diskussion über die exterritoriale Anwendung des SOA siehe Vancea, 53 Duke Law Journal 2003, S. 833 ff.; Taneda, 2003 Columbia Business Law Review, S. 715 ff.

1576 Vgl. EEOC vs. Arabian American Oil Company, 499 U.S. 244 (1991).

1577 O'Mahony vs. Accenture, No. 07 Civ. 7916, 2008 (S.D.N.Y. Feb. 5, 2008).

1578 Carnero vs. Boston Scientific Corporation, Nos. 04–1801, 04–2219, 2006 (1st Circuit Jan. 5, 2006).

1579 Zum Vorstehenden: Carnero vs. Boston Scientific Corporation, Nos. 04–1801, 04–2219, 2006 (1st Circuit Jan. 5, 2006)

1580 So das Gericht in O'Mahony vs. Accenture, No. 07 Civ. 7916, 2008 (S.D.N.Y. Feb. 5, 2008).

1581 Insoweit das Gerichts im Rahmen des Abschnitts „II. Discussion" der Entscheidung O'Mahony vs. Accenture, No. 07 Civ. 7916, 2008 (S.D.N.Y. Feb. 5, 2008).

1582 Siehe insofern dazu den Abschnitt „II. Discussion" der Entscheidung O'Mahony vs. Accenture, No. 07 Civ. 7916, 2008 (S.D.N.Y. Feb. 5, 2008).

1583 Vgl. zu den Punkten den Abschnitt „II. Discussion" der Entscheidung O'Mahony vs. Accenture, No. 07 Civ. 7916, 2008 (S.D.N.Y. Feb. 5, 2008).

und wurde von diesem auch entlohnt. Gegensätzlich dazu war Carnero ein ausländischer Mitarbeiter, ausschließlich angestellt und entlohnt von einem lateinamerikanischen Tochterunternehmen eines US-Unternehmens.[1584] (2) Das von O'Mahony vorgebrachte Fehlverhalten des US-Tochterunternehmens – die Entscheidung keine Sozialversicherungssteuern mehr in Frankreich zu zahlen und O'Mahony zu degradieren nachdem sie französische Behörden darüber informierte – geschah in den USA; wohingegen Carnero sich auf Missstände bezog, die ausschließlich in Lateinamerika passierten.[1585]

(3) O'Mahony erhob Klage gegen ein ausländisches Mutterunternehmen und gegen das Tochterunternehmen selbst wegen Fehlverhaltens des Tochterunternehmens in den USA. Demgegenüber erhob der Ankläger im Fall Carnero Klage gegen das amerikanische Mutterunternehmen wegen Fehlverhaltens des lateinamerikanischen Tochterunternehmens.[1586]

An diesen Kriterien lässt sich erkennen, dass nach Ansicht der Rechtsprechung entscheidend für die Anwendbarkeit der Vorschriften der Ort des mutmaßlichen Fehlverhaltens und dessen Bezug zur USA ist. Um zu ermitteln, ob eine Klage ausreichend mit den USA verbunden ist, muss nach Ansicht des US District Courts jedes Gericht untersuchen, ob das fragliche Fehlverhalten entweder (1) in den USA stattfand (sog. *„conduct-test"*) oder (2) ob dieses eine beträchtlich nachteilige Auswirkung in den USA oder auf US-amerikanische Staatsbürger haben könnte (*„effect-test"*).[1587] Im Fall von O'Mahony bejahte das Gericht den „conduct-test" unter anderem weil O'Mahony in einem US-Tochterunternehmen beschäftigt war und sich das mutmaßliche Fehlverhalten auf Mitarbeiter im US-Unternehmen bezog.

Mit der grundsätzlichen Bejahung einer exterritorialen Anwendung ist demnach in Zukunft davon auszugehen, dass sich ausländische Arbeitnehmer, die einen entsprechenden Bezug zu den USA aufweisen, auf die Schutzvorschriften des SOA berufen werden.[1588] Unternehmen, die an einer US-Börse gelistet sind, ist daher zu empfehlen, ihr Whistleblowing-System derart auszugestalten, dass es mit den Schutzvorschriften des SOA und DFA konform geht. Anzumerken ist an dieser Stelle, dass angelehnt an den DFA auch die EU-Kommission beabsichtigt, dass Mitgliedstaaten für Whistleblower finanzielle Anreize in Aussicht

---

1584 Vgl. Carnero vs. Boston Scientific Corporation, Nos. 04–1801, 04–2219, 2006 (1st Circuit Jan. 5, 2006).

1585 Siehe dazu Carnero vs. Boston Scientific Corporation, Nos. 04–1801, 04–2219, 2006 (1st Circuit Jan. 5, 2006).

1586 Vgl. Carnero vs. Boston Scientific Corporation, Nos. 04–1801, 04–2219, 2006 (1st Circuit Jan. 5, 2006).

1587 Siehe dazu O'Mahony vs. Accenture, No. 07 Civ. 7916, 2008 (S.D.N.Y. Feb. 5, 2008).

1588 So die zutreffende Feststellung von Reufels/Deviard, CCZ 2009, S. 201 (203).

stellen, sofern diese relevante Verstöße gegen die Verordnung weiterleiten.[1589] Eine weitere Bedingung für die Belohnung sei, „dass die Informationen neu sind und zur Verhängung einer Verwaltungsmaßnahme oder einer verwaltungs- oder strafrechtlichen Sanktion führen“[1590].

cc) Auswirkungen der US-Reglungen auf die Einführung von Whistleblowing-Systemen in deutschen Unternehmen

PWC stellen in einer Studie fest, dass die zuvor genannten US- Regelungen einen enormen Einfluss auf die Einführung von Whistleblowing-Systemen in deutschen Unternehmen nehmen: So besitzen 78 % der US-börsennotierten Unternehmen ein Whistleblowing-System, wohingegen in Deutschland börsennotierte Unternehmen (46 %) und nicht börsennotierte Unternehmen (23 %) mangels gesetzlicher Verpflichtungen in Deutschland erkennbar weniger von diesen Systemen Gebrauch machen.[1591] Gleichwohl ist die Tendenz steigend.[1592] Whistleblowing-Systeme in deutschen Unternehmen beziehen sich dabei oftmals auf das gesamte Feld der Wirtschaftskriminalität, am häufigsten dienen sie aber zur Aufdeckung von Korruption (90 %).[1593]

Auch wenn die von PWC durchgeführte Unternehmensbefragung aus dem Jahr 2009 ergab, dass wirtschaftskriminelle Handlungen zu 40 % durch interne und zu 25 % durch externe Hinweise aufgedeckt werden[1594], ist die Skepsis gegenüber Whistleblowing bei zahlreichen Unternehmen weiterhin groß. Haupteinwände sind bereits genannt und diskutiert worden: Misstrauen (57 %), Bespitzelung (55 %) und Denunziantentum (44 %). Die unberechtigte Kritik des Schrifttums in Bezug auf die Gefahr des Denunziantentums mittels des Whistleblowings wird auch durch die Studie von PWC widerlegt: So wurde bei der Hälfte der Unternehmen das Whistleblowing gerade nicht zu Zwecken der Diskreditierung missbraucht, während 9 % der Unternehmen die Missbrauchsquote auf 1 bis 5 % und andere 11 % der Unternehmen auf 5 bis 10 % einschätzten.[1595]

V. Angemessenes Einschreiten bei Fehlverhalten des Personals

Schließlich folgt aus der Überwachungspflicht nach § 130 OWiG die Pflicht des Unternehmensinhabers gegen aufgedeckte Compliance-Verstöße einzuschreiten

1589 Vgl. Handelsblatt, „Verrat soll sich künftig auszahlen“, 26.10.2012.
1590 Vgl. Handelsblatt, „Prämien für Denunzianten“, 30.10.2012.
1591 PWC, 2010, S. 14.
1592 So das Ergebnis der Studie siehe PWC, 2010, S. 31.
1593 PWC, 2010, S. 31.
1594 PWC, 2009, S. 51.
1595 Zum Vorstehenden: PWC, 2010, S. 33.

und für Abhilfe zu sorgen. Im Falle von Compliance-Verstößen sind arbeitsrechtlich zulässige und angemessene Sanktionen anzudrohen und bei konkretem Anlass sind diese auch zu verhängen.[1596]

Auch nach den USSG ist die Sanktionierung von Compliance-Verstößen ein Kernmerkmal eines effektiven Compliance-Systems. So schreibt § 8 B 2.1. (b) (6) USSG vor, dass das Compliance System im ganzen Unternehmen konsequent durchgesetzt und gefördert werden soll, indem angemessene Anreize zum konformen Handeln mit dem Compliance-System geschaffen werden, und angemessene Disziplinarmaßnahmen ergriffen werden, wenn eine Person Straftaten begeht oder daran teilnimmt oder sie die erforderlichen Schritte zur Vermeidung und Aufdeckung des kriminellen Verhaltens unterlässt.[1597] Die USSG erweitern also die Disziplinarmaßnahmen auch auf diejenigen Personen, die die notwendigen Maßnahmen zur Aufdeckung oder Verhinderung des Fehlverhaltens unterlassen haben. Dies mag eine entscheidende Botschaft des Unternehmens an Behörden sein, in dem Sinne, dass das Unternehmen alle an Compliance-Verstößen Beteiligte zur Rechenschaft zieht. Denn werden Compliance-Verstöße nicht umfassend geahndet, bestünde die Gefahr, dass das Compliance-System einschließlich seiner Maßnahmen von den Mitarbeitern nicht ernst genommen wird.[1598] Andernfalls würde gegenüber den Mitarbeitern und noch viel schlimmer gegenüber den Behörden der Eindruck vermittelt werden, dass die Unternehmensleitung Compliance-Verstöße duldet und sanktionslos hinnimmt.[1599] Dies kann jedoch eine Aufsichtspflichtverletzung nach § 130 OWiG darstellen.[1600] Erst durch die Androhung und gegebenenfalls Durchsetzung von arbeitsrechtlichen Maßnahmen bekräftigt die Unternehmensleitung ihre Absicht, die eingeführten Compliance-Maßnahmen ernst zu nehmen.[1601] Maßgeblich für die Aufrechterhaltung der Ernsthaftigkeit und Akzeptanz ist, dass die unternehmensinternen Regelungen zur Androhung und Verhängung

---

1596 BGH NStZ 1986, 34; OLG Frankfurt, wistra 1985, S. 38; OLG Rostock, ArbuR 2006, S. 128; *Rogall* in: KK-OWiG, § 130, Rn. 65 f.; *Gürtler* in: Göhler, § 130, Rn. 11; *Achenbach* in: HWSt, Rn. 51; Bock, S. 724; *Pelz* in: Hdb. Haftungsvermeidung, S. 111; Hauschka, ZIP 2004, S. 877 (881); Liese, BB 2008, S. 17 (22); Adam, wistra 2003, S. 285 (286).

1597 Vgl. § 8 B 2.1. (b) (6) USSG: „The organization's compliance and ethics program shall be promoted and enforced consistently throughout the organization through (A) appropriate incentives to perform in accordance with the compliance and ethics program; and (B) appropriate disciplinary measures for engaging in criminal conduct and for failing to take reasonable steps to prevent or detect criminal conduct."

1598 Lebherz, S. 343 f.

1599 Bock, S. 725; Bussmann/Matschke, CCZ 2009, S. 132 (136).

1600 So Bussmann/Matschke, CCZ 2009, S. 132 (136); BGH NStZ 1986, 34.

1601 Liese, BB 2008, S. 17 (22); Bock, ZIS 2009, S. 68 (79).

von Sanktionen durchweg alle Mitarbeiter einschließlich der Ebene der Unternehmensleitung betrifft.[1602]

Die arbeitsrechtlichen Maßnahmen müssen stets rechtzeitig durch den Arbeitgeber ergriffen werden und unterliegen dem Maßstab der Verhältnismäßigkeit.[1603] Hierbei kommen verschiedene Maßnahmen in Betracht: Diese reichen von der Ermahnung über die Abmahnung, unternehmensinterne Versetzung, Gehaltskürzung, unternehmensinterne Geldbuße, Aufhebung des Arbeitsvertrags bis hin zur ordentlichen oder außerordentlichen (Verdachts-) Kündigung als Ultima ratio der Disziplinarmaßnahmen.[1604]

Der Kündigungsgrund bezieht sich auf ein pflichtwidriges Verhalten des betreffenden Arbeitnehmers wegen Verstoßes gegen arbeitsvertragliche Haupt- und Nebenleistungspflichten.[1605] Kritisch ist es zu bewerten, dass die Rechtsprechung in diesem Zusammenhang im Einzelfall das Erfordernis einer vorherigen Abmahnung als entbehrlich ansieht, wenn die Abmahnung bereits durch die Unternehmensrichtlinien aufgrund einer sog. Sanktionsklausel[1606] erfolgte (sog. *vorweggenommene Abmahnung*)[1607]. Dabei soll durch die Androhung von Sanktionen bei bestimmten Pflichtverletzungen die Abmahnung in den Unternehmensrichtlinien bereits vorweggenommen werden. Das heißt, eine vorweggenommene Abmahnung soll nach Teilen des Schrifttums dann zu bejahen sein, wenn der Arbeitgeber im Rahmen seiner Unternehmensrichtlinien gegenüber dem Arbeitnehmer unmissverständlich zum Ausdruck bringt, dass im Falle eines bestimmten Compliance-Verstoßes eine Kündigung droht.[1608] Dieses Erfordernis soll nach Ansicht der Rechtsprechung in der Regel die Sanktionsklauseln der Unternehmen erfüllen, da diese den Arbeitnehmer eindeutig aufzeigen würden, welche Verhaltensweisen zu einer Kündigung führen können. Aufgrund dessen das Institut der vorweggenommenen Abmahnung seit 2001 auch durch das BAG anerkannt wurde[1609], stellt diese Art der Abmahnung heutzutage keinen Einzelfall mehr dar. Anzumerken ist, dass bei solchen Klauseln der Betriebsrat gemäß § 87 Abs. 1 Nr. 1 BetrVG zu beteiligen ist. Das Konstrukt einer vorgenommenen Abmahnung ist aber kritisch zu hinterfragen, da sich ein Arbeitnehmer keinesfalls alle Regelungen

---

1602 *Lampert* in: Hdb. Haftungsvermeidung, S. 174.

1603 OLG Düsseldorf, NJW 2008, S. 930; Bock, ZIS 2009, S. 78.

1604 Ausführlich zu den arbeitsrechtlichen Maßnahmen vgl. *Maschmann* in: Hdb. Korruptionsprävention, S. 150 ff.; Schneider, S. 228 ff.; *Rieder/Falge* in: Görling/Inderst/Bannenberg, S. 28. Zu den einzelnen Sanktionsmitteln in den USA, siehe insofern *Lytton/Denton* in: Kapplan/Murphy, § 16, S. 7 ff.

1605 Lebherz, S. 343 f.

1606 Vgl. dazu den Gliederungspunkt ab S. 180.

1607 Mengel, S. 68 f.; Schuster/Darsow, NZA 2005, S. 273 (277).

1608 Schuster/Darsow, NZA 2005, S. 273 (277); Mengel, S. 68 f.

1609 BAG NZA 2001, 893; Schuster/Darsow, NZA 2005, S. 273 (277).

in Unternehmensrichtlinien gedanklich behalten kann – vergegenwärtigt man sich die Unternehmensrichtlinien von Großunternehmen, die versuchen alle noch zu erdenklichen Verhaltensweisen und Situationen zu regeln. Vor diesem Hintergrund ist zu beanstanden, wenn einem Arbeitnehmer die „Ebene“ des grundsätzlichen Erfordernisses einer vorherigen Abmahnung mittels solcher Sanktionsklauseln entzogen wird.

Zurückkommend auf die Sanktionsmöglichkeiten des Arbeitgebers kann dieser im Falle eines Schadens des Unternehmens zivilrechtliche Schadensersatzansprüche gegen den betreffenden Arbeitnehmer geltend machen.[1610] Unterlässt der Arbeitgeber hingegen die Geltendmachung solcher Ansprüche, besteht die Gefahr einer eigenen Haftung.[1611] Schließlich ist bei Straftaten und Ordnungswidrigkeiten des Arbeitnehmers eine Anzeige bei den Behörden denkbar, allerdings nicht Pflicht.[1612]

Gegensätzlich zur Sanktionierung von Compliance-Verstößen sollten Unternehmen auch Anreize für die Arbeitnehmer im Falle von gesetzeskonformen Verhalten oder der Hilfe zur Sicherstellung der Gesetzeskonformität des Unternehmens in Aussicht stellen. Sei es in Form von Lob, Anerkennung, Beförderung, Gehaltssteigerung oder gar einer Prämie.[1613] Denn nicht nur Sanktionen, sondern auch Anreize stärken die Effektivität und die Akzeptanz eines Compliance-Systems. Diese Anreizstrukturen finden sich auch in den USSG wieder: So schreibt § 8 B 2.1. (b) (6) USSG vor, dass das Compliance-System im ganzen Unternehmen konsequent durchgesetzt und gefördert werden soll, indem angemessene Anreize zum konformen Handeln mit dem Compliance-System zu schaffen sind.[1614]

Im Falle von aufgedeckten Compliance-Verstößen haben jedoch nicht nur persönliche Konsequenzen, sondern im Einzelfall auch organisatorische Konsequenzen zu erfolgen.[1615] Es sollte, mit Ausnahme von Bagatellverstößen, jeder Compliance-Verstoß zum Anlass genommen werden, die Tauglichkeit des Compliance-Systems zu überprüfen, um die Compliance des Unternehmens, deren Leitung und alle Mitarbeiter für die Zukunft in ihrer Effizienz zu verbessern und ähnliche Verstöße zu verhindern.[1616]

1610 Lebherz, S. 343 f.

1611 Vgl. den Gliederungspunkt ab S. 54.

1612 Bussmann/Matschke, CCZ 2009, S. 132 (136); Lebherz, S. 344; Bock, S. 727; Reichert, ZIP 2011, S. 113 (120).

1613 So zutreffend Bock, S. 730.

1614 Vgl. § 8 B 2.1. (b) (6) USSG. Zur diesbezüglichen US-Unternehmenspraxis vgl. *Lyton/Denton* in: Kapplan/Murphy, § 16, S. 1 ff.

1615 So zutreffend Hauschka, DB 2006, S. 1143 (1146).

1616 Hauschka, AnwBl 2010, S. 629 (632).

§ 8 B 2.1. USSG sieht in diesem Zusammenhang vor, dass nach der Aufdeckung von kriminellem Verhalten, das Unternehmen umgehend Maßnahmen zu ergreifen hat, um auf das festgestellte kriminelle Verhalten zu reagieren und ähnliches Verhalten zukünftig zu vermeiden, einschließlich notwendiger Anpassungen des Compliance-Systems.[1617] Das Guidelines Manual zu den USSG erwähnt hierbei als angemessene Schritte die *Wiedergutmachung des Schadens*, der aus dem kriminellen Verhalten resultierte, sowie eine *Selbstanzeige* gegenüber den Ermittlungsbehörden und eine Kooperation mit diesen. Schließlich soll das Compliance-System überprüft und angepasst werden, um zukünftig ähnliche Vorfälle zu vermeiden und ein wirksames Compliance-System zu gewährleisten. Diese Überprüfung kann gegebenenfalls durch einen externen Sachverständigen durchgeführt werden, um eine angemessene Evaluierung und Implementierung zu gewährleisten.[1618]

Insgesamt wird vorgeschlagen, dass auch ohne Compliance-Verstoß das Compliance-System regelmäßig auf dessen Wirksamkeit und Effektivität hin zu überprüfen und Compliance-Risiken zu evaluieren sind, um sie auf neue Risiken oder Gesetzesneuerungen anzupassen. Es hat also fortwährend ein Risikomanagement zu erfolgen.[1619]

1617 Vgl. § 8 B 2.1. (b) (7) USSG: „After criminal conduct has been detected, the organization shall take reasonable steps to respond appropriately to the criminal conduct and to prevent further similar criminal conduct, including making any necessary modifications to the organization's compliance and ethics program."

1618 Commentary 6 to § 8 B 2.1. (b) (7) USSG: „[...] These steps may include, where appropriate, providing restitution to identifiable victims, as well as other forms of remediation. Other reasonable steps to respond appropriately to the criminal conduct may include self-reporting and cooperation with authorities. Second, the organization should act appropriately to prevent further similar criminal conduct, including assessing the compliance and ethics program and making modifications necessary to ensure the program is effective. The steps taken should be consistent with subsections (b)(5) and (c) and may include the use of an outside professional advisor to ensure adequate assessment and implementation of any modifications."

1619 So auch die Vorgaben des § 8 B 2.1. (b) (5) USSG, vgl. dazu Hopson/Koehler, CCZ 2008, S. 208 (211). Auch die Leitlinien des UK Bribery Acts erachten die fortwährende Evaluierung des Compliance-Systems als unerlässlich: So schreibt Principle 6 („Monitoring and review") den Unternehmen vor, sicherzustellen, „dass die implementierten Antikorruptionsmaßnahmen überwacht und wenn notwendig verbessert werden", vgl. Leitlinien UK Bribery Act, S. 31. Nach der Kommentierung des UK Bribery Acts ist diese fortlaufende Überprüfung für die Effektivität eines Compliance-Systems bedeutsam, um auf Unternehmensveränderungen sowie Gesetzesneuerungen und den daraus entstehenden Risiken reagieren zu können, vgl. Leitlinien UK Bribery Act, S. 31.

Teil 4: Zusammenfassung und rechtspolitischer Ausblick

Der letzte Teil gibt die wesentlichen Erkenntnisse der Untersuchung wieder (1) und befasst sich vor dem Hintergrund der verfassungsrechtlichen Problematik von § 130 OWiG abschließend mit einem kurzen rechtspolitischen Ausblick zur Vorschrift des § 130 OWiG (2).

(1) Die Untersuchung hat gezeigt, dass die Historie von Compliance in den USA weit bis in das letzte Jahrhundert zurückreicht. Demgegenüber mag zwar die Geschichte von Compliance im Sinne interner Kontroll- und Präventionsmaßnahmen in Deutschland noch relativ jung sein, jedoch nahm diese eine regelrecht explosionsartige und geradezu bedrohliche Entwicklung in den letzten Jahren: waren es ursprünglich noch Bemühungen mit kapitalmarktrechtlichem Ursprung, haben inzwischen Unternehmensleiter aus den verschiedensten öffentlich- und privatrechtlichen Bereichen den sich hinter Compliance stehenden Grundsatz für sich gewonnen und üben sich seither in der bedingungslosen, unternehmensbezogenen Umsetzung von Compliance durch organisatorische Maßnahmen. Doch es wurde im Rahmen der Untersuchung dargestellt, dass diese Bedingungslosigkeit bedrohlich ist, da bei falsch verstandenen bzw. durch falsche Beratung erfolgenden Compliance-Bemühungen das Risiko besteht, dass Compliance-Überlegungen ein „*Motor für die Verschärfung von ordnungswidrigkeitenrechtlichen Maßnahmen*“ sind. In der Arbeit wurde daher in diesem Zusammenhang die Gefahr aufgezeigt, dass Compliance die Tendenz hat, nicht nur die Rechtskonformität sicherzustellen, sondern auf ein „*überobligationsmäßiges Verhalten*“, einen „vorauseilenden Gehorsam“, abzuzielen.

Doch dieser kritisch zu sehende „Compliance-Boom“ und „vorauseilenden Gehorsam“ in der deutschen Unternehmens- und Beratungspraxis kommt nicht von ungefähr, da gerade im Bereich ordnungswidrigkeitenrechtlicher Sanktionierung eine enorme Ungewissheit besteht. In der Arbeit wurde erörtert, dass sich diese Unsicherheit – überspitzt formuliert – auf die folgende Verkettung von Umständen gründet: So beschränken sich Gerichte in ihrer „Einzelfall-Rechtsprechung“ lediglich darauf, was das jeweilige Unternehmen bzw. deren Inhaber bei der Unternehmensorganisation falsch gemacht haben; Erläuterungen dazu, was das Gericht zum Beispiel in Bezug auf § 130 OWiG als „erforderlich“ erachtet, bleiben aber aus. Dies hat aber den folgenreichen Effekt, dass Rechtsanwälte und Berater ihren Mandanten, den Unternehmensinhabern, die durch die Entscheidung (vermeintlich) neu entstehenden Haftungsgefahren aufzeigen; weshalb sie im Einzelfall fälschlicherweise ihre Mandanten auf zum Teil Fehlinterpretationen der Rechtsprechung dahingehend beraten, auf die neuen Gerichtsentscheidungen mit einem „neuen und absolut erforderlichen Compliance-Tool“ auf diese „neuen wegweisenden oder bahnbrechenden Entscheidungen“ zu reagieren. Aus der Kombination einerseits zwischen der in Rechtsprechung und Unternehmenspraxis weiterhin bestehenden Unklarheit, was Compliance im Detail eigentlich bedeutet und erforderlich macht, und andererseits aus der „überinterpretierten“ Beratungspraxis von Rechtsanwälten und Beratern, greifen Unternehmen, aus Gründen der Angst in Haftung genommen zu werden, gegenwärtig zu den strengsten organisatorischen Compliance-Maßnahmen.

Selbstverständlich ist diese Angst vor den Haftungsgefahren nicht unbegründet: In der Untersuchung wurden die weitreichenden rechtlichen und faktischen Folgen einer fehlenden bzw. defizitären Compliance sowohl für das Unternehmen als auch für die Unternehmensinhaber dargestellt. Es wurde aufgezeigt, dass das Zusammenspiel der §§ 9, 130 und 30 OWiG für eine erhebliche Haftungsgefahr sorgt, wobei § 130 OWiG die elementare Vorschrift ist, da sie für eine Verknüpfung der Vorschriften im Haftungssystem des Ordnungswidrigkeitenrechts sorgt. Umso erstaunlicher war die hier in der Untersuchung getroffene Feststellung, dass die gegen diese bedeutsame Vorschrift des Wirtschaftsstrafrechts vorgebrachten verfassungsrechtlichen und dogmatischen Bedenken, die sich auf die Verletzung des Bestimmtheitsgrundsatzes und das Schuldprinzip beziehen, bestätigt wurde. Eine kritische Analyse der Vorschrift kam daher zum Ergebnis, dass § 130 OWiG wegen des offenkundig unbestimmten Wortlauts und darin enthaltener Wertungswidersprüche nicht derart ausgelegt werden konnte, um für einen Einklang mit den vorgenannten verfassungsrechtlich verankerten Geboten und Prinzipien zu sorgen. In Anbetracht dessen war ein Schwerpunkt der Arbeit die kritische Betrachtung des Tatbestandsmerkmals der „erforderlichen Aufsichtsmaßnahmen“ und die anschließende Konkretisierung des objektiven Tatbestandserfordernisses der „erforderlichen Aufsichtsmaßnahmen“. Ausgangspunkt war der Gesetzeswortlaut des § 130 OWiG, wodurch eine erste Konkretisierung an den Begriffen der *„Erforderlichkeit“* und der *„gehörigen Aufsicht“* erfolgte. Für eine weitere Konkretisierung wurden in der Untersuchung die deutsche Rechtsprechung und Schrifttumsansätze analysiert. Im Ergebnis gelangte die Analyse zu einer Reduzierung der „erforderlichen Aufsichtsmaßnahmen“ auf die fünf folgenden Aufsichtsmaßnahmen:

- Sorgfältige Auswahl bei Neueinstellung von Personal
- Sachgerechte Organisation und Zuständigkeitsverteilung
- Angemessene Instruktion und Schulung des Personals
- Ausreichende Kontrolle und Überwachung des Personals
- Angemessenes Einschreiten bei Fehlverhalten des Personals.

Der Schwerpunkt der Untersuchung bestand im dritten Teil der Arbeit darin, zu analysieren, was die fünf Aufsichtsmaßnahmen von einem Unternehmensinhaber abverlangen und inwieweit diese im Einzelnen Compliance-Maßnahmen implizieren. Einfach gewendet war zu untersuchen, ob diese fünf erforderlichen Aufsichtsmaßnahmen tatsächlich alles das abdecken, was gegenwärtig in der Praxis als Compliance-Maßnahmen erprobt und praktiziert wird. Ein besonderes Augenmerk bei der Beschreibung der fünf erforderlichen Aufsichtsmaßnahmen erhielt dabei das obiter dictum des BGH zum Compliance-Beauftragten und dessen damit verbundenen (möglichen) Strafbarkeitsrisiken. Es wurde festgestellt, dass das obiter dictum des BGH in dieser Allgemeinheit nicht haltbar ist: So wurde in der Untersuchung aufgezeigt, dass sich für den Compliance-Beauftragten weder eine Garantenpflicht aufgrund seiner Verantwortlichkeit für das Verhalten von Unternehmensmitarbeitern noch aus einer sekundären bzw. abgeleiteten Garantenpflichten eines Compliance-Beauftragten kraft tatsächlicher Übernahme von Überwachungs- und Sicherungspflichten ergibt, weshalb die Vermutung geäußert wurde, dass der BGH sich zu diesem obiter dictum veranlasst sah, um die oftmals kritisierte „organisierte Unverantwortlichkeit" im Unternehmen durch Einbeziehung eines Compliance-Beauftragten in die strafrechtliche Verantwortlichkeit zu vermeiden.

Abschließend wurden bei der Bestimmung der fünf erforderlichen Aufsichtsmaßnahmen auch die verfassungsrechtlichen Grenzen der Aufsichtspflicht im Hinblick auf unternehmensinterne Untersuchungen dargestellt.

Die hier in der Arbeit erfolgte Erörterung und Analyse der fünf Aufsichtsmaßnahmen hat aufgezeigt, dass die mit den fünf erforderlichen Aufsichtsmaßnahmen einhergehenden Maßnahmen sich nahezu mit den gegenwärtig in Deutschland praktizierten und erprobten Compliance-Maßnahmen weitestgehend decken. Demzufolge ist zu resümieren, dass sich die Compliance-Maßnahmen an den Ansätzen von Rechtsprechung und Schrifttum zur Aufsichtspflicht nach § 130 OWiG orientieren. Genauer gesagt ist die deutsche Beratungspraxis im Bereich Compliance und damit die Ausgestaltung eines Compliance-Systems von der deutschen Rechtsprechung zu § 130 OWiG geprägt. Denn die in der Untersuchung vorgenommene Analyse der deutschen Rechtsprechung zu § 130 OWiG zeigte auf, dass bereits in den neunziger Jahren eine beachtliche Anzahl obergerichtlicher Rechtsprechung zu den erforderlichen Aufsichtsmaßnahmen im Sinne des § 130 OWiG existierte. Insofern kann festgehalten werden, dass die in § 130 OWiG verlangten Aufsichtsmaßnahmen eine maßgebliche Bedeutung für die Ausgestaltung eines Compliance-Systems im Unternehmen nicht nur in jüngster Vergangenheit hatten, sondern auch noch gegenwärtig[1620] und künftig entscheidend bei der Ausgestaltung sein werden.

1620 Vgl. etwa: LG München I, Urteil vom 10.12.2013, Az. 5HK O 1387/10 („Neubürger-Urteil").

Trotz der relativ jungen deutschen „Compliance-Historie" setzte sich die Untersuchung aber auch mit gegenwärtig in Theorie und Praxis erprobten und empfohlenen Compliance-Maßnahmen auseinander, die gegenwärtig nicht als „erforderliche Aufsichtsmaßnahme" im Sinne des § 130 OWiG erörtert werden: Untersucht wurde etwa die Überlegung der Installierung eines Whistleblowing-Systems als ein Teil der Überwachungs- aber auch der Instruktionspflicht. Unter Bezugnahme auf statistische Erhebungen wurde dargestellt, dass ein Whistleblowing-System erheblich zur Effektivität eines Compliance-Systems beitragen kann, da Mitarbeiter mittlerweile immer häufiger Missstände in Unternehmen aufdecken. Zugleich wurde in diesem Kontext aber auch kritisch hinterfragt, ob ein derartiges Hinweisgebersystem auch anonyme Hinweise zulassen sollte, da die Befürchtung besteht, dass bei einem Hinweis nicht die Zivilcourage des einzelnen Mitarbeiters, Missstände oder Fehlverhalten im Unternehmen zu melden, im Vordergrund steht, sondern die Förderung von Missbrauch und Denunziantentum. In dem Spannungsfeld zwischen Zivilcourage und Denunziantentum war Ergebnis der Untersuchung, dass (anonymes) Whistelblowing eine geeignete Ergänzung der erforderlichen Aufsichtsmaßnahmen ist, da Whistleblowing einen höheren Informationsgewinn sowie die Überprüfung von Systemmängeln des Compliance-Systems ermöglicht und schließlich die für Arbeitgeber und Arbeitnehmer nachteiligen Folgen eines externen Whistleblowings vermeidet.

Ferner wurde die Bedeutsamkeit der Aufstellung und Einführung besonderer Compliance-Richtlinien im Unternehmen als ein Ausfluss der Instruktionspflicht in der Arbeit erläutert. Denn die Unternehmensrichtlinien spezifizieren die gesetzlichen Anforderungen auf die konkreten Unternehmensverhältnisse, wodurch Pflichten des Unternehmensinhabers konkretisiert und Mitarbeiter positiv in ihrem Verhalten beeinflusst werden, was das Risiko von (unbewussten) Rechtsverletzungen reduziert. In diesem Zusammenhang wurde in der Untersuchung kritisch auf die (teilweise) gegenwärtige Unternehmenspraxis hingewiesen, dass zahlreiche Unternehmen dazu neigen im Rahmen ihrer Unternehmensrichtlinien für jedes Szenario eine Verhaltensanweisung aufzustellen. Es wurde in der Arbeit davor gewarnt, dass zu detaillierte Informationen eine Regelungsflut schaffen, die die Mitarbeiter regelmäßig überfordern oder überstrapazieren.

Der in der Untersuchung an den geeigneten Stellen vorgenommene Rechtsvergleich zu den maßgeblichen US bzw. britischen Compliance-Regelungen zeigte darüber hinaus einige Unterschiede zum deutschen Verständnis von Compliance und zum Inhalt von Compliance-Systemen auf: Abseits der konkreten Compliance-Maßnahmen wurde in der Analyse der maßgeblichen Regelwerke festgestellt, dass der US- bzw. britische Gesetzgeber die Unternehmen nicht ganz allein lässt, weil er die notwendigen Compliance-Maßnahmen mittels Gesetz und Leitlinien vorgibt, die zu einer Haftungsvermeidung beitragen können. Zudem hat er im Gegensatz zum deutschen Gesetzgeber einige rechtliche Grauzonen geregelt: Hervorzuheben ist im Zusammenhang mit dem in Deutschland kritisierten Whistleblowing insbesondere der Schutz von Hinweisgebern vor Vergeltungsmaßnahmen des Arbeitgebers, der in den USA durch den Dodd-Frank Act gesetzlich abgesichert wird. Dadurch werden Hinweisgeber in den USA noch stärker zur Informationsweitergabe ermutigt und ein Whistleblowing-System und damit auch ein Compliance-System effektiver gestaltet. Eine derartige Schutzvorschrift existiert in Deutschland bisher nicht und dies trotz der empirisch nachgewiesen Wirksamkeit von Whistleblowing zur Aufdeckung von Fehlverhalten. Sowohl beim Beschäftigtendatenschutz als auch beim Hinweisgeberschutz wird also die berechtigte Forderung an den Gesetzgeber deutlich, hier zeitnah neue Gesetzeswerke zu statuieren.

Im Ergebnis haben die in § 130 OWiG verlangten Aufsichtsmaßnahmen eine erhebliche Bedeutung für die Ausgestaltung eines Compliance-Systems im Unternehmen, da die Anforderungen und Überlegungen zu den erforderlichen Aufsichtsmaßnahmen gegenwärtig bei der Implementierung und Ausgestaltung von Compliance-Systemen in der Unternehmenspraxis regelmäßig und beachtlich Berücksichtigung finden sowie ergänzend dazu neue Überlegungen wie die Einführung von Whistleblowing-Systemen oder Unternehmensrichtlinien erprobt werden.

(2) Sowohl die Vorschrift des § 130 OWiG als auch die deutsche Rechtsprechungspraxis steuern wesentlich zur aktuell bestehenden Unsicherheit bei den Unternehmensinhabern im Rahmen von straf- und ordnungswidrigkeitenrechtlichen Verfahren bei. Denn weder der unbestimmte Wortlaut des § 130 OWiG noch die Gerichte zeigen den Unternehmensinhabern auf, welche Maßnahmen im Sinne des § 130 OWiG „erforderlich" sind, um einer Haftung nach § 130 OWiG zu entgehen. Deshalb führte eine in der Arbeit vorgenommene Analyse der Vorschrift auch zu dem Ergebnis, dass § 130 OWiG nicht mit dem in Art. 103 Abs. 2 GG enthaltenen Bestimmtheitsgrundsatz vereinbar und damit verfassungswidrig ist.

In Anbetracht dessen verdeutlicht dies die Notwendigkeit der hier in der Arbeit vorgenommenen Konkretisierung der „erforderlichen Aufsichtsmaßnahmen" als einen ersten Schritt in Richtung der erforderlichen Bestimmtheit im Sinne des Art. 103 Abs. 2 GG und damit verbunden auch in Richtung der Rechtsicherheit und Rechtsklarheit.

Vor diesem Hintergrund erachtet der Verfasser der Arbeit es als erforderlich, im Wege eines zweiten Schritts einen rechtspolitischen Ausblick in Form eines Novellierungsvorschlags des § 130 OWiG anzustellen. Kern der Überlegungen sind dabei insbesondere die in der Arbeit konkretisierten fünf Aufsichtsmaßnahmen abschließend und nicht nur als beispielhafte Aufzählung im Wortlaut des § 130 OWiG aufzunehmen. Eine abschließende Auflistung der Aufsichtsmaßnahmen im Wortlaut des § 130 OWiG wie es die Compliance-Standards in den USA und England bereits praktizieren, würde den Unternehmensinhabern ihre Pflichten konkretisieren und bestimmt machen.

Maßgeblich für einen Novellierungsvorschlag ist dabei, dass die Vorschrift zum einen den Gerichten den für die Entscheidungsfindung notwendigen Ermessensspielraum überlasst, zum anderen aber derart konkret ist, dass dem Unternehmensinhaber eine Orientierung für dessen notwendige, erforderliche und zumutbare organisatorischen Maßnahmen zwecks Sicherstellung der Rechtskonformität an die Hand gegeben wird.

Im Gesamten hätte der Novellierungsvorschlag des § 130 OWiG folgenden Wortlaut:

(1) [1]Wer als Inhaber eines Unternehmens vorsätzlich oder fahrlässig die Aufsichtsmaßnahmen unterlässt, die erforderlich sind, um in dem Unternehmen Zuwiderhandlungen gegen Pflichten zu verhindern, die den Inhaber treffen und deren Verletzung mit Strafe oder Geldbuße bedroht ist, handelt ordnungswidrig, wenn eine solche Zuwiderhandlung begangen wird, die durch gehörige Aufsicht verhindert oder wesentlich erschwert worden wäre. [2]Erforderliche Aufsichtsmaßnahmen des Inhabers eines Unternehmens sind die sorgfältige Auswahl des Personals, die sachgerechte Organisation und Zuständigkeitsverteilung, die angemessene Instruktion und Schulung des Personals, die ausreichende Kontrolle und Überwachung des Personals sowie das angemessene Einschreiten bei Fehlverhalten des Personals. [3]Es besteht eine Pflicht des Inhabers zu gesteigerten Aufsichtsmaßnahmen, wenn es im Unternehmen bereits zu Zuwiderhandlungen gekommen oder mit diesen aufgrund spezieller Umstände zu rechnen ist, etwa bei der Beschäftigung von unzuverlässigen oder unerfahrenen Mitarbeitern, bei schwierigen Rechtsfragen, bei Verdachtsmomenten sowie bei Gefahrgeneigtheit der Tätigkeit. [4]Aufgrund der spezifischen Unternehmensverhältnisse hängt der Umfang der erforderlichen Aufsichtsmaßnahmen von Art, Größe, Struktur, Tätigkeitsfeld und Börsennotierung des Unternehmens, der Geschäftstätigkeit immanenten Gefahren, der Vielfalt und dem Gewicht der einzuhaltenden Vorschriften, der Anzahl und Qualifikation der Mitarbeiter, den Zuwiderhandlungen in der Vergangenheit und einer gegebenenfalls bereits bestehenden Unternehmensorganisation ab.

(2) Unternehmen im Sinne des Absatzes 1 ist auch das öffentliche Unternehmen.

(3) [1]Die Ordnungswidrigkeit kann, wenn die Pflichtverletzung mit Strafe bedroht ist, mit einer Geldbuße bis zu einer Million Euro geahndet werden. [2]§ 30 Absatz 2 Satz 3 ist anzuwenden. [3]Ist die Pflichtverletzung mit Geldbuße bedroht, so bestimmt sich das Höchstmaß der Geldbuße wegen der Aufsichtspflichtverletzung nach dem für die Pflichtverletzung angedrohten Höchstmaß der Geldbuße. [4]Satz 3 gilt auch im Falle einer Pflichtverletzung, die gleichzeitig mit Strafe und Geldbuße bedroht ist, wenn das für die Pflichtverletzung angedrohte Höchstmaß der Geldbuße das Höchstmaß nach Satz 1 übersteigt. [5]Von der Verhängung einer Geldbuße kann abgesehen oder deren Höhe verringert werden, wenn das Unternehmen bis zum rechtskräftigen Abschluss des Bußgeldverfahrens über ein

Compliance-System verfügt, das die Verhinderung der verfahrensgegenständlichen sowie gleichgelagerter künftiger Zuwiderhandlungen zum Ziel hat und die in Absatz 1 Satz 2 genannten erforderlichen Aufsichtsmaßnahmen wirksam umsetzt.

Im Einzelnen zum Novellierungsvorschlag:

§ 130 Abs. 1 S. 2 OWiG des Novellierungsvorschlags soll für Unternehmensinhaber verlässlich und insbesondere – mit dem in Art. 103 Abs. 2 GG enthaltenen Bestimmtheitsgebot vereinbar – abschließend aufzeigen, welche Aufsichtsmaßnahmen nach § 130 OWiG von dem Unternehmensinhaber als „erforderliche“ Maßnahme verlangt werden. Zum Inhalt der in § 130 Abs. 1 S. 2 OWiG aufgeführten Aufsichtsmaßnahmen wird auf die Erläuterungen in Teil 3 Abschnitt C der Arbeit verwiesen.

Durch § 130 Abs. 1 S. 3 OWiG soll den Unternehmensinhabern verdeutlicht werden, dass in den dort genannten Fällen gesteigerte Aufsichtsmaßnahmen erforderlich sein können. § 130 Abs. 1 S. 4 OWiG soll den Gerichten den genannten Ermessensspielraum bei der Rechtsfolgenentscheidung geben, da die Regelung zeigt, dass die Ausgestaltung eines solchen Systems von unterschiedlichen Kriterien und unternehmensspezifischen Risikofaktoren abhängt und gerade nicht einen allgemeingültigen, für jedes Unternehmen geltenden „Compliance-Standard“ darstellt. Gerade die Kombination von S. 2 und S. 4 kommt dem Verlangen der Unternehmenspraxis – insbesondere der mittelständischen Unternehmen – nach, da diese Sätze Rechtssicherheit und Rechtsklarheit bei Normanwender und Normadressat dahingehend schaffen, welche Maßnahmen für das jeweilige Unternehmen erforderlich sind. Zudem soll mit S. 4 ein Unternehmen dazu angehalten werden, zunächst eine Risikoanalyse durchzuführen, um zum einen die der Geschäftstätigkeit immanenten Gefahren zu ermitteln sowie zu bewerten und zum anderen die unternehmensspezifischen Aufsichtsmaßnahmen zwecks Effektivität des Compliance-Systems festzulegen. Dies soll verhindern, dass Unternehmen zu einem „überobligatorischen Standard“ greifen.

Den Regelungen der United States Federal Sentencing Guidelines und des UK Bribery Acts entlehnt, könnte zudem bei den Unternehmensinhabern ein „Anreiz“ geschaffen werden, ein Compliance-System ausgerichtet auf die jeweiligen Unternehmensverhältnisse und den konkretisierten Anforderungen des § 130 OWiG einzuführen, indem ähnlich den genannten internationalen Regelungen die Geldbuße nach § 130 OWiG bei Vorliegen eines effektiven Compliance-Systems gemindert bzw. von einer Geldbuße gar abgesehen wird.

Eine derartige Überlegung greift der hier vorgestellte Novellierungsvorschlag in § 130 Abs. 3 S. 5 OWiG auf. Mit der Einführung eines Anreizes in Form eines effektiven Compliance-Systems in den Gesetzeswortlaut des § 130 OWiG, der die Möglichkeit vorsieht, die Geldbuße zu verringern bzw. von dieser abzusehen, würde der deutsche Gesetzgeber gegenüber internationalen Compliance-Standards wie den United States Federal Sentencing Guidelines und dem UK

Bribery Act nachziehen. Die Möglichkeit der Verfolgungsbehörden von einer Geldbuße abzusehen bzw. diese zumindest zu verringern, wäre Gegenstand und Frage der Bußgeldbemessung und vergleichbar mit den Strafzumessungskriterien im Sinne des §§ 46 Abs. 2, 46a Abs. 1 Nr. 1 StGB. Die Einführung eines Compliance-Systems könnten die Verfolgungsbehörden insoweit als positives Nachtatverhalten bzw. Schadenswidergutmachung ansehen – gestützt auf objektive, von den Verfolgungsbehörden festzustellende Gesichtspunkte. In diesem Zusammenhang soll das Wort „kann" in § 130 Abs. 3 S. 5 OWiG ausdrücken, dass die Verfolgungsbehörden in der Entscheidungsfindung hinsichtlich „Ob" und der Höhe einer Geldbuße frei sind. Denn es ist weiterhin die Aufgabe der Verfolgungsbehörden die (vorhandenen) Organisationsstrukturen des betroffenen Unternehmens selbstständig zu überprüfen bzw. zu bewerten und sich dabei an der „Erforderlichkeit" der Maßnahmen entsprechend dem reformierten § 130 Abs. 1 S. 2 OWiG zu orientieren.

Weniger problematisch für die Überprüfung bzw. Bewertung durch die Verfolgungsbehörden ist dabei die Situation, dass das verfahrensgegenständliche Unternehmen vor der Verfahrensleitung über gar kein Compliance-System verfügte und die Verantwortlichen in dem Bußgeldverfahren nun vorbringen, dass ein Compliance-System implementiert wurde. In diesem Fall können die Verfolgungsbehörden mittels denen ihnen zur Verfügung stehenden Beweismittel objektiv feststellen, ob das betreffende Unternehmen ein Compliance-System implementiert hat und zumindest ein Milderungsgrund als erfüllt anzusehen ist. Problematischer ist demgegenüber der Fall, bei dem das Unternehmen bei Verfahrenseinleitung über ein defizitäres Compliance-System verfügte und nunmehr die Verfolgungsbehörden zu beurteilen haben, ob das Unternehmen den Defizit beseitigt und ein „effektives" Compliance-System im Sinne des reformierten § 130 Abs. 1 S. 2 OWiG implementiert hat. Schwierig wird für die Verfolgungsbehörden in diesem Kontext sein, die jetzige „Fehlerfreiheit" bzw. „Effektivität" des Systems selbstständig zu bewerten. In der Praxis würde sich künftig angesichts der hierfür nötigen Fachexpertise die Frage stellen, wie die „Effektivität" des Compliance-Systems bewiesen werden könnte. Zum einen könnte ein Gericht ein Sachverständigengutachten einholen, zum anderen könnte das Unternehmen eine international anerkannte Zertifizierung des Compliance-Systems und der Funktionsträger (etwa vom Institut der Wirtschaftsprüfer) vorlegen, nachdem das System durch eigens beauftragte externe Fachleute geprüft wurde.

Dennoch bleiben bei einem derartigen Fall zahlreiche Fragen offen, die es künftig rechtspolitisch und rechtsdogmatisch zu klären gilt: Was ist, wenn das Sachverständigengutachten zum Ergebnis kommt, dass zwar ein Compliance-System implementiert wurde, es aber nicht (vollständig) den reformierten Anforderungen des § 130 Abs. 1 S. 2 OWiG genügt; ist dies dennoch ein Fall für eine Bußgeldminderung? Was ist, wenn das Unternehmen bis zum rechtskräftigen Abschluss des Bußgeldverfahrens den Verfolgungsbehörden zwar den Prüfungsauftrag an externe Experten für eine Zertifizierung des Compliance-Systems vorlegt, die Prüfung wegen der Größe des Unternehmens aber Monate, wenn nicht gar Jahre, dauern wird; ist dies dann auch schon ein Minderungsgrund? In diesem Zusammenhang stellen sich folgende Anschlussfragen: Wieviel Zeit kann dem Unternehmen – gerade im Hinblick auf die Verjährungsfristen im Ordnungswidrigkeitenrecht – für die Implementierung gewährt werden? Werden Unternehmen, deren Verfahren länger andauern, bei ihren Implementierungsmaßnahmen im Ergebnis bevorzugt? Hat das Gericht Mittel und Möglichkeiten, wenn das Unternehmen nach einem zu Gunsten des Unternehmens ergangenen Urteils den Prüfungsauftrag für die Zertifizierung plötzlich kündigt? Würden die Verfolgungsbehörden eine Implementierung bzw. die Anpassung eines Compliance-Systems durch das betreffende Unternehmen, das dadurch eigentlich in den Genuss einer Minderung bzw. eines Absehens kommen möchte, zugleich als Eingeständnis der fraglichen Pflichtverletzung ansehen?

§ 130 Abs. 3 S. 5 a. E. OWiG verfolgt praktische und ökonomische Gesichtspunkt: Den Verfolgungsbehörden kann nicht abverlangt werden, eine umfassende Prüfung dahingehend vorzunehmen, ob alle Defizite in sämtlichen Unternehmensbereichen behoben worden sind. Maßgeblich ist eine Überprüfung in der Weise, ob das betreffende Unternehmen im Hinblick auf die verfahrensgegenständlichen und gleichgelagerten Zuwiderhandlungen nunmehr Vorkehrungen getroffen hat.

Solche Überlegungen wie in dem Reformvorschlag angestellt, sind auch Gegenstand von aktuellen Diskussionen in der Rechtspolitik und im wissenschaftlichen Schrifttum: Denn gegenwärtig wird die Überlegung eines „Anreizsystems" intensiv thematisiert und dadurch der Anstoß für einen möglichen Reformvorschlag geleistet: „*Ziel muss daher sein, auch in Deutschland entsprechende Komponenten eines Compliance-Anreizsystems zur Verbesserung der Prävention und Aufklärung von Wirtschaftsstraftaten gesetzlich zu verankern.*"[1621]

1621 Vgl. Wessels/Moosmayer, CCZ 2014, S. 146 (147). Abrufbar unter http://www.buj.net/resources/Server/BUJ-Stellungnahmen/BUJ_Gesetzgebungsvorschlag_OWiG.pdf [20.07.2016]. Der Gesetzesvorschlag ist ein Gegenentwurf zu der Initiative des Justizministers von Nordrhein-Westfalen, Thomas Kutschaty, der am 19.09.2013 seinen „Entwurf eines Gesetzes zur Einführung der strafrechtlichen Verantwortlichkeit von Unternehmen und sonstigen Verbänden" vorstellte, abrufbar unter https://www.justiz.nrw.de/JM/leitung/jumiko/beschluesse/2013/herbstkonferenz13/zw3/TOP_II_5_Gesetzentwurf.pdf [20.07.2016]. Vgl. zuletzt den Vorschlag des Deutschen Instituts für Compliance e. V. (DICO) vom 12.08.2014 zum „Entwurf eines Gesetzes zur Schaffung von Anreizen für Compliance-Maßnahmen in Betrieben und Unternehmen (Compliance-Anreiz-Gesetz, CompAG), abrufbar unter: http://dico-ev.de/index.php?id=260 [20.07.2016].

Literaturverzeichnis

Achenbach, Hans: Rezension zu Günter Masche, Aufsichtspflichtverletzungen in Unternehmen und Betrieben – Die Sanktionierung von Verstößen gegen die Aufsichtspflicht in Betrieben und Unternehmen nach § 130 des Ordnungswidrigkeitengesetzes unter besonderer Berücksichtigung des Zusammenhangs zwischen Tathandlung und Zuwiderhandlung wistra 1998, S. 296–300.

Achenbach, Hans: Ausweitung des Zugriffs bei den ahndenden Sanktionen gegen die Unternehmensdelinquenz wistra 2002, S. 441–445.

Achenbach, Hans: Ordnungsfaktor Wirtschaftsstrafrecht StV 2008, S. 324–327.

Achenbach, Hans: Unternehmensbezug in: Achenbach, Hans; Ransiek, Andreas (Hrsg.), Handbuch Wirtschaftsstrafrecht, 3. Auflage, Heidelberg 2012 (zitiert als: *Achenbach* in: HWSt).

Adam, Dirk H. V.: Die Begrenzung der Aufsichtspflichten in der Vorschrift des § 130 OWiG wistra 2003, S. 285–292.

Albrecht, Peter-Alexis: Prävention als problematische Zielbestimmung im Kriminaljustizsystem KritV 1986, S. 55–82.

Albrecht, Peter-Alexis: Das Strafrecht im Zugriff populistischer Politik StV 1994, S. 265–273.

Albrecht, Peter-Alexis: Kriminologie. Eine Grundlage zum Strafrecht 4. Auflage, München 2010 (zitiert als: Albrecht, Kriminologie).

Albrecht, Peter-Alexis: Die vergessene Freiheit. Strafrechtsprinzipien in der europäischen Sicherheitsdebatte 3. Auflage, Berlin 2011 (zitiert als: Albrecht, Die vergessene Freiheit).

American Law Institute: Principles of Corporate Governance: Analysis and Recommendations Volume 1, Parts I–VI, §§ 1.01-6.02, St. Paul 1994 (zitiert als: American Law Institute, Principles).

Arbeitskreis Externe und Interne Überwachung der Unternehmung der Schmalenbach-Gesellschaftfür Betriebswirtschaft e.V. (AKEIÜ): Compliance: 10 Thesen für die Unternehmenspraxis DB 2010, S. 1509–1518. (zitiert als: AKEIÜ, DB 2010).

Arlen, Jennifer: The failure of the Organizational Sentencing Guidelines 66 University of Miami Law Review 2012, S. 321–361.

Armbrüster, Christian: Haftung der Geschäftsführer bei Verstößen gegen § 64a VAG VersR 2009, S. 1293–1304.

Assmann, Heinz-Dieter: Das künftige deutsche Insiderrecht (I) AG 1994, S. 196–206.

Assmann, Heinz-Dieter Schneider, Uwe H.: Wertpapierhandelsgesetz 6. Auflage, Köln 2012 (zitiert als: *Bearbeiter* in: Assmann/Schneider).

Bachmann, Gregor: Compliance –Rechtsgrundlagen und offene Fragen in: Gesellschaftsrechtliche Vereinigung (Hrsg.), Gesellschaftsrecht in der Diskussion 2007, Band 13, Köln 2008, S. 65–102 (zitiert als: *Bachmann* in: VGR).

Bainbridge, Stephen M.: The Complete Guide to Sarbanes-Oxley Understanding How Sarbanes-Oxley Affects Your Business Avon 2007 (zitiert als: Bainbridge, 2007).

Bainbridge, Stephen M.: Dodd-Frank: Quack Federal Corporate Governance Round II 95 Minnesota Law Review 2011, S. 1779–1821.

Bainbridge, Stephen M.: Corporate Governance after the Financial Crisis New York 2012 (zitiert als: Bainbridge, 2012).

Balke, Barbara / Müller, Andreas: Arbeitsrechtliche Aspekte beim betrieblichen Einsatz von e-mails DB 1997, S. 326–330.

Baumann, Jürgen / Weber, Ulrich / Mitsch, Wolfgang: Strafrecht Allgemeiner Teil 11. Auflage, Bielefeld 2003 (zitiert als: Baumann/Weber/Mitsch, StrafR AT).

Baumbach, Adolf / Hueck, Alfred (Hrsg.): GmbHG Gesetz betreffend die Gesellschaft mit beschränkter Haftung 20. Auflage, München 2013 (zitiert als: *Bearbeiter* in: Baumbach/Hueck).

Beckschulze, Martin / Natzel, Ivo: Das neue Beschäftigtendatenschutzgesetz – Eine Darstellung des aktuellen Gesetzesentwurfs vom 25.8.2010 – BB 2010, S. 2368–2375.

Behling, Thorsten B.: Compliance vs. Fernmeldegeheimnis Wo liegen die Grenzen bei E-Mail-Kontrollen als Antikorruptionsmaßnahme? BB 2010, S. 892–896.

Benz, Jochen / Heißner, Stefan / John, Dieter / Möllering, Jürgen: Korruptionsprävention in Wirtschaftsunternehmen und durch Verbände in: Dölling, Dieter (Hrsg.), Handbuch der Korruptionsprävention für Wirtschaftsunternehmen und öffentliche Verwaltung München 2007 (zitiert als: *Benz/Heißner/John/Möllering* in: Hdb. Korruptionsprävention)

Benz, Jochen / Klindt, Thomas: Compliance 2020 – ein Blick in die Zukunft BB 2010, S. 2977–2980.

Bergmoser, Ulrich / Theusinger, Ingo / Gushurst, Klaus-Peter: Corporate Compliance – Grundlagen und Umsetzung BB Beilage 2008, S. 1–11.

Berndt, Markus: Strafrechtliche Garantenpflicht eines „Compliance Officers" StV 2009, S. 687–691.

Berndt, Thomas / Hoppler, Ivo: Whistleblowing – ein integraler Bestandteil effektiver Corporate Governance BB 2005, S. 2623–2629.

Beulke, Werner / Moosmayer, Klaus: Der Reformvorschlag des Bundesverbandes der Unternehmensjuristen zu den §§ 30, 130 OWiG – Plädoyer für eine modernes Unternehmenssanktionsrecht – CCZ 2014, 146–152.

Bissels, Alexander / Lützeler, Martin: Compliance-Verstöße im Ernstfall: Der Weg zu einer verhaltensbedingten Kündigung BB 2012, S. 189–193.

Blake, Harlan M.: The Shareholders' role in Antitrust Enforcement 110 University of Pennsylvania Law Review 1961, S. 143–178.

Blasche, Sebastian: Die Mindestanforderungen an ein Risikofrüherkennungs- und Überwachungssystem nach § 91 Abs. 2 AktG CCZ 2009, S. 62–67.

Bock, Dennis: Strafrechtliche Aspekte der Criminal Compliance-Diskussion – § 130 OWiG als zentrale Norm der Criminal Compliance ZIS 2009, S. 68–81.

Bock, Dennis: Criminal Compliance Baden-Baden 2011 (zitiert als: Bock).

Bock, Dennis: Strafrechtlich gebotene Unternehmensaufsicht (Criminal Compliance) als Problem der Rechtssicherheit – Zur Legitimation eines neuen wirtschaftsregulierenden Rechtsgebiets – wistra 2011, S. 201–206.

Bock, Dennis: Aufsichtspflichten, §§ 130, 30 OWiG in: Rotsch, Thomas (Hrsg.), Criminal Compliance – Handbuch Baden-Baden 2015, S. 264–288 (zitiert als: *Bock* in: Hdb. Criminal Compliance).

Bohnert, Joachim: Ordnungswidrigkeitengesetz – Kommentar 3. Auflage, München 2010 (zitiert als: Bohnert, OWiG).

Bohnert, Joachim: Ordnungswidrigkeitenrecht 4. Auflage, München 2010 (zitiert als: Bohnert).

Boos, Karl-Heinz / Fischer, Reinfried / Schulte-Mattler, Hermann: Kreditwesengesetz Kommentar zum KWG und Ausführungsvorschriften 4. Auflage, München 2012 (zitiert als: *Bearbeiter* in: BFS-KWG).

Bosch, Nikolaus: Organisationsverschulden in Unternehmen Baden-Baden 2002 (zitiert als: Bosch).

Bosch, Wolfgang / Colbus, Birgit / Harbusch, Antonia: Berücksichtigung von Compliance-Programmen in Kartellgeldbußverfahren WuW 2009, S. 740–749.

Bottke, Wilfried: Empfiehlt es sich, die strafrechtliche Verantwortlichkeit für Wirtschaftsstraftaten zu verstärken? wistra 1991, S. 81–91.

Boujong, Karlheinz (Hrsg.): Karlsruher Kommentar zum Gesetz über Ordnungswidrigkeiten München 1989 (zitiert als: *Bearbeiter* in: KK-OWiG, 1. Auflage 1989).

Brömmelmeyer, Christoph: Neue Regeln für die Binnenhaftung des Vorstands – Ein Beitrag zur Konkretisierung der Business Judgment Rule WM 2005, S. 2065–2070.

Buchholz, Dario: Der Begriff der Zuwiderhandlung in § 130 OWiG unter Berücksichtigung aktueller Compliance-Fragen Hamburg 2013 (zitiert als: Buchholz).

Buchta, Jens: Haftung und Verantwortlichkeit des Vorstands einer Aktiengesellschaft – Eine Bestandsaufnahme DB 2006, S. 1939–1944.

Buck-Heeb, Petra / Dieckmann, Andreas: Selbstregulierung im Privatrecht Tübingen 2010 (zitiert als: Buck-Heeb/Dieckmann).

Bürgers, Tobias / Körber, Torsten: Aktiengesetz 3. Auflage, Heidelberg 2014 (zitiert als: *Bearbeiter* in: Bürgers/Körber).

Bürkle, Jürgen: Weitergabe von Informationen über Fehlverhalten in Unternehmen (Whistleblowing) und Steuerung auftretender Probleme durch ein Compliance-System DB 2004, S. 2158–2161.

Bürkle, Jürgen: Corporate Compliance – Pflicht oder Kür für den Vorstand der AG? BB 2005, S. 565–570.

Bürkle, Jürgen: Auswirkungen der Unternehmensaufsicht nach dem KWG auf organisatorische Pflichten von Versicherungsunternehmen – Zur Reichweite der unternehmensorganisatorischen Vorgaben in § 25a Abs. 1 KWG – WM 2005, S. 1496–1505.

Bürkle, Jürgen: Corporate Compliance als Standard guter Unternehmensführung des Deutschen Corporate Governance Kodex BB 2007, S. 1797–1801.

Bürkle, Jürgen: Die rechtlichen Auswirkungen der MaRisk VA auf die Geschäftsorganisation von Versicherungsunternehmen VersR 2009, S. 866–873.

Bürkle, Jürgen: Grenzen der strafrechtlichen Garantenstellung des Compliance-Officers CCZ 2010, S. 4–12.

Bürkle, Jürgen: Allgemeine Unternehmensorganisation, Compliance-Beauftragte in: Hauschka, Christoph E., Corporate Compliance: Handbuch der Haftungsvermeidung im Unternehmen 2. Auflage, München 2010, S. 136–162 (zitiert als: *Bürkle* in: Hdb. Haftungsvermeidung).

Buff, Herbert G.: Compliance – Führungskontrolle durch den Verwaltungsrat Zürich 2000 (zitiert als: Buff).

Bussmann, Kai-D. / Matschke, Sebastian: Der Einfluss nationalen Rechts auf Kontroll- und Präventionsmaßnahmen von Unternehmen – ein Vergleich zwischen den USA und Deutschland – wistra 2008, S. 88–95.

Bussmann, Kai-D. / Matschke, Sebastian: Die Zukunft der unternehmerischen Haftung bei Compliance-Verstößen CCZ 2009, S. 132–138.

Bussmann, Kai-D. / Salvenmoser, Steffen: Internationale Studie zur Wirtschaftskriminalität NStZ 2006, S. 203–209.

Callahan, Elletta Sangrey / Dworkin, Terry Morehead / Fort, Timothy L. / Schipani, Cindy A.: Integrating Trends in Whistleblowing and Corporate

Governance: Promoting organizational effectiveness, societal responsibility, and employee empowerment 40 American Business Law Journal 2002, S. 177–215.

Campos Nave, José A. / Baumbach, Felix von: Herausforderung für das Unternehmen durch das neue Datenschutzgesetz Datenschutz-Compliance NWB 2010, S. 911–915.

Campos Nave, José A. / Bonenberger, Saskia: Korruptionsaffären, Corporate Compliance und Sofortmaßnahmen im Krisenfall BB 2008, S. 734–741.

Campos Nave, José A. / Vogel, Henrik: Die erforderliche Veränderung von Corporate Compliance-Organisationen im Hinblick auf gestiegene Verantwortlichkeiten des Compliance Officers BB 2009, S. 2546–2551.

Cauers, Lutz / Haas, Klaus / Jakob, Alexander / Kremer, Friedhelm / Schartmann, Bernd / Welp, Oliver: Ist der gegenwärtig viel diskutierte Begriff „Compliance" nur alter Wein in neuen Schläuchen? DB 2008, S. 2717–2719.

Cavico, Frank J.: Private Sector Whistleblowing and the Employment-At-All Doctrine: A comparative legal, ethical, and pragmatic analysis 45 South Texas Law Review 2004, S. 543–642.

Cohen, Joel M. / Holland, Michael P.: Fünf Punkte, die ausländische Unternehmen über den United States Foreign Corrupt Practices Act (FCPA) wissen sollten CCZ 2008, S. 7–11.

Copeland, John D.: The Tyson Story: Building an effective Ethics and Compliance Program 5 Drake Journal of Agricalturual Law 2000, S. 305–348.

Dann, Matthias: Compliance-Untersuchungen im Unternehmen: Herausforderung für den Syndikus Zum Zusammenspiel von Rechtsabteilung und externen Anwälten bei internen Ermittlungen AnwBl 2009, S. 84–89.

Dann, Matthias: Zur „Verstrafrechtlichung" eines neuen Berufsbildes Compliance-Beauftragte am Rande des Nervenzusammenbruchs? ZRFC 2011, S. 155–159.

Dann, Matthias / Gastell, Roland: Geheime Mitarbeiterkontrollen: Straf- und arbeitsrechtliche Risiken bei unternehmensinterner Aufklärung NJW 2008, S. 2945–2949.

Dann, Matthias / Mengel, Anja: Tanz auf einem Pulverfass – oder: Wie gefährlich leben Compliance-Beauftragte? NJW 2010, S. 3265–3269.

Dann, Matthias / Schmidt, Kerstin: Im Würgegriff der SEC? – Mitarbeiterbefragungen und die Selbstbelastungsfreiheit NJW 2009, S. 185–1855.

Dann, Matthias / Zülch, Cord: Unternehmensinterne Ermittlungen Strafrechtliche Aspekte eines umstrittenen Instruments ZRFC 2011, S. 267–272.

Dannecker, Gerhard: Zur Notwendigkeit der Einführung kriminalrechtlicher Sanktionen gegen Verbände Überlegungen zu den Anforderungen und zur Ausgestaltung eines Verbandsstrafrechts GA 2001, S. 101–130.

Debold, David: Practice under the Federal Sentencing Guidelines Volume 1, 5. Auflage, New York 2012 (zitiert als: Debold).

Deister, Jochen / Geier, Anton: Der UK Bribery Act und seine Auswirkungen auf deutsche Unternehmen CCZ 2011, S. 12–18.

Deister, Jochen / Geier, Anton / Rew, Paul: Business as usual? Die Leitlinien zum UK Bribery Act 2010 sind veröffentlicht CCZ 2011, S. 81–89.

Delikat, Michael / Phillips, Renée: Corporate Whistleblowing in the Sarbanes-Oxley Era Preface New York 2011 (zitiert als: Delikat/Phillips, Corporate Whistleblowing).

Demuth, Hennrich / Schneider, Tilmann: Die besondere Bedeutung des Gesetzes über Ordnungswidrigkeiten für Betrieb und Unternehmen BB 1970, S. 642–651.

Deutscher, Jörg: Zur Strafbarkeit des Compliance Officer – Erhöhte Berufsrisiken nach dem Urteil des BGH vom 17.07.2009 = WM 2009, 1882 WM 2010, S. 1387–1393.

Dieners, Peter: Vermeidung von Korruptionsrisiken aus Unternehmenssicht – Rechtliche Gestaltung von Geschäftsbeziehungen, Behördenkontakten und Lobbying – in: Dölling, Dieter (Hrsg.), Handbuch der Korruptionsprävention für Wirtschaftsunternehmen und öffentliche Verwaltung München 2007, S. 183–235 (zitiert als: *Maschmann* in: Hdb. Korruptionsprävention).

Dietrich, Thomas / Hanau, Peter / Schaub, Günter (Hrsg.): Erfurter Kommentar zum Arbeitsrecht 15. Auflage, München 2015 (zitiert als: *Bearbeiter* in: ErfK).

Diller, Martin / Powietzka, Arnim: Drogenscreenings und Arbeitsrecht NZA 2001, S. 1227–1233.

Dingeldey, Thomas: Das chinese wall-Prinzip im Bankrecht der Vereinigten Staaten RIW 1983, S. 81–89.

Dowling, Jr., Donald C.: Sarbanes-Oxley Whistleblower Hotlines across Europe: Directions through the Maze 42 International Lawyer 2008, S. 1–57.

Dowling, Jr., Donald C.: How to launch and operate legally-complaint international workplace report channel 45 International Lawyer 2011, S. 903–938.

Dreher, Meinrad: Das Risikomanagement nach § 64a VAG und Solvency II VersR 2008, S. 998–1007.

Dreher, Meinrad: Die Vorstandsverantwortung im Geflecht von Risikomanagement, Compliance und interner Revision in: Kindler, Peter (Hrsg.), Festschrift für Uwe Hüffer zum 70. Geburtstag, München 2010, S. 161–177 (zitiert als: *Dreher* in: FS Hüffer).

Duttge, Gunner: Zur Bestimmtheit des Handlungsunwerts von Fahrlässigkeitsdelikten Tübingen 2001 (zitiert als: Duttge).

Dworkin, Terry Morehead: SOX and Whistleblowing 105 Michigan Law Review 2007, S. 1757–1779.

Eidam, Gerd: Die Verbandsgeldbuße des § 30 Abs. 4 OWiG – eine Bestandsaufnahme wistra 2003, S. 447–456.

Eisele, Dieter: Insiderrecht und Compliance WM 1993, S. 1021–1026.

Eisele, Dieter: Verhaltensregeln und Compliance in: Schimansky, Herbert; Bunte, Hermann-Josef; Lwowski, Hans-Jürgen (Hrsg.), Bankrechts-Handbuch, Band III, München 1997, S. 2865–2890 (zitiert als: *Eisele* in: Hdb. Bankrecht).

Ekkenga, Jens: Neuordnung des Europäischen Bilanzrechts für börsennotierte Unternehmen: Bedenken gegen die Strategie der EG-Kommission BB 2001, S. 2362–2369.

Engelhart, Marc: Reform der Compliance-Regelungen der United States Sentencing Guidelines NZG 2011, S. 126–129.

Engelhart, Marc: Sanktionierung von Unternehmen und Compliance: eine rechtsvergleichende Analyse des Straf- und Ordnungswidrigkeitenrechts in Deutschland und den USA 2. Auflage, Berlin 2012 (zitiert als: Engelhart).

Ensthaler, Jürgen / Füller, Jens Thomas / Schmidt, Burkhardt: Kommentar zum GmbH-Gesetz 2. Auflage, Köln 2010 (zitiert als: *Bearbeiter* in: Ensthaler/Füller/Schmidt).

Eufinger, Alexander: Zu den historischen Ursprüngen der Compliance CCZ 2012, S. 21–22.

Fahrig, Stephan: Die Einführung eines Verhaltenskodexes und das Whistleblowing Baden-Baden 2010 (zitiert als: Fahrig).

Fahrig, Stephan: Die Zulässigkeit von Whistleblowing aus arbeits- und datenschutzrechtlicher Sicht NZA-Online 2011, S. 1–5.

Favoccia, Daniela / Richter, Thomas: Rechte, Pflichten und Haftung des Compliance Officers aus zivilrechtlicher Sicht AG 2010, S. 137–147.

Fecker, Jörg / Kinzl, Ulrich-Peter: Ausgestaltung der arbeitsrechtlichen Stellung des Compliance-Officers Schlussfolgerungen aus der BSR-Entscheidung des BGH CCZ 2010, S. 13–20.

Ferner, Wolfgang / Meier, Hans: Gesetz über Ordnungswidrigkeiten, Kommentar Band 2, §§ 80–135 OWiG, Köln 2010 (zitiert als: Ferner, OWiG).

Fett, Torsten/ Theusinger, Ingo: Compliance im Konzern – Rechtliche Grundlagen und praktische Umsetzung BB 2010, S. 6–14.

Fischer, Thomas: Strafgesetzbuch und Nebengesetze 62. Auflage, München 2015 (zitiert als: Fischer).

Fleischer, Holger: Die „Business Judgment Rule“ im Spiegel von Rechtsvergleichung und Rechtsökonomie in: Wank, Rolf (Hrsg.), Festschrift für Heribert

Wiedemann zum 70. Geburtstag, München 2002, S. 827–850 (zitiert als: *Fleischer* in: FS Wiedemann).

Fleischer, Holger: Zur Leitungsaufgabe des Vorstands im Aktienrecht ZIP 2003, S. 1–11.

Fleischer, Holger: Vorstandsverantwortlichkeit und Fehlverhalten von Unternehmensangehörigen – Von der Einzelüberwachung zur Errichtung einer Compliance-Organisation AG 2003, S. 291–300.

Fleischer, Holger: Zum Grundsatz der Gesamtverantwortung im Zivilrecht NZG 2003, S. 449–459.

Fleischer, Holger: Die „Business Judgment Rule“: Vom Richterrecht zur Kodifizierung ZIP 2004, S. 685–692.

Fleischer, Holger: Legal Transplants im deutschen Aktienrecht NZG 2004, S. 1129–1137.

Fleischer, Holger: Organpflichten und Binnenhaftung der Vorstandsmitglieder, Sorgfaltspflichten der Vorstandsmitglieder in: Fleischer, Holger (Hrsg.), Handbuch des Vorstandsrechts München 2006, S. 237–245 (zitiert als: *Fleischer* in: Hdb. Vorstandsrecht).

Fleischer, Holger: Corporate Compliance im aktienrechtlichen Unternehmensverbund CCZ 2008, S. 1–6.

Fleischer, Holger: Kartellrechtsverstöße und Vorstandsrecht BB 2008, S. 1070–1076.

Fleischer, Holger: Aktuelle Entwicklung der Managerhaftung NJW 2009, S. 2337–2343.

Flynn, John J.: Criminal Sanctions under State and Federal Antitrust Laws 45 Texas Law Review 1967, S. 1301–1341.

Forkner, David A.: The United Sentencing Guidelines 73 Denver Law Review 1996, S. 963–990.

Frodermann, Jürgen / Schäfer, Philipp: Vorstand in: Henn, Günter; Frodermann, Jürgen; Jannott, Dirk (Hrsg.), Handbuch des Aktienrechts, 8. Auflage, Heidelberg 2009, S. 325–405 (zitiert als: *Frodermann/Schäfer* in: Hdb. Aktienrecht).

Fuchs, Andreas: Wertpapierhandelsgesetz (WpHG) München 2009 (zitiert als: *Bearbeiter* in: Fuchs).

Füßer, Karsten / Gleißner, Werner / Meier, Günter: Risikomanagement (KonTraG) – Erfahrung aus der Praxis DB 1999, S. 753–758.

Gebauer, Stefan: Compliance – Instrument der Selbstkontrolle im Unternehmen in: Deutscher Investor-Relations-Kreis e.V. (Hrsg.), Handbuch Investor Relations, Wiesbaden 2004, S. 505–544 (zitiert als: *Gebauer* in: Hdb. Investor Relations).

Geiger, Daniel: Nemo ultra posse obligatur Zur strafrechtlichen Haftung von Compliance-Beauftragten ohne Disziplinargewalt CCZ 2011, S. 170–174.

Geismar, Anne-Gwendolin: Der Tatbestand der Aufsichtspflichtverletzung bei der Ahndung von Wirtschaftsdelikten Eine Untersuchung zu § 130 OWiG unter Berücksichtigung des Kartellordnungswidrigkeitenrechts Baden-Baden 2012 (zitiert als: Geismar).

Gimbernat Ordeig, Enrique: Das unechte Unterlassungsdelikt ZStW 111 (1999), S. 307–334.

Gimbernat Ordeig, Enrique: Unechte Unterlassung und Risikoerhöhung im Unternehmensstrafrecht in: Schünemann, Bernd (Hrsg.), Festschrift für Claus Roxin zum 70. Geburtstag am 15. Mai 2001, Berlin 2001, S. 651–663 (zitiert als: *Gimbernat Ordeig* in: FS Roxin).

Göhler, Erich: Zur strafrechtlichen Verantwortlichkeit des Betriebsinhabers für die in seinem Betrieb begangenen Zuwiderhandlungen in: Jescheck, Hans-Heinrich (Hrsg.), Festschrift für Eduard Dreher zum 70. Geburtstag am 29. April 1977, Berlin 1977, S. 611–621 (zitiert als: *Göhler* in: FS Dreher).

Göhler, Erich: Ordnungswidrigkeitengesetz 16. Auflage, München 2012 (zitiert als: *Bearbeiter* in: Göhler).

Göpfert, Burkard / Wiegandt, Caroline: Whistleblowerschutz – eine internationale Perspektive ZWH 2011, S. 19–23.

Görling, Helmut / Inderst, Cornelia / Bannenberg, Britta: Compliance: Aufbau – Management – Risikobereiche Heidelberg 2010 (zitiert als: *Bearbeiter* in: Görling/Inderst/Bannenberg).

Gößwein, Georg / Hohmann, Olaf: Modelle der Compliance Organisation in Unternehmen – Wider den Chief Compliance Officer als „Überoberverantwortungsnehmer" BB 2011, S. 963–968.

Goette, Wulf: Leitung, Aufsicht, Haftung – zur Rolle der Rechtsprechung bei der Sicherung einer modernen Unternehmensführung, in: Geiß, Karlmann (Hrsg.), Festschrift aus Anlaß des fünfzigjährigen Bestehens von Bundesgerichtshof, Bundesanwaltschaft und Rechtsanwaltschaft beim Bundesgerichtshof, Köln 2000, S. 123–142 (zitiert als: *Goette* in: FS 50 Jahre BGH).

Goette, Wulf / Habersack, Mathias (Hrsg.): Münchener Kommentar zum Aktiengesetz Band 2, §§ 76–117 AktG, 4. Auflage, München 2014 (zitiert als: *Bearbeiter* in: MüKo-AktG).

Gola, Peter / Schomerus, Rudolf: Bundesdatenschutzgesetz 12. Auflage, München 2015 (zitiert als: *Bearbeiter* in: Gola/Schormerus).

Greenberg, Michael D.: For Whom the Whistle Blows Advancing Corporate Compliance and Integrity Efforts in the Era of Dodd-Frank Santa Monica 2011 (zitiert als: Greenberg).

Greene, Edward F.: The Sarbanes-Oxley Act: Analysis and practice New York 2003 (zitiert als: Greene).

Groneberg, Rut: Whistleblowing: eine rechtsvergleichende Untersuchung des US-amerikanischen, englischen und deutschen Rechts unter besonderer Berücksichtigung des Entwurfs eines neuen § 612a BGB Berlin 2011 (zitiert als: Groneberg, Whistleblowing).

Gruson, Michael / Kubicek, Matthias: Der Sarbanes-Oxley Act, Corporate Governance und das deutsche Aktienrecht (Teil II) AG 2003, S. 393–496.

Hahn, Klaus / Weber, Stefan C. / Friedrich, Jörg: Ausgestaltung des Risikomanagementsystems in in mittelständischen Unternehmen BB 2000, S. 2620–2628.

Hamilton, James / Trautmann, Ted: Sarbanes-Oxley Act of 2002 Law and Explanation Chicago 2002 (zitiert als: Hamilton/Trautmann, 2002).

Hamilton, James / Trautmann, Ted: Sarbanes-Oxley Manual A Handbook for the Act and SEC Rules 2. Auflage, Chicago 2005 (zitiert als: Hamilton/Trautmann, 2005).

Hamm, Rainer: Compliance vor Recht? Anwälte bei der Bewältigung eines „Datenskandals" NJW 2010, S. 1332–1336.

Hassemer, Winfried: Kennzeichen und Krisen des modernen Strafrechts ZRP 1992, S. 378–383.

Hastenrath, Katharina: E-Learning in der Compliance-Praxis: Anforderungen, Möglichkeiten, Grenzen, Kosten CCZ 2014, S. 132–135.

Hauschka, Christoph E.: Compliance, Compliance-Manager, Compliance-Programme: Eine geeignete Reaktion auf gestiegene Haftungsrisiken für Unternehmen und Management? NJW 2004, S. 257–261.

Hauschka, Christoph E.: Corporate Compliance – Unternehmensorganisatorische Ansätze zur Erfüllung der Pflichten von Vorständen und Geschäftsführern AG 2004, S. 461–480.

Hauschka, Christoph E.: Compliance am Beispiel der Korruptionsbekämpfung Eine Erwiderung aus der Praxis auf Uwe H. Schneiders Vorschläge, ZIP 2003, 645 ZIP 2004, S. 877–883.

Hauschka, Christoph E.: Die Voraussetzungen für ein effektives Compliance System i. S. von § 317 Abs. 4 HGB DB 2006, S. 1143–1146.

Hauschka, Christoph E.: Ermessensentscheidung bei der Unternehmensführung GmbHR 2007, S. 11–16.

Hauschka, Christoph E.: Allgemeine Unternehmensorganisation, Einführung in: Hauschka, Christoph E., Corporate Compliance: Handbuch der Haftungsvermeidung im Unternehmen 2. Auflage, München 2010, S. 1–27 (zitiert als: *Hauschka* in: Hdb. Haftungsvermeidung).

Hauschka, Christoph E.: Compliance als Teil einer modernen Unternehmensführung Der Stand der Compliance-Diskussion: Nicht nur ein Thema für die Großen AnwBl 2010, S. 629–633.

Hauschka, Christoph E. / Greeve, Gina: Compliance in der Korruptionsprävention – was müssen, was können die Unternehmen tun? BB 2007, S. 165–173.

Hauschka, Christoph E. / Spiekermann, Monika: Bereichs- und aufgabenspezifische Unternehmensorganisation, Rechtsabteilung in: Hauschka, Christoph E., Corporate Compliance: Handbuch der Haftungsvermeidung im Unternehmen 2. Auflage, München 2010, S. 397–405 (zitiert als: *Hauschka/Spiekermann* in: Hdb. Haftungsvermeidung).

Hefendehl, Roland: Enron, Worldcom und die Folgen: Das Wirtschaftsstrafrecht zwischen kriminalpolitischen Erwartungen und dogmatischen Erfordernissen JZ 2004, S. 18–23.

Hegnon, Oliver: Aufsicht als Leitungspflicht – Umfang persönlich wahrzunehmender Aufsichtspflichten von Geschäftsleitern bei vertikaler Arbeitsteilung aus gesellschafts- und strafrechtlicher Sicht CCZ 2009, S. 57–62.

Hehn, Paul A. von / Hartung, Wilhelm: Unabhängige interne Untersuchungen in Unternehmen als guter Corporate Governance – auch in Europa? DB 2006, S. 1909–1914.

Heidel, Thomas (Hrsg.): Aktienrecht und Kapitalmarktrecht 3. Auflage, Baden-Baden 2011 (zitiert als: *Bearbeiter* in: Heidel).

Heine, Günter: Die strafrechtliche Verantwortlichkeit von Unternehmen Von individuellen Fehlverhalten zu kollektiven Fehlentwicklungen, insbesondere bei Großrisiken Baden-Baden 1995 (zitiert als: Heine).

Heinrich, Bernd: Die Grenzen des Strafrechts bei der Gefahrprävention Brauchen oder haben wir ein „Feindstrafrecht"? ZStW 121 (2009), S. 94–130.

Heinson, Dennis / Sörup, Thorsten / Wybitul, Tim: Der Regierungsentwurf zur Neuregelung des Beschäftigtendatenschutzes CR 2010, S. 751–759.

Hellmann, Uwe / Beckemper, Katharina: Wirtschaftsstrafrecht 4. Auflage, Stuttgart 2013 (zitiert als: Hellmann/Beckemper).

Henssler, Martin / Strohn, Lutz (Hrsg.): Gesellschaftsrecht 2. Auflage, München 2014 (zitiert als: *Bearbeiter* in: Henssler/Strohn).

Herling, John: The Great Price Conspiracy The Story of the Antitrust Violations in the Electrical Industry Washington 1962 (zitiert als: Herling).

Hild, Eckart C.: Outsourcing von Compliance-Funktionen: Anwalt als Ombudsmann Erfahrung als Ombudsmann der Deutschen Bahn AG AnwBl 2010, S. 641–643.

Hirsch, Hans Joachim: Strafrechtliche Verantwortlichkeit von Unternehmen ZStW 107 (1995), S. 285–323.

Hirte, Heribert / Möller, Thomas M. J. / (Hrsg.): Kölner Kommentar zum WpHG 2. Auflage Köln 2014 (zitiert als: *Bearbeiter* in: KK-WpHG).

Hölters, Wolfgang: Aktiengesetz Kommentar 2. Auflage, München 2014 (zitiert als: *Bearbeiter* in: Hölters).

Hoeren, Thomas: Selbstregulierung und Insiderrecht – Die Mitteilung des Centralverbandes des Deutschen Bank- und Bankiergewerbes vom 12.10.1908 ZBB 1993, S. 112–114.

Hoffmann-Becking, Michael: Zur rechtlichen Organisation der Zusammenarbeit im Vorstand der AG ZGR 1998, S. 497–519.

Hopson, Mark D. / Koehler, Kristin Graham: Effektive ethische Compliance-Programme im Sinne der United States Federal Sentencing Guidelines CCZ 2008, S. 208–213.

Hopt, Klaus: Vom Aktien- und Börsenrecht zum Kapitalmarktrecht? – Teil 1: der international erreichte Stand des Kapitalmarktrechts – ZHR 140 (1976), S. 201–235.

Hopt, Klaus J. / Wiedemann, Herbert (Hrsg.): Aktiengesetz – Großkommentar Dritter Band, §§ 76–94 AktG 4. Auflage, Berlin 2008 (zitiert als: *Bearbeiter* in: Hopt/Wiedemann).

Huber, John J. / Keller, Stanley / Tsaganos, Vasiliki B / Wolfman, Jonathan: The Practioner's Guide to the Sarbanes-Oxley Act Volume 1, Chicago 2009 (zitiert als: *Bearbeiter* in: Huber/Keller/Tsaganos/Wolfman).

Hugger, Heiner / Röhrich, Raimund: Der neue UK Bribery Act und seine Geltung für deutsche Unternehmen BB 2010, S. 2643–2647.

Hüffer, Uwe: Die leitungsbezogene Verantwortung des Aufsichtsrats NZG 2007, S. 47–54.

Hüffer, Uwe: Aktiengesetz 11. Auflage, München 2014 (zitiert als: Hüffer).

Illing, Diana / Umnuß, Karsten: Die arbeitsrechtliche Stellung des Compliance Managers – insbesondere Weisungsunterworfenheit und Reportingpflichten CCZ 2009, S. 1–8.

Itzen, Uta: Richtungswechsel, Bestandsaufnahme, Prävention: Das Gerüst einer erfolgreichen Compliance-Strategie BB Beilage 2008, Nr. 005, S. 12–16.

Jähnke, Burkhard / Laufhütte, Heinrich Wilhelm / Odersky, Walter (Hrsg.): Strafgesetzbuch – Leipziger Kommentar Erster Band – Einleitung, §§ 1–31 StGB, 11. Auflage, München 2003 (zitiert als: *Bearbeiter* in: LK, 11. Auflage).

Jäger, Axel / Rödl, Christian / Campos Nave, José A.: Praxishandbuch Corporate Compliance Grundlagen, Checklisten, Implementierung Weinheim 2009 (zitiert als: *Bearbeiter* in: Jäger/Rödl/Campos Nave).

Jakobs, Günther: Strafrecht Allgemeiner Teil Die Grundlagen und die Zurechnungslehre 2. Auflage, Berlin 1991 (zitiert als: Jakobs).

Jarass, Hans D. / Pieroth, Bodo: Grundgesetz für die Bundesrepublik Deutschland, Kommentar 13. Auflage, München 2014 (zitiert als: *Bearbeiter* in: Jarass/Pieroth).

Jerusalem, Konrad: Die Regelungen der Mitarbeitergeschäfte im Bankgewerbe durch Compliance Berlin 1996 (zitiert als: Jerusalem).

Jescheck, Hans-Heinrich / Weigend, Thomas: Lehrbuch des Strafrecht Allgemeiner Teil 5. Auflage, Berlin 1996 (zitiert als: Jescheck/Weigend).

Joecks, Wolfgang / Miebach, Klaus: Münchener Kommentar zum Strafgesetzbuch Band 1, §§ 1–37 StGB, 2. Auflage, München 2011 (zitiert als: *Bearbeiter* in: MüKo-StGB).

Joecks, Wolfgang / Miebach, Klaus: Münchener Kommentar zum Strafgesetzbuch Band 4, §§ 185–262 StGB 2. Auflage, München 2012 (zitiert als: *Bearbeiter* in: MüKo-StGB).

Joecks, Wolfgang / Miebach, Klaus (Hrsg.): Münchener Kommentar zum Strafgesetzbuch Band 6/2, Nebenstrafrecht III – Völkerstrafgesetzbuch 2. Auflage, München 2013 (zitiert als: *Bearbeiter* in: MüKo-StGB, § VStGB).

Johnson, Timothy A.: Sentencing Organizations after Booker 116 Yale Law Review 2006, S. 632–666.

Joo, Thomas W.: Corporate Governance Law, Theory and Policy 2. Auflage, Durham 2010 (zitiert als: *Bearbeiter* in: Joo).

Juhnke, Andreas: Der Compliance-Officer Dreh- und Angelpunkt bei der Durchsetzung von Compliance ZRFC 2011, S. 172–178.

Kapp, Thomas / Gärtner, Daniel: Die Haftung von Vorstand und Aufsichtsrat bei Verstößen gegen das Kartellrecht CCZ 2009, S. 168–174.

Kappel, Jan / Kienle, Florian: „Punitive Damage"? – Finanzielle Risiken für Schmiergeld zahlende Unternehmen WM 2007, S. 1441–1446.

Kapplan, Jeffrey M. / Murphy, Joseph E.: Compliance Programs and the Corporate Sentencing Guidelines: Preventing Criminal and Civil Liability Eagan 2010 (zitiert als: *Bearbeiter* in: Kapplan/Murphy).

Karbaum, Christian: Kartellrechtliche Compliance: Rechtsgrundlagen und Umsetzung Frankfurt 2010 (zitiert als: Karbaum).

Kaufmann, Armin: Die Dogmatik der Unterlassungsdelikte Göttingen 1959 (zitiert als: Kaufmann).

Kersting, Christian: Auswirkungen des Sarbanes-Oxley-Gesetzes in Deutschland: Können deutsche Unternehmen das Gesetz befolgen? ZIP 2003, S. 233–242.

Kiethe, Kurt: Das Recht des Aktionärs auf Auskunft über riskante Geschäfte (Risikovorsorge) NZG 2003, S. 401–409.

Kiethe, Kurt: Vermeidung der Haftung von geschäftsführenden Organen durch Corporate Compliance GmbHR 2007, S. 393–400.

Kindhäuser, Urs: Strafrecht Allgemeiner Teil 7. Auflage, Baden-Baden 2015 (zitiert als: Kindhäuser).

Kindhäuser, Urs / Neumann, Ulfrid / Paeffgen, Hans-Ullrich: Strafgesetzbuch Band 1 – §§ 1–79b StGB 4. Auflage, Baden-Baden 2013 (zitiert als: *Bearbeiter* in: NK-StGB).

Kindhäuser, Urs / Neumann, Ulfrid / Paeffgen, Hans-Ullrich: Strafgesetzbuch Band 2 – §§ 80–231 StGB 4. Auflage, Baden-Baden 2013 (zitiert als: *Bearbeiter* in: NK-StGB).

Kindler, Steffi: Das Unternehmen als haftender Täter Ein Beitrag zur Frage der Verbandsstrafe im deutschen Strafrechtssystem – Lösungswege und Entwicklungsperspektiven de lege lata und de lege ferenda Baden-Baden 2008 (zitiert als: Kindler).

Kittner, Michael / Zwanziger, Bertram (Hrsg.): Arbeitsrecht Handbuch für die Praxis 4. Auflage, Frankfurt 2007 (zitiert als: *Bearbeiter* in: Kittner/Zwanziger).

Klasen, Evelyn / Schaefer, Sandra: Whistleblower, Zeuge und „Beschuldigter" – Informationsweitergabe im Spannungsfeld grundrechtlicher Positionen BB 2012, S. 641–647.

Klengel, Jürgen Detlef W. / Mückenberger, Ole: Internal Investigations – typische Rechts- und Praxisprobleme unternehmensinterner Ermittlungen CCZ 2009, S. 81–87.

Klesczewski, Diethelm: Ordnungswidrigkeitenrecht München 2010 (zitiert als: Klesczewski).

Klindt, Thomas: Nicht-börsliches Compliance Management als zukünftige Aufgabe des Inhouse Juristen NJW 2006, S. 3399–3340.

Klindt, Thomas / Pelz, Christian / Theusinger, Ingo: Compliance im Spiegel der Rechtsprechung NJW 2010, S. 2386–2391.

Koch, Jens: Das Gesetz zur Unternehmensintegrität und Modernisierung des Anfechtungsrechts (UMAG) ZGR 2006, S. 769–804.

Koch, Jens: Compliance-Pflichten im Unternehmensverbund? WM 2009, S. 1013–1020.

Köhler, Michael: Strafrecht Allgemeiner Teil Berlin 1997 (zitiert als: Köhler).

Kohlmann, Günter / Ostermann, Martin: Die Verletzung der Aufsichtspflicht in Betrieben und Unternehmen – Pläne für eine verfassungswidrige Reform wistra 1990, S. 121–131.

Kohn, Stephen M. / Kohn, Michael D. / Colapinto, David K.: Whistleblower Law A Guide to Legal Protections for Corporate Employees Westport 2004 (zitiert als: Kohn/Kohn/Colapinto).

Kort, Michael: Verhaltensstandardisierung durch Corporate Compliance NZG 2008, S. 81–86.

Kort, Michael: Corporate Governance-Grundsätze als haftungsrechtlich relevante Verhaltensstandards in: Bitter, Georg; Lutter Marcus; Priester, Hans-Joachim; Schön, Wolfgang; Ulmer, Peter (Hrsg.), Festschrift für Karsten Schmidt zum 70. Geburtstag Köln 2009, S. 945–964 (zitiert als: *Kort* in: FS Schmidt).

Kort, Michael: Lückenhafte Reform des Beschäftigtendatenschutzes Offene Fragen und mögliche Antworten in Bezug auf die geplanten §§ 32 ff. BDSG MMR 2011, S. 294–299.

Kraatz, Erik: Zur Strafhaftung der Beteiligten am Bau – zugleich eine Anmerkung zu BGH 4 StR 252/08 – JR 2009, S. 182–188.

Kraft, Oliver / Winkler, Klaus: Zur Garantenstellung des Compliance Officers – Unterlassungsstrafbarkeit durch Organisationsmangel CCZ 2009, S. 29–33.

Krebs, Peter / Eufinger, Alexander / Jung, Stefanie / Krey, Volker / Esser, Robert: Bußgeldminderung durch Compliance-Programme im deutschen Kartellgeldbußverfahren? CCZ 2011, S. 213–217. Deutsches Strafrecht Allgemeiner Teil 5. Auflage, Stuttgart 2012 (zitiert als: Krey/Esser).

Krieger, Steffen / Günther, Jens: Die arbeitsrechtliche Stellung des Compliance Officers Gestaltung einer Compliance-Organisation unter Berücksichtigung der Vorgaben im BGH-Urteil vom 17.7.2009 NZA 2010, S. 367–373.

Krieger, Steffen / Günther, Steffen: Der Compliance-Officer Verantwortung, Haftung und arbeitsrechtliche Stellung ZRFC 2011, 149–154.

Kromschröder, Bernhard / Lück, Wolfgang: Grundsätze risikoorientierter Unternehmensüberwachung DB 1998, S. 1573–1576.

Kühl, Kristian / Heger, Martin: Strafgesetzbuch – Kommentar 28. Auflage, München 2014 (zitiert als: Lackner/Kühl).

Kühl, Kristian: Strafrecht Allgemeiner Teil 7. Auflage, München 2012 (zitiert als: Kühl).

Kümpel, Siegfried: Bank- und Kapitalmarktrecht 2. Auflage, Köln 2000 (zitiert als: Kümpel, 2000).

Kümpel, Siegfried: Bank- und Kapitalmarktrecht 3. Auflage, Köln 2004 (zitiert als: Kümpel, 2004).

Kümpel, Siegfried / Wittig, Arne (Hrsg.): Bank und Kapitalmarktrecht 4. Auflage, Köln 2011 (zitiert als: *Bearbeiter* in: Kümpel/Wittig, 2011).

Lackhoff, Klaus / Schulz, Martin: Das Unternehmen als Gefahrenquelle? Compliance-Risiken für Unternehmensleiter und Mitarbeiter CCZ 2010, S. 81–88.

Lampert, Thomas: Allgemeine Unternehmensorganisation, Compliance-Organisation in: Hauschka, Christoph E., Corporate Compliance: Handbuch der Haftungsvermeidung im Unternehmen 2. Auflage, München 2010, S. 163–178 (zitiert als: *Lampert* in: Hdb. Haftungsvermeidung).

Lander, Guy P.: What is Sarbanes-Oxley? New York 2004 (zitiert als: Lander).

Langenbucher, Katja: Vorstandshandeln und Kontrolle Zu einigen Neuerungen durch das UMAG DStR 2005, S. 2083–2090.

Laufhütte, Heinrich Wilhelm / Rissing-van Saan, Ruth / Tiedemann, Klaus: Strafgesetzbuch – Leipziger Kommentar Erster Band – Einleitung; §§ 1–31 12. Auflage, Berlin 2007 (zitiert als: *Bearbeiter* in: LK, 12. Auflage).

Lebherz, Axel: Emittenten-Compliance – Organisation zur Sicherstellung eines rechtskonformen Publizitätsverhaltens Baden-Baden 2008 (zitiert als: Lebherz).

Lelley, Jan Tibor: Compliance im Arbeitsrecht – Leitfaden für die Praxis Köln 2010 (zitiert als: Lelley).

Lemke, Michael / Mosbacher, Andreas: Ordnungswidrigkeitengesetz, Kommentar 2. Auflage, Heidelberg 2005 (zitiert als: Lemke/Mosbacher).

Leuering, Dieter / Dornhegge, Stefanie: Geschäftsverteilung zwischen GmbH-Geschäftsführern NZG 2010, S. 13–17.

Leyendecker, Hans: Wirtschaftsstrafrecht in den Medien wistra 2011, S. 176–179.

Liese, Jens: Much Adoe About Nothing? Oder: Ist der Vorstand einer Aktiengesellschaft verpflichtet, eine Compliance-Organisation zu implementieren? BB 2008, S. 17–22.

Liese, Jens: Compliance in Due-Diligence-Fragelisten Oder: Ob ein Mensch klug ist, erkennt man an seinen Antworten. Ob ein Mensch weise ist, erkennt man an seinen Fragen. BB Beilage 2010, Nr.004, S. 27–30.

Linklater, William J. / McElyea, John R. Die Auswirkung von „Corporate Compliance Codes“ auf die strafrechtliche Haftung eines Unternehmens unter den US-amerikanischen „Federal Sentencing Guidelines“ RIW1994, S. 117–122.

Lorenz, Manuel: Rechtliche Grundlagen des Risikomanagements Juristische Rahmenbedingungen für den Aufbau und die Ausgestaltung von Risikomanagementsystem in deutschen Unternehmen ZRFG 2006, S. 5–10.

Lösler, Thomas: Compliance im Wertpapierdienstleistungskonzern Berlin 2003 (zitiert als: Lösler).

Lösler, Thomas: Das moderne Verständnis von Compliance im Finanzmarktrecht NZG 2005, S. 104–108.

Lösler, Thomas: Spannungen zwischen der Effizienz der internen Compliance und möglichen Reporting-Pflichten des Compliance Officers WM 2007, S. 676–683.

Lösler, Thomas: Zu Rolle und Stellung des Compliance-Beauftragten WM 2008, S. 1098–1104.

Loss, Louis: Der Schutz der Kapitalanleger ZHR 129 (1967), S. 197–255.

Lucius, Otto: Der Standard Compliance Code der österreichischen Kreditwirtschaft CCZ 2008, S. 186–190.

Lück, Wolfgang: Elemente eines Risiko-Managementsystems – Die Notwendigkeit eines Risiko-Managementsystems durch durch den Entwurf eines Gesetzes zur Kontrolle und Transparenz im Unternehmensbereich (KonTraG) – DB 1998, S. 8–14.

Lück, Wolfang: Der Umgang mit unternehmerischen Risiken durch ein Risikomanagementsystem und durch ein Überwachungssystem – Anforderungen durch das KonTraG und Umsetzung in der betrieblichen Praxis – DB 1998, S. 1925–1930.

Lutter, Marcus: Die Business Judgment Rule und ihre praktische Anwendung ZIP 2007, S. 841–848.

Mahnhold, Thilo: Compliance und Arbeitsrecht Insiderrechtliche Verhaltenskonzepte im nationalen und multinationalen Unternehmen Frankfurt 2004 (zitiert als: Mahnhold).

Mahnhold, Thilo: „Global Whistle" oder „deutsche Pfeife" – Whistleblowing- Systeme im Jurisdiktionskonflikt NZA 2008, S. 737–743.

Maiwald, Manfred: Grundlagenprobleme der Unterlassungsdelikte JuS 1981, S. 473–483.

Mansdörfer, Marco / Timmerbeil, Sven: Zurechnung und Haftungsdurchgriff im Konzern – Eine rechtsgebietsübergreifende Betrachtung – WM 2004, S. 362–370.

Manz, William H.: Corporate Fraud Responsibility: A Legislative History of the Sarbanes-Oxley Act of 2002 Volume 1–10 Buffalo 2003 (zitiert als: Manz).

Marchini, Renzo: Conflict of Laws: Anonymous Whistleblowing Hotlines under Sarbanes-Oxley and European Data-Protection Laws Pratt's Privacy and Data Security Law Journal 2006, S. 5–11.

Marschlich, Annette: Praxis der Compliance-Organisation: Geschenke und Einladungen CCZ 2010, S. 110–112.

Maschmann, Frank: Vermeidung von Korruptionsrisiken aus Unternehmenssicht – Arbeits- und Zivilrecht, Corporate Governance – in: Dölling, Dieter (Hrsg.), Handbuch der Korruptionsprävention für Wirtschaftsunternehmen und öffentliche Verwaltung München 2007, S. 87–181 (zitiert als: *Maschmann* in: Hdb. Korruptionsprävention).

Maschmann, Frank (Hrsg.): Corporate Compliance und Arbeitsrecht Mannheimer Arbeitsrechtstag 2009 Baden-Baden 2009 (zitiert als: *Bearbeiter* in: Maschmann).

Maunz, Theodor / Dürig, Günter: Grundgesetz, Kommentar Band VI, Art. 86–106b 74. Lieferung, München 2015 (zitiert als: *Bearbeiter* in: Maunz-Dürig).

McGreal, Paul E.: Counteracting ambition: Applying Corporate Compliance and Ethics to the separation of powers concerns with domestic surveillance 60 Southern Methodist University Law Review 2007, S. 1571–1603.

McNeil, Barry F. / Brian, Brad D.: Internal Corporate Investigations 3. Auflage, Chicago 2007 (zitiert als: McNeil/Brian).

Meier-Greve, Daniel: Vorstandshaftung wegen mangelhafter Corporate Compliance BB 2009, S. 2555–2560.

Mengel, Anja: Compliance und Arbeitsrecht Implementierung Durchsetzung – Organisation München 2009 (zitiert als: Mengel).

Mengel, Anja: Allgemeine Unternehmensorganisation, Arbeitsrechtliche Implementierung und Durchsetzung von Compliance-Systemen und Ethikregeln im Unternehmen in: Hauschka, Christoph E., Corporate Compliance: Handbuch der Haftungsvermeidung im Unternehmen 2. Auflage, München 2010, S. 306–342 (zitiert als: *Mengel* in: Hdb. Haftungsvermeidung).

Mengel, Anja / Hagemeister, Volker: Compliance und Arbeitsrecht BB 2006, S. 2466–2471.

Mengel, Anja / Ullrich, Thilo: Arbeitsrechtliche Aspekte unternehmensinterner Investigations NZA 2006, S. 240–246.

Menzies, Christof (Hrsg.): Sarbanes-Oxley Act Professionelles Management interner Kontrollern Stuttgart 2004 (zitiert als: Menzies).

Meyer, Frank: Gesprengte Ketten? Zur Zukunft des Guidelines Sentencing im US-amerikanischen Strafzumessungsrecht ZStW 118 (2006), S. 512–546.

Meyer-Goßner, Lutz: Strafprozessordnung. Gerichtsverfassungsgesetz, Nebengesetze und ergänzende Bestimmungen 58. Auflage, München 2015 (zitiert als: Meyer-Goßner).

Michalke, Regina: Neue Garantenpflichten? – oder: Haftung des Compliance-Officers Das obiter dictum des BGH und die Folgen (auch) für die anwaltliche Dienstleistung AnwBl 2010, S. 666–670.

Michalski, Lutz (Hrsg.): Kommentar zum Gesetz betreffend die Gesellschaften mit beschränkter Haftung (GmbH-Gesetz) Band II, §§ 35–85 GmbHG, §§ 1–4 EGGmbHG 2. Auflage, München 2010 (zitiert als: *Bearbeiter* in: Michalski).

Mittelsdorf, Kathleen: Zur Reichweite individueller strafrechtlicher Verantwortung im Unternehmen für Fehlverhalten von unterstellten Mitarbeitern ZIS 2011, S. 123–128.

Möhrenschläger, Manfred: Der Regierungsentwurf eines Zweiten Gesetzes zur Bekämpfung der Wirtschaftskriminalität (Schluß) 3. Teil: Bekämpfung von Straftaten und Ordnungswidrigkeiten in Unternehmen wistra 1983, S. 49–55.

Möhrenschläger, Manfred: Der strafrechtliche Schutz gegen Prävention in: Dölling, Dieter (Hrsg.), Handbuch der Korruptionsprävention für Wirtschaftsunternehmen und öffentliche Verwaltung München 2007, S. 377–561 (zitiert als: *Möhrenschläger* in: Hdb. Korruptionsprävention).

Momsen, Carsten / Grützner, Thomas / Oonk, Andreas: Whistleblowing als außerordentlicher Kündigungsgrund? Zugleich Anmerkung zu EGMR, Urt. vom. 21.07.2011 – 28274/08 (Heinisch vs. BRD) ZIS 2011, S. 754–760.

Moosbacher, Andreas / Dierlamm, Alfred: Betriebsangehöriger als Überwachungsgarant NStZ 2010, S. 268–270.

Moosmayer, Klaus: Qualifikation und Aufgaben des Compliance Officers Der Compliance Officer im Unternehmen: ein neues Tätigkeitsfeld – gerade auch für Anwälte? AnwBl 2010, S. 634–636.

Moosmeyer, Klaus: Compliance: Praxisleitfaden für Unternehmen 2. Auflage, München 2012 (zitiert als: Moosmayer).

Moosmayer, Klaus: Anforderungen an den Compliance-Beauftragten in: Rotsch, Thomas (Hrsg.), Criminal Compliance – Handbuch Baden-Baden 2015, S. 203–212 (zitiert als: *Moosmayer* in: Hdb. Criminal Compliance).

Moy, Laurence S. / Neilan, Linda A. / Blostein, Katherin / Kelley, Jamuna D.: Whistleblower Claims under the Sarbanes-Oxley Act of 2002 1756 Practising Law Institute and Corporate Law 2009, S. 573–642.

Müller-Gugenberger, Christian: Entwicklung und Bereich des Wirtschaftsstrafrechts. Einführender Überblick in: Müller-Gugenberger, Christian (Hrsg.), Handbuch des Wirtschaftsstraf- und -ordnungswidrig-keitenrechts 6. Auflage, Köln 2011 (zitiert als: *Müller-Gugenberger* in: Hdb. Wirtschaftsstrafrecht).

Münch, Ingo von / Kunig, Philip: Grundgesetz Kommentar Band 2: Art. 70 bis 146 6. Auflage, München 2012 (zitiert als: *Bearbeiter* in: von Münch/Kunig).

Naucke, Wolfgang: Eine leblose Vorschrift: Art. 103 II GG. KritV 2000, S. 132–138 (Sonderheft – Winfried Hassemer zum sechzigsten Geburtstag).

Naucke, Wolfgang: Strafrecht. Eine Einführung 10. Auflage Neuwied/Kriftel 2010 (zitiert als: Naucke).

Nell, Mathias: Korruptionsbekämpfung ja – aber richtig! – Reformüberlegungen zur Unternehmenshaftung nach OWiG ZRP 2008, S. 149–151.

Nunes, Jeffrey W.: Organizational Sentencing Guidelines: The Conundrum of Compliance-Programs and Self-Reporting 27 Arizona State Law Review 1995, S. 1039–1061.

Oberwetter, Christian: Arbeitnehmerrechte bei Lidl, Aldi & Co. NZA 2008, S. 609–613.

Orland, Leonard: Corporate Criminal Liability: Regulation and Compliance New York 2006 (zitiert als: Orland).

Otto, Harro: Die Haftung für kriminelle Handlungen in Unternehmen Jura 1998, S. 409–418.

Otto, Harro: Grundkurs Strafrecht Allgemeine Strafrechtslehre 7. Auflage, Berlin 2004 (zitiert als: Otto).

Otto, Harro / Brammsen, Jörg: Die Grundlagen der strafrechtlichen Haftung des Garanten wegen Unterlassens (I) Jura 1985, 5S. 30–542.

Paefgen, Walter G.: Dogmatische Grundlagen, Anwendungsbereich und Formulierung einer Business Judgment Rule im künftigen UMAG AG 2004, S. 245–261.

Palandt, Otto: Bürgerliches Gesetzbuch 74. Auflage, München 2015 (zitiert als: *Bearbeiter* in: Palandt).

Pampel, Gunnar: Die Bedeutung von Compliance-Programmen im Kartellordnungswidrigkeitenrecht BB 2007, S. 1636–1640.

Pampel, Jochen R. / Glage, Dietmer: Allgemeine Unternehmensorganisation, Unternehmensrisiken und Risikomanagement in: Hauschka, Christoph E., Corporate Compliance: Handbuch der Haftungsvermeidung im Unternehmen, 2. Auflage, München 2010, S. 84–101 (zitiert als: *Pampel/Glage* in: Hdb. Haftungsvermeidung).

Pape, Jonas: Corporate Compliance – Rechtspflichten zur Verhaltenssteuerung von Unternehmensangehörigen in Deutschland und den USA Berlin 2011 (zitiert als: Pape).

Partsch, Christoph: The Foreign Corrrupt Practices Act (FCPA) der USA Das amerikanische Bestechungsverbot und seine Auswirkungen auf Deutschland Berlin 2007 (zitiert als: Partsch).

Passarge, Malte: Risiken und Chancen mangelhafter Compliance in der Unternehmensinsolvenz NZI 2009, S. 86–91.

Paul, Bettina: Drogentests in Deutschland oder die Institutionalisierung von Misstrauen Kriminologisches Journal 2007, S. 55–67.

Pauthner-Seidel, Jürgen / Stephan, Hans-Jürgen: Bereichs- und aufgabenspezifische Unternehmensorganisation, Compliance-Managementsysteme für Unternehmensrisiken im Bereich des Wirtschaftsstrafrechts in: Hauschka, Christoph E., Corporate Compliance: Handbuch der Haftungsvermeidung im Unternehmen, 2. Auflage, München 2010, S. 637–686 (zitiert als: *Pauthner-Seidel/Stephan* in: Hdb. Haftungsvermeidung).

Pelchrzim, Gero von: Whistleblowing und der strafrechtliche Geheimnisschutz CCZ 2009, S. 25–29.

Pelz, Christian: Allgemeine Unternehmensorganisation, Strafrechtliche und zivilrechtliche Aufsichtspflicht in: Hauschka, Christoph E., Corporate Compliance: Handbuch der Haftungsvermeidung im Unternehmen, 2. Auflage, München 2010, S. 102–115 (zitiert als: *Pelz* in: Hdb. Haftungsvermeidung).

Pitt, Harvey L. / Groskaufmanis, Karl A.: Minimizing Corporate Civil and Criminal Liability: A Second Look at Corporate Codes of Conduct 78 Georgetown Law Journal 1990, S. 1559–1654.

Poling, Jonathan C. / Murphy White, Kimberly / Pörnbacher, Mark: Corporate Criminal Liability 38 American Criminal Law Review 2011, S. 525–554. Auswirkungen des UK Bribery Act 2010 auf deutsche Unternehmen NZG 2010, S. 1372–1375.

Preußner, Joachim: Risikomanagement im Schnittpunkt von Bankaufsichtsrecht und Gesellschaftsrecht Zur Schrittmacherrolle des Aufsichtsrechts am Beispiel der Organisation des Risikomanagements in Kreditinstituten NZG 2004, S. 57–61.

Preußner, Joachim: Deutscher Corporate Governance Kodex und Risikomanagement NZG 2004, S. 303–307.

Preußner, Joachim / Becker, Florian: Ausgestaltung von Risikomanagementsystemen durch die Geschäftsleitung NZG 2002, S. 846–851.

Preußner, Joachim / Zimmermann, Dörte: Risikomanagement als Gesamtaufgabe des Vorstandes Zugleich Besprechung des Urteils des LG Berlin vom 03.07.2002 – 2 O 358/01 AG 2002, S. 657–662.

PricewaterhouseCoopers, Martin-Luther-Universität / Halle-Wittenberg (Hrsg.) / Beteiligte: u.a. Bussmann, Kai-D.: Wirtschaftskriminalität 2009 Sicherheitslage in deutschen Großunternehmen Frankfurt am Main 2009 (zitiert als: PWC, 2009).

PricewaterhouseCoopers, Martin-Luther-Universität / Halle-Wittenberg (Hrsg.) / Beteiligte: u.a. Bussmann, Kai-D.: Compliance und Unternehmenskultur Zur aktuellen Situation in deutschen Großunternehmen Frankfurt am Main 2010 (zitiert als: PWC, 2010).

Quigley, Shannon Kay: Whistleblower Tug-Of-War: Corporate attempts to secure Internal Reporting Procedures in the face of External Monetary Incentives provided by the Dodd-Frank Act 52 Santa Clara Law Review 2012, S. 255–296.

Raffler, Andrea / Hellich, Peter: Unter welchen Voraussetzungen ist die Überwachung von Arbeitnehmer-e-mails zulässig? NZA 1997, S. 862–867.

Ransiek, Andreas: Zur deliktischen Eigenhaftung des GmbH-Geschäftsführers aus strafrechtlicher Sicht ZGR 1992, S. 203–231.

Ransiek, Andreas: Unternehmensstrafrecht Strafrecht, Verfassungsrecht, Regelungsalternativen Heidelberg 1996 (zitiert als: Ransiek).

Ransiek, Andreas: Zur strafrechtlichen Verantwortung des Compliance Officers AG 2010, S. 147–153.

Rau, Charlotte: Compliance und Unternehmensverantwortlichkeit Materiellrechtliche Fragen der sanktionsrechtlichen Unternehmensverantwortlichkeit unter Berücksichtigung von Compliance-Maßnahmen Frankfurt am Main 2010 (zitiert als: Rau).

Raum, Rolf: Allgemeine Grundsätze des Wirtschaftsstrafrechts in: Wabnitz, Heinz-Bernd; Janovsky, Thomas (Hrsg.), Handbuch des Wirtschafts- und Steuerstrafrechts, 4. Auflage, München 2014, S. 255–326 (zitiert als: *Raum* in: Hdb. Steuerstrafrecht).

Rebmann, Kurt / Roth, Werner / Herrmann, Siegfried (Hrsg.): Gesetz über Ordnungswidrigkeiten Kommentar Band 1, §§ 1–83 3. Auflage, 21. Lieferung, Stuttgart 2015 (zitiert als: RRH, OWiG).

Rebmann, Kurt / Roth, Werner / Herrmann, Siegfried (Hrsg.): Gesetz über Ordnungswidrigkeiten Kommentar Band 2, § 84 – Ende 3. Auflage, 21. Lieferung, Stuttgart 2015 (zitiert als: RRH, OWiG).

Redeke, Julian: Zu den Voraussetzungen unternehmerischer Ermessensentscheidungen NZG 2009, S. 496–498.

Regelin, Peter / Fisher, Raymond: Zum Stand der Umsetzung des Sarbanes-Oxley Act aus deutscher Sicht IStR 2003, S. 276–288.

Reichert, Joachim: Reaktionspflichten und Reaktionsmöglichkeiten der Organe auf (möglicherweise) strafrechtsrelevantes Verhalten innerhalb des Unternehmens ZIS 2011, S. 113–122.

Reischauer, Friedrich / Kleinhans, Joachim (Begr.): Kreditwesengesetz (KWG) Loseblattkommentar für die Praxis nebst sonstigen bank- und sparkassenrechtlichen Aufsichtsgesetzen sowie ergänzenden Vorschriften (zitiert als: Reischauer/Kleinhans).

Rengier, Rudolf: Strafrecht Allgemeiner Teil 6. Auflage, München 2014 (zitiert als: Rengier).

Reufels, Martin J. / Deviard, Katja: Die Implementierung von Whistleblower-Hotlines aus US-amerikanischer, europäischer und deutscher Sicht CCZ 2009, S. 201–209.

Ries, Peter: Strafrechtliche Verantwortlichkeit von Kapitalgesellschaften in den USA RIW 1993, S. 544–547.

Ringleb, Henrik-Michael / Kremer, Thomas / Lutter, Marcus / Werder, Axel von: Kommentar zum Deutschen Corporate Governance Kodex 5. Auflage, München 2014 (zitiert als: *Bearbeiter* in: Ringleb/Kremer/Lutter/Werder).

Rodewald, Jörg / Unger, Ulrike: Corporate Compliance – Organisatorische Vorkehrungen zur Vermeidung von Haftungsfällen der Geschäftsleitung BB 2006, S. 113–117.

Rodewald, Jörg / Unger, Ulrike: Kommunikation und Krisenmanagement im Gefüge der Corporate Compliance-Organisation BB 2007, S. 1629–1635.

Rönnau, Thomas / Schneider, Frédéric: Der Compliance-Beauftragte als strafrechtlicher Garant Überlegungen zum BGH-Urteil vom 17.07.2009 – 5 StR 394/08 ZIP 2010, S. 53–61.

Rogall, Klaus: Dogmatische und kriminalpolitische Probleme der Aufsichtspflichtverletzung in Betrieben und Unternehmen (§ 130 OWiG) ZStW 98 (1986), S. 573–623.

Rosen, Rüdiger von (Hrsg.): Internal Investigations bei Compliance-Verstößen Praxisleitfaden für die Unternehmensleitung Frankfurt 2010 (zitiert als: Rosen).

Rosenkötter, Günter / Louis, Jürgen: Das Recht der Ordnungswidrigkeiten Lehrbuch mit Fallbeispielen und Mustern 7. Auflage, Stuttgart 2011 (Rosenkötter/Louis).

Rotsch, Thomas: Die Rechtsfigur des Täters hinter dem Täter bei der Begehung von Straftaten im Rahmen organisatorischer Machtapparate und ihre Übertragbarkeit auf wirtschaftliche Organisationsstrukturen NStZ 1998, S. 491–495.

Rotsch, Thomas: Originäre strafrechtliche Verantwortlichkeit in: Rotsch, Thomas (Hrsg.), Criminal Compliance – Handbuch Baden-Baden 2015, S. 142–166 (zitiert als: *Rotsch* in: Hdb. Criminal Compliance).

Roxin, Claus: Straftaten im Rahmen organisatorischer Machtapparate GA 1963, S. 193–207.

Roxin, Claus: Strafrecht Allgemeiner Teil Band II – Besondere Erscheinungsformen der Straftat München 2003 (zitiert als: Roxin).

Rudolphi, Hans-Joachim / Horn, Eckhard / Günther, Hans-Ludwig / Samson, Erich (Hrsg.): Systematischer Kommentar zum Strafgesetzbuch 8. Auflage, 148. Ergänzungslieferung, München 2014 (zitiert als: *Bearbeiter* in: SK-StGB).

Rübenstahl, Markus: Die Übertragung der Grundsätze zur Tatherrschaft kraft Organisationsherrschaft auf Unternehmen durch den BGH HRRS 2013, S. 210–219.

Rübenstahl, Markus: Zur „regelmäßigen" Garantenstellung des Compliance Officers NZG 2009, S. 1341–1344.

Sänger, Marc: Whistleblowing in der börsennotierten Aktiengesellschaft Frankfurt am Main 2011 (zitiert als: Sänger, Whistleblowing).

Schall, Hero: Grund und Grenzen der strafrechtlichen Geschäftsherrenhaftung in: Rogall, Claus (Hrsg.), Festschrift für Hans-Joachim Rudolphi zum 70. Geburtstag, Neuwied 2004, S. 267–284 (zitiert als: *Schall* in: FS Rudolphi).

Schemmel, Alexander / Ruhmannseder, Felix: Straftaten und Haftung vermeiden mit Compliance-Management Risiken und Herausforderungen für Wirtschaftsunternehmen AnwBl 2010, S. 647–650.

Schlieker, Beate: Compliance und Verfassung Compliance-Maßnahmen auf dem Prüfstand von Grundrechten und verfassungsrechtlicher Ordnung Frankfurt 2015 (zitiert als: Schlieker).

Schmid, Wolfgang / Fridrich, Johannes: Pflichtverstöße beim Betrieb des Unternehmens. Geschäftsleitung und Personalwesen. Strafrechtliche Einstandspflichten in: Müller-Gugenberger, Christian (Hrsg.), Handbuch des Wirtschaftsstraf- und –ordnungswidrigkeiten-rechts, 6. Auflage, Köln 2011 (zitiert als: *Schmid/Fridrich* in: Hdb. Wirtschaftsstrafrecht).

Schmidbauer, Rainer: Risikomanagement im Kontext wertorientierter Unternehmensführung – Zugleich Erwiderung zu Pollanz, DB 1999, S. 1277 – DB 2000, S. 153–162.

Schmidt-Husson, Franck G.: Allgemeine Unternehmensorganisation, Delegation von Organpflichten in: Hauschka, Christoph E., Corporate Compliance: Handbuch der Haftungsvermeidung im Unternehmen, 2. Auflage, München 2010, S. 1–27 (zitiert als: *Schmidt-Husson* in: Hdb. Haftungsvermeidung).

Schmidt, Karsten / Lutter, Marcus (Hrsg.): Aktiengesetz – Kommentar I. Band, §§ 1–149 2. Auflage, Köln 2010 (zitiert als: *Bearbeiter* in: Schmidt/Lutter).

Schmidt-Salzer, Joachim: Strafrechtliche Produktverantwortung NJW 1988, S. 1937–1942.

Schmidt-Salzer, Joachim: Strafrechtliche Produktverantwortung Das Lederspray-Urteil des BGH NJW 1990, S. 2966–2972.

Schmidt-Salzer, Joachim: Konkretisierung der strafrechtlichen Produkt- und Umweltverantwortung NJW 1996, S. 1–8.

Schneider, David: Die arbeitsrechtliche Implementierung von Compliance- und Ethikrichtlinien Baden-Baden 2009 (zitiert als: Schneider).

Schneider, Hendrik / Gottschaldt, Peter: Offene Grundsatzfragen der strafrechtlichen Verantwortlichkeit von Compliance-Beauftragten in Unternehmen ZIS 2011, S. 573–577.

Schneider, Sven H.: „Unternehmerische Entscheidungen“ als Anwendungsvoraussetzung für die Business Judgment Rule DB 2005, S. 707–712.

Schneider, Uwe H.: Compliance als Aufgabe der Unternehmensleitung ZIP 2003, S. 645–650.

Schneider, Uwe H.: Compliance im Konzern NZG 2009, S. 1321–1326.

Schneider, Uwe H. / Buttlar, Julia von: Die Führung von Insider-Verzeichnissen: Neue Compliance-Pflichten für Emittenten ZIP 2004, S. 1621–1627.

Schönke, Adolf / Schröder, Horst: Strafgesetzbuch – Kommentar 29. Auflage, München 2014 (zitiert als: *Bearbeiter* in: Sch/Sch).

Scholz, Franz: Kommentar zum GmbH-Gesetz 10. Auflage, Köln 2007 (zitiert als: *Bearbeiter* in: Scholz).

Scholz, Rupert: Strafbarkeit juristischer Personen? ZRP 2000, S. 435–440.

Schünemann, Bernd: Unternehmenskriminalität und Strafrecht Köln 1979 (zitiert als: Schünemann).

Schünemann, Bernd: Strafrechtsdogmatische und kriminalpolitische Grundfragen der Unternehmenskriminalität wistra 1982, S. 41–50.

Schünemann, Bernd: Die Regeln der Technik im Strafrecht in: Küper, Wilfried (Hrsg.), Festschrift für Karl Lackner zum 70. Geburtstag am 18. Februar 1987, Berlin 1987, S. 367–397 (zitiert als: *Schünemann* in: FS Lackner).

Schünemann, Bernd: Die Unterlassungsdelikte und die strafrechtliche Verantwortlichkeit für Unterlassungen ZStW 96 (1984), S. 287–320.

Schünemann, Bernd (Hrsg.): Deutsche Wiedervereinigung Band III, Unternehmenskriminalität Köln 1996 (zitiert als: *Bearbeiter* in: Schünemann).

Schürrle, Thomas / Fleck, Franziska: „Whistleblowing Unlimited" – Der U.S. Dodd-Frank Act und die neuen Regeln der SEC zum Whistleblowing CCZ 2011, S. 218–221.

Schürmann, Ralf: Aufsichtspflichtverletzungen im Spannungsfeld zwischen dem Strafrecht und dem Zivilrecht Baden-Baden 2005 (zitiert als: Schürmann).

Schulte, Martin / Görts, Cornelius: Die SEC-Untersuchung nach dem Foreign Corrupt Practices Act RIW 2006, S. 561–568.

Schulz, Mike: Compliance – internes Whistleblowing Die Verpflichtung zur Meldung von Fehlverhalten Dritter aus den arbeitsvertraglichen Nebenpflichten BB 2011, S. 629–634.

Schuster, Doris-Maria / Darsow, Ingebjörg: Einführung von Ethikrichtlinien NZA 2005, S. 273–277.

Schwark, Eberhard / Zimmer, Daniel: Kapitalmarktrechts-Kommentar 4. Auflage, München 2010 (zitiert als: *Bearbeiter* in: Schwark/Zimmmer).

Schwennicke, Andreas / Auerback, Dirk (Hrsg.): Kreditwesengesetz – Kommentar München 2009 (zitiert als: *Bearbeiter* in: Schwennicke/Auerbach).

Schwind, Hans-Dieter: Kriminologie Eine praxisorientierte Einführung mit Beispielen 22. Auflage, Heidelberg 2013 (zitiert als: Schwind).

Seibert, Ulrich: Im Blickpunkt: Der Deutsche Corporate Governance Kodex ist da BB 2002, S. 581–584.

Stephan, Hans-Jürgen / Seidel, Jürgen: Bereichs- und aufgabenspezifische Unternehmensorganisation, Compliance-Managementsysteme für Unternehmensrisiken im Bereich des Wirtschaftsstrafrechts in: Hauschka, Christoph E., Corporate Compliance: Handbuch der Haftungsvermeidung im

Unternehmen, München 2007, S. 504–580 (zitiert als: *Stephan/Seidel* in: Hdb. Haftungsvermeidung 2007).

Senge, Lothar (Hrsg.): Karlsruher Kommentar zum Gesetz über Ordnungswidrigkeiten 3. Auflage, München 2006 (zitiert als: *Bearbeiter* in: KK-OWiG, 3. Auflage).

Senge, Lothar (Hrsg.): Karlsruher Kommentar zum Gesetz über Ordnungswidrigkeiten 4. Auflage, München 2014 (zitiert als: *Bearbeiter* in: KK-OWiG

Sieber, Ulrich: Compliance-Programme im Unternehmensstrafrecht. Ein neues Konzept zur Kontrolle von Wirtschaftskriminalität in: Sieber, Ulrich (Hrsg.), Strafrecht und Wirtschaftsstrafrecht- Dogmatik, Rechtsvergleich, Rechtstatsachen -Festschrift für Klaus Tiedemann zum 70. Geburtstag, Köln 2008, S. 449–484 (zitiert als: *Sieber* in: FS Tiedemann).

Sieg, Oliver / Zeidler, Simon-Alexander: Allgemeine Unternehmensorganisation, Business Judgment Rule in: Hauschka, Christoph E., Corporate Compliance: Handbuch der Haftungsvermeidung im Unternehmen 2. Auflage, München 2010, S. 45–71 (zitiert als: *Sieg/Zeidler* in: Hdb. Haftungsvermeidung).

Simitis, Spiros (Hrsg.): Bundesdatenschutzgesetz Baden-Baden 2011, 7. Auflage (zitiert als: *Bearbeiter* in: Simitis).

Sina, Peter: Voraussetzungen und Wirkungen der Delegation von Geschäftsführerverantwortung in der GmbH GmbHR 1990, S. 65–68.

Spindler, Gerald: Unternehmensorganisationspflichten: zivilrechtliche und öffentlich-rechtliche Regelungskonzepte Köln 2001 (zitiert als: Spindler).

Spindler, Gerald: Zivilrechtliche Außenhaftung und strafrechtliche Verantwortlichkeit, Strafrechtliche Verantwortlichkeiten (einschließlich Ordnungswidrigkeiten) in: Fleischer, Holger (Hrsg.), Handbuch des Vorstandsrechts, München 2006, S. 469–533 (zitiert als: *Spindler* in: Hdb. Vorstandsrecht).

Spindler, Gerald: Compliance in der multinationalen Bankengruppe WM 2008, S. 906–918.

Spindler, Gerald: Kommentar zum Aktiengesetz Stilz, Eberhard (Hrsg.) Band 1, §§ 1–149 2. Auflage, München 2010 (zitiert als: *Bearbeiter* in: Spindler/Stilz).

Staudinger, Julius von: Kommentar zum Bürgerlichen Gesetzbuch mit Einführungsgesetz und Nebengesetzen Buch 2: Recht der Schuldverhältnisse, §§ 830–838 (Unerlaubte Handlungen 3), Berlin 2008 (zitiert als: *Bearbeiter* in: Staudinger).

Stratenwerth, Günter / Kuhlen, Lothar: Strafrecht Allgemeiner Teil 6. Auflage, München 2011 (zitiert als: Stratenwerth/Kuhlen).

Taneda, Kenji: Sarbanes-Oxley, Foreign Issuers and United States Securities Regulations 2003 Columbia Business Law Review, S. 715–756.

Theile, Hans: Unternehmensrichtlinien – Ein Beitrag zur Prävention von Wirtschaftskriminalität? ZIS 2008, S. 406–418.

Theile, Hans / Petermann, Stefan: Die Sanktionierung von Unternehmen nach dem OWiG JuS 2011, S. 496–501.

Thiel von Herff, Carsten: Strafrechtsrisiko des Compliance-Officer stärkt seine Position BB 2009, S. 1985.

Thiemann, Werner: Aufsichtspflichtverletzung in Betrieben und Unternehmen Bochum 1976 (zitiert als: Thiemann).

Thoma, Anselm Christian: Regulierte Selbstregulierung im Ordnungsverwaltungsrecht Berlin 2008 (zitiert als: Thoma).

Thüsing, Gregor: Arbeitnehmerdatenschutz und Compliance Effektive Compliance im Spannungsfeld von reformierten BDSG, Persönlichkeitsschutz und betrieblicher Mitbestimmung München 2010 (zitiert als: Thüsing).

Tiedemann, Klaus: Wirtschaftsstrafrecht und Wirtschaftskriminalität 1. Allgemeiner Teil Hamburg 1976 (zitiert als: Tiedemann, 1976).

Tiedemann, Klaus: Die strafrechtliche Vertreter- und Unternehmenshaftung NJW 1986, S. 1842–1846.

Tiedemann, Klaus: Wirtschaftsstrafrecht Einführung und allgemeiner Teil mit wichtigen Rechtstexten 2. Auflage, Köln 2007 (zitiert als: Tiedemann, 2007).

Tiedemann, Klaus: Wirtschaftsstrafrecht Einführung und allgemeiner Teil mit wichtigen Rechtstexten 4. Auflage, Köln 2014 (zitiert als: Tiedemann, 2014).

Többens, Hans: Die Bekämpfung der Wirtschaftskriminalität durch die Troika der §§ 9, 130 und 30 des Gesetzes über Ordnungswidrigkeiten NStZ 1999, S. 1–8.

Többens, Hans W.: Wirtschaftsstrafrecht Ein Studienbuch für Wirtschaftsjuristen und Wirtschaftswissenschaftler München 2001 (zitiert als: Többens).

Tschöpe, Ulrich (Hrsg.): Anwalts-Handbuch Arbeitsrecht 7. Auflage, Köln 2011 (zitiert als: *Bearbeiter* in: Tschöpe).

Turiaux, André / Knigge, Dagmar: Vorstandshaftung ohne Grenzen? – Rechtssichere Vorstands-und Unternehmensorganisation als Instrument der Risikominimierung DB 2004, S. 2199–2207.

Ulmer, Peter: Haftungsfreistellung bis zur Grenze grober Fahrlässigkeit bei unternehmerischen Fehlentscheidungen von Vorstand und Aufsichtsrat? – Kritische Bemerkungen zur geplanten Kodifizierung der Business Judgment Rule im UMAG-Entwurf (§ 93 Abs. 1 Satz 2 AktG) DB 2004, S. 859–863.

United States Sentencing Commission: U.S. Sentencing Commission's 2011 Annual Report Washington 2011 (zitiert als: United States Sentencing Commission, Annual Report 2011).

Vancea, Minodora D.: Exporting U.S. Corporate Governance Standards through the Sarbanes-Oxley Act: Unilateralism or cooperation? 53 Duke Law Journal 2003, S. 833–874.

Veil, Rüdiger: Compliance-Organisation in Wertpapierdienstleistungsunternehmen im Zeitalter der MiFid – Regelungskonzepte und Rechtsprechung – WM 2008, S. 1093–1098.

Vogel, Florian / Glas, Vera: Datenschutzrechtliche Probleme unternehmensinterner Ermittlungen DB 2009, S. 1747–1751.

Vogt, Volker: Compliance und Investigations – Zehn Fragen aus Sicht der arbeitsrechtlichen Praxis NJW 2009, 3755–3756.

Vogt, Volker: Compliance und Investigations – Zehn Fragen aus Sicht der arbeitsrechtlichen Praxis NJOZ 2009, S. 4206–4220.

Volk, Klaus (Hrsg.): Münchener Anwaltshandbuch Verteidigung in Wirtschafts- und Steuerstrafsachen München 2006 (zitiert als: *Bearbeiter* in: Volk).

Wagner, Jens: „Internal Investigations" und ihre Verankerung im Recht der AG CCZ 2009, S. 8–17.

Walisch, Wilfried B.: Organisatorische Prävention gegen strafrechtliche Haftung deutscher Unternehmen und ihrer Leitungen nach US-Recht Berlin 2004 (zitiert als: Walisch).

Walther, Susanne: Neues im Strafzumessungsrecht der USA MschrKrim 2005, S. 362–372.

Walsh, Charles J. / Pyrich, Alissa: Corporate Compliance Programs as a defense to criminal liability: Can a corporation save its soul? 47 Lutgers Law Review 1995, S. 605–691.

Warncke, Markus: Prüfungsausschuss und Corporate Governance Einrichtung, Organisation und Überwachungsaufgabe 2. Auflage, Berlin 2010 (zitiert als: Warncke).

Weber-Rey, Daniela: Gesellschafts- und aufsichtsrechtliche Herausforderungen an die Unternehmensorganisationen Aktuelle Entwicklungen im Bereich Corporate Governance, Compliance und Risikomanagement AG 2008, S. 345–359.

Wecker, Gregor / van Laak, Hendrik: Compliance in der Unternehmerpraxis 2. Auflage, Wiesbaden 2009 (zitiert als: *Bearbeiter* in: Wecker/van Laak).

Weigend, Thomas: Bemerkungen zur Vorgesetztenverantwortlichkeit im Völkerstrafrecht ZStW 116 (2004), S. 999–1027.

Weiss, Ulrich: Compliance-Funktion in einer deutschen Universalbank Die Bank 1993, S. 136–139.

Welytok, Jill Gilbert: Sarbanes-Oxley for Dummies Indianapolis 2006 (zitiert als: Welytok).

Werder, Axel von: Der Deutsche Corporate Governance Kodex – Grundlagen und Einzelbestimmungen DB 2002, S. 801–810.

Wessels, Johannes / Beulke, Werner / Satzger, Helmut: Strafrecht Allgemeiner Teil – Die Straftat und ihr Aufbau 44. Auflage, Heidelberg 2014 (zitiert als: Wessels/Beulke/Satzger).

Wessing, Jürgen: Compliance – oder wie sich der Staat aus der Kriminalprävention stiehlt in: Hassemer, Winfried (Hrsg.), In dubio pro libertate, Festschrift für Klaus Volk zum 65. Geburtstag, München 2009, S. 867–883 (zitiert als: *Wessing* in: FS Volk).

Westermann, Harm Peter / Grunewald, Barbara / Maier-Reimer, Georg (Hrsg.): Erman Bürgerliches Gesetzbuch Band II, §§ 759–2385 13. Auflage, Köln 2011 (zitiert als: *Bearbeiter* in: Erman).

Westman, Daniel P. / Modesitt, Nancy M.: Whistleblowing The Law of Retaliatory Discharge 2. Auflage, Arlington 2011 (zitiert als: Westman/Modesitt).

Wiederholt, Norbert / Walter, Andreas: Compliance-Anforderungen an die Unternehmensorganisationspflicht BB 2011, S. 968–972.

Wieland, Josef / Steinmeyer, Roland / Grüninger, Stephan (Hrsg.): Handbuch Compliance-Management Konzeptionelle Grundlagen, praktische Erfolgsfaktoren, globale Herausforderungen Berlin 2010 (zitiert als: *Bearbeiter* in: Wieland/Steinmeyer/Grüninger).

Wiesner, Georg: Organpflichten des Vorstands in: Hoffmann-Becking, Michael (Hrsg.), Münchener Handbuch des Gesellschaftsrechts Band 4, Aktiengesellschaft, 3. Auflage, München 2007 (zitiert als: *Wiesner* in: Münch Hdb. GesR IV).

Wilhelm, Barbara: Das Ausmaß der erforderlichen Aufsichtsmaßnahmen iSd. § 130 OWiG Hamburg 2013 (zitiert als: Wilhelm).

Wirth, Christian / Paul, Frederik: Organisationspflichten nach § 64a VAG – beginnende Vereinheitlichung der Organisationspflichten in der Finanzwirtschaft CCZ 2010, S. 95–102.

Wirtz, Markus W.: Die Aufsichtspflichten des Vorstands nach OWiG und KonTraG WuW 2001, S. 342–356.

Wisskirchen, Gerlind / Jordan, Christopher / Bissels, Alexander: Arbeitsrechtliche Probleme bei der Einführung internationaler Verhaltens- und Ethikrichtlinien (Codes of Conduct/Codes of Ethics) DB 2005, S. 2190–2195.

Withus, Karl-Heinz: Bedeutung der geänderten Compliance Anforderungen der US Sentencing Guidelines für deutsche Unternehmen CCZ 2011, S. 63–69.

Wittig, Petra: Wirtschaftsstrafrecht 2. Auflage, München 2011 (zitiert als: Wittig).

Wolf, Klaus: Potenziale derzeitiger Risikomanagementsystem DStR 2002, S. 1729–1733.

Wolf, Klaus: Corporate Compliance – ein neues Schlagwort? Ansatzpunkte zur Umsetzung der Compliance in der Finanzberichterstattung DStR 2006, S. 1995–2000.

Wolf, Martin: Der Compliance Officer – Garant, hoheitlich Beauftragter oder Berater im Unternehmensinteresse zwischen Zivil-, Straf- und Aufsichtsrecht? BB 2011, S. 1353–1360.

Wolf, Sebastian: Die Siemens-Korruptionsaffäre – ein Überblick in: Graeff, Peter; Schröder, Karenina; Wolf, Sebastian, Der Korruptionsfall Siemens – Analysen und praxisnahe Folgerungen des wissenschaftlichen Arbeitskreises von Transparency International Deutschland, Baden Baden 2009, S. 9–20 (zitiert als: *Wolf* in: Graeff/Peter/Schröder).

Wybitul, Tim: Interne Ermittlungen auf Aufforderung von US-Behörden – ein Erfahrungsbericht – Was deutsche Unternehmen bei Untersuchungen von US-Ermittlern beachten sollten – BB 2009, S. 606–611.

Wybitul, Tim: Das neue Bundesdatenschutzgesetz: Verschärfte Regeln für Compliance und interne Ermittlungen Vertrauen ist gut, Kontrolle verboten? BB 2009, S. 1582–1585.

Wybitul, Tim: Strafbarkeitsrisiken für Compliance-Verantwortliche BB 2009, S. 2590–2593.

Wybitul, Tim: Wie viel Arbeitnehmerdatenschutz ist „erforderlich"? – Erfahrungen und Empfehlungen zum Umgang mit dem neuen § 32 BDSG – BB 2010, S. 1085–1089.

Wybitul, Tim: Handbuch Datenschutz im Unternehmen Frankfurt 2011 (zitiert als: Wybitul, Hdb. Datenschutz im Unternehmen).

Wybitul, Tim: Aktuelle Gesetzesinitiativen zum Schutz von Hinweisgebern ZD-Aktuell 2012, 02794.

Zentes, Uta / Wybitul, Tim: Interne Sicherungsmaßnahmen und datenschutzrechtliche Grenzen bei Kreditinstituten sowie bei anderen Instituten des Finanzwesens Neue Anforderungen zur Verhinderung von Geldwäsche, Terrorismusfinanzierung und sonstigen strafbaren Handlungen CCZ 2011, S. 90–95.

Zimmer, Mark / Stetter, Sabine: Korruption und Arbeitsrecht BB 2006, S. 1445–1452.

Zöllner, Wolfgang / Noack, Ulrich (Hrsg.): Kölner Kommentar zum Aktiengesetz Bd. 1 §§ 1–75 AktG 3. Auflage, Köln 2011 (zitiert als: *Bearbeiter* in: KK-AktG).

Zöllner, Wolfgang: Kölner Kommentar zum Aktiengesetz Bd. 2/1. §§ 76–94 AktG 3. Auflage, Köln 2010 (zitiert als: *Bearbeiter* in: KK-AktG).

Quellenverzeichnis

Der Spiegel: Die haben das Chaos im Kopf Der Spiegel 30/1991 abrufbar unter: http://www.spiegel.de/spiegel/print/d-13489727.html.

Der Spiegel: Totalverlust möglich Der Spiegel 31/1991 abrufbar unter: http://www.spiegel.de/spiegel/print/d-13490477.html.

Flauger, Jürgen: Prämien für Denunzianten Handelsblatt Nr. 210, 30.10.2012.

Gatzke, Marcus / Güßgen, Florian / Röhrig, Johannes: Bahn bespitzelte eigene Mitarbeiter Stern.de, 21.01.2009 abrufbar unter: http://www.stern.de/wirtschaft/news/unternehmen/daten-skandal-bahn-bespitzelte-eigene-mitarbeiter-652179.html.

Keuchel, Jan: Verrat soll sich künftig auszahlen Handelsblatt Nr. 208, 26.10.2012.

Köhn, Rüdiger: Siemens-Schmiergeldskandal Auch das Verfahren gegen Neubürger wird eingestellt Faz.net, 12.06.2011 abrufbar unter: http://www.faz.net/artikel/C31151/siemens-schmiergeldskandal-auch-das-verfahren-gegen-neubuerger-wird-eingestellt-30462035.html.

Leyendecker, Hans / Ott, Klaus: Korruptionsverdacht bei VW und Telekom Sueddeutsche.de, 15.02.2011 abrufbar unter: http://www.sueddeutsche.de/wirtschaft/deutsche-grosskonzerne-korruptionsverdacht-bei-volkswagen-und-telekom-1.1060098.

Ott, Klaus: Siemens räumt auf Sueddeutsche.de, 19.05.2010 abrufbar unter: http://www.sueddeutsche.de/wirtschaft/konsequenzen-aus-korruptions skandal-siemens-raeumt-auf-1.891483.

Redaktion Focus Online: Chronik der VW-Affäre Focus Online, 22.02.2008 abrufbar unter: http://www.focus.de/finanzen/news/chronik-der-vw-affae re_aid_122713.html.

Redaktion Stern.de: Korruptionsaffäre erreicht Konzernspitze Stern.de, 13.12.2006 abrufbar unter: http://www.stern.de/wirtschaft/news/siemens-korruptionsaffaere-erreicht-konzernspitze-3329408.html.

Redaktion Stern.de: MAN im Visier der Staatsanwaltschaft Stern.de, 05.05.2009 abrufbar unter: http://www.stern.de/wirtschaft/news/unterneh men/ korruptionsverdacht-man-im-visier-der-staatsanwaltschaft-662945.html.

Schmidt, Stefan: Erklärung der Siemens AG: Zusammenfassung der Erkenntnisse anlässlich des heutigen Abschlusses der Verfahren in München und in den USA abrufbar unter: http://www.siemens.com/press/pool/de/events/2008-12-PK/summary-d.pdf.

Schwab, Andreas: Staatsanwaltschaftliche und steuerrechtliche Ermittlungen im Bereich Com gegen das Unternehmen Siemens beendet Siemens-Pressemitteilung vom 04.10.20007 abrufbar unter: http://www.siemens.com/press/de/pressemitteilungen/?press=/de/pr_cc/2007/10_oct/axx2007102_1464788.htm.

FRANKFURTER KRIMINALWISSENSCHAFTLICHE STUDIEN

Band 1 Peter Böning: Die Lehre vom Unrechtsbewußtsein in der Rechtsphilosophie Hegels. 100 S., 1978.

Band 2 Wolfgang Schneider: Kriminelle Straßenverkehrsgefährdung (§ 315c Abs. 1 Ziff. 2, Abs. 3 StGB). Eine kriminologische und strafrechtliche Untersuchung zur Problematik dieser Verkehrsstraftaten unter Berücksichtigung ausländischer Rechte. 342 S., 1978.

Band 3 Lothar Kuhlen: Die Objektivität von Rechtsnormen. Zur Kritik des radikalen labeling approach in der Kriminalsoziologie. 178 S., 1978.

Band 4 Günther Grewe: Straßenverkehrsdelinquenz und Marginalität. Untersuchungen zur institutionellen Regelung von Verhalten. 148 S., 1978.

Band 5 Dieter Haberstroh: Strafverfahren und Resozialisierung. Eine Studie über Verstehen und Nicht-Verstehen, über Verstanden-Werden und Nicht-Verstanden-Werden und deren Bedingungen in der Hauptverhandlung. 202 S., 1979.

Band 6 Thomas Vogt: Die Forderungen der psychoanalytischen Schulrichtungen für die Interpretation der Merkmale der Schuldunfähigkeit und der verminderten Schuldfähigkeit (§§ 51 a.F., 20, 21 StGB). 182 S., 1979.

Band 7 Andreas Michael: Der Grundsatz in dubio pro reo im Strafverfahrensrecht. Zugleich ein Beitrag über das Verhältnis von materiellem Recht und Prozeßrecht. 214 S., 1981.

Band 8 Ilias G. Anagnostopoulos: Haftgründe der Tatschwere und der Wiederholungsgefahr (§§ 112 Abs. 3, 112 a StPO). Kriminalpolitische und rechtssystematische Aspekte der Ausweitung des Haftrechts. 1984.

Band 9 Helga Müller: Der Begriff der Generalprävention im 19. Jahrhundert. Von P.J.A. Feuerbach bis Franz v. Liszt. 1984.

Band 10 Frowin Jörg Kurth: Das Mitverschulden des Opfers beim Betrug. 1984.

Band 11 Martin J. Worms: Die Bekenntnisbeschimpfung im Sinne des § 166 Abs. 1 StGB und die Lehre vom Rechtsgut. 1984.

Band 12 Jong-Dae Bae: Der Grundsatz der Verhältnismäßigkeit im Maßregelrecht des StGB. 1985.

Band 13 Helmut Fünfsinn: Der Aufbau des fahrlässigen Verletzungsdelikts durch Unterlassen im Strafrecht. 1985.

Band 14 Christoph Krehl: Die Ermittlung der Tatsachengrundlage zur Bemessung der Tagessatzhöhe bei der Geldstrafe. 1985.

Band 15 Walter-Hermann Kiehl: Strafrechtliche Toleranz wechselseitiger Ehrverletzungen - Zur ratio legis der §§ 199, 233 Strafgesetzbuch -. 1986.

Band 16 Matthias Krahl: Die Rechtsprechung des Bundesverfassungsgerichts und des Bundesgerichtshof zum Bestimmtheitsgrundsatz im Strafrecht (Art. 103 Abs. 2 GG). 1986.

Band 17 Patrick Carroll Campbell: § 220a StGB. Der richtige Weg zur Verhütung und Bestrafung von Genozid? 1986.

Band 18 Winfried Hassemer (Hrsg.): Strafrechtspolitik. Bedingungen der Strafrechtsreform. 1987.

Band 19 Felix Herzog: Prävention des Unrechts oder Manifestation des Rechts. Bausteine zur Überwindung des heteronom-präventiven Denkens in der Strafrechtstheorie der Moderne. 1987.

Band 20 Astrid Michalke-Detmering: Die Mindestanforderungen an die rechtliche Begründung des erstinstanzlichen Strafurteils. Zur Auslegung des § 267 StPO. 1987.

Band 21 Lothar Kuhlen: Die Unterscheidung von vorsatzausschließendem und nichtvorsatzausschließendem Irrtum. 1987.

Band 22 Michael Buttel: Kritik der Figur des Aufklärungsgehilfen im Betäubungsmittelstrafrecht (§ 31 BtMG). 1988.

Band 23 Matthias Kögler: Die zeitliche Unbestimmtheit freiheitsentziehender Sanktionen des Strafrechts. Eine vergleichende Untersuchung zur Rechtslage und Strafvollstreckungspraxis in der Bundesrepublik Deutschland und den USA. 1988.

Band 24 Klaus Lüderssen / Cornelius Nestler-Tremel / E wa Weigend(Hrsg.): Modernes Strafrecht und ultima-ratio-Prinzip. 1990.

Band 25 Jürgen Taschke: Die behördliche Zurückhaltung von Beweismitteln im Strafprozeß. 1989.

Band 26 Daniela Westphalen: Karl Binding (1841-1920). Materialien zur Biographie eines Strafrechtsgelehrten. 1989.

Band 27 Sigrid Jans: Die Aushöhlung des Klageerzwingungsverfahrens. 1990.

Band 28 Dimitris Spirakos: Folter als Problem des Strafrechts. Kriminologische, kriminalsoziologische und (straf-)rechtsdogmatische Aspekte unter besonderer Berücksichtigung der Folterschutzkonvention und der Pönalisierung der Folter in Griechenland. 1990.

Band 29 Stephan Moll: Strafrechtliche Aspekte der Behandlung Opiatabhängiger mit Methadon und Codein. 1990.

Band 30 Stefan Werner: Wirtschaftsordnung und Wirtschaftsstrafrecht im Nationalsozialismus. 1991.

Band 31 Xanthi Bassakou: Beiträge zur Analyse und Reform des Absehens von Strafe nach § 60 StGB. 1991.

Band 32 Rainer Runte: Die Veränderung von Rechtfertigungsgründen durch Rechtsprechung und Lehre. Moderne Strafrechtsdogmatik zwischen Rechtsstaatsprinzip und Kriminalpolitik. 1991.

Band 33 Olaf Hohmann: Das Rechtsgut der Umweltdelikte. Grenzen des strafrechtlichen Umweltschutzes. 1991.

Band 34 Klaus Jochen Müller: Das Strafbefehlsverfahren (§§ 407 ff. StPO). Eine dogmatisch-kriminalpolitische Studie zu dieser Form des schriftlichen Verfahrens unter besonderer Berücksichtigung der geschichtlichen Entwicklung – zugleich ein Beitrag zum StVÄG 1987. 1993.

Band 35 Sang-Don Yi: Wortlautgrenze, Intersubjektivität und Kontexteinbettung. Das strafrechtliche Analogieverbot. 1991.

Band 36 Birgit Malsack: Die Stellung der Verteidigung im reformierten Strafprozeß. Eine rechtshistorische Studie anhand der Schriften von C. J. A. Mittermaier. 1992.

Band 37 Rüdiger Schäfer: Die Privilegierung des "freiwillig-positiven" Verhaltens des Delinquenten nach formell vollendeter Straftat. Zugleich ein Beitrag zum Grundgedanken des Rücktritts vom Versuch und zu den Straftheorien. 1992.

Band 38 Cornelius Nestler-Tremel: AIDS und Strafzumessung. 1992.

Band 39 Christine Gutmann: Freiwilligkeit und (Sozio-)Therapie – notwendige Verknüpfung oder Widerspruch? 1993.

Band 40 Walter Kargl: Der strafrechtliche Vorsatz auf der Basis der kognitiven Handlungstheorie. 1993.

Band 41 Jürgen Rath: Zur strafrechtlichen Behandlung der aberratio ictus und des error in objecto des Täters. 1993.

Band 42 Martin Fischer: Wille und Wirksamkeit. Eine Untersuchung zum Problem des *dolus alternativus.* 1993.

Band 43 Regina Harzer: Der Naturzustand als Denkfigur moderner praktischer Vernunft. Zugleich ein Beitrag zur Staats- und Rechtsphilosophie von Hobbes und Kant. 1994.

Band 44 Helmut Pollähne: Lockerungen im Maßregelvollzug. Eine Untersuchung am Beispiel der Anwendung des nordrhein-westfälischen Maßregelvollzugsgesetzes im Westfälischen Zentrum für Forensische Psychiatrie (Lippstadt). 1994.

Band 45 Hans-Joachim Leonhardt: Rechtsmittelermessen der Staatsanwaltschaft. Eine Gegenüberstellung von § 296 StPO mit Nummern 147 und 148 Richtlinien für das Strafverfahren und das Bußgeldverfahren (RiStBV). 1994.

Band 46 Rolf Grünebaum: Zur Strafbarkeit des Therapeuten im Maßregelvollzug bei fehlgeschlagenen Lockerungen. 1996.

Band 47 Barbara Bialas: Promille-Grenzen, Vorsatz und Fahrlässigkeit. 1996.

Band 48 Christine Pott: Die Außerkraftsetzung der Legalität durch das Opportunitätsdenken in den Vorschriften der §§ 154, 154a StPO. Zugleich ein Beitrag zu einer kritischen Strafverfahrensrechtstheorie. 1996.

Band 49 Wolfgang Köberer: *Iudex non calculat.* Über die Unmöglichkeit, Strafzumessung sozialwissenschaftlich-mathematisch zu rationalisieren. 1996.

Band 50 Institut für Kriminalwissenschaften Frankfurt a.M. (Hrsg.): Vom unmöglichen Zustand des Strafrechts. 1995.

Band 51 Petra Kamberger: Treu und Glauben (§ 242 BGB) als Garantenstellung im Strafrecht? 1996.

Band 52 Anastassios Triantafyllou: Das Delikt der gefährlichen Körperverletzung (§ 223a StGB) als Gefährdungsdelikt. (Zugleich ein Beitrag zur Dogmatik der Gefährdungsdelikte). 1996.

Band 53 Norbert Kissel: Aufrufe zum Ungehorsam und § 111 StGB. Grundrechtlicher Einfluß bei der Feststellung strafbaren Unrechts. 1996.

Band 54 Susanne Ehret: Franz von Liszt und das Gesetzlichkeitsprinzip. Zugleich ein Beitrag wider die Gleichsetzung von Magna-charta-Formel und Nullum-crimen-Grundsatz. 1996.

Band 55 Stefan Braum: Geschichte der Revision im Strafverfahren von 1877 bis zur Gegenwart. Zugleich eine Kritik der Kontinuität politischer Macht im Recht. 1996.

Band 56 Katja Diel: Das Regreßverbot als allgemeine Tatbestandsgrenze im Strafrecht. 1997.

Band 57 Christoph Koller: Die Staatsanwaltschaft – Organ der Judikative oder Exekutivbehörde? Die Stellung der Anklagebehörde und die Gewaltenteilung des Grundgesetzes. 1997.

Band 58 Frank Schößler: Anerkennung und Beleidigung. Rechtsgut und Strafzweck des § 185 StGB. 1997.

Band 59 Regina Engelstädter: Der Begriff des Unfallbeteiligten in § 142 Abs. 4 StGB. Zugleich eine Kritik an aktuellen Zurechnungslehren. 1997.

Band 60 Jörg Reinhardt: Der Ausschluß und die Ablehnung des befangen erscheinenden Staatsanwaltes. 1997.

Band 61 Jens Christian Müller-Tuckfeld: Integrationsprävention. Studien zu einer Theorie der gesellschaftlichen Funktion des Strafrechts. 1998.

Band 62 Peter Maria Rohe: Verdeckte Informationsgewinnung mit technischen Hilfsmitteln zur Bekämpfung der Organisierten Kriminalität. Zugleich eine rechtsvergleichende Analyse der polizeilichen Abhörbefugnisse in den U.S.A. 1998.

Band 63 Dirk Fabricius: Was ein Lehrbuch lehrt ... Eine exemplarische Untersuchung von Jakobs *Strafrecht – Allgemeiner Teil*. 1998.

Band 64 Stefan Sinner: Der Vertragsgedanke im Strafprozeßrecht. 1999.

Band 65 Sebastian Schattenfroh: Die Staatsphilosophie Giovanni Gentiles und die Versuche ihrer Verwirklichung im faschistischen Italien. 1999.

Band 66 Athanassia Dionyssopoulou: Der Tatbestand der Geldwäsche. Eine Analyse der dogmatischen Grundlagen des § 261 StGB. 1999.

Band 67 Klaus von Lampe: *Organized Crime*. Begriff und Theorie organisierter Kriminalität in den USA. 1999.

Band 68 Christian Hanssen: "Trennung der Märkte". Rechtsdogmatische und rechtspolitische Probleme einer Liberalisierung des Drogenstrafrechts. 1999.

Band 69 Institut für Kriminalwissenschaften und Rechtsphilosophie Frankfurt a.M. (Hrsg.): Irrwege der Strafgesetzgebung. 1999.

Band 70 Konstantinos Chatzikostas: Die Disponibilität des Rechtsgutes Leben in ihrer Bedeutung für die Probleme von Suizid und Euthanasie. 2000.

Band 71 Bettina Wirmer-Donos: Die Strafrechtstheorie Karl Christian Friedrich Krauses als theoretische Grundlage des spanischen Korrektionalismus. 2001.

Band 72 Christine Löw: Die Erkundigungspflicht beim Verbotsirrtum nach § 17 StGB. 2001.

Band 73 Florian Ufer: Der Verwertungswiderspruch in Theorie und Praxis. Prozessuale Obliegenheiten des Verteidigers und ihre Bedeutung für die Rechtsposition des Beschuldigten. 2002.

Band 74 Katja Melzer: Psychisch kranke Straftäterinnen. Frauen im Maßregelvollzug. 2001.

Band 75 Gregor Kuntze-Kaufhold: Lebenswelt und Unparteilichkeit. Kriterien für eine Rechtsanwendungslehre am Beispiel der Analyse von fünf Hauptverhandlungen in Strafverfahren. 2002.

Band 76 Iris Kristina Passek: Die erstinstanzliche Zuständigkeit der Oberlandesgerichte in Staatsschutzstrafsachen. Historische Entwicklung und aktuelle Probleme. 2002.

Band 77 Michael Krebs: Die Weisungsgebundenheit des Staatsanwalts unter besonderer Berücksichtigung des rechtstatsächlichen Aspekts. 2002.

Band 78 Kerstin Degenhardt: Europol und Strafprozeß. Die Europäisierung des Ermittlungsverfahrens. 2003.

Band 79 Domenico Siciliano: Das Leben des fliehenden Diebes: Ein strafrechtliches Politikum. 2., überarbeitete und ergänzte Auflage. 2013.

Band 80 Marc Colussi: Produzentenkriminalität und strafrechtliche Verantwortung. 2003.

Band 81 Thilo Lars Hild: Grenzen einer strafrechtlichen Regulierung des Kapitalmarktes. Eine kriminalrechtliche Untersuchung von Börsengängen und Aktienhandel in Deutschland und den USA. 2004.

Band 82 Philipp Rau: Schweigen als Indiz der Schuld. Ein Vergleich des deutschen und englischen Rechts zur Würdigung des Schweigens des Beschuldigten. 2004.

Band 83 Alexandra Pfeiffer: Die Regelung der Lebendorganspende im Transplantationsgesetz. 2004.

Band 84 Elena Fischer: Recht auf Sterben?! Ein Beitrag zur Reformdiskussion der Sterbehilfe in Deutschland unter besonderer Berücksichtigung der Frage nach der Übertragbarkeit des Holländischen Modells der Sterbehilfe in das deutsche Recht. 2004.

Band 85 Jörg Ziethen: Grundlagen probabilistischer Zurechnung im Strafrecht. 2004.

Band 86 Stefanie Schork: Ausgesprochen schuldig. Dogmatische und metadogmatische Untersuchungen zum Schuldspruch. 2005.

Band 87 Claudia Schubert: Verbotene Worte? Versuch einer Neubestimmung im Umgang mit rassistischen Äußerungen jenseits des Strafrechts. 2005.

Band 88 Ulfrid Neumann / Cornelius Prittwitz (Hrsg.): Kritik und Rechtfertigung des Strafrechts. 2005.

Band 89 Denis Basak: Die Zuständigkeitsregeln internationaler Strafgerichte und Art. 101 GG. Zum Verhältnis der deutschen Strafgerichtsbarkeit zu den Internationalen Tribunalen für Jugoslawien und Ruanda sowie zum Ständigen Internationalen Strafgerichtshof. 2005.

Band 90 Hsiao-Wen Wang: Der universale Strafanspruch des nationalen Staates. Eine Untersuchung über das Weltrechtsprinzip im Internationalen Strafrecht. 2005.

Band 91 Leonie Frenz: Faktizität des Rechts in der forensischen Psychiatrie. Eine Untersuchung im LKH Moringen. 2005.

Band 92 Eva-Maria Unger: Schutzlos ausgeliefert? Der Europäische Haftbefehl. Ein Beispiel für die Missachtung europäischer Bürgerrechte. 2005.

Band 93 Marcus Bastelberger: Die Legitimität des Strafrechts und der *moralische Staat*. Utilitaristische und retributivistische Strafrechtsbegründung und die rechtliche Verfassung der Freiheit. 2006.

Band 94 Marc Reiß: Rechtliche Aspekte der Präimplantationsdiagnostik. Unter besonderer Berücksichtigung der Rechte der von einem Verbot betroffenen Paare. 2006.

Band 95 Alexander Kolz: Einwilligung und Richtervorbehalt. 2006.

Band 96 Vasco Reuss: Eine Kritik der juristischen Vernunft. Rezeptionsversuche der Negativen Dialektik Adornos für die Dogmatik des Strafrechts. 2007.

Band 97 Lutz Eidam: Die strafprozessuale Selbstbelastungsfreiheit am Beginn des 21. Jahrhunderts. 2007.

Band 98 Christiane Rüdiger: Schutzinteresse und Deliktsstruktur der „Bestechungsdelikte" (§§ 331 ff. StGB). 2007.

Band 99 Urte Eisenhardt: Das nemo tenetur-Prinzip: Grenze körperlicher Untersuchungen beim Beschuldigten. Am Beispiel des § 81a StPO. 2007.

Band 100 Institut für Kriminalwissenschaften und Rechtsphilosophie Frankfurt a. M. (Hrsg.): Jenseits des rechtsstaatlichen Strafrechts. 2007.

Band 101 Nils Möckelmann: Die rechtliche, psychiatrische und gesellschaftliche Beurteilung jugendlicher Straftäter in der jüngeren deutschen Geschichte. Eine Analyse anhand zweier Strafverfahren mit Gutachten des Psychiaters Ernst Rüdin aus den Jahren 1915/1917 unter Berücksichtigung der Entwicklungen bis zur Gegenwart. 2007.

Band 102 Alexa Albrecht: Zur Erosion der Menschenrechte im demokratischen Rechtsstaat. Reaktionen der Systeme und der Zivilgesellschaft. 2007.

Band 103 Dirk Lange: Die politisch motivierte Tötung. 2007.

Band 104 Ulfrid Neumann / Cornelius Prittwitz (Hrsg.): „Personale Rechtsgutslehre" und „Opferorientierung im Strafrecht". 2007.

Band 105 Lisa Kathrin Sander: Grenzen instrumenteller Vernunft im Strafrecht. Eine Kritik der Präventionsdoktrin aus strafrechtsgeschichtlicher und empirischer Perspektive. 2007.

Band 106 Stephan Werner: Zur Notwendigkeit der Verteidigeranwesenheit während der polizeilichen Beschuldigtenvernehmung. 2008.

Band 107 Inti Schubert: Europol und der virtuelle Verdacht. Die Suspendierung des Rechts auf informationelle Selbstbestimmung. 2008.

Band 108 Bong-Jin Ko: Menschenwürde und Biostrafrecht bei der embryonalen Stammzellenforschung. 2008.

Band 109 Wanja Andreas Welke: Die Repersonalisierung des Rechtskonflikts. Zum gegenwärtigen Verhältnis von Straf- und Zivilrecht. 2008.

Band 110 Jan Helmrich: Die Berufung gewerblicher Sicherheitskräfte auf Notwehr und Nothilfe. Zugleich ein Beitrag zu den Grundlagen des Notwehr- und Nothilferechts. 2008.

Band 111 Alexander Köstler-Loewe: Strafrecht US-Style: „Three Strikes and You're Out!" Baseball, Rückfall und Kriminalpolitik? 2008.

Band 112 Christina Bott: Die Medienprivilegien im Strafprozess. Zeugnisverweigerungsrecht und Beschlagnahmeverbot zum Schutz der Medien im Strafverfahren. 2009.

Band 113 Mario Riechmann: Organisierte Kriminalität und Terrorismus. Zur Funktionalisierung von Bedrohungsszenarien beim Abbau eines rechtsstaatlichen Strafrechts. 2009.

Band 114 Dirk Simon: Präzeptoraler Sicherheitsstaat und Risikovorsorge. 2009.

Band 115 Stefan Kirsch: Der Begehungszusammenhang der Verbrechen gegen die Menschlichkeit. 2009.

Band 116 Heng-da Hsu: Zurechnungsgrundlage und Strafbarkeitsgrenze der Fahrlässigkeitsdelikte in der modernen Industriegesellschaft. 2009.

Band 117 Dennis Teschner: Die soziale Kontrolle im virtuellen Raum. Eine juristische, soziologische und soialpsychologische Untersuchung der Instrumentalisierbarkeit von Internetkriminalität. 2009.

Band 118 Daniel Schilling: Fragmentarisch oder umfassend? Wege strafrechtlichen Zugriffs bei der Veruntreuung fremden Vermögens am Beispiel des deutschen und des italienischen Untreuestrafrechts. 2009.

Band 119 Andreas Stüdemann: Die Entwicklung der zwischenstaatlichen Rechtshilfe in Strafsachen im nationalsozialistischen Deutschland zwischen 1933 und 1945. Kontinuität und Diskontinuität im Auslieferungsrecht am Beispiel der Rechtsentwicklung im NS-Staat. 2009.

Band 120 Matthias Achenbach: Strafrechtlicher Schutz des Wettbewerbs? Eine kritische Analyse von Sinn und Zweck der Straftatbestände zum Schutz des Wettbewerbs. 2009.

Band 121 Vera Backhaus: Der gesetzliche Richter im Staatsschutzstrafrecht. Zur Verfassungsmäßigkeit des § 120 Abs. 2 GVG. 2010.

Band 122 Verena Maria Brenneis: Rechtspolitische Implikationen von Gefährlichkeitsprognosen im Vollzug von Maßregeln nach § 63 StGB. Zum Subjektstatus von Eingewiesenen. 2010.

Band 123 Maike Hoenigs: Zur Existenzberechtigung des Straftatbestandes der Rechtsbeugung. Korrelat oder Widerspruch zur richterlichen Unabhängigkeit. 2010.

Band 124 Christine Würfel: Freiheit als Grundlage der Schuld. 2012.

Band 125 Charlotte Rau: Compliance und Unternehmensverantwortlichkeit. Materiellrechtliche Fragen der sanktionsrechtlichen Unternehmensverantwortlichkeit unter Berücksichtigung von Compliance-Maßnahmen. 2010.

Band 126 Marc Fornauf: Die Marginalisierung der Unabhängigkeit der Dritten Gewalt im System des Strafrechts. 2010.

Band 127 Sabine Benthin: Subventionspolitik und Subventionskriminalität. Zur Legitimität und Rationalität des Tatbestandes zum Subventionsbetrug (§ 264 StGB). 2011.

Band 128 Philipp Horrer: Bestechung durch deutsche Unternehmen im Ausland. Strafrechtsentwicklung und Probleme. 2011.

Band 129 Marianne Varwig: Zum Tatbestandsmerkmal des Vermögensschadens (§ 263 StGB). Eine kritische Untersuchung mittels der vier klassischen Auslegungsmethoden. 2011.

Band 130 Alexander Rieger: Verfassungsrechtliche Legitimationsgrundlagen richterlicher Unabhängigkeit. Zugleich eine Auseinandersetzung mit der Debatte um eine Selbstverwaltung der Justiz. 2011.

Band 131 Moritz von Schenck: Pönalisierung der Folter in Deutschland – de lege lata et ferneda. 2011.

Band 132 Kerstin Bohn: Der gesetzliche Richter als rechtsstaatstragendes Prinzip in europäischen Staaten. Eine Untersuchung der Fallzuteilung unter besonderer Berücksichtigung Englands. 2011.

Band 133 Cornelius Trendelenburg: Ultima ratio? Subsidiaritätswissenschaftliche Antworten am Beispiel der Strafbarkeit von Insiderhandel und Firmenbestattungen. 2011.

Band 134 Susana Campos Nave: Rechtsstaatliche Regeltreue? Corporate Compliance als zwingende Antwort des freiheitsliebenden Unternehmens im Wirtschaftsstrafrecht. 2012.

Band 135 Christine Ditscher: Europäische Beweise. Der Rahmenbeschluss über die Europäische Beweisanordnung zur Erlangung von Sachen, Schriftstücken und Daten zur Verwendung in Strafsachen. 2012.

Band 136 Fedor Brunner: Das Phänomen des Mietnomaden in der Rechtspraxis. Strukturelle Hintergründe, zivilrechtliche Mechanismen und Perspektiven. 2012.

Band 137 Konstantinos Diakonis: Die Geringfügigkeitsvorschriften als Teil der Problematik der Kollision zwischen primären und sekundären Prinzipien des Rechts. 2012.

Band 138 Gustavo Chan Mora: Kritik des Schuldbegriffs im Jugendstrafrecht. Eine metadogmatische Begründung des Schuldfähigkeits- und Verbotsirrtumsbegriffs. 2012.

Band 139 Julia Anna Bargenda: *Australian Law Reform Commission.* Ein Modell für Deutschland? 2012.

Band 140 Katharina Schermuly: Grenzen funktionaler Integration. Anforderungen an die Kontrolle europäischer Strafgesetzgebung durch den EuGH. 2013.

Band 141 Florian Conradi: Die Sicherungsverwahrung – Ausdruck einer zunehmenden Sicherheitsorientierung im Strafrecht? Die Entwicklung der Sicherungsverwahrung im Kontext des Spannungsverhältnisses von Freiheit und Sicherheit. 2013.

Band 142 Hyun Kyong Joo: Die positive Generalprävention im Straßenverkehr. 2013.

Band 143 Ulfrid Neumann / Cornelius Prittwitz / Paulo Abrão / Lauro Joppert Swensson Jr. / Marcelo D. Torelly (Hrsg.): Transitional Justice. Das Problem gerechter strafrechtlicher Vergangenheitsbewältigung. 2013.

Band 144 Frederico Figueiredo: Zur Möglichkeit des unmöglichen Strafrechts. Ein Versuch über die Dissonanz im System der ultima ratio. 2014.

Band 145 Moritz Bermel: Banken und Pflichten. Moderne Bankmanager und traditionelles Strafrecht. 2014.

Band 146 Björn Kruse: Compliance und Rechtsstaat. Zur Freiheit von Selbstbelastung bei Internal Investigations. 2014.

Band 147 Charlotte Schultz: Spiegelungen von Strafrecht und Gesellschaft. Eine systemtheoretische Kritik der Sicherungsverwahrung. 2014.

Band 148 Daniel Wegerich: Moderne Kriminalgesetzgebung: Produzent von Parteiverrat? Auswirkungen strafprozessualer Absprachen und Aufklärungshilfen auf den Parteiverrat in Strafsachen (§ 356 StGB). 2015.

Band 149 Lauro Joppert Swensson Jr: Vor dem Gesetz. *Transitional Justice* in Brasilien und die Problematik der strafrechtlichen Verantwortung für Straftaten der Militärdiktatur. 2015.

Band 150 Frederic Raue: Steueramnestien, Selbstanzeige und die verfassungsrechtliche Bewertung von Straffreiheitsgesetzen. Eine Untersuchung anlässlich des gescheiterten deutsch-schweizerischen Steuerabkommens. 2015.

Band 151 Ali Mosfer: Fragilitäten des Rechtsstaates seit dem 11. September 2001 im Spiegel der Rechtsprechung des Bundesverfassungsgerichts. 2015.

Band 152 Johann Amos Münch: Kollektive Haftung im Wirtschaftsstrafrecht. Ein kompetitiver und evaluativer Vergleich der Sanktionssysteme Deutschlands, Großbritanniens und Italiens. Unter besonderer Berücksichtigung von Dogmatik, Gerechtigkeit und Zweckmäßigkeit. 2016.

Band 153 Madeleine Arens: Die Strafverfahrenswirklichkeit am Khmer Rouge Tribunal im völkerstrafprozessualen Kontext. Eine Analyse der strafprozessualen Verfahrenspraxis an den ECCC und ihre Bedeutung für zukünftige Völkerstrafprozesse. 2016.

Band 154 Chun-Wei Chen: Gefährdungsvorsatz im modernen Strafrecht. Zugleich unzeitgemäße Überlegungen über die Wiederbelebung des Gefährdungsstrafrechts in der Sicherheitsgesellschaft. 2016.

Band 155 Mathias Alexander Grzesiek: Wirtschaftsdelikte im Vertrags- und Privatarztsektor. Ein Beitrag zum Prinzip der Strafgesetzlichkeit im Gesundheitswesen. 2016.

Band 156 Sugil An: Vorfeldkriminalisierung in der Risikogesellschaft. 2016.

Band 157 Franceline Delgado Ariza: Die Rolle des Strafrechts in Übergangsprozessen ohne Übergang. Überlegungen anhand des Falls Kolumbien. 2017.

Band 158 Daniel Wicklein: Steuerdaten-CDs und demokratischer Rechtsstaat. 2017.

Band 159 Sonja Geiring: Risiken von Social Media und User Generated Content. Social Media Stalking und Mobbing sowie datenschutzrechtliche Fragestellungen. 2017.

Band 160 Marc Reichhardt: Zur Bedeutung der nach § 130 OWiG verlangten Aufsichtsmaßnahmen für die Ausgestaltung eines Compliance-Systems im Unternehmen. 2017.

www.ingramcontent.com/pod-product-compliance
Ingram Content Group UK Ltd.
Pitfield, Milton Keynes, MK11 3LW, UK
UKHW021836290926
8980IPUK00004B/481

9 783631 724484